조세법의 쟁점 III

조세법의 쟁점 Ⅲ

법무법인(유한) 태평양 조세팀

景仁文化社

발 간 사

저희 법무법인(유한) 태평양 조세그룹은 2015년부터 매년 조세그룹의 각 전문가들이 외부학회 등에서 발표하거나 기고한 논문과 판례평석, 내부세미나에서 발표한 자료들을 모아 「조세법의 쟁점」이라는 제목의 책자를 발간하여 왔습니다. 그리고 올해도 조세그룹 각 전문가들의 연구성과를 모아서 「조세법의 쟁점Ⅲ」를 발간하게 되었습니다. 이번에 발간하는 「조세법의 쟁점Ⅲ」 역시 지난 발간 이후 저희 조세그룹의 전문가들이 외부학회 등에서 발표하거나 기고한 논문 그리고 업무 수행 등의 과정에서 연구한 결과를 체계적으로 정리한 자료를 집대성한 것입니다. 조세법의 쟁점 시리즈에 그 동안 보내주신 성원에 보답하고, 조세법 분야에서 체계적이고 이론적인 연구를 통하여 고객이 만족하고자 하는 수준 높은 서비스를 제공하고자 하는 저희 노력의 자그마한 결실이라고 자부합니다.

조세법 분야는 기업경영활동에 영향을 미치는 것은 물론이고, 개인의 생활과도 뗄 수 없는 밀접한 관계에 있습니다. 특히 사회·경제 구조가 점점 복잡해지면서 새로운 과세문제들이 지속적으로 발생하고 있고, 국제거래와 관련된 조세 쟁점은 이제 기업들은 물론이고 개인들에게도 중요한 문제로 자리매김하고 있습니다. 지방자치제도와 이에 따른 지방분권화가 자리를 잡아감에 따라 지방세와 관련된 쟁점도 큰 관심을 받고 있습니다. 그럼에도 세법은 복잡한 규정체계와 잦은 법령 개정 등으로 인하여 납세자는 물론이고 법률전문가들조차 그 쟁점을 체계적이고 구체적으로 파악하기가 쉽지 않은 것이 현실입니다. 이러한 현실 속에서 저희 법무법인(유한) 태평양의 조세그룹은 변호사, 회계사, 세무사, 관세사 등 다양한 직역으로 구성된 조세전문가들이 조세법을 체계적으로 분석하고 이해하며, 실무상의 쟁점을 해결하는 데에 조금이라도 도움을 드리고자 노력하고 있으며, 「조세법의 쟁점Ⅲ」는 그러한 과정에서 자주 문제되었던 실무상의 쟁점이나 참고할 만한 사항들을 체계적으로 정리한 것입니다.

저희가 이번에 발간하는 「조세법의 쟁점Ⅲ」에는 '명의신탁 부동산의 양도와 부당무신고가산세 부과에 관한 헌법적 조명', '비지정기부금', '외국법인의 국내원천소득에 해당하는 위약금 또는 배상금', '특수관계자로부터 중소기업 주식을 매수할 때 부당행위계산부인의 기준이 되는 시가에 최대주주 등 할증평가를 배제해야 하는지 여부', '법인세법상 대손금의 범위에 관한 해석', '포합주식과 의제배당소득세에 관한 세법의 규정체계 검토', '부동산 신탁과 부가가치세 문제', '국가 등에 징수되는 제세공과금과 부가가치세', '비상장주식의 순손익가치를 평가할 때 각 사업연도 소득에 가감하는 준비금의 범위', '상속세 물납규정의 개정방향', '한-EU FTA에서의 원산지증명에 관한 몇 가지 문제', '국세기본법상 세무조사와 관세법상 관세조사의 비교·검토', '2016년도 지방세 판례회고', '분양보증회사가 주택분양보증 이행으로 수분양자들에게 분양대금을 환급해 준 경우 취득세 납세의무가 성립하는지 여부', '수익증권의 취득으로 인해 취득세 납세의무가 성립하는지 여부'와 같이 최근 실무상 문제되는 주제에 대한 분석과 대법원 판례에 대한 평석을 주로 수록하였습니다. 이 책이 조세법을 다루는 실무가들의 업무수행에 참고가 되고, 앞으로 조세법 분야의 발전에도 작은 밑거름이 되기를 희망합니다.

끝으로 이 책이 출간되기까지 바쁜 업무 속에서도 시간을 내어 논문을 집필해 주신 여러 필자들, 검토위원들 및 편집위원들, 물심

양면으로 성원과 지원을 보내주신 법무법인(유한) 태평양의 가족들에게 감사의 마음을 전합니다. 그리고 그 동안 조세법의 쟁점 시리즈에도 아낌없이 성원을 보내주시고, 우리 조세그룹을 믿고 사건을 의뢰해 주신 여러 고객분들에게도 다시 한번 고개숙여 감사드립니다.

2018. 3.

법무법인(유한) 태평양 조세그룹장   송 우 철

차 례

외국법인의 국내원천소득에 해당하는 위약금 또는 배상금
강성대 변호사

특수관계자로부터 중소기업 주식을 매수할 때 부당행위계산부인의 기준이 되는 시가에 최대주주 등 할증평가를 배제해야 하는지 여부
서승원 변호사

법인세법상 대손금의 범위에 관한 해석

박창수 변호사

국가 등에 징수되는 제세공과금과 부가가치세

이진우 변호사

비상장주식의 순손익가치를 평가할 때
각 사업연도 소득에 가감하는 준비금의 범위

정순찬 변호사

상속세 물납규정의 개정방향

손창환 세무사

한-EU FTA에서의 원산지증명에 관한 몇 가지 문제

한위수 변호사·이종현 관세사

국세기본법상 세무조사와 관세법상 관세조사의 비교·검토
주성준 변호사

2016년도 지방세 판례회고
유철형 변호사

분양보증회사가 주택분양보증 이행으로 수분양자들에게
분양대금을 환급해 준 경우 취득세 납세의무가 성립하는지 여부
조무연 변호사

수익증권의 취득으로 인해 취득세 납세의무가 성립하는지 여부
권용진 회계사

명의신탁 부동산의 양도와 부당무신고가산세 부과에 관한 헌법적 조명

곽 태 철 변호사

I. 서설

양도소득세는 자산의 양도차익에 담세력을 인정하여 과세하는 조세로서 과거에는 부과과세방식에 의하여 조세채무가 확정되었으나, 1999. 12. 28. 소득세법의 개정(법률 제6051호)으로 2000. 1. 1.부터 종합소득세[1]와 마찬가지로 납세의무자의 신고에 의하여 납세의무가 확정되는 신고납세방식의 조세로 전환되었다. 다만 납세의무자의 신고가 없는 경우 부과과세방식으로 확정된다.[2]

부동산을 제3자에게 명의신탁한 경우 명의신탁자가 부동산을 양도하여 그 양도소득이 명의신탁자에게 귀속되었다면, 실질과세의 원칙상 당해 양도소득세의 납세의무자는 양도의 주체인 명의신탁자이지 명의수탁자가 그 납세의무자가 되는 것은 아니다. 따라서 명의신탁 부동산의 양도로 자산양도차익 예정신고·납부를 해야 하는 자는 양도의 주체인 명의신탁자라고 할 것이므로 명의수탁자 명의로

---

1) 양도소득세를 제외한 종합소득세는 1996. 1. 1.부터 신고납세방식으로 전환되었다.
2) 소득세법 제114조 제1항 : 납세지 관할 세무서장 또는 지방국세청장은 제105조에 따라 예정신고를 하여야 할 자 또는 제110조에 따라 확정신고를 하여야 할 자가 그 신고를 하지 아니한 경우에는 해당 거주자의 양도소득 과세표준과 세액을 결정한다.

신고·납부한 것은 납세의무자의 적법한 신고·납부로 볼 수 없어 신고·납부불성실가산세를 부과한 처분은 적법하다는 것이 대법원의 입장이다.[3]

　무신고가산세는 납세의무자가 법정신고기한까지 세법에 따른 국세의 과세표준 신고를 하지 아니하는 경우에 그 신고로 인하여 납부하여야 할 세액에 일정 비율의 금액을 곱한 금액이 부과되는데, 부정행위로 신고하지 않은 경우에 관한 현행 국세기본법 제47조의2 제1항(2011. 12. 31. 법률 제11124호로 개정되어 2012년 1월 1일 이후 최초로 양도하는 분부터 적용)은 납세의무자가 법정신고기한까지 세법에 따른 국세의 과세표준 신고를 하지 아니한 경우에는 그 신고로 납부하여야 할 세액에 다음 각 호의 구분에 따른 비율을 곱한 금액을 가산세로 한다고 규정하고, 그 제1호에서 부정행위로 법정신고기한까지 세법에 따른 국세의 과세표준 신고를 하지 아니한 경우를 100분의 40(국제거래에서 발생한 부정행위인 경우에는 100분의 60)으로 정하고 있다.

　위 개정이전의 구 국세기본법 제47조의2 제2항은 부당한 방법으로 무신고한 경우 부당무신고과세표준이 과세표준에서 차지하는 비율을 산출세액에 곱하여 계산한 금액의 100분의 40을 납부할 세액에 가산하거나 환급받을 세액에서 공제한다고 하면서, 부당한 방법을 "납세자가 국세의 과세표준 또는 세액 계산의 기초가 되는 사실의 전부 또는 일부를 은폐하거나 가장하는 것에 기초하여 국세의 과세표준 또는 세액의 신고의무를 위반하는 것으로서 대통령령이 정하는 방법을 말한다"고 정의하고, 구 국세기본법시행령(2012. 2. 2. 대통령령 제23592호로 개정되기 전의 것) 제27조 제2항에서 ① 이중장부의 작성 등 장부의 거짓 기록, ② 거짓 증명 또는 거짓 문서의

---

3) 대법원 1981. 6. 9. 선고 80누545 판결, 1993. 9. 24. 선고 93누517 판결, 1997. 10. 10. 선고 96누6387 판결 등.

작성, ③ 거짓 증명등의 수취(거짓임을 알고 수취한 경우만 해당한
다), ④ 장부와 기록의 파기, ⑤ 재산의 은닉이나 소득·수익·행위·거
래의 조작 또는 은폐, ⑥ 그 밖에 국세를 포탈하거나 환급·공제받기
위한 <u>사기, 그 밖의 부정한 행위</u>를 들고 있다.

　한편, 부당무신고가산세 규정의 입법취지는 국세의 과세표준이
나 세액 계산의 기초가 되는 사실의 발견을 곤란하게 하거나 허위의
사실을 작출하는 등의 부정한 행위가 있는 경우에 과세관청으로서
는 과세요건사실을 파악하여 부과권을 행사하기 어려우므로 부정한
방법으로 과세표준 또는 세액의 신고의무를 위반한 납세자를 무겁
게 제재하는 데 있다는 것이다. 따라서 구 국세기본법 시행령 제27
조 제2항 제6호가 부정한 방법의 하나로 들고 있는 '사기 그 밖에
부정한 행위'란 조세의 부과와 징수를 불가능하게 하거나 현저히 곤
란하게 하는 위계 기타 부정한 적극적인 행위를 말하는 것이므로,
과세대상의 미신고와 아울러 수입이나 매출 등을 고의로 장부에 기
재하지 아니한 행위 등 적극적 은닉의도가 나타나는 사정이 덧붙여
지지 않은 채 단순히 세법상의 신고를 하지 아니한 것은 여기에 해
당하지 않는다.4) 대법원은 여기에서 한 걸음 더 나아가 납세자가 명
의를 위장하여 소득을 얻더라도, 명의위장이 조세포탈의 목적에서
비롯되고 나아가 여기에 허위 계약서의 작성과 대금의 허위지급, 과
세관청에 대한 허위의 조세 신고, 허위의 등기·등록, 허위의 회계장
부 작성·비치 등과 같은 적극적인 행위까지 부가되는 등의 특별한
사정이 없는 한, 명의위장 사실만으로 구 국세기본법 시행령 제27조
제2항 제6호에서 정한 '사기, 그 밖의 부정한 행위'에 해당한다고 볼
수 없다고 판시하고 있다.5)

　그런데, 문제는 명의신탁 부동산의 양도와 부당무신고가산세 부

---

4) 대법원 2016. 2. 18. 선고 2015두1243 판결.
5) 대법원 2017. 4. 13. 선고 2015두44158 판결.

과에 관한 대법원의 위와 같은 원칙적 입장에도 불구하고, 일부 하급심이나 대법원 판결에서 이와 배치되는 듯한 판시를 하는 사례를 자주 찾아 볼 수 있다는 것이다. 즉, 명의신탁주식의 양도소득세 및 종합소득세의 경우 망인이 명의수탁자 명의로 양도계약을 체결하고, 그 계좌로 금원을 수취하고, 종합소득세 신고를 하는 것은 단순히 소극적으로 명의신탁관계를 유지하는 것을 넘어서서 적극적으로 허위 행위를 하는 것이므로, 이 부분 부당무신고, 부당과소신고 가산세 부과는 적법하다는 하급심 판결6)이나 망인이 이 사건 토지를 재매매하는 양도거래를 은폐하여 그에 따른 양도소득에 과세표준을 신고하지 않은 것으로 볼 수 있다는 이유로 부당무신고가산세 부과처분이 적법하다고 한 원심의 판단은 정당하다는 판결,7) 신탁자인 원고가 부정한 적극적인 행위에 의하여 명의신탁 토지에 관한 양도소득세를 자신의 명의로 신고하지 아니한 것이라고 보고, 부당무신고가산세 부분이 적법하다고 한 원심의 판단에 부당무신고가산세의 과세요건과 조세법률주의 및 과잉금지원칙 등에 관한 법리를 오해한 위법이 없다는 판결8) 등이 그것이다.

따라서, 본고에서는 국세기본법상 무신고가산세의 과세요건과 명의신탁에 대한 무신고 가산세 부과를 위한 법리를 일별하면서, 헌법상의 조세법률주의, 재산권 보장, 과잉금지원칙 등 관점에서 이 문제를 살펴보기로 한다.

---

6) 서울행정법원 2014. 6. 26. 선고 2013구합23683 판결
7) 대법원 2015. 5. 14. 선고 2014두46263 판결.
8) 대법원 2015. 5. 14. 선고 2015두35680 판결.

Ⅱ. 명의신탁부동산의 양도와 실질과세의 원칙

1. 명의신탁의 법리

명의신탁이라 함은 소유권을 취득하거나 행사하기 위하여 공부상 등기, 등록이 필요한 부동산, 주식 등 자산과 관련하여, 신탁자와 수탁자 사이의 대내관계에서는 신탁자가 소유권을 보유하고 이를 관리, 수익하면서 대외관계에서는 공부상의 소유명의만을 수탁자로 해 두는 법률관계를 말한다. 대내적 소유권은 신탁자에게 있지만 대외적으로는 명의수탁자에게 소유권이 인정되는 것이므로, 명의수탁자의 처분행위는 명의신탁자의 동의여부, 거래상대방의 악의여부에 불구하고 유효하고, 그로부터 양수한 상대방도 완전한 소유권을 유효하게 취득한다. 명의신탁은 공부상 신탁자의 명의로 먼저 소유권의 등기·등록 등이 된 사실이 있는지 여부에 관계없이 성립할 수 있다. 즉, 공부상 소유자로 등기·등록된 자가 그 소유명의를 타인에게 이전함으로써 성립하는 경우가 통례이지만, 재산을 취득함에 있어서 원소유자로부터 신탁자의 명의를 거치지 아니하고 직접 수탁자의 명의로 등기·등록을 하는 경우도 적지 않다. 예컨대, 이른바 계약명의신탁이라고 하는 것으로서, 신탁자가 수탁자의 명의를 빌려서 부동산을 매수하고 매도인에게서 직접 수탁자 앞으로 소유권이전등기를 경료하거나 수탁자의 명의로 건축허가를 받아 건물을 완성한 후 수탁자의 명의로 소유권보존등기를 경료하는 경우 등이다.

1995년 신설된 「부동산 실권리자명의 등기에 관한 법률」(이하 '부동산실명법'이라 한다)은 부동산에 관한 명의신탁을 금지하고(제3조 제1항), 원칙적으로 명의신탁약정을 무효로 하며, 제4조 제2항 본문에 "명의신탁약정에 따른 등기로 이루어진 부동산에 관한 물권변동은 무효로 한다."라고 규정하고 있으므로, 양자간 등기명의신탁에 있어서 명의신탁자는 신탁부동산의 소유자로서 명의수탁자를 상대로 원인무효를 이유로 소유권이전등기의 말소를 구할 수 있을 뿐 아니라 진정한 등기명의의 회복을 원인으로 한 소유권이전등기절차의 이행을 구할 수도 있다.9)

계약명의신탁에 있어서는 매도인이 명의신탁 사실을 알고 있는지 여부에 따라 그 법률관계가 달라진다. 매도인이 선의인 경우에는 명의신탁자와 명의수탁자 사이의 명의신탁약정은 부동산실명법 제4조 제1항에 따라 무효가 되지만, 매도인과 명의수탁자 사이에서 명의수탁자 앞으로 된 소유권이전등기는 부동산실명법 제4조 제2항 단서에 의하여 유효하다. 즉, 명의신탁자와 명의수탁자 사이의 명의신탁 약정의 무효에도 불구하고 그 소유권이전등기에 의한 당해 부동산에 관한 물권변동 자체는 유효한 것으로 취급되어 명의수탁자는 당해 부동산의 완전한 소유권을 취득하게 된다.10) 이 경우 명의신탁자는 매도인과는 아무런 계약이 없으므로 매도인에게 어떠한 청구도 할 수 없고, 명의신탁약정이 무효이므로 명의수탁자에 대하여 명의신탁약정에 기한 소유권이전등기청구를 할 수도 없다. 예컨대 부동산경매절차에서 부동산을 매수하려는 사람이 타인과 사이에서 자신이 매수대금을 부담하여 타인 명의로 매각허가결정을 받고 나중에 그 부동산의 반환을 요구한 때에 이를 반환받기로 약정한 다음 그 타인을 매수인으로 한 매각허가가 이루어진 경우 그 경매절차에서 매수인의 지위에 서게 되는 사람은 그 명의인이므로 그가 대내외적으로 경매 목적 부동산의 소유권을 취득한다.

---

9) 대법원 2013. 2. 28. 선고 2010다89814 판결.
10) 대법원 2002. 12. 26. 선고 2000다21123 판결, 2015. 12. 23. 선고 2012다202932 판결.

2. 명의신탁과 양도소득세

양도소득세는 양도소득, 즉, 자산의 소유자에게 귀속되는 자산가치의 증가익에 담세력을 인정하여 그 자산이 소유자의 지배를 떠나 유상으로 타인에게 이전되는 기회에 이를 청산하여 과세하는 것이다. 명의신탁은 자산의 소유명의를 공부상 수탁자의 명의로 하여둘 뿐, 실질적으로 소유권을 수탁자에게 이전하는 것이 아니고, 수탁자는 무상으로 명의를 대여하는 것에 불과하여 이는 유상양도에 해당하지 아니하며, 반대로 명의신탁 재산의 소유권을 신탁계약의 해지를 원인으로 하여 신탁자에게 환원시키는 것(수탁자 명의의 소유권이전등기의 말소등기이거나 명의신탁자 명의로의 소유권이전등기이거나 불문)도 유상양도에 해당하지 않는다.11)

명의신탁된 재산을 신탁자가 양도하여 그 양도로 인한 소득이 명의신탁자에게 귀속되었다면, 실질과세의 원칙상 당해 양도소득세의 납세의무자는 양도의 주체인 명의신탁자이지 명의수탁자가 납세의무자가 되는 것이 아니고,12) 이러한 법리는 명의수탁자가 양도와 관

---

11) 대법원 1983. 6. 14. 선고 82누429 판결, 1983. 9. 27. 선고 83누330 판결
12) 대법원 1981. 6. 9. 선고 80누545 판결, 1993. 9. 24. 선고 93누517 판결 등 다수로 대법원의 확립된 견해이다. 다만, 취득세 납세의무자와 관련하여, 계약명의신탁에 의하여 부동산을 취득한 경우 명의신탁자가 매매대금을 부담하였더라도 그가 부동산을 사실상 취득한 것으로 볼 수 없으므로, 명의신탁자에게는 취득세 납세의무가 성립하지 않는다는 것이 판례의 입장이다(대법원 2017. 7. 11. 선고 2012두28414 판결, 2017. 9. 12. 선고 2015두39026 판결). 그런데 최근 대법원은 "매수인이 부동산에 관한 매매계약을 체결하고 소유권이전등기에 앞서 매매대금을 모두 지급한 경우 사실상의 잔금지급일에 구 지방세법 제105조 제2항에서 규정한 '사실상 취득'에 따른 취득세 납세의무가 성립하고, 그 후 그 사실상의 취득자가 그 부동산에 관하여 매매를 원인으로 한 소유권이전등기를 마치더라도 이는 잔금지급일에 '사실상 취득'을 한 부동산에 관하여 소유권 취득의 형식적 요건을 추가로 갖춘 것에 불과하므로, 잔금지급일에 성립한 취득세 납세의

련하여 자기 명의로 소득세과세표준확정신고 및 자진납부계산서를 제출한 바 있어도 마찬가지이다.[13] 이 경우에는 명의신탁자가 양도소득을 사실상 지배·관리·처분할 수 있는 지위에 있기 때문이다. 다만, 명의수탁자가 명의신탁자의 위임이나 승낙 없이 임의로 명의신탁재산을 양도하였다면 그 양도주체는 수탁자이지 신탁자가 아니고, 양도소득이 신탁자에게 환원·귀속되지 아니하는 한 양도소득을 지배·관리·처분할 수 있는 지위에 있지 아니하므로 신탁자는 소득세법 제7조 제1항 소정의 '사실상 양도소득을 얻은 자'로서 양도소득세의 납세의무자가 된다고 할 수 없다.[14][15] 매수대금을 부담한 사람이 자신의 의사에 따라 위 부동산을 제3자에게 양도하여 그 양도대금을 모두 수령하고 명의인은 매수대금을 부담한 사람에게 위 부동산을 반환하기로 한 약정의 이행으로서 직접 위 제3자에게 소유

무와 별도로 그 등기일에 구 지방세법 제105조 제1항에서 규정한 '취득'을 원인으로 한 새로운 취득세 납세의무가 성립하는 것은 아니고, 이러한 법리는 매매대금을 모두 지급하여 부동산을 사실상 취득한 자가 3자간 등기명의신탁 약정에 따라 명의수탁자 명의로 소유권이전등기를 마쳤다가 그 후 해당 부동산에 관하여 자신의 명의로 소유권이전등기를 마친 경우에도 마찬가지로 적용된다는 이유로 원고가 토지의 취득에 따른 취득세 등을 이중으로 납부하였다는 이유로 마지막으로 신고·납부한 취득세 등을 환급하여 달라는 내용의 경정청구를 거부하는 처분은 위법하다고 판시한 원심의 판단은 정당하다고 판시하였다(대법원 2018. 3. 22. 선고 2014두43110 전원합의체 판결).

13) 대법원 1986. 9. 23. 선고 85누573 판결.
14) 대법원 1991. 3. 27. 선고 88누10329 판결.
15) 판례는 신탁자가 명의신탁한 부동산을 양도한 경우에는 명의신탁에 의한 소유권이전등기도 부동산등기이므로 신탁자가 자기 명의로 직접 그 이전등기를 경료하지 않았다고 하여 이를 가리켜 구 소득세법 제70조 제3항 제3호, 제7항 소정의 미등기 자산의 양도에 해당한다고 볼 수 없다고 하고 있다(대법원 1986. 9. 23. 선고 85누163 판결, 1990. 10. 23. 선고 89누8057 판결). 다만, 부동산실명법의 시행 이후 명의신탁에 의한 소유권이전등기가 무효가 되는 경우에도 이러한 해석이 유지되는지는 문제될 수 있다.

권이전등기를 경료해 준 경우에는 그 매수대금을 부담한 사람이 양도소득을 사실상 지배·관리·처분할 수 있는 지위에 있어 '사실상 소득을 얻은 자'라고 할 것이므로 실질과세의 원칙상 그 매수대금을 부담한 사람이 양도소득세 납세의무를 진다.[16]

위와 같은 부동산 명의신탁 금지 규정에도 불구하고 종중(宗中)이 보유한 부동산에 관한 물권을 종중 외의 자의 명의로 등기한 경우나 배우자 명의로 부동산에 관한 물권을 등기한 경우 및 종교단체의 명의로 그 산하 조직이 보유한 부동산에 관한 물권을 등기한 경우에는 종전과 마찬가지로 명의신탁약정을 유효한 것으로 보고 있다(부동산실명법 제8조). 또한 주식과 같이 주주명부에 의하여 소유관계가 공시되는 자산에 있어서는 현행법상 명의신탁관계가 적법하게 성립될 수 있다. 이와 같이 명의신탁이 적법하게 성립되는 관계에서 명의신탁 자산을 처분한 경우에도 부동산실명법 시행 이전 사안에 관한 판례에 비추어 보면 실질과세의 원칙상 양도대금이 귀속된 신탁자가 양도소득세 납세의무를 진다고 볼 수밖에 없을 것이다.[17]

---

16) 대법원 2010. 11. 25. 선고 2009두19564 판결.
17) 대법원 2016. 5. 19. 선고 2014도6992 전원합의체 판결에서 "명의수탁자에 대한 관계에서 명의신탁자를 사실상 또는 실질적 소유권자라고 형법적으로 평가하는 것은 부동산실명법이 명의신탁약정을 무효로 하고 있음에도 불구하고 무효인 명의신탁약정에 따른 소유권의 상대적 귀속을 인정하는 것과 다름이 없어서 부동산실명법의 규정과 취지에 명백히 반하여 허용될 수 없다."는 논리를 근거로 명의수탁자가 명의신탁자의 재물을 보관하는 자라고 할 수 없어 명의수탁자가 신탁받은 부동산을 임의로 처분하여도 명의신탁자에 대한 관계에서 횡령죄가 성립하지 아니한다고 판시한 사실과 법질서의 일관된 적용, 즉, 명의신탁자와 명의수탁자 사이에 존재하는 사실상의 위탁관계가 부동산실명법에 반하여 범죄를 구성하는 불법적인 관계에 지나지 아니한다는 점 및 명의신탁 재산을 양도한 경우 그 양도소득에 관한 납세의무를 누구에게 인정할 것인지의 문제는 본질적으로 입법정책 문제라고 볼 수 있다는 점에서 보면, 명의신탁 재산을 신탁

3. 실질과세의 원칙

실질과세의 원칙은 조세법상의 실질주의(實質主義)라고도 하는데 이는 과세를 함에 있어서 법적 형식과 경제적 실질이 다른 때에 경제적 실질에 따라 과세한다는 원칙을 말한다. 다시 말하면 법적 형식이나 명의, 외관 등과 그 진실, 실태, 경제적 실질 등이 서로 다른 경우에 후자에 따라 과세한다는 원칙이다. 실질과세의 원칙은 그 내용에 따라 과세물건의 귀속에 관한 실질주의와 과세표준의 계산에 관한 실질주의로 나눌 수 있다.[18] 과세물건의 귀속에 관한 실질주의는 실질소득자과세의 원칙 또는 실질귀속과세의 원칙이라고 하는바, 이는 소득, 수익, 행위 또는 거래 등 과세물건의 명의상 또는 형식상의 귀속자와 실체상 또는 실질상의 귀속자가 다른 경우에는 후자의 귀속으로 보고 과세한다는 원칙이다.[19] 이 원칙은 과세물건의 실질적 귀속자의 판단에 관한 문제로서 명의신탁관계가 그 대표적인 예이다. 과세표준의 계산에 관한 실질주의는 실질파악과세원칙, 실질소득과세원칙 또는 실질소득계산의 원칙이라고 하는데, 이는 과세표준을 계산함에 있어서 소득, 수익, 재산, 행위 또는 거래 등이 명칭이나 형식에 불구하고 그 실질내용에 따라 조세법을 해석, 적용하여야 한다는 원칙이다.[20] 이 원칙은 과세물건 자체에 대한 인식에 관한 문제로서 예컨대, 행위의 형식은 매매이지만 그 실질이

자가 양도하여 그 양도로 인한 소득이 명의신탁자에게 귀속되었다면 실질과세의 원칙상 당해 양도소득세의 납세의무자는 양도의 주체인 명의신탁자이지 명의수탁자가 납세의무자가 되는 것이 아니라고 하는 확립된 판례도 향후 변경될 여지가 있어 보인다.

18) 강인애, "조세법의 해석과 실질과세의 원칙", 『조세법 Ⅱ』, 56-59면.
19) 국세기본법 제14조 제1항, 법인세법 제4조 제1항, 국제조세조정에 관한 법률 제2조의2 제1항, 지방세기본법 제17조 제1항.
20) 국세기본법 제14조 제2항, 법인세법 제4조 제2항, 국제조세조정에 관한 법률 제2조의2 제2항, 지방세기본법 제17조 제2항.

증여인 경우에는 이를 증여로 보고 증여세를 과세하는 것과 같다. 실질과세의 원칙은 그것이 조세법의 해석, 적용의 원리로 작용하는 점은 분명하나 그 구체적인 의미나 용어의 사용에 관하여는 학설·판례의 견해가 통일되어 있지 아니하다.21) 특히, 매도인이 선의인 계약명의신탁의 경우 명의수탁자는 당해 부동산의 완전한 소유권을 취득한 다음 타에 양도하는 것이므로, 경제적 실질설에 근거한 실질과세 원칙을 동원하지 않으면 부동산을 소유한 바도 없는 명의신탁자에게 과세할 수가 없을 것이다.

Ⅲ. 명의신탁부동산의 양도와 가산세

1. 가산세의 의의 및 성질

국세기본법 제2조 제4호는 '가산세'라 함은 "세법에서 규정하는 의무의 성실한 이행을 확보하기 위하여 세법에 따라 산출한 세액에 가산하여 징수하는 금액을 말한다."라고 규정하고 있고, 제47조 제2항 본문은 "가산세는 해당 의무가 규정된 세법의 해당 국세의 세목(稅目)으로 한다"라고 하여 가산세가 세금의 형태로 과징되는 것임

---

21) 실질과세의 원칙에 관한 여러 견해에 관하여는 1) 윤병각, "실질과세원칙과 조세회피행위의 부인", 『법과 정의(경사 이회창선생 화갑기념논문집)』, 박영사, 1995, 353면 이하, 2) 장석조, "조세법상 실질과세원칙의 적용한계-실질의 의미에 관한 판례이론의 분석과 재해석", 『사법논집』, 제33집(사법발전재단, 2001), 553면 이하, 3) 임승순, "토지거래허가를 잠탈하기 위하여 매매를 증여로 등기한 경우의 과세관계-위법소득에 대한 과세 및 실질과세의 원칙과 관련하여-", 『조세법연구』, 제5집(세법연구회, 1999), 246면 이하, 4) 강인애, "조세법의 해석과 실질과세의 원칙", 『조세법 Ⅱ』, 56-59면 참조..

을 분명히 하고 있고, 제47조 제1항은 "정부는 세법에서 규정한 의무를 위반한 자에게 이 법 또는 세법에서 정하는 바에 따라 가산세를 부과할 수 있다."라고 규정하여 구체적 협력의무와 그 위반에 대한 가산세를 규정하고 있다. 제47조의2 제1항은 무신고가산세는 원칙적으로 세액의 100분의 20으로 하되(2호), 납세의무자가 부정행위로 법정신고기한까지 세법에 따른 국세의 과세표준 신고를 하지 아니한 경우를 100분의 40(국제거래에서 발생한 부정행위인 경우에는 100분의 60)으로 정하고 있다(제1호).

가산세는 본세의 명목으로 부과, 징수되는 것이지만, 가산세의 산출근거를 보면 원래의 본세와는 전혀 다른 계산 기준과 세율에 의하고 있어서 양자는 본질상 큰 차이가 있다. 본세의 산출세액은 세원(稅源)이 어떠한 일정한 금액에 기초를 둔 과세표준금액에 소정세율을 곱하여 계산되는 데 대하여, 가산세는 과세표준에 상관없이 거래금액, 산출세액, 외형금액, 미납세액 등을 기준으로 부과되는 것으로서 과세표준금액의 유무에 불구하고 부과, 징수되는 것이다.[22] 또한 본세가 감면되는 경우에도 법률에 특별한 규정이 있는 경우를 제외하고는 가산세는 감면되지 아니한다(국세기본법 제47조 제2항 단서).

가산세의 성질에 관하여, 학설은 ㉠행정질서벌로 보는 견해, ㉡포괄적인 개념으로서의 '행정상의 제재'라고 보는 견해, ㉢조세행정상의 특별과벌로 보는 견해 등으로 나누어져 있고,[23] 판례는 종전에는 행정질서벌로 보는 견해와 행정상의 제재라고 보는 견해가 나누어져 있었으나, 주류적인 판례는 이를 행정상의 제재로 보아 "세법상 가산세는 과세권의 행사 및 조세채권의 실현을 용이하게 하기 위하여 납세자가 정당한 이유 없이 법에 규정된 신고, 납세 등 각종 의무

---

22) 김영식, "가산세의 성질과 몇 가지 관련문제", 『재판자료』, 제61집(법원행정처, 1993), 530면.
23) 위 학설의 자세한 내용에 관하여는 김영식, 위 논문 523-524면.

를 위반한 경우에 개별세법이 정하는 바에 따라 부과되는 행정상의
제재이다"라고 판시하고 있다.[24]

　가산세 제도는 신고납세제도의 적정 운영을 목적으로 신고·납부
등을 비롯한 협력의무의 불이행에 대하여 소정의 금전적 부담을 내
용으로 하는 행정적 제재가[25] 그 본질이다. 그런데 헌법재판소는 가
산세에 대하여 조세가 아닌 행정상 제재라고 하면서 ① 응능부담 및
형법총칙의 적용을 부인하고 자기책임의 원칙을 적용하고,[26] ② 국
세와 지방세의 세목이 된다는 점(국세기본법 제47조 제2항 및 지방
세기본법 제142조)을 들어 '세금의 하나'[27] 또는 '조세의 한 종목'[28]
으로 인정하거나 조세평등주의[29] 및 조세법률주의[30]가 적용된다고

---

24) 대법원 1995. 11. 14. 선고 95누10181 판결, 2001. 9. 14. 선고 99두3324 판
　　결, 2002. 11. 13. 선고 2001두1918 판결, 2003. 9. 5. 선고 2001두403 판결
　　등 다수.
25) 헌법재판소 2005. 2. 24. 선고 2004헌바26 결정, 2006. 4. 27. 선고 2005헌바54
　　결정.
26) 헌법재판소 2004. 6. 24. 선고 2002헌가27 결정, 2006. 4. 27. 선고 2003헌바
　　79 결정.
27) 헌법재판소는 "가산세는 법이 정하는 바에 의하여 부과하는 행정상의 제
　　재이지만, 가산세도 세금의 하나이므로 합리적인 이유 없이 특정의 납세
　　의무자를 불리하게 차별하거나 우대하는 것은 허용되지 않는바, 지방세
　　법 제120조의 '신고납부'의무는 취득사실을 신고할 의무와 취득세액을 납
　　부할 의무라는 두 가지 의무를 가리키는 것인데도 불구하고, 두 가지 의무
　　중 하나만을 불이행한 자나 두 가지 의무 모두를 불이행한 자를 구별하지
　　아니하고 똑같이 산출세액의 100분의 20을 가산세로 납부하도록 규정하고
　　있고, 또한 자진납부의무를 불이행한 자들 사이에서도 그 미납기간의 장
　　단을 전혀 고려하지 않고 똑같이 취급하고 있는 것은 헌법상의 평등의 원
　　칙에 어긋난다"라고 한다(헌법재판소 2003. 9. 25. 선고 2003헌바16 결정).
28) 부과처분에 의한 본세의 납부기한을 도과하는 경우에 고지세액에 가산하
　　여 징수하는 금액인 가산금과 달리 가산세는 국세기본법의 체계상으로는
　　조세의 한 종목으로 구성되어 있다(헌법재판소 2005. 2. 24. 선고 2004헌바
　　26 결정).
29) 헌법재판소 2003. 9. 25. 선고 2003헌바16 결정, 2005. 11. 24. 선고 2004헌

한다. 대법원은 행정형벌과 과태료의 병과를 이중처벌로 보지는 않았으나,31) 헌법재판소는 구 건축법 제56조의2 제1항 위헌소원 사건에서 "행정질서벌로서의 과태료는 행정상 의무의 위반에 대하여 국가가 일반통치권에 기하여 과하는 제재로서 형벌(특히 행정형벌)과 목적·기능이 중복되는 면이 없지 않으므로, 동일한 행위를 대상으로 하여 형벌을 부과하면서 아울러 행정질서벌로서의 과태료까지 부과한다면 그것은 이중처벌금지의 기본정신에 배치되어 국가 입법권의 남용으로 인정될 수 있다."라고 판시하여 이중처벌의 여지를 인정하고 있다.32)

2. 가산세부과의 소극적 요건으로서 정당한 사유

가산세는 개별세법이 과세의 적정을 기하기 위하여 정한 의무의 이행을 확보할 목적으로 그 의무위반에 대하여 세금의 형태로 가하는 행정상의 제재이므로 그 의무해태에 정당한 사유가 있는 경우에는 이를 부과할 수 없다는 것이 대법원의 확립된 견해이다.33) 판례

가7 결정, 2006. 7. 27. 선고 2004헌가13 결정, 2005. 12. 22. 선고 2004헌가31 결정, 2005. 2. 24. 선고 2004헌바26 결정, 2005. 11. 24. 선고 2004헌가7 결정, 2007. 1. 17. 선고 2006헌바3 결정 등.

30) 헌법재판소 2006. 4. 27. 선고 2005헌바54 결정, 2006. 4. 27. 선고 2003헌바79 결정.

31) 거주지를 이전한 후 퇴거신고와 전입신고를 하지 아니하였다는 이유로 과태료처분을 받고 이를 납부한 일이 있다 하더라도 그 후에 형사처벌을 한다고 해서 일사부재리의 원칙에 어긋나는 것이라고 할 수 없다. 일사부재리의 효력은 확정판결이 있을 때에 발생하는 것이고 위 과태료는 행정법상의 질서벌에 지나지 아니하기 때문이다(대법원 1989. 6. 13. 선고 88도1983 판결).

32) 헌법재판소 1994. 6. 30. 선고 92헌바38 결정.

33) 대법원 1989. 4. 25. 선고 88누4218 판결, 2001. 9. 14. 선고 99두3324 판결, 2005. 1. 27. 선고 2003두13632 판결 등 다수.

는 납세자의 의무위반에 고의·과실은 고려될 수 없다고 판시하거나, 정당한 이유 없이 의무에 위반한 때에는 고의·과실은 고려되지 아니한다고 판시한 경우34)가 많아서 과실의 유무를 불문한다는 것과 정당한 사유의 관계에 대하여 의문이 있으나, 판례가 과실 유무를 불문한다고 판시한 사안은 주로 납세자가 의무위반에 대하여 과실이 없다고 주장하거나 법령의 부지를 주장한 경우에 그 주장을 배척한 사안이고, 그 취지는 고의·과실이 있어도 정당한 사유가 인정될 수도 있는 반면, 고의·과실이 없어도 정당한 사유가 인정되지 아니할 수도 있다는 뜻이고, 고의·과실의 유무가 정당한 사유의 존부판단에 중요한 요소로 작용하는 것을 부정하는 것은 아니라고 할 것이다. 헌법재판소도 가산세는 세법상 의무불이행에 대한 행정상의 제재로서의 성격을 지님과 아울러 조세의 형식으로 과징되는 부가세적 성격을 지니기 때문에 형법총칙의 규정이 적용될 수 없어 본질적으로 행위자의 주관적인 조세회피의사나 고의·과실 등의 책임조건 등을 필요로 하는 것은 아니라고 하고 있다.35)

가산세 부과의 적법여부에 있어 쟁점으로 귀착되는 정당한 사유의 의미에 관하여 정면으로 설시한 판례를 찾아 볼 수는 없으나, 이는 납세의무자가 비록 개별세법이 정한 의무를 해태하였지만, 의무이행을 기대하기 어려운 특별한 사정이 있어서 그 의무위반에 대하여 책임을 묻는 것이 정의관념에 반하는 경우를 뜻한다고 해석할 수 있다36). 따라서, 납세자에게 세법상 의무불이행에 대한 정당한 사유가 없는 경우 즉, 부당한 의무불이행에 한하여 가산세를 부과할 수 있다고 볼 수 있다.

---

34) 대법원 1989. 10. 27. 선고 88누2830 판결, 1991. 9. 13. 선고 91누773 판결 등.
35) 헌법재판소 2006. 4. 27. 선고 2005헌바54 결정.
36) 대법원 1995. 11. 14. 선고 95누10181 판결, 2003. 12. 11. 선고 2002두4761 판결.

IV. 조세법률주의와 부당무신고가산세의 과세요건

조세의 영역에 있어서는 납세의 의무, 조세법률주의 등에 관한 헌법규정 및 그 해석과 관련하여 조세입법에 대한 비교적 구체적이고 명시적인 지침이 헌법상 제시되고 있으며, 이를 통하여 조세입법자의 입법형성권에 일정한 한계가 설정된다. 조세는 주권자인 국민이 국가의 존립 및 활동을 위해 필요한 공공경비의 마련을 위해 지는 공동의 부담이다(헌법 제38조). 그러나 조세는 납세의무자에게 금전납부의무를 부과함으로써, 그 재산을 감소시키는 침해적 성격을 가지고 있다. 따라서 헌법 제59조는 조세법률주의를 규정하여 조세의 부과와 징수를 엄격한 법률적 구속 아래 둠으로써 집행부의 자의적인 과세권행사로부터 국민의 재산권을 보장하고자 한다. 조세법률주의는 법률유보의 원칙이 조세법 영역에서 구체화된 것으로서 조세의 부과와 징수에 관하여 중요한 사항은 일반성과 명확성을 갖는 법률로써 정하여야 하고 행정입법에 위임할 수 없도록 하고 있다.[37] 헌법재판소도 이러한 맥락에서 과세요건 법정주의와 과세요건 명확주의를 조세법률주의의 핵심적 내용으로 파악하고 있다.[38]

---

37) 장영수, "조세법에 있어서 위임입법의 한계", 『한독법학』, 제14호(한독법률학회, 2003), 135-159면.

38) 헌법 제38조는 "모든 국민은 법률이 정하는 바에 의하여 납세의 의무를 진다."라고 규정하고, 제59조는 "조세의 종목과 세율은 법률로 정한다."라고 규정하였는데 위 두 개의 규정은 조세행정에 있어서의 법치주의(조세법률주의)를 선언하는 규정이다. 조세행정에 있어서의 법치주의 적용은 조세징수로부터 국민의 재산권을 보호하고 법적 생활의 안전을 도모하려는데 그 목적이 있는 것으로서, 과세요건법정주의와 과세요건명확주의를 그 핵심적 내용으로 하는 것이지만 오늘날의 법치주의는 국민의 권리·의무에 관한 사항을 법률로써 정해야 한다는 형식적 법치주의에 그치는 것

과세를 비롯한 침해적 행정행위에 대한 근거법규의 불명확성은 그 자체로 이미 위헌의 소지를 가진다. 기본권을 제한하는 법률의 내용이 불명확한 경우에는 "불명확하기 때문에 무효(void for vagueness)"라고 하는 영미법 이론의 적용을 받을 수 있고, 또한 법규의 내용이 애매하거나 그 적용범위가 지나치게 광범하면 어떠한 경우에 법을 적용하여야 합헌적인 것이 될 수 있는지 법집행자에게도 불확실하고 애매하게 되어 과세요건을 법제정기관인 입법자가 법률로 확정하는 것이 아니라 사실상 과세당국이 재량으로 정하는 결과가 되어 법치주의에 위배될 소지가 생겨나는 것이고,39) 또한 헌법 제59조 소정의 조세법률주의는 조세가 국민의 재산권을 침해하는 것이므로 납세의무를 성립시키는 납세의무자, 과세요건, 과세표준, 과세기간, 세율 등의 모든 과세요건과 조세의 부과행정절차는 모두 국민의 대표기관인 국회가 정한 법률로 이를 규정하여야 한다는 것(과세요건법정주의)과 또 과세요건을 법률로 정하였다고 하더라도 그 규정내용이 지나치게 추상적이고 불명확하면 과세관청의 자의적인 해석과 집행을 초래할 염려가 있으므로 그 규정내용이 명확하고 일의적이어야 한다는 것(과세요건명확주의)을 그 핵심내용으로 하고 있다.40) 오늘날의 법치주의는 국민의 권리·의무에 관한 사항을 법률로써 정해야 한다는 형식적 법치주의에 그치는 것이 아

이 아니라 그 법률의 목적과 내용 또한 기본권보장의 헌법이념에 부합되어야 한다는 실질적 법치주의를 의미하며 헌법 제38조, 제59조가 선언하는 조세법률주의도 이러한 실질적 법치주의를 뜻하는 것이므로 비록 과세요건이 법률로 명확히 정해진 것일지라도 그것만으로 충분한 것이 아니고 조세법의 목적이나 내용이 기본권보장의 헌법이념과 이를 뒷받침하는 헌법상의 제원칙에 합치되지 아니하면 아니된다(헌법재판소 1992. 2. 25. 선고 90헌가69 결정).

39) 헌법재판소 1989. 12. 22. 선고 88헌가13 결정, 1990. 1. 15. 선고 89헌가103 결정, 1990. 4. 2. 선고 89헌가113 결정, 1992. 2. 25. 선고 89헌가104 결정.
40) 헌법재판소 1992. 12. 24. 선고 90헌바21 결정.

니라 그 법률의 목적과 내용 또한 기본권 보장의 헌법이념에 부합되어야 한다는 실질적 적법절차를 요구하는 법치주의를 의미하며, 헌법 제38조, 제59조가 선언하는 조세법률주의도 이러한 실질적 적법절차가 지배하는 법치주의를 뜻하므로, 비록 과세요건이 법률로 명확히 정해진 것일지라도 그것만으로 충분한 것은 아니고 조세법의 목적이나 내용이 기본권 보장의 헌법이념과 이를 뒷받침하는 헌법상 요구되는 제 원칙에 합치되어야 하고, 이에 어긋나는 조세법 규정은 헌법에 위반되는 것이다.[41]

가산세는 본질적으로 조세라고 볼 수는 없으나, 국세와 지방세에 관한 기본적이고 공통적인 사항과 법률관계를 명확히 하는 조세의 기본법인 국세기본법(제47조 제2항 본문)과 지방세기본법(제147조)에서 '국세' 및 '지방세'의 '세목'으로 정하고 있고, 조세법 체계 내에서 가산세의 입법구조는 되도록 조세와 같은 요건과 절차를 가지도록 요구되고 있다. 또한 ① 가산세 제도는 헌법상의 의무인 납세의무의 이행을 확보하고 신고납세제도의 유지하는 중요한 제도적 장치로서 조세제도의 내용이 된다는 점, ② 가산세는 본세와 함께 '부과·징수절차'의 내용이 되고 '부과·징수절차'와 같은 국가의 조세행정력의 집행은 '법률'로 정해진 절차에 의하여만 이행될 수 있다는 점, ③ 그 제재수단에 의하여 조세라는 형태와 절차로 부과·징수되고 그 구제절차도 조세와 동일한 절차를 가진다는 점에서 일정 부분 조세법률주의에 기속되는 제도라고 보아야 한다. 따라서 가산세의 '대상', '종류', '율' 기타 기본적인 내용과 절차만큼은 법률에 명확히 규정되어야 하며,[42] 그 금전적 제재가 고의·과실·책임능력 및 응능부담 등이 고려되지 않고 국민의 재산권을 제한하는 입법이 되

---

41) 헌법재판소 2006. 4. 27. 선고 2005헌바54 결정, 1998. 2. 27. 선고 95헌바5 결정.
42) 헌법재판소 1999. 6. 24. 선고 98헌바42 결정.

는 만큼 입법 및 사법작용에 있어서 비례의 원칙 등 엄격한 심사가
요구된다.[43)]

　행위자가 가산세를 면제받는 정당한 사유로 구제받을 수 있는 사
정, 즉 과세관청의 세무행정단계에서 집행해석을 통해 구제되는 받
는 경우는 이미 판례나 예규를 통해 명확한 경우에 한정되는 예외적
사례이고, 대부분은 행정상 불복절차와 사법절차를 통해 겨우 구제
되는 것이 현실이다. 특히 조세법 규정의 모호성으로 과세대상인지
의 여부에 대해 전문가도 확실히 판단하기 어렵고, 궁극적으로 법
원의 판단으로만 과세당국과 납세자의 의견차이가 정리될 수밖에
없는 경우에도 납세자가 형식적 위반사실만 있으면 가산세 과세대
상에서 벗어날 수 없다는 것은 조세채무의 본질 및 형평관념과 배
치된다.

　국세기본법 제47조의2 제1항 제2호에서 정하고 있는 일반무신고
가산세 역시 법문에도 불구하고 납세자에게 정당한 사유가 인정될
수 없을 때 비로소 부과할 수 있다. 이러한 '정당한 사유' 해당여부
에 관하여 납세자와 과세관청이 전적으로 대법원 판례에 의존하여
판단하도록 하는 것은 조세법률주의 관점에서 문제가 있음이 분명
하다. 나아가 동법 제47조의2 제1항 제2호에서 40%(국제거래 경우
100분의 60)라는 고율의 세율을 적용하고 있는 부당무신고가산세의
과세요건으로 정하고 있는 '부정행위'가 무엇을 말하는지는 더더욱
문제가 될 수밖에 없다.

　2011. 12. 31. 법률 제11124호로 개정되기 전의 구 국세기본법 제
47조의2 제2항은 부당한 방법을 "납세자가 국세의 과세표준 또는 세
액 계산의 기초가 되는 사실의 전부 또는 일부를 은폐하거나 가장하
는 것에 기초하여 국세의 과세표준 또는 세액의 신고의무를 위반하

---

43) 헌법재판소 1995. 11. 30. 선고 93헌바32 결정.

는 것으로서 대통령령이 정하는 방법을 말한다"라고 정의하고, 구 국세기본법 시행령(2012. 2. 2. 대통령령 제23592호로 개정되기 전의 것) 제27조 제2항에서 ① 이중장부의 작성 등 장부의 거짓 기록, ② 거짓 증명 또는 거짓 문서의 작성, ③ 거짓 증명등의 수취(거짓임을 알고 수취한 경우만 해당한다), ④ 장부와 기록의 파기, ⑤ 재산의 은닉이나 소득·수익·행위·거래의 조작 또는 은폐, ⑥ 그 밖에 국세를 포탈하거나 환급·공제받기 위한 사기, 그 밖의 부정한 행위를 들고 있었다. 즉, '부당한 방법'에 관하여 현행 규정 보다는 훨씬 구체적으로 정하고 있었음에도 불구하고, 구 국세기본법 시행령 제27조 제2항 제6호 소정의 "사기, 그 밖의 부정한 행위" 해당여부에 관하여 수많은 다툼과 이를 가리는 많은 판례가 형성되었다. 위 시행령 제27조 제2항 제6호에서 말하는 부정행위는 조세포탈의 목적을 위해 과세요건사실의 발견을 곤란하게 하거나 허위의 사실을 작출하는 등의 적극적인 행위를 의미하는데,44) 이에 해당하기 위해서는 납세자의 부정한 행위 및 그러한 행위를 통해 국가의 조세수입 감소를 가져오게 될 것이라는 점에 대한 인식이 있어야 하며,45) 이러한 행위가 수반됨이 없이 단순히 세법상의 신고를 하지 아니하거나 과세표준을 과소신고하는 것은 여기에 해당하지 아니한다는 것이다.46)

명의신탁자가 토지 양도로 발생한 양도소득세 신고·납부를 직접 한 경우, 오로지 자기 명의를 사용하지 않고 명의수탁자의 명의를 사용한 행위가 과연 '국세를 포탈하거나 환급·공제받기 위한 사기 그 밖에 부정한 행위'에 해당하여 부당무신고가산세가 적용되는지 여부를 판단하기 위하여 대법원 판결의 사례를 살펴보면, 대체로 아래와 같이 관념상이 아니라 실제로 조세라는 돈의 부과와 징수를 불

---

44) 대법원 2013. 11. 28. 선고 2013두12362 판결.
45) 대법원 2015. 1. 15. 선고 2014두11618 판결.
46) 대법원 2005. 3. 25. 선고 2005도370 판결.

가능하게 하거나 현저하게 곤란하게 함으로써 국가의 재정수입의
감소를 초래할 수 있는 가능성이 지극히 높은 적극적 행위가 있는
경우에 한하여 '사기 기타 부정한 행위'가 인정된다고 판단하고 있
다. 즉, ① 실제로는 세금계산서의 수수 없이 무자료거래를 통하여
재화나 용역을 공급받음으로써 원래 매입세액을 공제받을 수 없는
경우임에도 자료상 등으로부터 허위의 세금계산서를 구입하여 마치
세금계산서상의 가공의 공급자로부터 재화나 용역을 공급받은 것처
럼 가장하여 매입세액을 공제받은 경우,47) ② 과세대상의 미신고나
과소신고와 아울러 장부상의 허위기장 행위, 수표 등 지급수단의 교
환반복 행위, 여러 개의 차명계좌를 반복적으로 이용하는 행위 등
적극적 은닉의도가 나타나는 사정이 덧붙여진 경우,48) ③ 부동산매
매회사의 경영자가 토지 등의 매매금액을 감액하여 허위내용의 매
입·매출장부를 작성하고, 그 차액을 차명계좌에 보관하는 한편 장부
상 금액을 기준으로 법인세 과세신고를 한 경우,49) ④ 당초부터 정
상적인 기업활동에 의해 이윤을 추구할 의사 없이 오로지 탈세에 의
하여 이익을 취할 계획 아래 '바지사장'을 앉힌 회사를 내세워 마치
정상적인 기업거래를 하는 것처럼 위장한 채 사실은 금지금 거래 자
체로부터는 손해를 보면서도 부가가치세의 탈세에 의해 결과적으로
이익을 창출하기 위하여 변칙적이고도 불법적인 여러 가지 수단을
동원한 경우,50) ⑤ 피고인이 유흥주점을 경영함에 있어서 제3자의
이름으로 사업자등록을 한 뒤 그 이름으로 카드가맹점을 개설하고
신용카드 매출전표를 작성하여 피고인의 수입을 숨기는 등 행위를
한 경우,51) ⑥ 실제 거래상황이 기재된 장부 외에 그보다 매출액을

---

47) 대법원 2005. 9. 30. 선고 2005도4736 판결.
48) 대법원 2011. 3. 24. 선고 2010도13345 판결.
49) 대법원 2007. 10. 11. 선고 2007도4697 판결.
50) 대법원 2006. 8. 24. 선고 2006도3272 판결.
51) 대법원 2004. 11. 12. 선고 2004도5818 판결.

적게 기재한 허위의 장부를 작성하여 이에 의하여 세무신고를 함으로써 매출액을 실제보다 과소하게 신고한 경우[52] 등의 사안에서 조세의 부과와 징수를 불가능하게 하거나 현저하게 곤란하게 하는 적극적 행위가 있었다는 점에 주목하여 '사기 기타 부정한 행위'가 인정된다고 판단하였다.

위와 같은 판례의 사안에 비추어 보면, 구 국세기본법 제47조의2 제2항에 규정된 부당무신고가산세의 적용 요건인 부당한 방법으로서 '사기 기타 부정한 행위'에 해당하기 위해서는 ① 조세포탈의 의도를 가지고, ② 그 수단으로서 조세의 부과징수를 불능 또는 현저히 곤란하게 하는 위계 기타 부정한 적극적인 행위가 있어야 하며, ③ 그로 인하여 실제로 또한 구체적으로 조세의 부과징수가 불능 또는 현저하게 곤란하거나 부당한 조세의 환급·공제가 있어야 한다. 따라서, 명의신탁자가 양도소득세를 포탈하기 위하여 타인 명의로 토지를 매수한 것이 아니라 토지가 개발제한구역 내에 있는 관계로 관할관청으로부터 토지거래허가를 받아야 하고, 토지거래허가 신청을 하기 위해서는 매수인이 토지 소재지에 거주하는 자이어야 하므로 부득이하게 이러한 조건을 충족하는 명의수탁자 명의로 토지를 매수한 것이고, 토지 양도에 따른 양도소득세를 신고·납부함에 있어서도 그 연장선에서 불가피하게 그 명의로 하였다면, 이러한 경우 명의신탁자의 조세포탈 의도를 인정하기는 어려울 것이다.

즉, 매수인이 토지를 명의수탁자 명의로 취득하였을 뿐, 양도소득세 과세표준 또는 세액 계산의 기초가 되는 사실에 관한 허위의 증빙을 작성하거나 거래 자체를 조작하거나 은폐한 사실은 없다면, 양도소득세는 종합소득세와 달리 분리과세로서 해당연도에 양도가액에서 취득가액 등을 차감한 양도차익에 따라 과세표준 및 세액이

---

52) 대법원 2002. 9. 24. 선고 2002도2569 판결.

결정되는 것이고, 특히 부동산은 주식 양도[53]와는 달리 양도자가 누구인지에 따라 양도소득세 과세표준 또는 세액이 달라지는 것도 아니며, 토지의 양도소득이 발생한 사업연도에는 이 토지 외에 다른 토지 등의 양도로 인한 양도소득이 발생한 바도 없다면, 양도소득의 합계액수가 달라져 세율이 달라지거나 양도소득 특별공제가 이중으로 적용되었다거나 하는 사소한 조세차질 조차도 발생할 수가 없어 명의수탁자 명의로 양도소득세를 신고한 행위가 구 소득세법 시행령 제27조 제2항 제1호 내지 제5호 소정의 '사기 기타 부정한 행위'에 해당된다고 보기는 어렵다고 할 것이다. 같은 취지에서, 서울행정법원은 명의수탁자가 명의신탁된 부동산의 양도에 관한 양도소득세를 신고·납부한 사건에서, 명의수탁자가 명의신탁된 부동산에 관하여 그 명의로 양도소득세를 납부하여 실권리자에 대한 양도소득세 부과가 이루어지지 못하였다 하더라도, 단순히 명의수탁자가 그 명의로 명의신탁된 부동산에 대한 양도세를 납부하였다는 정도의 사정만을 들어 명의신탁자가 조세의 부과와 징수를 불가능하게 하거나 현저하게 곤란하게 하는 위계 기타 적극적인 행위를 한 경우라고 볼 수 없다고 판시한 바 있다.[54]

그렇다면, 명의신탁부동산의 실소유자명의로 양도소득신고를 한 바가 없다는 점 때문에 국세기본법 제47조의2 제1항 소정의 일반무신고로 볼 수 있을지언정, 신고 명의자가 실소유자가 아니라는 이유로 사기 기타 부정한 방법으로 세무신고 자체를 하지 않음으로써 실제로 조세라는 돈의 부과와 징수를 불가능하게 하거나 현저하게 곤란하게 하여 국가의 재정수입의 감소를 초래할 수 있는 가능성이 지

---

53) 주식양도의 경우, 대주주 여부에 따라 양도소득세 과세여부 및 세율이 달라진다(소득세법 제94조 제1항 제3호 (가)목 및 같은 법 제104조 제1항 제11호 (가)목 참조).
54) 서울행정법원 2008. 5. 16. 선고 2006구단9125 판결.

극히 높은 적극적 행위가 있는 경우에 한하여 적용되는 부당무신고 가산세를 적용할 수는 없다고 할 것이다. 또한, 거주자의 양도소득에 대한 과세표준은 종합소득 및 퇴직소득에 대한 과세표준과 구분하여 계산한다는 점에서(소득세법 제92조 제1항), 양도인의 다른 소득과는 관계없이 양도소득에 대한 과세표준 및 세액이 결정되는 것이고, 주식과는 달리 부동산 양도의 경우 양도인에 따라 세율이 달라지는 것도 아니므로 명의신탁을 통하여 명의수탁자를 양도인으로 하여 양도소득세를 신고·납부하였다고 하더라도 실제로 양도소득세를 포탈할 여지는 없다.

현행 국세기본법 제47조의2 제1항 제1호에서 부당무신고가산세의 과세요건으로 '부정행위'라는 추상적 개념을 들고 있는 것은 조세법률주의 관점에서 볼 때 시행령에 위임하여 개별적 경우를 상당히 구체적으로 규정하였던 구법 보다 훨씬 퇴보한 것으로서 그 자체로 위헌 무효로 판단될 소지가 크다. 조세법규가 모호한 경우 과세대상인지 여부에 관해 전문가도 확실히 판단하기 어렵고, 궁극적으로 법원의 판단에 의하여 과세당국과 납세자의 의견차이가 정리될 수밖에 없어 납세자가 형식적 해당 사실만 있으면 가산세 과세대상에서 벗어날 수 없다는 것은 조세채무의 본질 및 형평에 반한다.

조세의 내용과 한계에 관한 규정은 원칙적으로 입법자에게 넓은 형성의 자유가 인정되지만 비례의 원칙에 따라 재정목적과 정책목적, 과세대상과 과세내용, 납세의무자의 담세능력 등의 요인들을 구체적으로 살펴 방법의 비례의 원칙 준수여부를 살펴야 한다. 헌법재판소는 행정벌이나 가산세나 그 본질에 있어서는 의무이행을 확보하기 위한 제재라는 점이 같고, 다만 가산세는 형벌이 아닌 조세의 형태로 부과되는 차이점이 있을 뿐임을 수차 밝히고 있다[55]. 그리고

---

55) 헌법재판소 2003. 9. 25. 선고 2003헌바16 결정, 2006. 4. 27. 선고 2005헌바 54 결정.

모든 행정적 제재는 의무위반에 대한 책임의 추궁에 있어서는 의무 위반의 정도와 부과되는 제재 사이에 적정한 비례관계가 유지되어야 한다. 조세의 형식으로 부과되는 금전적 제재인 한 가산세 역시 의무위반의 정도에 비례하는 결과를 이끌어내는 비율에 따라 산출되어야 하고, 그렇지 못한 경우에는 헌법상 '비례의 원칙'에 반하여 재산권에 대한 부당한 침해가 된다.

V. 헌법상 재산권보장 원칙과 부당무신고가 산세의 과세요건

1. 원본 잠식 과세의 부당성

부동산 명의신탁의 경우 명의신탁자에게 5년 이하의 징역 또는 2억원 이하의 벌금에 처하는 것(부동산실명법 제7조 제1항) 이외에 해당 부동산 가액(價額)의 100분의 30에 해당하는 금액의 범위에서 과징금을 부과한다(제5조 제1항). 이러한 과징금의 법적 성격 역시 의무위반에 대한 행정상 제재라는 것이다. 한편, 앞서 본 바와 같이 무신고 가산세의 성격 역시 행정상 제재이므로 이러한 행정상 재제의 합(合)이 양도차익을 초과한다면 원본 침해 문제가 발생할 수 있다. 이런 원본 잠식이 법적으로 용인될 수 있는지의 문제는 오래전부터 헌법재판소와 대법원에서 헌법적으로 조명되어 왔다.

2. 토지초과이득세에 대한 헌법불합치 결정

헌법재판소는 토지초과이득세[56]에 대한 헌법불합치 결정을 하면서 "토초세는 토지재산, 즉 원본에 대한 과세가 아니라 원본으로부터 파생된 이득에 대하여 과세하는 수득세의 일종이므로, 만약 유휴토지 등 소유자가 가공이득에 대한 토초세를 부담하는 경우가 생긴다면, 이는 원본인 토지 자체를 무상으로 몰수당하는 셈이 되어 수득세의 본질에도 반하는 결과가 될 뿐만 아니라, 결과적으로 헌법상의 재산권 보장원칙에 배치되고 조세원리상의 실질과세, 공평과세의 이념에도 반한다고 하지 아니할 수 없다."고 판시한 바 있다.[57]

3. 양도소득세의 기준시가 과세

대법원은 양도소득세의 과세에 있어서, "기준시가에 의하여 양도차익을 산정하여야 하는 경우에 있어서도 헌법상의 실질적 조세법률주의 또는 과잉금지의 원칙상 그에 기초하여 산출한 세액이 실지거래가액에 의한 양도차익의 범위를 넘을 수 없고, 기준시가에 의하여 산정한 양도차익이 실지양도가액을 넘을 수도 없다 할 것이다."라고 판시하였다.[58] 즉, 양도차익을 산정함에 있어 입법정책적으로 불가피하게 추계과세의 일종인 기준시가 원칙을 채택하였다고 하더라도 양도소득세가 경제적 담세력을 세원으로 하는 이상 양도로 인하여 사실상의 소득이 없는 경우에 세금을 부과하거나 그 소득을 명백히 넘는 세액을 부과할 수는 없는 것이다.[59] 일찍이 판례는 기준

---

56) 양도소득세도 토지초과이득세와 마찬가지로 토지재산, 즉 원본에 대한 과세가 아니라 원본으로부터 파생된 이득, 즉, 양도차익에 대하여 과세하는 수득세의 일종이므로 토지초과이득세에 관한 헌재 결정의 위 법리가 그대로 적용될 수 있을 것이다.
57) 헌법재판소 1994. 7. 29. 선고 92헌바49 결정.
58) 대법원 1997. 2. 11. 선고 96누860 판결, 1998. 9. 22. 선고 98두8827 판결 등 다수.
59) 윤병각, "실질과세원칙과 조세회피행위의 부인", 『법과 정의』, 박영사, 1995; 장석조, "조세법상 실질과세의 원칙의 적용한계", 『사법논집』, 제33집(사법발전재단, 2001) 551면 이하.

시가 원칙이 채택된 이후 이 판결 전에도 계속하여 기준시가에 의하여 양도차익을 산출하는 경우에도 실질과세의 원칙상 그 양도차익은 실제로 양도한 가액의 범위를 넘을 수 없다고 판시하여 왔다.60) 그뿐만 아니라 헌법상의 실질적 조세법률주의 또는 과잉금지의 원칙상 그 기준시가에 의하여 산출한 세액이 실지거래가액에 의한 양도차익의 범위를 넘을 수 없으며, 만일 실지양도차익의 범위를 넘을 때는 그 세액을 실지양도차익의 범위로 제한하여 인정하여야 한다고 한다.61) 소송과정에서 실지양도차익이 전혀 발생하지 아니하였으므로 양도소득세 부과처분은 위법하다고 주장하고 있다면, 그 주장 속에는 기준시가에 의하여 양도차익을 산정할 수밖에 없다고 하더라도 실지 양도차익이 전혀 발생하지 아니한 이상 양도소득세는 부과될 수 없으므로 결국 그 부과처분이 위법하다는 뜻도 포함되어 있는 것으로 봄이 상당하므로, 법원으로서는 기준시가에 의하여 산정한 세액이 실지 양도차익의 범위를 넘는지의 여부를 심리한 다음, 그 실지 양도차익의 범위를 넘을 때에는 그 세액을 실지 양도차익의 범위로 제한하여 인정하여야 함이 상당하다.62) 대법원의 이러한 판시는 1983. 1. 1. 기준시가 원칙의 과세표준 산정방법이 시행되면서 발생하는 과세현장에서의 문제를 해결하기 위한 방편의 하나로 실질과세의 원칙을 들어 기준시가에 의한 산정방식의 불합리한 점을 적극적으로 통제함으로써 조세평등주의, 실질적 조세법률주의, 과잉제한금지원칙에 입각한 조세정의를 구체적으로 실현하였다고 평가받고 있다.

---

60) 대법원 1984. 3. 13. 선고 83누613 판결, 1987. 12. 22. 선고 87누483, 484 판결 등.
61) 대법원 1998. 4. 10. 선고 98두908 판결.
62) 대법원 1996. 12. 10. 선고 96누4022 판결.

4. 위법소득의 몰수, 추징과 종합소득세

위법소득의 지배·관리라는 과세요건이 충족됨으로써 일단 소득
세 납세의무가 성립하였다고 하더라도 그 후 몰수나 추징과 같은 위
법소득에 내재되어 있던 경제적 이익의 상실가능성이 현실화되는
후발적 사유가 발생하여 소득이 실현되지 아니하는 것으로 확정됨
으로써 당초 성립하였던 납세의무가 전제를 잃게 되었다면, 특별한
사정이 없는 한 납세자는 국세기본법 제45조의2 제2항 등이 규정한
후발적 경정청구를 하여 납세의무의 부담에서 벗어날 수 있다. 그리
고 이러한 후발적 경정청구사유가 존재함에도 과세관청이 당초에
위법소득에 관한 납세의무가 성립하였던 적이 있음을 이유로 과세
처분을 하였다면 이러한 과세처분은 위법하다.63)

5. 원본미회수와 이자소득세

소득세법상 이자소득의 발생 여부는 그 소득 발생의 원천인 원금
채권의 회수가능성 여부를 떠나서 논할 수 없으므로, 채권의 일부회
수가 있는 경우 그 회수 당시를 기준으로 나머지 채권의 회수가 불
가능함이 객관적으로 명백하게 된 경우에는 그 회수금원이 원금에
미달하는 한 당해 과세연도에 있어서 과세요건을 충족시키는 이자
소득 자체의 실현은 없었다고 볼 수밖에 없어 민법 제479조 제1항의
변제충당에 관한 규정은 그 적용의 여지가 없다.64) 또한, 금융 실명
제 위반 계좌에 대한 과세 역시 원본을 침해할 수 없다는 관점에서
비록 금융 실명제 위반이라는 범죄행위65)로 인한 소득이라도 발생

---

63) 대법원 2015. 7. 16. 선고 2014두5514 전원합의체 판결.
64) 대법원 1991. 11. 26. 선고 91누3420 판결, 2013. 9. 13. 선고 2013두6718 판결.
65) 금융실명거래 및 비밀보장에 관한 법률 제6조..

한 이자 및 배당소득의 90%에 대해서 과세하고 있다.[66)

VI. 결론

명의신탁 자산의 양도와 관련하여 명의수탁자 명의로 신고한 경우 실제로 조세회피가 발생하는지 여부는 일률적으로 말할 수 없다. 양도소득세는 기간과세로서 매년 합산하여 과세표준을 정하기는 하지만, 연간 2회 이상 양도소득을 발생시키는 경우가 아닌 한 양도소득을 누구 명의로 신고하더라도 양도차익에 대한 과세인 이상 실제 차이가 날 수 없거나 미미하다고 볼 수 있다. 한편, 토지 양도차익에 대한 양도소득세, 지방소득세, 부동산실명법에 따른 과징금까지 감안하면, 명의신탁 자산의 양도와 관련하여 명의신탁자에게 추가로 총결정세액의 40%인 부당무신고가산세까지 부과하는 것은 양도소득 전액뿐만 아니라 원본인 토지의 일부를 무상 몰수하는 결과가 되어 헌법상 권리인 재산권을 침해하고, 실질적 조세법률주의 및 과잉금지의 원칙에 반하게 된다. 또한 양도소득세 신고 납부가 사후적으로 문제된다는 사실은 결국 명의신탁이라는 사실이 밝혀졌다는 것을 전제로 하므로, 명의신탁에 의하여 실제로 조세회피가 발생하였는지, 회피된 세액이 과연 얼마나 되는지는 바로 알 수 있게 된다. 그렇다면 조세 회피 가능성이 있다는 추상적 이유로 원본 침해가 발생될 수 있는 부당무신고가산세 세율을 적용하는 것은 합리성이 인정될 수가 없다.

따라서 무신고 가산세의 부과와 관련하여 과세당국의 자의적인 법집행이 이루어지지 않도록 그 '정당한 사유' 해당 사유를 구체화

---

66) 금융실명거래 및 비밀보장에 관한 법률 제5조..

하는 입법을 조속히 할 필요가 있고, 그 입법이 이루어지기 전까지
는 조세법률주의, 재산권의 보장 등 헌법적 관점에서 부당무신고가
산세의 적용요건을 가급적 엄격하게 해석, 운용해 나가야 할 것이
다. 다만, 구법 하에서는 명의위장이 조세포탈의 목적에서 비롯되고
나아가 여기에 허위 계약서의 작성 등 적극적인 행위까지 부가되는
등의 특별한 사정이 없는 한 명의위장 사실만으로 구 국세기본법 시
행령 제27조 제2항 제6호에서 정한 '사기, 그 밖의 부정한 행위'에
해당한다고 볼 수 없다는 것이 대법원의 원칙적 입장이므로, 개선
입법이 이루어지기 전까지는 명의신탁 부동산의 양도에 대한 부당
무신고가산세 부과는 위 법리에 따라 엄격하게 이루어져야 한다. 나
아가, 부동산 명의신탁에 대하여 고율의 과징금이 부과되는 점을 감
안하여 이러한 행정상 재제의 합(合)이 양도차익을 초과함으로써 헌
법상 용인될 수 없는 원본 침해의 문제가 발생하지 않도록 엄격하게
해석, 집행되어야 할 것이다.

비지정기부금

김 승 호·이 상 일 변호사

I. 기부금의 의의

　기부금이란 특수관계인 외의 자에게 사업과 직접 관계없이 무상으로 지출하는 것으로서 재산적 가치가 있는 것을 말하고 실질적으로는 증여에 해당한다. 기부금은 법인의 순자산을 감소시킨다는 점에서 손금에 해당되고, 공익을 위해 장려되어야 하지만 사업과 직접 관계없이 지출되는 것이어서 수익에 대응하는 비용으로 볼 수 없을 뿐만 아니라 이를 모두 손금으로 인정하는 경우에는 조세부담을 감소시켜 실질적으로는 국고에서 기부금을 부담하는 결과가 되고 자본충실을 저해하여 주주 등 출자자나 일반채권자의 권익을 침해하게 되므로 법인세법은 기부금의 공공성의 정도에 따라 그 종류와 손금산입의 범위를 달리하고 있다.[1]

　지정기부금은 사회복지, 문화, 예술, 교육, 종교, 자선 등 공공성을 고려하여 정하는 기부금으로서 일정한 한도 내에서만 손금산입이 인정된다(법인세법 제24조 제1항, 법인세법 시행령 제36조). 법정기부금은 국가 또는 지방자치단체에 무상으로 기증하는 금품의 가액, 국방헌금과 국군장병 위문금품의 가액, 천재·지변으로 인한 이재민의 구호금품의 가액 등으로서 역시 일정한 한도에서만 손금산

---
1) 대법원 1992. 7. 14. 선고 91누11285 판결.

입이 인정된다(법인세법 제24조 제2항, 법인세법 시행령 제36조의2). 비지정기부금은 지정기부금과 법정기부금 이외의 기부금으로서 전액 손금에 불산입된다(법인세법 제24조 제1항).

　비지정기부금의 범위에 관하여 법인세법 시행령 제35조는 제1호에서 「법인세법 시행령 제87조의 특수관계인 외의 자에게 법인의 사업과 직접 관계없이 무상으로 지출하는 재산적 증여의 가액」을, 제2호에서 「법인이 위 특수관계인 외의 자에게 정당한 사유 없이 자산을 정상가격 보다 낮은 가액으로 양도하거나, 정상가격보다 높은 가액으로 매입함으로써 그 차액 중 실질적으로 증여한 것으로 인정되는 금액」이라고 규정하고 있다. 법인세법 제24조의 기부금은 법인이 특수관계인 외의 자에게 법인의 사업과 직접 관계없이 무상으로 증여하는 재산적 가액을 가리키는 것으로서, 이는 순수한 무상양도의 경우뿐 아니라 비록 거래의 외형은 유상양도의 형태를 취하고 있더라도 당해 자산이 현저하게 낮은 가액으로 양도되어 그 양도가액과 정상가액과의 차액이 실질적으로 증여되었다고 인정되는 경우를 포함하는 것이다. 이러한 취지를 규정하고 있는 법인세법 시행령 제35조 제1항 제2호가 모법의 위임 없이 기부금의 범위를 부당하게 확대하여 조세법률주의에 위배되는 무효의 규정이라고 볼 수 없다.[2]

　부당행위계산의 부인(법인세법 제52조)이란 납세자가 특수관계인에게 정상적인 거래형식에 의하지 않고 경제적인 이익을 분여함으로써 조세의 부담을 부당하게 감소시키는 행위계산을 조세법적으로 부인하는 것을 말한다. 거래당사자 사이에 특수관계가 필요하다는 점에서 기부금과 차이가 있지만, 경제적 이익의 분여를 규제대상으로 삼는다는 점에서 기부금과 기본적인 형태가 같다.[3]

　기부금은 법인의 사업과 직접 관계없이 지출된다는 점에서 업무

---

2) 대법원 1993. 5. 25. 선고 92누18320 판결.
3) 임승순, 『조세법』, 2017년도판(박영사, 2017), 630면.

관련 비용의 일종인 접대비와 구별된다.[4]

Ⅱ. 비지정기부금의 범위 및 요건

1. 재산적 증여의 가액

대법원은 비지정기부금에 관하여 기부의 외형이 증여인지의 여부 즉, 재산적 가치가 있는 것의 무상양도와 외형상으로는 증여가 아닌 유상양도의 형태를 취하면서 저가양도 또는 고가매입의 방법으로 정상가액과의 차액을 실질적으로 증여한 경우로 구분하는데,[5] 법인세법 시행령 제35조 제1호는 자산이 반대급부 없이 무상으로 이전되어 곧바로 증여의 실질을 인정할 수 있는 경우(자산의 무상양도)만을 가리키는 것으로 판시하고 있다.[6]

위 제1호는 자산이 타인에게 아무런 대가 관계없이 무상으로 지출되어 그 자체로 증여의 실질을 가지고 있는 경우에만 적용되고 어느 자산이 일정한 대가 관계에서 이전된 경우에는 이미 증여의 실질을 가지는 것인가의 여부가 그 자체만으로는 분명하지 않기 때문에 적용되지 않는 것이다. 증여계약에 의한 증여뿐만 아니라 채무면제, 면책적 채무인수[7] 등이 이에 해당될 수 있다.

---

4) 대법원 1987. 7. 21. 선고 87누108 판결.
5) 위 91누11285 판결.
6) 대법원 1993. 5. 27. 선고 92누9012 판결에서는 법인주주와 특수관계가 없는 주주들과의 사이에 정상배당의 경우 배당받았을 주식을 일부 초과배당받은 금원과 교환, 양도하기 위한 수단으로 차등배당결의를 이용한 것으로 인정되는 경우에는 제2호 소정의 기부금에 해당되는지 여부는 별론으로 하더라도 제1호는 그 적용의 여지가 없다고 판단하였다.
7) 대법원 2004. 1. 29. 선고 2003두247 판결.

한편, 무상양도에 해당하는지의 여부는 양도인의 입장에서 그 양도에 대가를 수령하는지의 여부에 의하여 판단되어야 하는 것이지 양수인이 그 양수 후에 이익의 실현을 위하여 비용의 지출을 필요로 하는지의 여부에 의하여 판단되는 것은 아니다.[8]

2. 저가양도 및 고가매입

가. 정상가액

자산을 정상가액보다 낮은 가액으로 양도하거나 정상가액보다 높은 가액으로 매입함으로써 그 차액 중 실질적으로 증여한 것으로 인정되는 금액이어야 한다. 정상가액은 시가에 시가의 100분의 30을 가산하거나 100분의 30을 차감한 범위 안의 가액을 말하는 것으로 (법인세법 시행령 제35조 제2호 후문), 자산의 실제 거래가격과 시가와의 차액이 아니라 자산의 실제 거래가격과 정상가액과의 차액 중 실질적으로 증여한 것으로 인정되는 금액이 비지정기부금에 해당한다. 저가양도의 경우 자산 시가의 70%에 해당하는 가액과 실제 자산양도가격의 차액이 비지정기부금에 해당하고, 고가매입의 경우 실제 자산양수가격과 자산 시가의 130%에 해당하는 가액의 차액이 비지정기부금에 해당한다.

나. 시가

구 법인세법 시행규칙(1999. 5. 24. 재정경제부령 제86호로 개정되기 전의 것) 제16조의2는 비지정기부금의 범위를 정하는 시가와 관

---

8) 위 91누11285 판결.

련하여 시가가 불분명한 경우에는 감정가액으로, 감정한 가액이 없는 경우에는 상속세 및 증여세법상 보충적 평가방법을 준용하여 평가한 가액으로 정하도록 했다.[9] 그러나 현행 법인세법은 정상가액의 범위를 정하는 시가에 관하여 별도로 규정하고 있지 않다.

이와 관련하여 대법원은 비지정기부금의 정상가액을 정하는 '시가'란 원칙적으로 정상적인 거래에 의하여 형성된 객관적인 교환가격을 말하는 것으로, 비상장주식이라도 그에 관한 객관적 교환가치를 적정하게 반영하는 거래의 실례가 있으면 그 거래가격을 시가로 볼 수 있다고 판시하고 있다.[10]

경영권의 지배를 수반하는 주식매매 대금은 일반적이고 정상적인 거래에 의하여 형성된 객관적인 교환가치를 반영하고 있는 가격이라 보기 어려워 일반적인 주식 양수도 거래의 시가에 해당하지 않는다.[11] 같은 그룹에 속해 있는 계열기업들이 유통시장이 형성되어 있지 않았던 신주인수권을 계속적으로 거래하였던 사실이 있더라도, 해당 신주인수권에 대한 객관적인 교환가치를 적정하게 반영하였다고 인정되는 거래의 실례가 있었다고는 볼 수 없으므로 그러한 실제거래가격이 해당 신주인수권의 시가에 해당하지 않는다.[12]

---

9) 구 법인세법 시행규칙(1999. 5. 24. 재정경제부령 제86호로 전부개정되기 전의 것) 제16조의2(시가) 영 제12조 제1항 제10호·영 제23조의4 제2항·영 제37조의3 제9항·영 제40조 제1항·영 제41조 제1항·영 제46조 및 영 제116조 제2항·제4항의 규정을 적용함에 있어서 시가가 불분명한 경우에는 지가공시및토지등의평가에관한법률에 의한 감정평가법인이 감정한 가액에 의하고, 감정한 가액이 없는 경우에는 상속세 및 증여세법 제61조 내지 제64조의 규정을 준용하여 평가한 가액에 의한다. 다만, 증권거래소에 상장되지 아니한 주식은 상속세 및 증여세법 제63조의 규정을 준용하여 평가한 가액에 의한다.
10) 대법원 2006. 1. 12. 선고 2005두937 판결.
11) 대법원 1985. 9. 24. 선고 85누208 판결.
12) 대법원 1994. 12. 22. 선고 93누22333 판결.

한편, 시가가 불분명한 경우에 종래 대법원은 구 법인세법 시행
규칙 제16조의2에 의하여 감정평가법인의 감정가격에 의하거나 상
속세 및 증여세법상 보충적 평가방법을 준용하여 평가한 가액에 의
하고, 위 각 규정에 의하더라도 그 가액을 평가할 수 없는 경우에는
객관적이고 합리적인 방법으로 평가한 가액에 의하여야 한다는 입
장이었다.[13] 그런데, 현행 법인세법령은 기부금의 범위를 정하는 시
가에 관한 명시적인 규정이 없는 관계로 종래 대법원 판례를 그대로
원용할 수는 없다. 다만, 부당행위계산부인 규정을 적용할 때 시가
를 규정하고 있는 법인세법 시행령 제89조는 시가의 본질에 부합하
는 규정으로서 법인세법 및 그 시행령에 위 규정 이외에는 시가 산
정방법에 관한 다른 규정이 없고, 법인세법 시행령 제89조 제2항 제
2호에 의해 준용되는 상속세 및 증여세법의 보충적 평가방법은 시
가를 합리적으로 추정하는 평가방법을 규정하고 있다는 점 등을 고
려하였을 때, 법인세법 시행령 제35조 제2호에 따라 특수관계에 있
지 않은 자 사이의 거래에 관하여 시가를 산정함에 있어, '시가가 불
분명한 경우'에는 법인세법 시행령 제89조를 준용할 수 있다고 생각
된다.[14] 이러한 혼란을 막기 위해서는 법인세법령에 기부금의 범위
를 정하는 시가에 관하여 명확히 규정할 필요가 있다.

다. 정당한 사유

자산을 저가로 양도하거나 고가로 매입하더라도 그에 정당한 사

---

13) 위 93누22333 판결.
14) 서울고등법원 2015. 9. 8. 선고 2015누33730 판결(대법원 2016. 2. 3. 선고
   2015두53664 심리불속행 판결로 확정), 서울고등법원 2016. 5. 4. 선고
   2015누53222 판결(대법원 2016. 8. 24. 선고 2016두39986 심리불속행 판결
   로 확정)도 같은 취지.

유가 있으면 그 차액 상당이 비지정기부금에 해당하지 않는다. 정당한 사유에 관하여 "시가와 대가와의 차액에 관하여 실질적인 증여(기부) 이외의 사유"로 보는 견해[15]와 법인세법 제52조의 부당행위계산부인의 판단기준인 '경제적 합리성'과 동일한 의미로 보아 '경제인의 입장에서 부자연하고 불합리한 행위를 함으로 인하여 경제적 합리성을 무시하였다고 인정되는 경우' 정당한 사유가 없다는 견해가 있다.[16]

1) 정당한 사유가 인정된 사례

법인이 타 회사로부터 주식을 매입한 가격이 정상가격보다 높은 가액이라 하더라도, 위 주식거래가 내국법인이 외국합작투자법인에게 투자금을 반환하고, 보유주식 전부를 일괄 양수하여 경영권을 확보하려고 하는 특수한 상황에서 이루어진 거래의 경우[17]

화재로 시장건물이 소실되어 다시 건물을 신축하여야 하고 그 부지의 도시계획상의 제한 때문에 5층 이상의 건물을 건축하여야 하는데, 그 건축자금을 마련할 길이 막연할 뿐만 아니라 그 대지의 잔대금도 납부하여야 하는 다급한 사정이 있어 위 신축할 건물의 건설업자에게 동 대지 일부를 정상가격보다 낮은 가액으로 양도한 경우[18]

법인이 비상장법인을 인수할 목적으로 실제로는 현금의 투자 없이 상호 주식을 교환하는 방법을 통해 비상장법인의 발행주식을 정

15) 김백영, "고·저가 매매와 기부금", 『세무사』, 11권 2호(계간세무사, 1993), 89면.
16) 안경봉, "1997년 조세법 판례회고: 법인세법", 『조세법연구』, 4집(한국세법학회, 1998), 468면.
17) 대법원 1997. 11. 14. 선고 97누195 판결.
18) 대법원 1984. 12. 11. 선고 84누365 판결.

상가액보다 높은 가액으로 매입한 경우[19]

원고의 의약품 판매법인의 주식양도가 정상가액보다 낮은 가격에 이루어졌다고 하더라도, 해당 의약품 판매법인이 약사법 개정으로 인하여 기존 매출의 90%를 차지하는 대학병원에 의약품을 납품할 수 없게 될 상황을 고려하여, 해당 의약품 판매법인의 주식을 영업권을 제외한 순자산가치만을 반영한 금액으로 하여 양도하였다는 사정이 인정된 경우[20]

2) 정당한 사유가 부정된 사례

자회사가 모회사의 주식을 특수관계 없는 자에게 저가로 양도한 사안에서 모회사 주식의 매도시점이 자회사의 모회사 주식취득금지 규정이 신설된 후 3년의 유예기간을 포함하여 이미 8년이 경과한 후이고, 양도가액이 정상가액의 절반에도 미치지 못하는 금액이며, 양도 당시 모회사의 경영상태가 상당히 호전되어 있었고, 위 양도 당시에 정상가액보다 높은 가액으로 양도한 사정 등을 종합하면 정당한 사유가 있었다고 보기 어렵다.[21]

원고가 이 사건 부동산을 저가로 매도한 것이 원고법인이 새로이 입주하는 농공지구로 신속히 공장을 이전할 필요성과 이 사건 부동산은 상습수해침수지역에 위치하고 있고, 공장에 자체 동력시설도 없어 원매자를 쉽게 물색하기 어려운 사정 등에 따라 이루어진 경우, 그와 같은 사정만으로 원고가 이 사건 부동산을 빠른 시일 내에 염가로 매각하여야 할 상황에 있었다고는 볼 수 없고, 더욱이 매수

---

19) 대법원 2010. 2. 25. 선고 2007두9839 판결.
20) 위 2015누53222 판결.
21) 대법원 2001. 5. 29. 선고 2000두8127 판결.

인은 바로 이웃에 있는 공장을 소유하고 있어 이 사건 부동산을 매수하여야 할 입장에 있는 점 등에 비추어 보면 저가양도한 데에 정당한 사유가 없다.[22]

주식양도인이 주식발행회사의 기업경영성과가 나빠지지 않았는데도 인수한 주식을 불과 1년 7, 8개월만에 4분의 1 정도 가액에 원래 주식발행회사의 주주로서 신주인수권을 가지고 있었던 회사에 처분하였다면 원심으로서는 그럴 만한 합리적인 이유가 있었는지의 여부를 심리하였어야 함은 물론, 혹시 주식의 시가와 관계없이 이 사건 주식을 인수하였거나 양도한 것이라면 그 양도당시의 시가를 제대로 평가하여 '정상가격'을 산출한 다음, 정당한 사유없이 이 사건 주식을 '정상가격'보다 낮은 가액으로 양도하였는지의 여부를 판단하였어야 한다.[23]

원고가 소유하고 있던 토지가 법원의 경매절차에서 감정평가액의 1/3 수준의 대금으로 낙찰이 이루어진 사안에서, 토지의 경매가격이 객관적 시가에 비하여 상당한 정도로 저감될 수밖에 없는 상황을 원고 스스로 만들었다고 보여지는 점, 원고의 자산 규모 등에 비추어 보았을 때 원고가 위 토지를 담보로 한 채무를 변제할 자력이 부족하였던 것으로 보이지 아니한 점, 원고와 낙찰자의 관계 등을 종합하여 보았을 때, 원고는 법원의 경매절차를 이용하여 정당한 사유 없이 이 사건 토지를 저가에 양도한 것이라 할 것이다.[24]

원고가 기존 유상증자로 보유하고 있던 40%의 지분만으로 해당

---

22) 위 92누18320 판결.
23) 대법원 1989. 12. 22. 선고 88누11704 판결.
24) 대법원 1997. 12. 12. 선고 97누3408 판결.

회사의 경영권을 행사하기 어려워 추가 지분을 취득할 필요성이 있었다고 하더라도, 특정인 A가 보유하고 있던 이 사건 주식에 대해서만 다른 양도인들의 보유 주식 매입가격보다 훨씬 높은 가격에 매입할 만한 특별한 이유가 있다고 보기 어렵고, 상속세 및 증여세법의 보충적 평가방법에 비하여 약 3배 높은 이 사건 주식의 매입가격은 원고가 해당 회사의 경영권을 확보하는 대가 및 특정인 A의 영화계에 대한 영향력 등 무형자산에 대한 대가를 포함하여 산정되었다고 볼 수 있는 점 등에 비추어 보면, 원고가 이 사건 주식을 고가로 매입할 정당한 사유가 있다고 보기 어렵다.[25]

원고들이 골프연습장을 건설할 목적으로 회사를 통해 토지를 구매한 다음 해당 회사의 주식을 저가로 양도한 사안에서, 원고들이 회사를 통해 골프연습장 부지를 취득할 때부터 해당 토지는 체육시설용지로서 공법상 제한이 존재하였고, 이러한 공법상 제한은 원고들로서 충분히 예견가능한 것으로서 이러한 제한을 원고들이 체육시설사업을 포기할 만한 정도의 사유로 볼 수 없으므로, 원고들이 회사의 주식을 저가에 양도한 데에 정당한 사유가 없다.[26]

3. 기타 부당행위계산부인 유형의 경우

가. 무상 임대 또는 정상가액보다 낮은 임대

법인세법 기본통칙 24-35-1은 법인이 특수관계 없는 자에게 당해 법인의 사업과 직접 관계없이 부동산을 무상으로 임대하거나 정당

---

25) 대법원 2008. 11. 27. 선고 2006두19457 판결.
26) 대법원 2011. 10. 13. 선고 2010두1378 판결.

한 사유 없이 정상가액보다 낮은 가액으로 임대하는 경우에는 비지
정기부금에 해당되는 것으로 규정하고 있다. 법인세법 시행령 제88
조 제1항은 자산의 고가매입(제1호)·저가양도(제3호)와 자산의 저가
임대차(제6호)를 구분하고 있으므로 부동산의 무상 임대 또는 저가
임대는 비지정기부금의 유형인 법인세법 시행령 제35조 제2호의 자
산의 저가양도에 해당되지 않는다고 생각된다. 다만, 부동산의 무상
임대는 임대료지급채무를 면제함으로써 차임 상당액을 곧바로 증여
한 것으로 볼 수 있다는 점에서 법인세법 시행령 제35조 제1호의 비
지정기부금에 해당되나,27) 부동산의 저가 임대는 임대료의 시가를
결정하지 않은 채 바로 증여 여부를 판단할 수 없다는 점에서 법인
세법 시행령 제35조 제1호의 비지정기부금에 해당되지 않는다고 생
각된다.

　나아가 금전, 그 밖의 자산 또는 용역을 무상으로 대여·임대하거
나 제공한 경우에는 법인세법 시행령 제35조 제1호의 비지정기부금
에 해당되나, 이를 정상가액보다 낮게 대여·임대하거나 제공하는 경
우에는 법인세법 시행령 제35조 제1호 및 제2호의 비지정기부금에
해당되지 않는다고 생각된다. 이와 관련하여 국세청은 특수관계가
없는 법인에게 시중금리 또는 국세청장이 정하는 당좌대출이자율보
다 낮은 이율로 금전을 대여한 경우 시중금리에 의하여 계산한 이자
상당액과의 차액에 대하여는 비지정기부금에 해당되지 않는 것으로
유권해석하고 있다.28)

---

27) 국세청도 법인이 특수관계 없는 자에게 당해 법인의 사업과 직접 관계없
　　이 부동산을 무상으로 임대하는 경우에는 법인세법 시행령 제35조 제1호
　　의 규정이 적용되는 것으로 유권해석하고 있다(서면2팀-685, 2008. 4. 15.).
28) 서면2팀 46012－11622, 2003. 9. 9., 법인-3682, 2008. 12. 1.

나. 증자, 감자, 분할, 합병 등의 자본거래

법인세법 시행령 제88조 제1항은 자산의 고가매입(제1호)·저가양
도(제3호)와 자본거래(제8호)를 구분하고 있으므로 증자, 감자, 분할,
합병 등의 자본거래를 통한 이익의 분여는 법인세법 시행령 제35조
제2호의 자산의 저가양도 또는 고가매입에 해당되지 아니하고, 실권
주 또는 신주의 고저가 양수도는 그 시가를 결정하지 않은 채 바로
증여 여부를 판단할 수 없으므로 법인세법 시행령 제35조 제1호의
비지정기부금에 해당되지 않는다고 생각된다.

국세청은 "법인이 유상증자를 하면서 시가에 비하여 고가로 발행
한 주식을 기존주주에게는 배정하지 아니하고 기존주주와 특수관계
없는 제3자에게 배정하는 경우 주식의 발행가액과 정상가액과의 차
액에 대하여 당해 주식의 인수법인에게 법인세법 시행령 제35조 제2
호의 규정에 의한 기부금규정을 적용하지 아니하는 것"이라고 유권
해석하고 있고,29) "법인의 합병에 있어서 합병법인과 피합병법인의
주식을 상속세 및 증여세법에 의한 평가액과 달리 평가한 가액비율
로 합병함으로써 합병법인 및 피합병법인의 주주인 법인(A)에게 피
합병법인의 다른 주주인 법인(A법인과 특수관계가 없음)으로부터
이익이 분여된 것이 있는 경우 그 이익분여와 관련하여서는 구 법인
세법 시행령(1998. 12. 31 대통령령 제15970호로 개정되기 전의 것)
제12조 제1항 제6호 및 같은법 시행령 제40조 제1항 제1호의 규정을
적용하지 아니하는 것"이라고 유권해석하고 있으며,30) "내국법인이
상법상 자본감소절차에 따라 특정한 법인주주가 보유한 주식만을
무상소각하는 불균등 무상감자를 실시함으로써 해당 법인주주와 특

---

29) 서면2팀-2236, 2004. 11. 4.
30) 재법인46012-69, 1999. 5. 14.

수관계 없는 다른 법인주주가 보유한 주식의 가치가 증가한 경우, 그 증가한 주식가치에 대하여는 법인세법 시행령 제35조 제2호의 규정을 적용하지 아니하는 것"이라고 유권해석하고 있다.[31]

Ⅲ. 비지정기부금의 귀속시기: 현금주의

법인이 기부금을 가지급금 등으로 이연계상한 경우에는 이를 그 지출한 사업연도의 기부금으로 하고, 그 후의 사업연도에 있어서는 이를 기부금으로 보지 아니하며, 기부금을 미지급금으로 계상한 경우 실제로 이를 지출할 때까지는 당해 사업연도의 소득금액계산에 있어서 이를 기부금으로 보지 아니한다(법인세법 시행령 제37조 제2항, 제3항). 법인이 기부금의 지출을 위하여 어음을 발행 또는 배서한 경우에는 그 어음이 실제로 결제된 날에 지출한 것으로 보며 수표를 발행한 경우에는 당해 수표를 교부한 날[32]에 지출한 것으로 본다(법인세법 시행규칙 제19조). 이와 같이 법인세법이 기부금의 귀속시기에 관하여 현금의 지출이 있을 때에 비용으로 계상하는 현금주의를 채택하고 있다.

법인이 타인의 원금 및 이자채무를 인수한 경우 그것이 기부금에 해당하는지 여부 및 당해 기부금이 비지정기부금에 해당되어 손금불산입되는지 여부도 그 원금 및 이자가 각 지급되는 때를 기준으로 판단하여야 할 것이며, 법인이 비지정기부금에 해당하는 타인의 원금채무를 인수한 경우에 그 후 이행한 이자지급채무가 법인 자신의

---

31) 법인세과-621, 2011. 8. 25.
32) 국세청은 법인이 기부금을 지출하기 위해서 '선일자수표'를 발행한 경우에는 수표상에 기재된 발행일에 따라 실제로 대금이 결제된 날에 기부금을 지출한 것으로 본다고 해석하고 있다(서면2팀-1669, 2006. 8. 30.).

채무가 되어 기부금에 해당하지 않게 된다고 볼 수는 없다.[33]

IV. 비지정기부금의 가액

1. 무상양도 또는 저가양도의 경우

무상양도의 경우, 양도한 사업연도의 소득금액을 계산함에 있어서 지출한 재산적 증여의 가액이 손금에 불산입된다. 저가양도의 경우, 양도한 사업연도의 소득금액을 계산함에 있어서 정상가액과의 차액상당을 손금에 불산입한다. 법인이 타인에게 자산을 무상으로 양도하거나 혹은 시가보다 현저하게 낮은 가액으로 양도함으로써 법인세법 소정의 기부금의 요건에 해당되는 경우에 있어, 위 거래로 인하여 상대방이 취득한 자산가액이나 그에 상응한 법인자산의 감소액은 자산의 시가 상당액으로서 비록 법인이 당해 자산의 시가와 장부가액과의 차액을 기업경리상 손비로 계상하지 않았다고 하더라도 세법상은 일단 그 차액 상당의 수익이 법인에 실현됨과 동시에 그 수익을 상대방에게 제공함에 따른 손실이 발생한 것으로 관념하여 그 손실을 기부금으로 보게 된다.[34]

2. 고가매입의 경우

투자자산의 손익 귀속시기는 그 자산을 양도하고 대금을 청산한 날이 속하는 사업연도인바(법인세법 시행령 제68조 제3호), 고가매

---

33) 위 2003두247 판결.
34) 위 92누18320 판결.

입의 경우 매입연도에 정상가격을 초과하는 금액을 손금에 산입하고 사내유보로 처분한 후, 동 금액을 손금에 불산입하여 기타 사외유출로 소득처분한 다음, 그 자산을 양도한 때에 그 초과액(당해 자산을 매입한 사업연도에 손금에 산입하고 사내유보로 처분된 금액)을 손금에 불산입하여 과세표준을 증액시키고 그 소득에 대하여는 사내유보로 처분한다. 즉, 고가매입 부분은 그 매입 사업연도 당시의 과세소득에는 증감이 없으나, 그 양도한 사업연도의 과세소득을 계산하는 데 있어서 손금불산입한다.[35]

V. 비지정기부금의 손금불산입에 따른 소득처분

비지정기부금은 기타사외유출로 소득처분한다(법인세법 시행령 제106조 제1항 제3호 가목).

---

[35] 서기석, "저가양도·고가매입", 『특별법연구』, 5권(특별소송실무연구회, 1997), 388면.

외국법인의 국내원천소득에 해당하는 위약금 또는 배상금

– '지급자체에 대한 손해를 넘어 배상받는 금전'의 의미에 관하여 –

강 성 대 변호사

Ⅰ. 문제의 제기

외국법인의 국내원천소득에 대해서는 이를 지급하는 법인이 원천징수하여야 하므로(법인세법 제98조 제1항), 외국법인에 대한 지급금이 국내원천소득에 해당하는지 여부는 실무상 빈번하게 문제되고 있다. 그 중 외국법인에게 지급하는 위약금이나 배상금의 경우에는 항상 국내원천소득에 해당하는 것이 아니라 '본래의 계약내용이 되는 지급자체에 대한 손해'를 넘어 배상하는 경우에만 국내원천소득에 해당하므로, '본래의 계약내용이 되는 지급자체에 대한 손해'의 의미가 무엇인지에 대해서 논란이 있다.

특히 최근에는 매매계약이 일방당사자(국내법인)의 귀책사유로 해제된 경우, 계약의 목적물은 여전히 다른 당사자(외국법인)에게 남아있으므로 계약을 해제하면서 지급한 손해배상금 전부가 외국법인의 국내원천소득에 해당한다는 이유로 과세관청이 일방당사자(국내법인)에게 법인세 징수처분을 하는 경우가 늘어나고 있는 것으로 보인다.

　아래에서는 외국법인의 국내원천소득에 해당하는 위약금 또는 배상금의 범위를 구체화하는 법인세법 시행령 제132조 제10항에 의한 '본래의 계약내용이 되는 지급자체에 대한 손해를 넘어 배상하는 금전 또는 기타 물품의 가액'의 의미와 관련하여, 먼저 관련 법령 및 판례를 살펴 본 후, 해석론에 대하여 논의하여 보고자 한다.

II. 관련 법령 및 판례

1. 법인세법 및 시행령

법인세법
제93조(외국법인의 국내원천소득) 외국법인의 국내원천소득은 다음 각 호와 같이 구분한다.
　10. 제1호부터 제9호까지의 규정에 따른 소득 외의 소득으로서 다음 각 목의 어느 하나에 해당하는 소득
　나. 국내에서 지급하는 위약금이나 배상금으로서 대통령령으로 정하는 소득

법인세법 시행령
제132조(국내원천소득의 범위) ⑩ 법 제93조 제10호 나목에서 "대통령령으로 정하는 소득"이란 재산권에 관한 계약의 위약 또는 해약으로 인하여 지급받는 손해배상으로서 그 명목여하에 불구하고 본래의 계약내용이 되는 지급자체에 대한 손해를 넘어 배상받는 금전 또는 기타 물품의 가액을 말한다.

  법인세법 제93조 제10호 나목 및 법인세법 시행령 132조 제10항
에 의하면, '재산권에 관한 계약의 위약 또는 해약으로 인하여 지급
받는 손해배상으로서 그 명목여하에 불구하고 본래의 계약내용이 되
는 지급자체에 대한 손해를 넘어 배상받는 금전 또는 기타 물품의 가
액'은 국내원천소득에 해당하므로, 국내에서 외국법인에게 이와 같
은 손해배상금을 지급하는 법인은 원천징수의무를 부담하게 된다.

2. 소득세법과의 비교

소득세법
제21조(기타소득) ① 기타소득은 이자소득·배당소득·사업소득·근로소
득·연금소득·퇴직소득 및 양도소득 외의 소득으로서 다음 각 호에서
규정하는 것으로 한다.
10. 계약의 위약 또는 해약으로 인하여 받는 소득으로서 다음 각 목의
어느 하나에 해당하는 것
   가. 위약금
   나. 배상금
   다. 부당이득 반환 시 지급받는 이자

소득세법 시행령
제41조(기타소득의 범위 등) ⑦ 법 제21조 제1항 제10호에서 "위약금과
배상금"이란 재산권에 관한 계약의 위약 또는 해약으로 받는 손해배상
(보험금을 지급할 사유가 발생하였음에도 불구하고 보험금 지급이 지
체됨에 따라 받는 손해배상을 포함한다)으로서 그 명목여하에 불구하
고 본래의 계약의 내용이 되는 지급 자체에 대한 손해를 넘는 손해에
대하여 배상하는 금전 또는 그 밖의 물품의 가액을 말한다. 이 경우 계
약의 위약 또는 해약으로 반환받은 금전 등의 가액이 계약에 따라 당초
지급한 총금액을 넘지 아니하는 경우에는 지급 자체에 대한 손해를 넘
는 금전 등의 가액으로 보지 아니한다.

소득세법 제21조 제1항 제10호 및 소득세법 시행령 제41조 제7항은 '재산권에 관한 계약의 위약 또는 해약으로 받는 손해배상으로서 그 명목여하에 불구하고 본래의 계약의 내용이 되는 지급 자체에 대한 손해를 넘는 손해에 대하여 배상하는 금전 또는 그 밖의 물품의 가액'을 기타소득으로 규정하고 있다.

위약금 및 배상금과 관련하여, 법인세법 제93조 제10호 나목 및 법인세법 시행령 제132조 제10항에서 규정하는 국내원천소득과 소득세법 제21조 제1항 제10호 및 소득세법 시행령 제41조 제7항에서 규정하는 기타소득은 그 내용이 거의 유사하다. 다만, 소득세법 시행령은 ① 보험금을 지급할 사유가 발생하였음에도 불구하고 보험금 지급이 지체됨에 따라 받는 손해배상이 포함된다는 점(소득세법 시행령 제41조 제7항 괄호 부분), ② 계약의 위약 또는 해약으로 반환받은 금전 등의 가액이 계약에 따라 당초 지급한 총금액을 넘지 아니하는 경우에는 지급 자체에 대한 손해를 넘는 금전 등의 가액으로 보지 아니한다는 점(소득세법 시행령 제41조 제7항 후문)을 명시적으로 규정하고 있다는 점에서 차이가 있다.

그러나 법인세법 시행령의 문언과 소득세법 시행령의 문언은 핵심적인 내용이 동일하므로, 소득세법 시행령의 해석은 법인세법 시행령의 해석에 있어서도 마찬가지로 적용될 수 있다. 이를 전제로 하여 아래에서는 소득세법상 기타소득과 법인세법상 국내원천소득의 구분 없이, '본래의 계약의 내용이 되는 지급 자체에 대한 손해를 넘는 손해'와 관련된 판례를 살펴보도록 하겠다.

3. '본래의 계약의 내용이 되는 지급 자체에 대한 손해'와 관련된 판례

가. 대법원 1997. 3. 28. 선고 95누7406 판결

위 판결은 원고(매도인)가 A회사(매수인)에게 자신이 소유하는 부동산을 매도하면서 중도금 및 잔금의 지급을 지연할 때에는 연 15%의 비율에 의한 지연손해금을 지급받기로 하였는데, 잔금지급 약정일 이후 미지급 중도금 및 잔금에 대하여 같은 이율의 소비대차의 목적으로 하기로 약정하였다가, 그 변제기에 이르러 변제기 후의 이자를 받지 않기로 다시 약정한 사안이다.

위 판결은 채무의 이행지체로 인한 지연배상금은 본래의 계약의 내용이 되는 지급 자체에 대한 손해가 아니고, 또 그 채무가 금전채무라고 하여 달리 볼 것도 아니므로 금전채무의 이행지체로 인한 약정지연손해금은 기타소득에 해당한다고 판시하면서, 부동산 매매계약의 당사자가 이행이 지체된 중도금 및 잔금을 이자부 소비대차의 목적으로 할 것을 약정하여 소비대차의 효력이 생긴 경우에도 그 소비대차의 변제기가 지난 다음에는 묵시적으로라도 변제기를 연장하였다는 등의 특별한 사정이 인정되지 않는 한, 그 이후 지급받는 약정이율에 의한 돈은 이자가 아니라 지연손해금이므로 이는 기타소득에 해당한다고 판시하였다.

나. 대법원 1998. 5. 22. 선고 97누14293 판결

위 판결은 원고(매수인)가 매도인으로부터 토지를 매수한 후 대금 13,000,000원을 모두 지급하였으나, 매도인이 토지를 제3자에게 매도하자, 매매계약을 해제하기로 합의하면서 합의금 143,000,000원을 지급받은 사안이다.

위 판결은 원고가 매도인과의 매매계약을 해약하면서 그로부터 당초 지급한 매매대금 상당액을 넘는 금원을 지급받은 것은 본래의 계약의 내용이 되는 지급자체에 대한 손해를 넘는 손해에 대하여 배상하는 금전을 취득한 경우로서 기타소득인 계약의 위약 또는 해약으로 인하여 받는 위약금 또는 배상금에 해당한다고 판시하였다.

다. 대법원 2004. 4. 9. 선고 2002두3942 판결

위 판결은 원고들(매도인)이 부동산을 매도하고 계약금 및 중도금을 수령하였으나, 매수인으로부터 잔금을 지급받지 못하는 등 매수인의 채무불이행으로 인하여 부동산 매매계약을 합의해제하면서, 계약금 및 중도금 합계 18억 원 중에서 3억 원은 매매계약의 해제로 인한 손해배상으로 원고들이 몰취한 사안이다.

위 판결은 원고들이 부동산의 명도의무를 다하기 위하여 임차인들을 퇴거시키는 과정에서 비용을 지출하는 등 재산상 손실을 입었다는 점을 인정하면서, 위 합의는 소송을 통한 분쟁해결보다는 당사자 쌍방이 용인할 수 있는 금액 범위 내에서 합의정산하는 방법으로 분쟁을 종결하는 것이 당사자들 모두에게 유리할 것이라고 판단하여 원고들에 대한 손해배상금 액수를 계약금 상당액인 3억 원으로 합의한 것으로, 원고들이 지급받은 위 3억 원은 본래 계약의 내용이 되는 지급 자체에 대한 손해를 넘는 손해에 대하여 배상하는 금전으로 기타소득에 해당한다기보다는 원고들이 입은 현실적인 손해를 전보하기 위하여 지급된 손해배상금으로 보아야 한다고 판시하였다.

라. 대법원 2007. 4. 13. 선고 2006두12692 판결

위 판결은 원고들(매도인)이 당초 1주당 130,000원에 주식을 매도하였으나 매수인의 채무불이행으로 인하여 주식 매매계약이 해제되자, 연대보증인으로부터 매매계약 당시의 1주당 주가 130,000원과 주식 매매계약 해제 당시 1주당 주가인 34,418원의 차액에 매도 주식수를 곱한 금액에 상당하는 손해배상금을 교부받은 사안이다.

위 판결은 원고들이 가치가 하락한 상태의 주식을 그대로 보유한 채 손해배상금을 지급받았다고 하더라도 손해배상금은 위 가치하락액과 일치할 뿐만 아니라 약정매매대금을 초과하지 아니하는 점을 고려하면, 손해배상금은 원고들이 입은 현실적인 손해를 전보하기 위하여 지급된 것으로 봄이 상당하므로, 본래의 계약의 내용이 되는 지급자체에 대한 손해를 넘는 손해에 대하여 배상하는 금전으로서의 기타소득에 해당한다고 볼 수 없다고 판시하였다.

마. 서울고등법원 2010. 7. 9. 선고 2009누30556 판결1)

위 판결의 사안은 다음과 같다. A회사의 대표이사인 원고는 B회사의 대표이사인 C와 사이에서 원고가 보유하고 있던 A회사 주식과 B회사 주식을 교환하기로 하는 교환계약을 체결하였다. 원고는 교환계약에 따라 A회사 주식에 관한 명의개서절차를 이행하였으나, C는 B회사 주식의 이전을 지연하였다. 한편, 교환계약 체결 이후 B회사는 D회사(코스닥상장법인)에 흡수합병되었으므로, 교환계약의 목적물은 B회사 주식 대신 D회사 주식으로 변경되었는데, C의 채무불

---

1) 위 판결은 대법원 2010. 12. 9. 선고 2010두17700 판결로 심리불속행 기각되었다.

이행에 따라 원고와 C는 2차에 걸쳐 합의를 하였고, 최종적으로 원고는 C로부터 ① 이미 명의개서절차를 이행하였던 A회사 주식의 명의개서절차를 다시 이행 받고, ② D회사 주식 시가를 기준으로 한 정산금을 지급받으며, ③ 교환계약의 목적물인 D회사 주식의 명의개서절차를 이행 받게 되었다.

위 판결은 '본래의 계약의 내용이 되는 지급자체에 대한 손해를 넘는 손해'는 그 계약이 이행됨으로써 얻게 될 통상의 이행이익으로서의 손해 그 자체의 보전을 넘어 순자산의 증가를 가져오는 손해를 의미하고, 현실적으로 발생한 손해의 보전이나 원상회복 수준의 배상금은 기타소득에 해당되지 아니한다고 판시하면서, C는 1차 및 2차 합의로 인하여 본래의 교환계약상 채무의 시가상당액 보다 실질적으로 감축된 채무를 이행한 것으로서 원고가 위 ①, ②, ③을 지급받은 것은 교환계약상 본래의 채무가 이행됨으로써 얻게 될 통상의 이행이익의 범위 내에 속하므로, 위 ①, ②를 기타소득으로 본 처분이 위법하다고 판시하였다.

바. 서울고등법원 2011. 9. 7. 선고 2011누6402 판결[2]

위 판결은 원고가 당초 토지를 매도하면서 매매대금을 9,380,000,000원으로 약정하였으나 매수인이 잔금을 지급하지 아니하여 매매계약이 해제되었고, 이에 따라 원고가 이미 지급받은 계약금 938,000,000원을 몰취하였는데, 매매목적물인 토지의 시가가 매매계약 당시 7,403,922,000원, 매매계약 해제 이후 8,888,861,000원이었던 사안이다.

---

2) 위 판결은 원고가 상고하지 아니하여 확정되었다.

위 판결은 매수인이 포기한 계약금은 매도인인 원고에게 귀속되고, 매도인인 원고는 자신의 의무인 매매목적물을 인도하지 않고서도 계약금에 해당하는 금전을 추가로 얻게 되었으며, 해당 토지 시가는 계약일 이후 증가되었으므로 원고가 이 사건 매매계약 해제로 인해 급부 자체에 대한 적극적 손해를 입었다고 볼 수 없고, 해당 토지를 제3자에게 매도하지 못하여 입은 시가 차액 상당의 손해는 매매계약이 제대로 이행되었더라면 얻을 수 있었던 이행이익을 얻지 못함으로써 발생한 손해에 해당하므로, 위약금으로 몰취한 938,000,000원을 원고가 입은 현실적인 손해를 전보하기 위하여 지급된 손해배상금으로 볼 수 없으므로 기타소득에 해당한다고 판시하였다.

사. 서울고등법원 2017. 5. 23. 선고 2016누74721 판결[3]

위 판결은 원고가 외국선주사들에게 선박건조계약과 관련하여 국내조선사들의 외국선주사들에 대한 선수금 및 그 이자 지급 채무를 보증하였으나, 선박건조계약의 해제로 인하여 외국선주사들이 국내조선사에 지급하였던 선수금과 그 이자를 외국선주사들에게 지급한 사안이다.

위 판결은 법인세법 시행령 제132조 제10항에 규정된 '본래의 계약의 내용이 되는 지급자체에 대한 손해를 넘는 손해'란 계약 상대방의 채무불이행으로 인하여 발생한 기존 이익의 멸실이나 감소 등 '적극적 손해'가 아닌, 위와 같은 적극적 손해를 넘어서는 손해, 즉 계약 상대방에게 지급했던 금원을 다른 곳에 사용하지 못함으로써 입게 되는 기회손실 등의 '소극적 손해' 등을 의미한다고 판시하면

---

3) 위 판결은 현재 대법원 상고심(2017두48482) 계류 중이다.

서, 외국선주사들이 선박건조계약의 해제로 인하여 입은 손해 중 국
내조선사들에 지급하였다 돌려받지 못한 선수금 자체는 적극적 손
해로서 선수금 상당액을 지급받으며 배상받은 것이나, 선수금 이자
는 국내조선사들에 지급한 선수금을 다른 곳에 사용하지 못함으로
써 입게 되는 이자 상당액의 손해 등을 배상하기 위해 지급된 것으
로서 적극적 손해를 넘어서는 것이므로 본래 계약의 내용이 되는 지
급자체에 대한 손해를 넘는 손해를 넘어 배상받는 금전에 해당한다
고 판시하였다.

아. 대전고등법원 2017. 12. 21. 선고 2017누12450 판결4)

위 판결의 경우 다른 사건과 비교하여 사안이 복잡하고 과세관청
의 다양한 과세논리가 제시되었으므로, 보다 자세히 살펴보도록 하
겠다.

(1) 사실관계

위 판결의 사안은 다음과 같다. A회사(원고)는 2007. 12. 5. 미국
법인인 B회사와 사이에 A회사가 B회사로부터 네덜란드 법인인 C회
사가 발행한 회사채(발행가액: 미화 8,300만 달러, 표면 이율 0%, 만
기금액 : 미화 1억 500만 달러, 만기일 : 2009. 5. 4.)를 ① 발행가액
미화 8,300만 달러, ② 매수일까지 연 5.73%의 내재된 약정이율에 의
한 이자, ③ B회사의 비용을 합한 금액에 매입하기로 하는 매매계약
을 체결하였다. A회사는 B회사에게 회사채 매매대금을 일부 지급하
였으나, 자금사정 악화로 나머지 매매대금을 지급하지 못하자, B회
사는 A회사를 상대로 회사채 매매대금 지급 청구의 소를 제기하였

---

4) 위 판결은 현재 대법원 상고심(대법원 2018두33470 사건) 계류 중이다.

고, 1심 법원은 2010. 1. 8. 'A회사는 B회사에게 미화 94,706,731.5달러 및 이에 대하여 2008. 6. 27.부터 다 갚는 날까지 지연손해금을 지급하라'는 판결을 선고하였다. 이에 따라 A회사와 B회사 2010. 1. 29. 회사채 매매계약을 해제하기로 합의하면서 A회사는 2010. 2. 11. B회사에게 합의금으로 미화 3,000만 달러를 지급하였다.

(2) 피고의 주장

과세관청은 위 사건의 항소심에 이르기까지 다음과 같은 주장을 하였다.

① B회사는 회사채 매매계약의 합의해제 이후에도 회사채를 계속 보유하고 있으므로 회사채의 경제적 가치가 매매계약시점부터 합의해제시점에 이르기까지 합의금 수준으로 하락하였다고 보기 부족한 이상,5) 합의금은 본래의 계약의 내용이 되는 지급자체에 대한 손해를 넘는 손해에 대한 배상금이다.

② 회사채의 실질적 가치는 회사채 발행시 담보로 제공된 D회사 주식의 가치와 일치하는데, 회사채는 원래의 실질 가치에 비하여 프리미엄을 더한 높은 가격에 발행된 것이므로,6) 높은 발행가액을 그대로 매매가액으로 정한 회사채 매매계약이 해제될 경우 회사채의 실질적 가치의 하락분은 적극적 손해에,

---

5) 과세관청은 회사채의 담보로 제공된 D회사(비상장회사)의 주식가치를 상속세 및 증여세법상 보충적 평가방법에 의하여 평가한 금액이 매매계약시점부터 합의해제시점까지 거의 변동이 없다는 점을 근거로 들었다.
6) 과세관청은 회사채가 원래의 실질 가치에 비하여 프리미엄을 더한 높은 가격에 발행된 것이라는 근거로 D회사의 주식가치를 상속세 및 증여세법상 보충적 평가방법에 의하여 평가한 금액이 회사채 매매대금보다 낮았다는 점을 들었다.

그 해제로 인해 B회사가 받지 못한 프리미엄에 해당하는 부분은 소극적 손해에 해당한다. 그런데 B회사는 합의해제를 통해 회사채를 그대로 보유하면서 합의금을 받았으므로 합의금은 회사채의 가치 하락 여부와 상관없이 위 프리미엄에 해당하는 부분을 받은 셈이 되어 계약 체결 전보다 유리한 입장에 놓이게 되었는바, 이는 지급 자체에 대한 손해를 넘는 손해에 대한 배상금에 해당한다.

③ 회사채 매매대금 중 '매수일까지의 약정이율에 의한 이자'는 회사채 매매계약이 해제되었다고 하더라도 어차피 B회사가 받을 수 있는 약정이자이기 때문에 해제로 인하여 어떠한 손해가 발생했다고 볼 수 없고, 'B회사의 비용'도 본래 B회사가 회사채를 발행하는 과정에서 지출하는 비용으로 회사채 매매계약을 통해 A회사에게 전가한 것이어서 회사채 매매계약의 체결이나 해제로 인하여 발생하거나 증가된 것이 아니므로, 위 양자는 모두 합의해제로 인한 적극적 손해에 해당하지 않는다.

(3) 판결의 요지

위 판결은 위 합의금 3,000만 달러와 합의해제 당시 회사채의 가치를 합한 금액을 매매잔대금 94,706,731.5달러와 비교하여 위 합의금 3,000만 달러가 B사의 손해 그 자체를 넘어 순자산의 증가를 가져오는지 여부를 살펴보아야 한다고 전제한 후, 합의해제 당시 회사채 자체의 원리금 상환 가능성이 매우 낮았다는 점, A사는 회사채 매매계약의 해제를 통해 회사채의 소유권 자체는 B회사에게 유보시키면서도 회사채의 담보로 제공된 D회사 주식 매각대금의 대부분을

B회사가 가져가는 것에 동의함으로써 사실상 회사채의 매매대금에 상당하는 금액이 B회사에게 지급되도록 한 점, 실제로 D회사 주식의 매각대금 중 최종적으로 B회사가 취득한 금액 및 위 합의금 3,000만 달러를 합한 금액은 약 95,346,249.3달러로서 매매잔대금 94,706,731.5달러와 근사한 금액이었다는 점 등을 고려하면, 위 합의금 3,000만 달러는 A사의 귀책사유로 인하여 발생한 손해를 보전받거나 원상회복 수준의 배상금을 지급받은 것으로서 국내원천소득에 해당하지 않는다고 판시하였다. 그리고 위 판결은 위와 같은 피고의 주장에 대해서는 아래와 같이 판단하였다.

① (i) B회사의 적극적 손해 존부 및 그 범위는 회사채 자체의 가치하락 여부만을 기준으로 판단할 것이 아니라, B회사가 회사채 매매계약이 이행되었을 경우 얻을 수 있었던 약정매매대금과 합의해제 당시 회사채의 가치를 비교하여 판단함이 타당한 점, (ii) 위 회사채와 같이 객관적인 시장가격을 산정하기 어려운 자산에 관한 매매계약이 해제된 경우, 매도인이 입은 적극적 손해의 존부 및 범위를 해제 당시에 확정하기 곤란하므로, 매수인이 매도인에게 일응의 손해배상금을 지급한 다음, 나중에 매매목적물을 환가하여 그 경제적 가치가 실현된 후에 서로 매각대금을 정산하는 방식으로 해제에 따른 법률관계를 형성하는 것이 합리성을 가진다고 판단되는 점, (iii) 그러한 경우 매도인이 지급받은 손해배상금과 환가를 거쳐 매도인에게 정산된 매각대금을 합산한금액과 매도인이 본래 얻을 수 있었던 약정매매대금을 비교하여 양자가 근소한 차이만을 보인다면 손해배상금이 본래의 계약의 내용이 되는 지급자체에 대한 손해를 넘는 손해를 배상하기 위한 금전이라고 단정할 수 없는 점 등에 비추어 보면, 피고의 주장은 받아들이기 어렵다.

② 회사채 매매계약이 위 회사채의 실질 가치에 비하여 높은 가
격에 매매대금이 정해진 것임을 인정할 만한 증거가 없고, 합
의금이 회사채의 프리미엄에 해당하는 부분에 대한 손해의 전
보라고 볼 만한 근거가 없다. 오히려 회사채 매매계약 이후
위 회사채의 가치가 지속적으로 하락하여 합의해제 당시에는
D회사 주식의 가치와 사실상 동일하게 된 것으로 봄이 상당
하다.

③ '매수일까지의 약정이율에 의한 이자' 및 'B회사의 비용'은 모
두 당사자 간의 합의에 의해 회사채 매매대금에 포함된 것이
므로, 그 부분에 손실이 발생한 것은 적극적 손해에 해당하므
로 피고의 위 주장은 이유 없다.

4. 소결

이상에서 살펴본 바와 같이, 판례는 금전채무의 불이행과 관련하
여 변제기까지의 이자는 본래의 계약의 내용이 되는 지급 자체에 대
한 손해를 넘는 손해로서 기타소득에 해당하지만, 이행지체로 인한
지연배상금은 본래의 계약의 내용이 되는 지급 자체에 대한 손해가
아니므로 기타소득에 해당한다는 입장이다. 나아가 판례는 '본래의
계약의 내용이 되는 지급자체에 대한 손해를 넘는 손해'는 그 계약
이 이행됨으로써 얻게 될 통상의 이행이익으로서의 손해 그 자체의
보전을 넘어 순자산의 증가를 가져오는 손해를 의미하고, 현실적으
로 발생한 손해의 보전이나 원상회복 수준의 배상금은 기타소득에
해당되지 아니한다는 입장이다.

Ⅲ. '지급 자체에 대한 손해를 넘는 손해'의 해석

1. 소득세법에서의 해석론

위에서 본 바와 같이, 법인세법 시행령의 문언과 소득세법 시행령의 문언은 핵심적인 내용이 동일하므로, '지급 자체에 대한 손해를 넘는 손해'와 관련한 소득세법 시행령의 해석은 법인세법 시행령의 해석에 있어서도 마찬가지로 적용될 수 있다.

소득세법 시행령이 '본래의 계약의 내용이 되는 지급 자체에 대한 손해를 넘는 손해에 대하여 배상하는 금전 기타 물품의 가액'을 기타소득으로 보아 과세하는 취지와 관련하여, 이는 본래의 급부에 해당하는 배상금이나 현실적인 재산상 손해액에 대한 전보금은 새로운 수입이나 소득을 구성하는 것이 아니므로 이를 기타소득으로 볼 수 없지만, 본래의 급부 또는 실제의 손해액을 초과하여 지급되는 위약금 또는 배상금은 손해의 전보를 넘어 새로운 수입이나 소득을 발생시키기 때문에 기타소득으로서 소득세의 과세대상이 되는 것으로 설명되고 있다(헌법재판소 2010. 2. 25. 선고 2008헌바79 결정 참조).

그리고 여기서 '본래의 계약의 내용이 되는 지급 자체에 대한 손해'란 계약의 목적이 되는 급부 자체에 대한 적극적 손해로서 이행이익의 범위 내라는 것을 의미하는 것이라고 하고,[7] 그 '손해를 넘는 손해'의 의미는 계약 상대방의 채무불이행으로 인하여 발생한 재

---

7) 소순무, "부동산 양도에서 중도금 지급지연으로 인한 위약금을 양도가액에 산입할 수 있는지 여부", 『대법원판례해설』, 제19-2호(법원도서관, 1993), 166면.

산의 실제 감소액(적극적 손해)을 넘는 손해배상금액(소극적 손해), 즉 채무가 이행되었더라면 얻었을 재산의 증가액을 보전받는 것으로 해석한다.[8]

그렇다면, 위약금 또는 배상금이 소득세법상의 기타소득 또는 법인세법상의 국내원천소득에 해당하는지 여부를 판단하기 위해서는 '적극적 손해' 또는 '소극적 손해', '이행이익'과 같은 개념이 확정되어야 할 것이므로, 아래에서는 이에 대해서 살펴보도록 한다.

2. 적극적 손해와 소극적 손해의 구별

재산적 손해는 발생한 손해의 내용에 따라 적극적 손해와 소극적 손해로 구분되는데, 적극적 손해는 기존의 재산의 멸실 또는 감소로, 소극적 손해는 장래에 얻을 수 있었던 이익을 얻지 못한 손해로 해석되고 있다. 여기서 소극적 손해는 일실이익이라고도 한다.[9]

예를 들어, 5,000만 원에 건물을 을에게 팔기로 한 갑이 실화로 이 건물을 소실시켰는데, 매수인 을은 이미 병과 대금 6,000만 원에 이 건물을 전매하는 계약을 체결하고 있었던 경우에 5,000만 원 짜리 건물을 취득하지 못한 을의 손해는 적극적 손해(을의 건물인도청구권의 상실)이고, 1,000만 원의 전매이익의 상실은 소극적 손해로 설명되고 있다.[10]

---

8) 이규철, "주식매매약정의 해제로 인하여 매도인이 연대보증인으로부터 지급받은 매수인의 채무불이행에 따른 손해배상금이 소득세법 소정의 기타소득에 해당하는지 여부", 『대법원판례해설』, 제69호(법원도서관, 2008), 192면
9) 곽윤직 등, 『민법주해 IX 채권(2)』, 초판(박영사, 1995), 470~471면.
10) 곽윤직 등, 위의 책, 471면.

3. 이행이익의 의미

이행이익의 손해란 이미 유효하게 성립된 채권의 존재를 전제로 하여 채무자가 채무의 내용에 좇은 이행을 하지 않았기 때문에 채권자가 입은 손해를 말한다. 즉, 채무자가 채무를 이행하였더라면 채권자가 얻었을 이익을 의미하는데, 채무불이행으로 채권자가 이러한 이익을 얻지 못한 손해가 이행이익의 손해이다. 가령 매도인이 채무를 제대로 이행하였을 경우에 매수인이 가지는 매매목적물의 가격상승이나 전매의 이익, 목적물을 이용하여 얻을 이익, 목적물을 얻음으로써 다른 목적물을 구입하지 않아도 되는 이익(그 대체구입을 위하여 하여야 할 지출을 하지 않아도 되는 이익) 또는 단지 적시에 급부를 받아 이를 보유하는 이익 등이 이에 속한다.[11]

이는 신뢰이익의 손해와 구별되는 개념인데, 신뢰이익의 손해란 어떤 법률행위가 무효로 되었을 때에 그 당사자가 무효인 법률행위를 유효라고 믿었기 때문에 입은 손해를 말한다. 즉, 계약의 유효한 성립을 믿었기 때문에 한 일정한 재산적 처분(결정)이 그대로 적절한 것이 되는 데 대한 이익, 다시 말하면 그러한 재산적 처분이 그 계약의 무효로 말미암아 부적절한 것으로 되지 않는 데 대하여 채권자가 가지는 이익이다. 그 예로는 계약비용, 계약의 이행을 위한 준비(가령 헛되게 지출한 조사비용, 대금의 차용, 운송수단의 준비 등)를 하거나 다른 사람의 보다 유리한 매수제의를 거절한 것이 애초 믿은 그대로 필요하거나 유익한 재산적 결정이 되는 데 대한 이익 또는 그 목적물에 하자가 없다고 믿었기 때문에 그러한 가격으로 매매계약을 체결한 것이 신뢰한 그대로 적절한 결정이었다고 하는 데 대한 이익 등을 들 수 있다.[12]

---

11) 곽윤직 등, 위의 책, 474면.
12) 곽윤직 등, 위의 책, 475면.

4. 문제되는 경우

위에서 본 대전고등법원 2017. 12. 21. 선고 2017누12450 판결에서 나타난 피고의 주장은 향후 과세관청의 과세논리를 짐작케 한다는 점에서 상당한 의미가 있다고 판단된다. 아래에서는 위 사건에서의 피고의 주장을 보다 상세히 고찰해 보겠다.

가. 매도인이 합의해제 이후에도 매매목적물을 그대로 보유하고 있으므로, 매매목적물의 가치 하락이 있어야 한다는 주장

위 사건에서 피고는 B회사는 회사채 매매계약의 합의해제 이후에도 액면금액 상당을 C회사에 청구할 수 있는 회사채를 계속 보유하고 있으므로 원고인 A회사가 B회사에 지급한 합의금은 '본래의 계약의 내용이 되는 지급 자체에 대한 손해를 넘는 손해에 대하여 배상하는 금전'에 해당한다고 주장하였다. 그리고 피고는 설령 C회사가 위 회사채를 상환할 수 없다고 하더라도, 담보로 제공된 D회사 주식의 가치를 상속세 및 증여세법상 보충적 평가방법에 의하여 평가한 금액이 매매계약시점부터 합의해제시점까지 거의 변동이 없으므로, 합의해제로 인하여 B회사가 입은 적극적 손해가 존재하지 않는다고 주장하였다.

그러나 위와 같은 피고의 주장은 위 사건의 특수성을 고려하지 않은 문제점이 있다. C회사는 부동산개발사업에 투자하기 위하여 설립된 특수목적법인으로서, C회사의 자산은 실질적으로 위 부동산개발사업의 시행사인 D회사의 주식뿐이었고, 위 부동산개발사업 역시 진행 중이었으므로 C회사로서는 위 회사채를 상환할 능력이 존재하지 않았다. 따라서 B회사가 액면금액 상당을 C회사에 청구할 수 있는 회사채를 계속 보유한다는 점에 근거하여 B회사에 아무런 적극적 손해가 없다고 보기는 어렵다.

한편 B회사는 A회사의 채무불이행 및 합의해제로 인하여 A회사에 대한 약정매매대금 청구권을 상실하게 되었다. 위 회사채의 매매대금은 회사채의 액면 금액과 거의 동일하게 정해졌는데, ① 매매계약 체결 당시 위 회사채의 담보로 제공된 풋옵션(한국도로공사가 D회사의 주식을 위 회사채의 만기 금액에 매수하는 조건)과 관련하여, 풋옵션 약정이 한국도로공사에 대한 배임행위로서 무효인지가 문제되는 상황이었으나, 관련 형사사건의 진행 상황 등에 비추어 완전히 무효로 보기 어려웠다는 점, ② A회사는 당초 위 부동산개발사업의 경영권을 확보하여 사업에 참여할 목적으로 B회사로부터 위 회사채를 매수하게 된 것으로서 위 부동산개발사업이 성공할 경우 매매대금 상당을 회수하는 것이 충분히 가능하였다는 점을 고려한 것이었다.

그런데 회사채 매매계약 체결 이후 A회사의 재무상황이 악화되어 약정매매대금을 지급하지 못하게 되었고, B회사는 A회사에 대하여 회사채 매매대금의 지급을 청구하는 소를 제기하여 1심 승소 판결이 선고되었다. 이에 A회사로서는 회사채 매매계약의 구속을 벗어나고자 합의금을 지급하면서 합의해제를 한 것인데, 합의해제 당시에는 위 풋옵션 약정과 관련한 형사사건이 확정되어 풋옵션이 무효라는 것이 분명하게 된 반면, C회사로서는 위 회사채를 상환능력이 존재하지 않았으므로, 위 회사채의 실질적인 가치는 유일한 담보인 D회사 주식과 동일하였다. 하지만 D회사는 비상장회사로서 공개시장에서 주식이 거래되는 상황이 아니었을 뿐 아니라, D회사의 주식 가치는 위 부동산개발사업의 성공 여부와 직접적으로 연계되어 있었기 때문에 그 정확한 가치를 평가하는 것이 상당히 어려웠다. 이에 따라 A회사와 B회사는 일단 합의해제 당시 합의금을 지급한 이후 D회사의 주식이 매각되면 매각금액에 따라 사후에 정산하기로 하였고, 실제로 B회사가 합의금을 포함하여 최종적으로 얻은 금액은 당초 약정매매대금에 근접하였다.

이러한 사정에 비추어 보면, B회사가 A회사의 채무불이행 및 합의해제로 인하여 입은 적극적 손해는 회사채의 약정매매대금과 합의해제 당시 매매목적물인 회사채의 가치(= D회사의 주식 가치)의 차이라고 보는 것이 타당하다. 그런데 위 사건에서 피고는 담보로 제공된 D회사 주식의 가치를 상속세 및 증여세법상 보충적 평가방법에 의하여 평가한 금액이 매매계약 체결시점부터 합의해제시점까지 거의 변동이 없다는 점을 근거로 B회사의 적극적 손해가 발생하지 않았다고 주장하였는바, 위 사안에서 보충적 평가방법에 의하여 평가한 금액은 위와 같은 특수한 사정을 전혀 고려하지 않은 것으로서 매매목적물인 회사채의 가치를 정확하게 반영하지 못하는 문제점이 있다.

나. 매매계약 당시 매매목적물이 실제 가치보다 높은 가격에 거래되었으므로 그 차액에 대한 보상은 소극적 손해를 전보하기 위한 것에 불과하다는 주장

위 사건에서 피고는 A회사와 B회사가 회사채 매매계약을 체결하면서 실제 회사채의 가치(= 상속세 및 증여세법상 보충적 평가방법에 의하여 평가한 D회사 주식가치)보다 높은 가격으로 매매대금을 정하였으므로, 약정매매대금은 B회사가 위 회사채를 제3자에게 매도하였을 때 얻을 수 있는 금액으로서 실제 회사채의 가치와 약정매매대금의 차액은 소극적 손해를 전보하기 위한 것에 불과하다는 주장을 하였다.

이러한 피고의 주장은 소극적 손해는 장래에 얻을 수 있었던 이익을 얻지 못한 손해를 의미한다는 점에 착안한 것으로 보인다. 그러나 피고는 만약 A회사가 위 회사채를 실제 가치보다 높은 가격으로 매수한 것이라면 그 이유는 무엇인지에 대해서는 아무런 설명을 하고 있지 않을 뿐만 아니라,[13) B회사가 위 회사채를 제3자에게 매각하는 경우 위 회사채의 실제 가치보다 더 높은 금액으로 매수할 제3자가 존재할 수 있는지도 의문이다.

결국 피고는 '회사채 매매계약 체결 당시 매매목적물인 회사채의 가치 = 상속세 및 증여세법상 보충적 평가방법에 의하여 평가한 D회사 주식가치'라는 잘못된 명제를 고집하다가 앞뒤가 맞지 않는 주장을 하게 된 것으로 보인다. 상속세 및 증여세법에서도 재산의 가액을 평가하는 원칙적인 기준은 '시가'이고(상속세 및 증여세법 제60조 제1항), 보충적 평가방법에 의하여 평가한 금액은 시가를 산정하기 어려운 경우 상속세 또는 증여세를 부과하는 목적으로 시가로 간주하는 것에 불과하다(상속세 및 증여세법 제60조 제3항). 위 가.항에서 살펴본 바와 같이, 보충적 평가방법에 의하여 평가한 D회사 주식가치는 매매목적물인 회사채의 가치를 정확하게 반영하지 못하나, 피고는 이 점에 대해서 간과하고 있다.

다. 매매대금에 포함된 회사채의 이자 및 비용은 매매계약의 체결이나 해제로 인하여 발생하거나 증가된 것이 아니므로, 합의해제로 인한 적극적 손해에 해당하지 않는다는 주장

소득세법상의 기타소득과 관련하여, 손해의 발생과 이에 대응하는 손해배상채권의 발생을 전체적으로 하나의 거래로 보아야 하고,

---

13) 피고는 위 사건에서 A회사와 B회사 사이에 이면계약이 있을 것이라고 주장하였으나, 이에 대해서는 아무런 증거를 제시하지 못하였다.

채무가 이행되지 않아서 손해배상을 받은 경우와 실제로 이행된 경우를 비교하여, 만약 실제로 이행된 경우에 소득세가 부과되었을 것이라면 손해배상에 대하여도 과세가 이루어져야 한다는 견해가 있다.[14]

피고는 위 견해를 인용하면서, 회사채 매매대금을 산정하면서 이에 포함된 요소인 '매수일까지의 약정이율에 의한 이자' 및 'B회사의 비용'은 합의해제로 인한 적극적 손해에 해당하지 않는다고 주장하였다.

그러나 소득세법 시행령 제47조 제7항 및 법인세법 시행령 제132조 제10항의 문언은 채무가 이행되지 않아서 손해배상을 받은 경우와 실제로 이행된 경우를 비교하여 기타소득 또는 국내원천소득에 해당하고 있는 것으로 규정하고 있는 것이 아니라, 위약금 또는 배상금이 본래의 계약내용이 되는 지급자체에 대한 손해를 넘어 배상받는 것에 해당하는지 여부에 따라 기타소득 또는 국내원천소득에 해당하는 것으로 규정하고 있다. 따라서 채무가 이행되지 않아서 손해배상을 받은 경우와 실제로 이행된 경우를 비교하여야 한다는 해석은 위 규정의 문언에 반하는 문제점이 있다.

그리고 채무가 이행되지 않아서 손해배상을 받은 경우와 실제로 이행된 경우를 비교하여야 한다는 주장은 '지급 자체'에 이미 축적되어 온 미실현이익이 포함되어 있다면, 그에 대한 손해배상 역시 과세 대상이 되어야 한다는 문제의식에 기초하고 있다.[15] 그러나 이 사건의 경우 만약 B회사가 회사채 매매계약의 합의해제 후 회사채를 제3자에게 매각한다면 회사채 보유기간 동안 이자에 대해 국내원천소득으로 원천징수되는데(법인세법 시행령 제138조의3 제1항), 피고의 주장과 같이 합의금에 포함되어 있는 회사채 이자 상당액에

---

14) 윤지현, "소득세법에 따른 손해배상의 과세 방안에 관한 연구", 『조세법연구』, XVII-3(한국세법학회, 2011), 268면.
15) 윤지현, 위의 논문, 271면.

대해서도 원천징수한다면 이중과세의 문제가 발생하게 된다. 뿐만 아니라 합의금에 포함되어 있는 B회사의 비용 상당액의 경우에는 A회사가 채무를 그대로 이행하였더라도 국내원천소득으로 원천징수된다고 보기 어렵다.

이러한 문제점은 결국 B회사의 적극적 손해를 판단하기 위해서는 약정매매대금을 기준으로 하여야 한다는 점을 간과하였기 때문에 발생한 것으로 보인다. 위에서 본 바와 같이, B회사의 적극적 손해는 약정매매대금을 기준으로 판단하여야 하는 이상, 당사자가 약정매매대금을 산정한 요소에 따라 손해배상의 국내원천소득 해당여부가 달라진다고 볼 수는 없다.

5. 소결

이상에서 살펴본 바와 같이, 법인세법 시행령 제132조 제10항의 '본래의 계약의 내용이 되는 지급 자체에 대한 손해'란 계약의 목적이 되는 급부 자체에 대한 적극적 손해로서 이행이익의 범위 내라는 것을 의미하는 것을 의미하고, 그 '손해를 넘는 손해'의 의미는 계약 상대방의 채무불이행으로 인하여 발생한 재산의 실제 감소액(적극적 손해)을 넘는 손해배상금액(소극적 손해), 즉 채무가 이행되었더라면 얻었을 재산의 증가액을 보전받는 것으로 해석된다. 다만, 구체적인 사례에 있어서 적극적 손해와 소극적 손해의 구별은 다양한 제반사정을 고려하여 이루어져야 하며, 상속세 및 증여세법상 보충적 평가방법도 고려될 수 있겠지만 단순하게 이에만 근거하여 목적물의 가치를 평가하는 방식은 지양하여야 할 것으로 생각된다.

IV. 결론

법인세법 시행령 제132조 제10항의 '본래의 계약의 내용이 되는 지급 자체에 대한 손해'가 무엇을 의미하는지는 문언상 명확하지만은 않다. 그러다보니 이와 관련하여 과세관청과 납세자 사이의 분쟁이 상당수 발생하는 것이 현실인데, 대전고등법원 2017. 12. 21. 선고 2017누12450 판결에서는 과세관청과 납세자 사이에 첨예한 논리의 대립이 있었고, 위에서는 위 판결에서 나타난 과세관청의 논리에 대해 집중적으로 논의하였다. 위 판결은 아직 확정되지 않은 상태이므로, 최종적으로 대법원에서 어떠한 판단을 내리는지를 살펴보아야 할 것이고, 대법원의 판단은 향후 관련 사건에서 유용한 판단 지침이 될 수 있을 것이라 생각한다.

특수관계자로부터 중소기업 주식을 매수할 때 부당행위계산부인의 기준이 되는 시가에 최대주주 등 할증평가를 배제해야 하는지 여부

- 서울고등법원 2016. 8. 25. 선고 2015누72063 판결*에 관하여 -

서 승 원 변호사

Ⅰ. 사안의 개요

1. 사실관계

원고는 2012. 5. 15. 원고의 대표이사이자 최대주주(보유주식 51,072주, 지분율 62.02%)인 A로부터 중소기업기본법상 중소기업에 해당하는 B 주식회사 발행주식 30,000주(100% 지분, 이하 '이 사건 주식'이라고 한다)를 1주당 750,000원, 합계 22,500,000,000원에 매수하였다(이하 '이 사건 거래'라고 한다).

이 사건 거래 당시 원고는 비상장주식인 이 사건 주식에 대한 적절한 매매가액을 산정하기 위하여 2개의 회계법인으로부터 이 사건 주식에 대한 가치평가를 받았는데, 위 각 회계법인은 구 상속세 및 증여세법(2013. 5. 28. 법률 제11845호로 개정되기 전의 것, 이하 '구 상증세법'이라고 한다) 제63조 제1항 제1호 다목, 제3항1), 구 상속세

---

[*] 대법원 2017. 1. 12.자 2016두52620 판결에서 심리불속행으로 기각되었다.

및 증여세법 시행령(2013. 2. 15. 대통령령 제24358호로 개정되기 전의 것, 이하 '구 상증세법 시행령'이라고 한다) 제54조 내지 제56조 소정의 보충적 평가방법에 따라 최대주주 등의 주식에 대한 할증평가액을 가산하여 이 사건 주식의 가치를 각 1주당 752,441원(2012. 1. 1. 기준), 1주당 756,148원(2011. 12. 31. 기준)으로 평가하였다.

그런데 피고는 이 사건 거래가 특수관계자로부터 주식을 시가보다 고가로 매입한 것으로서 법인세법 제52조, 구 법인세법 시행령(2013. 2. 15. 대통령령 제24357호로 개정되기 전의 것, 이하 '구 법인세법 시행령'이라고 한다) 제88조 제1항 제1호[2])에서 정한 자산의 고

---

1) 제63조(유가증권 등의 평가)
   ① 유가증권 등의 평가는 다음 각 호의 어느 하나에서 정하는 방법으로 한다.
      1. 주식 및 출자지분의 평가
         다. 나목 외의 주식 및 출자지분으로서 한국거래소에 상장되지 아니한 주식 및 출자지분은 해당 법인의 자산 및 수익 등을 고려하여 대통령령으로 정하는 방법으로 평가한다.
   ③ 제1항 제1호, 제2항 및 제60조 제2항을 적용할 때 대통령령으로 정하는 최대주주 또는 최대출자자 및 그의 대통령령으로 정하는 특수관계인에 해당하는 주주 또는 출자자(이하 이 항에서 "최대주주 등"이라 한다)의 주식 등(평가기준일이 속하는 사업연도 전 3년 이내의 사업연도부터 계속하여 「법인세법」 제14조 제2항에 따른 결손금이 있는 법인의 주식 등 대통령령으로 정하는 주식 등은 제외한다)에 대해서는 제1항 제1호 및 제2항에 따라 평가한 가액 또는 제60조 제2항에 따라 인정되는 가액에 그 가액의 100분의 20(대통령령으로 정하는 중소기업의 경우에는 100분의 10으로 한다)을 가산하되, 최대주주 등이 해당 법인의 발행주식총수 등의 100분의 50을 초과하여 보유하는 경우에는 100분의 30(대통령령으로 정하는 중소기업의 경우에는 100분의 15로 한다)을 가산한다. 이 경우 최대주주 등이 보유하는 주식 등의 계산방법은 대통령령으로 정한다.
2) 제88조(부당행위계산의 유형 등)
   ① 법 제52조 제1항에서 "조세의 부담을 부당하게 감소시킨 것으로 인정되는 경우"란 다음 각 호의 어느 하나에 해당하는 경우를 말한다.

가매입에 해당하여 부당행위계산부인 대상이 된다고 보았다.

이에 따라 피고는 구 법인세법 시행령 제89조 제2항 제2호3)에 따른 보충적 평가방법을 적용함에 있어서 구 조세특례제한법(2013. 1. 1. 법률 제11614호로 개정되기 전의 것, 이하 '구 조특법'이라고 한다) 제101조4)를 적용하여 구 상증세법 제63조 제3항에 따른 최대주주 등의 주식에 대한 할증평가를 배제한 금액인 1주당 665,186원, 합계 19,955,580,000원(665,186원 × 30,000주)을 이 사건 주식의 시가로 산정한 후, 원고의 이 사건 주식 매입금액인 22,500,000,000원과의 차액 2,544,420,000원(22,500,000,000원 - 19,955,580,000원)을 고가매입 금액으로 보아 익금에 산입하고 이를 대표이사인 A에 대한 상여로 처분하여, 2014. 3. 10. 원고에게 소득자를 A, 소득금액을 2,544,420,000원으로 하는 소득금액변동통지를 하였다(이하 '이 사건 처분'이라고 한다).

---

1. 자산을 시가보다 높은 가액으로 매입 또는 현물출자받았거나 그 자산을 과대상각한 경우.
3) 제89조(시가의 범위 등)
   ② 법 제52조 제2항을 적용할 때 시가가 불분명한 경우에는 다음 각 호를 차례로 적용하여 계산한 금액에 의한다.
      2. 「상속세 및 증여세법」 제38조·제39조·제39조의2·제39조의3, 제61조부터 제64조까지의 규정 및 「조세특례제한법」 제101조를 준용하여 평가한 가액. (후문 생략)
4) 제101조(중소기업 최대주주 등의 주식 할증평가 적용특례) 「상속세 및 증여세법」 제63조를 적용하는 경우 같은 법 제63조 제3항에 따른 중소기업의 최대주주 또는 최대출자자 및 그와 특수관계에 있는 주주 또는 출자자의 주식 또는 출자지분을 2012년 12월 31일 이전에 상속받거나 증여받는 경우에는 같은 법 제63조 제3항에도 불구하고 같은 법 제63조 제1항 제1호 및 제2항에 따라 평가한 가액에 따른다.

2. 쟁점

먼저, 구 조특법 제101조는 중소기업의 원활한 가업승계 지원 등을 목적으로 중소기업 최대주주 등의 주식을 상속받거나 증여받는 경우에는 구 상증세법 제63조 제3항의 할증평가 규정에도 불구하고 위 규정의 적용을 배제하여 상속세 및 증여세 부담을 완화시켜주기 위한 규정인데, 오히려 할증평가를 배제할 경우 중소기업의 조세부담을 가중하는 결과가 초래되는 이 사건 거래의 경우에도 최대주주 등의 주식에 대한 할증평가액을 가산하지 아니한 가액을 이 사건 주식의 시가로 볼 것인지가 이 사건의 첫 번째 쟁점이 되었다.

또한, 원고가 특수관계자인 A로부터 '경영권 프리미엄'이 포함된 이 사건 주식(B 주식회사 발행주식의 100%)을 구 상증세법 제63조 제3항에 따른 할증평가액을 가산하여 평가한 가액으로 양수한 거래행위가 건전한 사회통념이나 상관행, 비특수관계자간의 거래가격 등에 비추어 시가보다 고가매입으로서 경제적 합리성을 결한 비정상적인 것인지가 두 번째 쟁점이 되었다.

Ⅱ. 대상판결의 요지

1. 중소기업 최대주주 등으로부터 그 주식을 매입하는 경우 할증평가를 배제한 금액이 부당행위계산부인의 기준이 되는 시가에 해당하는지 여부

구 조특법 제101조를 준용하고 있는 구 법인세법 시행령 제89조 제2항 제2호의 해석상 이 사건 주식의 시가는 최대주주 등의 주식에 대한 할증평가를 배제한 금액으로 의제되고, 아래와 같은 사정들을

종합하여 보면 중소기업 최대주주 등의 주식에 대한 할증평가 규정
의 적용을 배제하는 구 조특법 제101조가 구 법인세법 시행령 제89
조 제2항 제2호의 문언에도 불구하고 납세의무자인 법인에게 유리
한 경우에만 적용된다고 볼 수 없다.

① 조세법률주의의 원칙상 조세법규의 해석은 특별한 사정이 없
　는 한 법문대로 해석할 것이고 합리적 이유 없이 확장해석하
　거나 유추해석하는 것은 허용되지 아니하는데, 구 법인세법
　시행령 제89조 제2항 제2호는 그 문언상 '법인세법 제52조 제2
　항을 적용할 때 그 시가가 불분명한 경우에는 상속세 및 증여
　세법 제61조부터 제64조까지의 규정 및 조세특례제한법 제101
　조를 준용하여 평가한 가액'을 시가로 의제하도록 규정하고
　있을 뿐, 부당행위계산의 유형이나 조세부담의 증감에 따라
　그 적용 여부를 달리 볼 근거는 없다.

② 구 법인세법 시행령 제89조 제2항 제2호는 구 법인세법 시행
　령 제88조 제1항 각 호의 부당행위계산은 물론 법인세법 전
　영역에서 적용되는 시가 의제 규정인데, 개별적으로 납세의무
　자의 유불리를 따져 구 조특법 제101조의 적용 여부를 가려야
　한다는 것은 조세법률관계의 명확성, 안정성에 반하고, 구 법
　인세법 시행령 제89조 제2항 제2호의 시가 의제 금액이 개별
　적 경우마다 달라지게 되어 시가가 복수로 존재한다는 결론에
　이르게 되는데 이는 받아들이기 어렵다.

③ 구 조특법 제101조의 입법취지가 중소기업의 원활한 가업승계
　를 지원하기 위하여 한시적으로 최대주주 등의 주식에 대한
　할증평가를 제외하는 것이라 하더라도, 구 조특법이 이와 같

은 목적을 달성하기 위하여 선택한 수단은 피상속인과 수증자의 과세표준을 낮추어 줌으로써 이들의 상속세와 증여세 부담을 덜어주는 것일 뿐이므로, 이와 달리 특수관계에 있는 거래당사자가 최대주주 등의 주식에 대한 할증평가 가산을 적용하여 거래대금을 정함으로써 과세표준이 이미 높게 설정된 경우까지 그 입법취지만을 들어 다른 법률에 의한 모든 세부담을 경감하여 주는 방향으로 해석해야 한다고 볼 수 없다.

④ 구 법인세법 시행령 제89조 제2항 제2호가 구 조특법 제101조를 준용함에 따라 이 사건 주식과 같은 중소기업 주식의 거래에 있어 대기업 주식과 달리 계약 체결의 자유가 일부 제한되는 점은 있으나, 원고가 제한받는 자유는 '특수관계에 있는 최대주주 등 소유의 중소기업 주식을 매수함에 있어 거래대금을 더 지급할 자유'에 지나지 않고, 거래상대방인 A의 입장에서도 최대주주 등의 주식에 대한 할증평가액을 가산하여 거래대금을 정할 수 없어 계약의 자유가 일부 제한되나, 특수관계인 사이의 거래에서는 이를 상쇄할만한 거래의 유인이 있는 것이 보통이고, A가 원고를 통해 사실상 경영권을 계속 행사할 수 있어 그 경영권에 실질적인 변동이 생기는 것도 아니다.

2. 건전한 사회통념이나 상관행에 비추어 경제적 합리성을 결한 비정상적인 것인지 여부

원고는 이 사건 거래 당시 비상장주식인 이 사건 주식에 대한 적절한 매매가액을 산정하기 위하여 2개의 회계법인으로부터 이 사건 주식에 대한 가치평가를 받았는데, 위 각 회계법인은 중소기업 최대주주 등의 주식에 대한 할증평가액을 가산하여 이 사건 주식의 가치를 평가하였으며, 원고는 이를 기초로 이 사건 거래를 하였는바, 중소기업 발행 주식이라고 하더라도 최대주주 등이 보유하는 주식의 경우 '경영권 프리미엄'이 붙는 것이 당연하기 때문에 회계법인이 최대주주 등의 주식에 대한 할증평가액을 가산하여 이 사건 주식의 가치를 산정한 것은 자연스러운 것이고, 만약 원고가 특수관계가 없는 제3자로부터 이 사건 주식을 매수하는 경우라고 하더라도 위와 같이 회계법인의 가치평가를 통해 가격을 결정하는 것은 경제인의 입장에서 볼 때 일반적·합리적인 것이며, 또한 A의 입장에서도 원고가 아닌 특수관계가 없는 제3자에게 이 사건 주식을 양도하는 경우라고 하더라도 위와 같은 할증평가가 적용된 회계법인의 평가액으로 양도하는 것이 경제적 합리성을 결한 거래라고 할 수 없는 점 등을 고려하면, 원고가 특수관계인인 A로부터 이 사건 주식을 최대주주 등의 주식에 대한 할증평가액을 가산한 금액으로 매수한 것이 건전한 사회통념이나 상관행에 비추어 경제적 합리성을 결한 비정상적인 것이라고 할 수는 없어 부당행위계산부인 대상에 해당하지 않는다.

Ⅲ. 사안의 검토

1. 첫 번째 쟁점 - 구 법인세법 시행령 제89조 제2항 제2호에서 '조세특례제한법 제101조를 준용'한다는 것에 대한 해석

가. 조세법규의 합목적적 해석

국세기본법 제18조 제1항은 "세법을 해석·적용할 때에는 과세의 형평(衡平)과 해당 조항의 합목적성에 비추어 납세자의 재산권이 부당하게 침해되지 아니하도록 하여야 한다."라고 규정하고 있다.

위와 같은 세법 해석의 기준을 감안하여, 대법원도 조세법률주의의 원칙상 조세법규의 해석은 특별한 사정이 없는 한 법문대로 해석하여야 하고 합리적 이유 없이 확장해석하거나 유추해석하는 것은 허용되지 않지만, 법규 상호 간의 해석을 통하여 그 의미를 명백히 할 필요가 있는 경우에는 조세법률주의가 지향하는 법적 안정성 및 예측가능성을 해치지 않는 범위 내에서 입법 취지 및 목적 등을 고려한 합목적적 해석을 하는 것은 불가피하다는 것이 일관된 입장이다(대법원 2008. 2. 15. 선고 2007두4438 판결, 대법원 2008. 4. 24. 선고 2006두187 판결, 대법원 2013. 3. 28. 선고 2012두26678 판결, 대법원 2014. 5. 16. 선고 2011두13088 판결 등).

나. 구 조특법 제101조의 입법취지에 반하여 그 적용이 오히려 불리한 경우까지 위 규정이 준용되는 것으로 해석할 수는 없다.

구 상증세법 제63조 제3항이 최대주주 보유 주식 등에 대한 할증평가를 규정한 취지는 경영권이 포함된 주식은 자산가치보다 높은 고액의 프리미엄이 붙어 거래되며 지분율이 높을수록 경영권프리미엄(지배가치)이 높게 형성되는 것이 일반적이라는 점을 감안한 것으로, 보다 높은 상속세나 증여세를 과세하기 위함이다.

따라서 중소기업이든 대기업이든, 최대주주가 보유한 주식이라면 '경영권프리미엄'이 붙을 것이므로 보충적 평가방법에 의하여 주식가액을 평가할 경우에도 최대주주 등의 주식에 대한 할증평가액을 가산하는 것이 본래적 의미의 '시가'에 보다 가까운 정당한 평가액이라고 볼 수 있는바, 구 법인세법 시행령 제89조 제2항 제2호에

따라 보충적 평가방법으로 평가한 최대주주 등의 주식의 평가액은
마땅히 할증평가액을 가산한 금액이 되어야 한다.

반면, 구 조특법 제101조의 입법취지는 중소기업의 원활한 가업
승계를 지원하고 기업의 영속성을 유지시켜 경제에 활력을 불어넣
기 위하여 중소기업의 최대주주 등의 주식을 상속받거나 증여받는
경우에는 한시적으로 할증평가를 제외하기 위하여 마련된 특례규정
으로, 정책적인 목적에 따라 중소기업 주식의 상속 또는 증여 시 상
속세·증여세의 부담을 완화시켜주는 조세특혜규정이다.

그리고 구 법인세법 시행령 제89조 제2항 제2호가 구 조특법 제
101조를 준용한 것은 중소기업 최대주주 등의 주식의 경우에는 할
증평가를 배제한 금액, 즉 정당한 평가액보다 할증액만큼 낮은 금액
으로 거래하여도 중소기업 주식의 원활한 양도를 지원하고자 부당
행위계산부인 대상으로 보지 않겠다는 것으로써, 상속하거나 증여
할 때와 마찬가지로 조세부담을 완화시켜주고자 하는 취지일 뿐, 중
소기업 최대주주라고 하여 일부러 할증평가를 배제한 금액으로 거
래하여야 한다는 취지는 아닌 것으로 보인다.

더욱이, 부당행위계산 해당 여부는 거래행위가 건전한 사회통념
이나 상관행에 비추어 경제적 합리성을 결한 비정상적인 것인지의
여부에 따라 판단하되, 비특수관계자 간의 거래가격, 거래 당시의
특별한 사정 등도 고려하여야 하는데(대법원 2007. 12. 13. 선고 2005
두14257 판결, 대법원 2010. 10. 28. 선고 2008두15541 판결, 대법원
2012. 11. 29. 선고 2010두19294 판결 등 참조), 이 사건 거래가 만약
특수관계가 없는 제3자로부터 이 사건 주식을 매수하는 경우라면
'경영권 프리미엄'으로 인하여 최대주주 할증평가액을 가산한 1주당
가액으로 매수하였을 것임이 지극히 상식적이다. 그런데 이 사건 거
래에서 구 조특법 제101조가 적용되어 최대주주 등의 주식에 대한
할증평가가 배제되어야 한다면, 동일한 주식을 동일한 가액으로 매

수하였음에도 불구하고 단지 특수관계자로부터 매수하였다는 이유만으로 고가매입으로서 경제적 합리성을 결한 비정상적인 것으로 부당행위계산부인 대상이 되는바, 이는 상식적으로 납득하기 힘든 결과이다.

따라서 구 조특법 제101조를 준용한 구 법인세법 제89조 제2항 제2호의 입법취지를 고려할 때, 이 사건 거래와 같이 구 조특법 제101조를 적용하여 최대주주 등의 주식에 대한 할증평가를 배제할 경우 오히려 조세부담을 가중시키는 결과가 된다면 원칙으로 돌아가 최대주주 등의 주식에 대한 할증평가액을 가산한 금액을 시가로 보아 부당행위계산에 해당하지 않는 것으로 해석할 만한 충분한 이유가 있고, 이와 같은 해석이 입법 취지 및 목적 등을 고려한 합목적적 해석이라고 할 것이다. 즉, 중소기업 최대주주 등의 주식을 양도할 때에도 이를 상속하거나 증여할 때와 마찬가지로 조세부담을 덜어주는 특혜를 주는 것이 위 조항의 취지인데, 오히려 조세부담을 가중하는 결과가 된다면 원칙으로 돌아가 최대주주 등의 주식에 대한 할증평가액을 가산하는 것이 당연하다고 할 것이다.

다. 소득세법 시행령 제167조 제5항 규정 내용에 비추어 보더라도, 중소기업의 최대주주로부터 주식을 매수함에 있어서 구 조특법 제101조가 준용되지 아니한다.

양도소득의 부당행위계산과 관련하여 소득세법 시행령 제167조 제5항은 "제3항 및 제4항의 규정을 적용함에 있어서 시가는 「상속세 및 증여세법」 제60조 내지 제64조와 동법 시행령 제49조 내지 제59조 및 「조세특례제한법」 제101조의 규정을 준용하여 평가한 가액에 의한다. 이 경우 「상속세 및 증여세법 시행령」 제49조 제1항 본문 중 '평가기준일 전후 6월(증여재산의 경우에는 3월로 한다) 이내의 기

간'은 '양도일 또는 취득일 전후 각 3월의 기간'으로 보며, 「조세특
례제한법」 제101조 중 '상속받거나 증여받는 경우'는 '양도하는 경
우'로 본다."라고 규정하고 있다.

위 시가 산정 규정은 양도소득의 부당행위계산부인, 즉, 저가양
도 및 고가양수 여부를 판단함에 있어서만 적용되는데, 조세특례제
한법 제101조의 할증평가 배제규정은 저가양도 및 고가양수 중 저
가양도의 경우에 적용할 때에만 납세자에게 유리하므로, 위 소득세
법 시행령 제167조 제5항은 '양도하는 경우'에만(즉, 저가양도 여부
를 판단하는 경우에만) 감면규정인 조세특례제한법 제101조를 적용
하도록 명시하고 있는 것이다.[5]

그런데 법인세법 시행령 제89조의 '시가' 규정의 경우, 저가양도
및 고가양수 여부를 판단함에 있어서만 적용되는 규정이 아니라, 법
인세법 전반에 적용되는 '시가' 규정이므로, 위 소득세법 시행령 제
167조 제5항의 '양도하는 경우'와 같은 적용범위를 명시하지 못한
것이다.

예를 들어, 법인세법 제15조 제2항 제1호에 따른 '특수관계자로
부터 유가증권을 저가매입함에 따른 이익'을 산정함에 있어서는 할
증평가가 배제되어야(즉, 조세특례제한법 제101조가 준용되어야) 납
세자에게 유리한데, 소득세법 시행령 제167조 제5항과 같이 '양도하
는 경우'에만 적용되는 것으로 명시하게 되면 할증평가가 적용되는
(즉, 조세특례제한법 제101조가 준용되지 않는) 결과가 초래되므로,
법인세법 시행령에서는 소득세법 시행령 제167조 제5항과 같은 적
용범위에 관한 명시적인 규정을 두지 못한 것이다.

만약 조특법 제101조가 고가매입으로 인한 부당행위계산부인의
경우에도 준용되는 것이라면, 소득세법 시행령 제167조 제5항 마지

---

5) 저가양도로 인한 부당행위계산 부인의 경우, 시가가 낮게 평가되면 실제
거래가액과의 차이가 작아지기 때문이다.

막 부분을 "「조세특례제한법」 제101조 중 '상속받거나 증여받는 경우'는 '양도하거나 양수하는 경우'로 본다."라고 규정하였을 것이지, '양도하는 경우'만을 규정하였을 이유는 없을 것이다.

이와 같이 저가양도의 경우에만 조세특례제한법 제101조를 적용하도록 규정한 소득세법 시행령 제167조 제5항의 예에 비추어 보더라도 조세특례제한법 제101조는 감면규정에 해당하여 납세자에게 유리한 경우에만 적용되는 것인바, 중소기업의 최대주주 등으로부터 주식을 매수함에 있어서는 할증평가 배제규정인 조세특례제한법 제101조가 준용된다고 볼 수 없다.

라. 평등원칙에 비추어 보더라도, 구 조특법 제101조는 납세자에게 유리한 경우에만 적용되어야 한다.

만약 원고가 A로부터 매수한 이 사건 주식이 중소기업 외 법인(대기업 등) 발행의 주식이라고 한다면, 주식의 시가 산정 시 구 상증세법 제63조 제3항에 의하여 100분의 30이 할증된 금액으로 평가되었을 것이다.

그런데 중소기업의 최대주주가 보유하는 주식을 매수하는 것임을 이유로 상속세나 증여세의 경우와 마찬가지로 세금의 우대를 받지는 못할망정, 중소기업 외 법인(대기업 등)의 최대주주가 보유하는 주식을 매수하는 경우와 차별하여 더 많은 세금이 부과6)된다면 이는 평등원칙에도 위반되는 부당한 결과가 되는바, 이러한 점에서도 구 법인세법 시행령 제89조 제2항 제2호의 '조세특례제한법 제101조를 준용하여 평가한 가액' 부분은 할증평가를 배제하면 납세

---

6) 할증평가가 배제되는 경우, 이 사건의 경우와 같이 부당행위계산 유형(고가양수)에 해당하지 않는 경우에도 해당한다는 평가를 받게 되거나, 실제 거래가액과의 차이가 커져서 익금에 산입되는 금액이 커지게 된다.

자에게 유리해지는 경우에만 적용된다고 해석해야 한다.

마. 소결

이상 살펴본 바와 같이, 구 조특법 제101조는 조세특혜규정이라
는 점, 소득세법 시행령 제167조 제5항 규정 내용 및 평등원칙 등을
고려할 때, 구 법인세법 시행령 제89조 제2항 제2호의 보충적 평가
방법에 따라 산정한 이 사건 주식의 가액은 구 조특법 제101조의 준
용을 배제하고 구 상증세법 제63조 제3항에 따라 최대주주 등의 주
식에 대한 할증평가액을 가산한 금액으로 봄이 타당할 것이다.

2. 두 번째 쟁점 - 이 사건 거래가 경제적 합리성을
결한 비정상적인 것으로서 부당행위계산부인
대상이 되는지

가. 부당행위계산부인 시 경제적 합리성의 판단기준

부당행위계산부인이란 법인이 특수관계에 있는 자와의 거래에
있어 정상적인 경제인의 합리적인 방법에 의하지 아니하고 구 법인
세법 시행령 제88조 제1항 각 호에 열거된 여러 거래형태를 빙자하
여 남용함으로써 조세부담을 부당하게 회피하거나 경감시켰다고 하
는 경우에 과세권자가 이를 부인하고 법령에 정하는 방법에 의하여
객관적이고 타당하다고 보이는 소득이 있는 것으로 의제하는 제도
로서, 경제인의 입장에서 볼 때 부자연스럽고 불합리한 행위계산을
함으로 인하여 경제적 합리성을 무시하였다고 인정되는 경우에 한
하여 적용되는 것이고, 경제적 합리성의 유무에 대한 판단은 거래행

위의 여러 사정을 구체적으로 고려하여 과연 그 거래행위가 건전한 사회통념이나 상관행에 비추어 경제적 합리성을 결한 비정상적인 것인지의 여부에 따라 판단하되, 비특수관계자 간의 거래가격, 거래 당시의 특별한 사정 등도 고려하여야 한다(대법원 2007. 12. 13. 선고 2005두14257 판결, 대법원 2010. 10. 28. 선고 2008두15541 판결, 대법원 2012. 11. 29. 선고 2010두19294 판결 등 참조).

나. 이 사건의 경우

(1) 원고가 특수관계가 없는 제3자로부터 이 사건 주식을 매수하는 경우였더라도, '경영권 프리미엄'으로 인하여 최대주주 할증평가액을 가산한 금액으로 매수하였을 것이 당연하다.

중소기업의 주식이라고 하더라도 최대주주 등이 보유하는 주식의 경우 '경영권 프리미엄'이 붙는 것이 당연하고, 이 사건과 같이 100% 주식을 보유한 주주로부터 주식을 매입하는 경우에는 해당 법인의 경영권을 완전히 인수받는 것이기 때문에 소액주주들이 거래하는 주식거래에서의 가격과 같이 볼 수 없는바, 이러한 취지에서 원고가 B 주식회사의 100% 주주인 A로부터 최대주주 할증평가액을 가산한 1주당 750,000원으로 주식을 매입한 것은 너무나도 당연한 것이다.

더구나 원고가 특수관계가 없는 제3자로부터 이 사건 주식을 매수하는 경우라면 '경영권 프리미엄'으로 인하여 최대주주 할증평가액을 가산한 1주당 가액(또는 그 이상의 가액)으로 매수할 수밖에 없다는 것은 지극히 당연한데, 동일한 주식을 동일한 가액으로 매수하였음에도 불구하고 단지 특수관계자로부터 매수하였다는 이유만으로 고가매입으로서 경제적 합리성을 결한 비정상적인 거래가 된다는 것은 상식적으로도 납득하기 어렵다.

(2) 이 사건 주식의 매매가액 산정은 회계법인의 보고서를 기초로 한 일반적인 방식에 따른 것이다.

이 사건 주식의 매매가액은 2개의 회계법인으로부터 가치평가를
받아 산정한 것인데, 이와 같은 매매가액 산정 방식은 비특수관계자
들 사이에서 비상장주식의 매매가 이루어질 때 가장 일반적으로 쓰
이는 방식으로 상거래 관행상 경제적 합리성을 갖춘 거래라고 할 것
이다.

(3) 원고는 A에게 이익을 분여한 바가 전혀 없다.

중소기업의 주식이라고 하더라도 최대주주 등이 보유하는 주식
의 경우 '경영권 프리미엄'이 붙는 것이 당연하고, 법인세법상 부당
행위계산 대상 여부를 판단함에 있어 중소기업 최대주주 등의 주식
에 대한 할증평가를 하지 아니한 금액을 기준으로 한다고 하더라도
그와 같은 가액을 객관적 교환가치를 반영한 '시가'로 볼 수는 없을
뿐만 아니라 실제 상거래상으로도 최대주주 등의 주식에 대한 할증
평가를 배제한 금액으로 거래가 이루어지는 것은 결코 아니다.

만약 A가 최대주주 등의 주식에 대한 할증액이 가산된 금액으로
이 사건 주식을 제3자에게 매도하고, 같은 금액으로 원고가 이를 다
시 매수한 경우에는 어떠한 거래도 부당행위계산부인 대상에 해당
하지 않음은 분명하므로, 원고가 A로부터 최대주주 등의 주식에 대
한 할증평가가 배제된 금액으로 이 사건 주식을 매수하였다고 하더
라도, 결코 자신에게 귀속시킬 수 있었던 이익을 특별한 이유 없이
포기하고, 이를 거래상대방인 A에게 귀속시킨 것이 아니다. 특히 A
의 입장에서는 원고로부터 이 사건 거래로 인하여 어떠한 이익을 분

여받았다고 볼 수 없고, 그저 제3자에게 이 사건 주식을 매도하였을 경우에 받았을 가액을 받았을 뿐이다.

Ⅳ. 대상판결에 대한 필자의 견해

1. 구 조특법 제101조를 준용한 구 법인세법 제89조 제2항 제2호의 입법취지 및 목적을 고려할 때, 납세의무자에게 유리한 경우에만 중소기업 최대주주 등 할증평가가 배제된다고 해석되고, 이와 같은 해석이 조세법률관계의 명확성, 안정성에 반하는 것이 아니다.

구 조특법 제101조는 정책적인 목적에 따라 중소기업 주식의 상속 또는 증여 시 상속세·증여세의 부담을 완화시켜주는 조세특혜규정이다.

그리고 구 법인세법 시행령 제89조 제2항 제2호가 구 조특법 제101조를 준용한 것은 중소기업 최대주주 등의 주식의 경우에는 할증평가를 배제한 금액, 즉 정당한 평가액보다 할증액만큼 낮은 금액으로 거래한 경우에도 중소기업 주식의 원활한 양도를 지원하고자 부당행위계산부인 대상으로 보지 않겠다는 것으로써, 상속하거나 증여할 때와 마찬가지로 조세부담을 완화시켜주고자 하는 취지이다.

입법기술상 '적용'의 경우 적용되는 조항이 조금도 수정됨이 없이 그대로 적용되는 경우에 사용하지만, '준용'의 경우 준용되는 조항이 그 성질에 따라 융통성 있게 적용되는 경우에 사용하는바, 이러한 '준용'의 개념상 구 법인세법 시행령 제89조 제2항 제2호에 따

른 주식 가액을 산정함에 있어서도 구 조특법 제101조는 그 본래의
취지대로 중소기업주식의 상속, 증여 또는 매매 등으로 인한 조세부
담을 경감시켜주는 한도 내에서만 적용이 되는 것으로 융통성 있게
해석하여야 하고, 이러한 해석이 조세법률관계의 명확성, 안정성에
반하는 것이 아니다.

　설령, 구 법인세법 시행령 제89조 제2항 제2호가 중소기업 최대
주주 등 할증평가를 배제할 경우 납세의무자에게 불리하게 되는 경
우를 미처 고려하지 못하여 일률적으로 "「상속세 및 증여세법」 제38
조·제39조·제39조의2·제39조의3, 제61조 내지 제64조의 규정 및 「조
세특례제한법」 제101조를 준용하여 평가한 가액"을 시가로 의제하
도록 규정한 입법상의 미비점이 있다고 하더라도, 이를 문언 그대로
만 해석할 경우 혜택을 주려고 한 규정 때문에 오히려 납세자에게
조세부담이 가중되어 구체적 타당성을 크게 해치게 되는바, 이러한
경우에는 위 규정의 입법취지 및 목적 등을 고려한 합목적적 해석을
할 필요가 절실하다고 할 것이다. 이와 같이 구 조특법 제101조의
입법취지 및 목적에 반하는 경우에는 위 규정을 준용하지 않는 것으
로 해석한다고 하여 조세법률관계의 안정성이나 명확성을 해친다고
볼 수는 없다.

2. 이 사건 주식의 시가가 복수로 존재하게 되는 것이 아니다.

　'시가'란 일반적이고 정상적인 거래에 의하여 형성된 객관적 교
환가치를 의미한다(대법원 1994. 12. 22. 선고 93누22333 판결 등). 같
은 취지에서 법인세법도 부당행위계산에서의 '시가'는 '해당 거래와
유사한 상황에서 해당 법인이 특수관계인 외의 불특정다수인과 계
속적으로 거래한 가격 또는 특수관계인이 아닌 제3자간에 일반적으

로 거래된 가격이 있는 경우에는 그 가격'을 말한다고 규정하고 있다(구 법인세법 시행령 제89조 제1항[7])).

다만, 위와 같은 시가가 불분명한 경우에는 상증세법상의 보충적 평가방법 등 구 법인세법 시행령 제89조 제2항 각 호에서 규정한 방법을 적용하여 계산한 금액에 의한다. 이 사건에서도 '시가'가 불분명하여 상증세법상의 보충적 평가방법을 적용한 것이다. 그런데 이와 같이 보충적 평가방법에 따라 산정된 가액은 고유한 의미의 '시가'가 아니라 '시가'가 불분명한 경우에 필요(과세요건의 충족 여부 판단, 과세표준 산정 등)에 따라 적용되는 가액에 불과하므로, 그 가액은 필연적으로 하나의 가액만이 존재해야 하는 것은 아니고 조세정책상 목적에서 법률이 정한 바에 따라 상황별로 달리 적용될 수도 있는 것이다.

즉, 구 상증세법 제63조 및 구 조특법 제101조에 따를 때, 동일한 가치를 가진 기업의 주식이라도 주주가 최대주주인지 여부, 대기업 주식인지 중소기업 주식인지 등에 따라 그 보충적 평가액은 달라질 수 있는 것이다.

이 사건 주식의 경우, 최대주주 보유 주식은 경영권프리미엄이 인정되어 다른 주주가 보유한 주식에 비하여 고가로 거래되기 마련이라는 점을 고려할 때, 구 상증세법 제63조 제3항에 따른 최대주주 등 할증평가액을 가산한 금액이 건전한 사회통념 또는 상거래 관행과 특수관계인이 아닌 자간의 정상적인 거래에서 적용될 수 있는 가액으로서 해당 주식의 교환가치를 적절하게 반영한 본래의 '시가'의

---

7) 제89조(시가의 범위 등) ① 법 제52조 제2항을 적용할 때 해당 거래와 유사한 상황에서 해당 법인이 특수관계인 외의 불특정다수인과 계속적으로 거래한 가격 또는 특수관계인이 아닌 제3자간에 일반적으로 거래된 가격이 있는 경우에는 그 가격(주권상장법인이 발행한 주식을 한국거래소에서 거래한 경우 해당 주식의 시가는 그 거래일의 한국거래소 최종시세가액)에 따른다.

의미에 부합하는 가액이라고 할 것이다.

반면, 구 법인세법 시행령 제89조 제2항 제2호가 구 조특법 제101
조를 준용하도록 한 것은 중소기업 최대주주 등 주식의 경우는 최대
주주 등 할증평가를 배제한 금액, 즉 시가보다 낮은 금액으로 거래
하여도 중소기업 주식의 원활한 양도를 지원하고자 부당행위계산부
인 대상에 해당하는 저가양도로 보지 않음으로써 정책적으로 혜택
을 주는 것일 뿐, 이로 인하여 그 가액이 '시가'라는 것은 아니다.

따라서 대상판결이 원고 주장대로라면 동일한 목적물에 대한 매
매거래에 있어 납세의무자의 유불리를 따져 시가가 달라져서 복수
의 시가가 존재하게 된다는 취지로 판시한 것은 '시가'의 의미를 오
해한 것으로서 부당하다.

3. 중소기업 최대주주 등의 주식에 대한 할증평가액을
가산한 금액으로 거래하는 것은 원래의 '시가'에
상응하는 정당한 평가액을 적용한 것일 뿐 조세부
담을 경감해준 것이 아니다.

중소기업이든 대기업이든, 최대주주가 보유한 주식이라면 경영
권프리미엄이 존재하므로 보충적 평가방법에 의하여 주식가액을 평
가할 경우에도 최대주주 등의 주식에 대한 할증평가액을 가산하는
것이 본래적 의미의 '시가'에 보다 가까운 정당한 거래금액에 해당
함은 앞서 본 바와 같으므로, 구 법인세법 시행령 제89조 제2항 제2
호에 따라 보충적 평가방법으로 평가한 최대주주 등의 주식의 평가
액은 원칙적으로 최대주주 등의 주식에 대한 할증평가액을 가산한
금액이 되어야 한다.

다만, 구 법인세법 시행령 제89조 제2항 제2호가 구 조특법 제101
조를 준용하도록 한 것은 중소기업 최대주주 등의 주식의 경우에는

할증평가를 배제한 금액, 즉 정당한 평가액보다 할증액만큼 낮은 금액으로 거래하여도 부당행위계산으로 보지 않음으로써 정책적으로 혜택을 주려는 취지이다.

그런데 이 사건 거래와 같이 중소기업 최대주주 등 주식의 고가매입의 경우는 구 조특법 제101조를 준용하여 중소기업 최대주주 등 주식에 대한 할증평가를 배제하는 것이 오히려 중소기업의 조세부담을 가중하게 되므로, 원칙으로 돌아가 부당행위계산 여부를 판단함에 있어 최대주주 등의 주식에 대한 할증평가액을 가산한 금액을 기준으로 삼아야 한다는 것이고, 이는 원래의 '시가'에 상응하는 정당한 평가액을 적용한 것일 뿐 조세부담을 경감해준 것이 아니다.

따라서 최대주주 등 주식에 대한 할증평가를 배제하는 것이 구 조특법 제101조의 입법 취지를 넘어서서 다른 법률에 의한 모든 조세부담(이 사건의 경우 법인세)을 경감해준 것이라는 취지의 대상판결은 부당하다.

V. 결론

대상판결은 비록 이 사건 거래가 건전한 사회통념이나 상관행에 비추어 경제적 합리성을 결한 비정상적인 것이라고 할 수 없어 부당행위계산부인 대상에 해당하지 않는다고 판시함으로써 결론적으로는 구체적 타당성을 달성하였다.

그러나 이상의 논의에 비추어 볼 때, 구 법인세법 시행령 제89조제2항 제2호 적용 시 납세의무자에게 유리한 경우에만 구 조특법 제101조를 준용하여 중소기업 최대주주 등 할증평가가 배제된다고 해석하는 것이 온당한바, 대상판결에서 이와 달리 해석한 것에는 아쉬

움이 남는다.

궁극적으로는, 법인세법 시행령 제89조 제2항 제2호 및 그 외 구
조특법 제101조를 준용하는 조항의 입법적 보완을 통해 해결해야
할 문제로 생각된다.

법인세법상 대손금의 범위에 관한 해석

- 서울고등법원 2016. 12. 13. 선고 2016누59258 판결을 중심으로* -

박 창 수 변호사

Ⅰ. 대상판결의 개요

1. 사실관계

원고는 1978.경 사우디아라비아 담수화청(이하 "담수화청"이라 함)으로부터 주택건설공사를 도급받아 1982.경 공사를 완료하였으나, 공사지체 등을 이유로 사우디아라비아 통화 41,064,402리얄(한화 약 13,221,000,000원)의 공사대금 (이하 "쟁점 공사대금"이라 함)을 지급받지 못하였다.

원고는 2000. 9.경 사우디아라비아 청원위원회에 담수화청을 상대로 쟁점 공사대금 채권의 지급을 구하는 소를 제기하였으나, 청원위원회는 원고의 소가 법에 규정된 기한이 종료된 후 제기되었으므로 청구권이 만료되었다는 이유로 원고의 청구를 기각하였다.

그 후 원고는 2009. 12.경 쟁점 공사대금 채권을 부실채권인수회사에 562,000,000원에 양도한 후 위 매각대금을 회계상 매출채권 처

---

* 위 서울고등법원 2016누59258 판결은 대법원 2017. 4. 27.자 2017두31637 판결로 확정(심리불속행).

분이익으로 계상하고 쟁점 공사대금 채권의 장부가액 13,221,000,000
원을 2009 사업연도에 손금으로 산입하였다.

피고는 쟁점 공사대금 채권이 1999년 이전에 이미 상법상 5년의
소멸시효 완성으로 소멸한 것으로 보아 채권양도에 따른 처분손실
을 부인하고, 쟁점 공사대금 채권의 장부가액 13,221,000,000원을 손
금불산입하여, 2009 사업연도 법인세를 부과하였다.

2. 이 사건의 쟁점

쟁점 공사대금 채권에 대하여는 사우디아라비아법이 적용되므로
법인세법 시행령 제19조의2 제1항 제1호 내지 제7호[1])에서 신고조정
사항으로 규정하고 있는 민법, 상법 등에 따른 소멸시효의 완성이라
는 대손사유가 발생할 여지가 없다. 그럼에도 법인세법 시행령 제19
조의2 제1항 각 호를 예시규정으로 해석하여, 사우디아라비아법을
적용받는 쟁점 공사대금 채권의 청구권이 소멸한 경우 위 제1항 제1

---

1) 제19조의2(대손금의 손금불산입) ① 법 제19조의2 제1항에서 "대통령령으
   로 정하는 사유로 회수할 수 없는 채권"이란 다음 각 호의 어느 하나에 해
   당하는 것을 말한다.
   1. 「상법」에 따른 소멸시효가 완성된 외상매출금 및 미수금
   2. 「어음법」에 따른 소멸시효가 완성된 어음
   3. 「수표법」에 따른 소멸시효가 완성된 수표
   4. 「민법」에 따른 소멸시효가 완성된 대여금 및 선급금
   5. 「채무자 회생 및 파산에 관한 법률」에 따른 회생계획인가의 결정 또는
      법원의 면책결정에 따라 회수불능으로 확정된 채권
   6. 「민사집행법」 제102조에 따라 채무자의 재산에 대한 경매가 취소된 압
      류채권
   7. 물품의 수출 또는 외국에서의 용역제공으로 발생한 채권으로서 외국환
      거래에 관한 법령에 따라 한국은행총재 또는 외국환은행의 장으로부터
      채권회수의무를 면제받은 것
      (이하 생략)

호 내지 제7호와 유사한 대손금으로 보아 그 대손사유가 발생한 날
이 속하는 사업연도의 손금으로 산입하여야 하는지 여부가 이 사건
의 쟁점이다.

3. 대상판결의 요지

구 법인세법 시행령(1998. 12. 31. 대통령령 제15970호로 전부개정
되기 전의 것, 이하 같다) 제21조, 구 법인세법 시행규칙(1999. 5. 24.
재정경제부령 제86호로 전부개정되기 전의 것, 이하 같다) 제9조 제
2항 등의 규정은 대손 처리에 의하여 손금에 산입되어야 하는 채권
을 예시하고 있다고 보아야 한다.

또한 대손금의 형태는 그에 대응한 청구권이 법적으로 소멸된 경
우와 법적으로는 소멸되지 아니하였으나 채무자의 자산상황, 지급
능력 등에 비추어 자산성의 유무에 대하여 회수불능이라는 회계적
인식을 한 경우로 구분할 수 있으며, 전자는 당연히 회수할 수 없게
된 것이므로 법인이 이를 대손으로 회계상의 처리를 하건 하지 않건
간에 그 소멸된 날이 속하는 사업연도의 손금으로 산입되는 것이고
후자는 채권 자체는 그대로 존속하고 있으므로 법인이 회수불능이
명백하게 되어 대손이 발생했다고 회계상의 처리를 하였을 때에 한
하여 세무회계상 당해 사업연도의 손금에 산입할 수 있다(대법원
1988. 9. 27. 선고 87누465 판결 등 참조).

그러므로 쟁점 공사대금 채권의 청구권 소멸에 따른 대손금은 위
채권의 청구권이 소멸한 사업연도에 손금으로 산입될 수 있을 뿐이
고, 그 이후인 2009 사업연도에 위 채권이 여전히 존재함을 전제로
하여 위 채권의 양도에 따른 처분손실을 손금에 산입할 수는 없다.

Ⅱ. 법인세법상 대손금의 범위

1. 법인세법상 대손금의 의미

법인세법상 대손금이란 법인의 채권 가운데 회수할 수 없게 된 채권으로서 청구권이 법적으로 소멸하였거나, 법적으로 소멸하지 아니하였더라도 채무자의 자산상황, 지급능력 등에 비추어 회수불가능하게 된 것을 의미한다.[2]

법인이 보유하고 있는 자산의 하나인 채권이 회수불가능하게 되었다면 실질적으로 순자산의 감소가 있으므로 그 회수불능액만큼은 손금으로 산입되어야 한다. 그러나 채권의 회수가 불가능하다는 점을 객관적으로 판단하기란 쉽지 않기 때문에 법인세법은 대손금의 손금 산입 요건에 관하여 엄격하게 규정하고 있다.[3]

구체적으로 법인세법 제19조의2 제1항은 "내국법인이 보유하고 있는 채권 중 채무자의 파산 등 대통령령으로 정하는 사유로 회수할 수 없는 채권의 금액(이하 "대손금"이라 한다)은 해당 사업연도의 소득금액을 계산할 때 손금에 산입한다."라고 규정하고 있고, 그 위임에 따른 같은 법 시행령 제19조의2 제1항 각 호는 대손금의 범위를 상법, 민법 등에 의하여 소멸시효가 완성된 외상매출금이나 어음, 수표채권 및 대여금, 선급금 등으로 제한하여 규정하고 있다.

그리고 법인세법 시행령 제19조의2 제3항은 제1항 각 호의 대손금의 귀속시기를 "제1항 제1호부터 제7호까지의 규정에 해당하는 경우에는 해당 사유가 발생한 날"(제1호)로, "제1호 외의 경우에는 해당 사유가 발생하여 손금으로 계상한 날"(제2호)로 구분하여 규정

---

2) 대법원 2004. 9. 23. 선고 2003두6870 판결.
3) 강석규, 『조세법 쟁론』, (삼일인포마인, 2017), 557-558면.

하고 있다.

2. 관련규정의 개정 연혁

구 법인세법 시행령 제21조는 "채무자의 파산, 강제집행, 형의 집행 또는 사업의 폐지로 인하여 회수할 수 없는 채권"(제1호), "채무자의 사망·실종·행방불명으로 인하여 회수할 수 없는 채권"(제2호), "기타 재정경제부령이 정하는 바에 의하여 회수할 수 없다고 인정되는 채권"(제3호) 세 가지를 대손사유로 규정한 후 구 법인세법 시행규칙 제9조 제2항 각 호에서 구체적인 대손사유를 열거하고 있었으나, 각 대손사유에 따른 대손금의 손금산입 시기를 구별하는 규정을 두고 있지 않았다.

구 법인세법 시행령

제21조 (대손금의 범위) 제12조 제2항 제8호에 규정하는 대손금은 다음 각호의 1에 해당하는 것으로 한다. 다만, 법 제15조 제1항 제10호의 규정에 의한 협회등록법인과 법 제18조의3 제3항 각호의 1에 해당하는 내국법인의 경우에는 법 제14조 제1항의 규정에 의한 구상채권에 대한 것을 제외한다.

1. 채무자의 파산, 강제집행, 형의 집행 또는 사업의 폐지로 인하여 회수할 수 없는 채권
2. 채무자의 사망·실종·행방불명으로 인하여 회수할 수 없는 채권
3. 기타 재정경제부령이 정하는 바에 의하여 회수할 수 없다고 인정되는 채권

구 법인세법 시행규칙

제9조(대손충당금 및 대손금의 계산)

② 영 제21조 제3호에 규정하는 재정경제부령이 정하는 바에 의하여 회수할 수 없다고 인정되는 채권은 다음 각호에 규정하는 것으로 한다.

---

1. 외상매출금 및 미수금으로서 상법상의 소멸시효가 완성된 것
2. 어음법의 규정에 의하여 소멸시효가 완성된 어음
3. 수표법의 규정에 의하여 소멸시효가 완성된 수표
4. 대여금 및 선급금으로서 민법상의 소멸시효가 완성된 것
   (이하 생략)

이에 대법원은 앞서 Ⅰ. 3.항에서 대상판결이 인용하고 있는 바와 같이, '대손금 중 청구권이 법적으로 소멸된 경우는 그 소멸된 날이 속하는 사업연의 손금으로 산입되는 것이고, 법적으로는 소멸되지 않았으나 채무자의 자산상황, 지급능력 등에 비추어 자산성의 유무에 대하여 회수불능이라는 회계적 인식을 한 경우에는 그와 같은 회계처리를 했을 때에 한하여 당해 사업년도의 손금에 산입할 수 있다'는 취지로 판시하여 대손금의 손금 산입시기에 관한 기준을 제시하였다(대법원 1988. 9. 27. 선고 87누465 판결).

그러나 위 대법원 87누465 판결과 관련하여, 대손금의 형태를 청구권이 법적으로 소멸한 경우와 법적으로는 소멸되지 않았으나 회수불능이라는 회계적 인식을 한 경우로 나누면서도 그와 같이 나누는 근거를 제시한 바 없고, 후자의 경우에 대해서는 납세자에게 대손금의 손금산입 시기에 관한 지나친 재량을 허용하여서 부당한 세부담의 경감이 가능하다는 비판이 있었다.4)

이후 1998. 12. 31. 대통령령 제15970호로 전부개정된 구 법인세법 시행령 제62조 제1항은 각 호에서 구체적인 대손사유를 직접 열거한 후, 같은 조 제3항은 제1항 각 호의 사유별로 당해 대손사유가 발생한 날에 손금으로 산입하여야 하는 경우(신고조정사항)와 당해 대손사유가 발생하여 손금으로 계상한 날에 손금으로 산입하여야 하

---

4) 우창록, "대손요건과 대손금의 귀속시기", 『서울지방변호사회 판례연구』, 제4집(서울지방변호사회, 1990. 3. 13.), 284-286면.

는 경우(결산조정사항)로 대손금의 손금 산입시기를 구분하여 규정
하고 있다.

제62조 (대손금의 범위) ① 법 제34조 제2항에서 "대통령령이 정하는
사유로 회수할 수 없는 채권"이라 함은 다음 각호의 1에 해당하는 것
을 말한다.
1. 상법에 의한 소멸시효가 완성된 외상매출금 및 미수금
2. 어음법에 의한 소멸시효가 완성된 어음
3. 수표법에 의한 소멸시효가 완성된 수표
4. 민법에 의한 소멸시효가 완성된 대여금 및 선급금
5. 회사정리법에 의한 정리계획인가 또는 화의법에 의한 화의인가의
   결정에 따라 회수불능으로 확정된 채권
6. 민사소송법 제616조의 규정에 의하여 채무자의 재산에 대한 경매
   가 취소된 압류채권
7. 물품의 수출로 인하여 발생한 채권으로서 외국환거래에 관한 법령
   에 의하여 한국은행총재 또는 외국환은행의 장으로부터 채권회수
   의무를 면제받은 것
   (이하 생략)
③ 제1항 각호의 1에 해당하는 대손금은 다음 각호의 날이 속하는 사
업연도의 손금으로 한다.
1. 제1항 제1호 내지 제7호에 해당하는 경우에는 당해 사유가 발생한 날
2. 기타의 경우에는 당해 사유가 발생하여 손금으로 계상한 날

  이와 같이 법인세법 시행령이 전부개정되면서 각 대손사유별 대
손금의 손금산입 시기가 분명하게 정해졌고, 이와 같은 기준은 현행
법인세법 시행령 제19조의2 제3항과도 그 내용이 동일하다.

3. 법인세법상 대손금의 범위를 예시적으로 해석할 수 있는지

가. 관련 판례

법인세법 시행령 제19조의2 제1항 각 호가 대손금의 범위를 예시적으로 규정하고 있는지에 관하여 판단한 대법원 판례는 존재하지 않는다. 다만, 대법원은 소득세법상 대손금의 범위에 관한 규정이 예시적 규정에 해당하는지와 관련하여, '구 소득세법 시행령(1994. 12. 31. 대통령령 제14467호로 개정되기 전의 것) 제60조 제3항, 구 소득세법 시행규칙(1995. 5. 3. 총리령 제505호로 전문 개정되기 전의 것) 제24조는 그 규정취지에 비추어 대손처리의 대상이 되는 회수불능의 채권을 예시한 규정이 아니라 이를 한정하여 규정하는 취지로 해석함이 상당하다'라고 일관되게 판시하고 있다(대법원 2000. 11. 24. 선고 99두3980 판결, 대법원 1998. 10. 27. 선고 98두10509 판결, 대법원 1996. 8. 23. 선고 95누18130 판결 등 참조).

그리고 서울고등법원은 대상판결 이전에 소득세법상 대손금의 범위에 관한 위 대법원 99두3980 판결 등의 법리를 인용하며, "법인세법 등에서는 과세의 형평성, 이익조작의 방지 등의 목적으로 대손금으로 상각할 채권의 범위와 그 요건 등에 관하여 엄격하게 규정하고 있는데, 그와 같은 입법 취지 등을 고려해 보면, 시행령에서 규정한 회수할 수 없는 채권으로서 대손금에 포함되는 채권에 관한 규정은 이를 예시적으로 규정한 것이 아니라 한정적으로 규정하는 취지로 해석함이 상당한 점(대법원 2000. 11. 24. 선고 99두3980 판결 등 참조) 등에 비추어 볼 때, 원고의 주장과 같이 시행령이 규정한 대손금의 허용사유인 채무자의 "사업의 폐지"를 채무자가 원래 의도하였던 사업을 폐지하기만 하면 설령 다른 사업을 폐지하지 않고 있더라도 "사업의 폐지"에 해당하는 것으로 해석할 수는 없고, 달리 원고의 위 주장과 같이 해석할 법령상의 근거도 발견되지 않는다."고 판시하였다(서울고등법원 2012. 5. 10. 선고 2011누26277 판결5)).

또한, 대법원은 법인세법 제19조의2 제2항 제1호 및 같은 법 시행령 제19조의2 제6항이 손금산입을 제한하고 있는 채무보증으로 인하여 발생한 구상채권의 대손금에 관하여는 "이 사건 법률 조항은 기업의 채무보증에 의한 과다한 차입을 억제함으로써 재무구조의 건실화를 유도하고 기업의 구조조정을 촉진하여 경쟁력을 강화하기 위한 것으로서, 위와 같이 원칙적으로 채무보증으로 인하여 발생한 구상채권의 대손금을 손금불산입하도록 하면서, 다만 이 사건 시행령 조항에서 예외적으로 손금산입이 허용되는 채무보증의 유형을 열거하고 있다. 이러한 이 사건 법률 조항과 이 사건 시행령 조항의 규정 형식, 문언과 내용 및 그 입법취지에 비추어 보면, 구상채권의 대손금에 관하여 예외적으로 손금산입이 허용되는 채무보증은 이 사건 법률 조항으로부터 위임을 받은 이 사건 시행령 조항에서 열거한 유형의 채무보증으로 한정된다고 해석함이 타당하다. 따라서 법인이 사업과 관련된 거래대금을 지급받기 위하여 채무보증을 하였더라도 그 채무보증이 이 사건 시행령 조항에서 열거한 유형에 해당하지 아니하는 경우에는, 그로 인하여 발생한 구상채권의 대손금을 손금에 산입할 수 없다."라고 판시하였다(대법원 2016. 1. 14. 선고 2013두17534 판결).

---

5) 대법원 2000. 11. 24. 선고 99두3980 판결(상고기각)로 확정.

나. 관련 논의

법인세법상 대손금의 범위에 관한 규정을 예시적 규정으로 해석하여야 하는지에 대해서는 세 가지 견해가 있을 수 있다.

제1설은 대손금의 범위를 예시적으로 해석하여야 한다는 견해이다. 법인세법 제19조 제1항은 법인의 순자산의 감소를 원칙적으로 손금으로 인정하고 있음을 고려할 때6) 법인세법 시행령 제19조의2 제1항 각 호에서 열거하고 있지 않은 사유에 의한 것이라도 채권을 회수할 수 없음을 입증할 수 있다면 순자산의 감소액으로서 손금으로 인정하여야 한다는 입장이다.7)

제2설은 대손금의 범위를 한정적으로 해석하여야 한다는 견해이다. 일반적으로 채권은 채무자의 파산과 같이 객관적으로 뚜렷한 사실이 있는 경우를 제외하고는 그 불량화가 서서히 진행되고 그 기준 또한 모호한 경우가 많으므로 법인세법 시행령 제19조의2 제1항 각 호는 대손금 인정에 관하여 엄격한 제한을 두고 있다는 점,8) 위 각 호의 마지막에 유형적 포괄주의 규정을 두고 있지 않고 각 호의 규정 자체에 다시 한정사유나 제한사유를 두고 있다는 점9) 등을 이유로 대손금의 범위를 한정적으로 해석하여야 한다는 견해이다.

제3설은 대손사유가 발생한 날이 속하는 사업연도에 손금으로 산입하여야 하는 신고조정사항의 대손금은 한정적으로 해석하되, 대손사유가 발생하여 손금으로 계상한 날이 속하는 사업연도에 손금으로 산입하여야 하는 결산조정사항의 대손금은 예시적으로 해석

---

6) 양승종, "대손요건과 대손금의 귀속시기", 『조세실무연구 I』(김앤장 법률사무소, 2007), 330면.
7) 이창희, 『세법강의』, 제15판, (박영사, 2017), 840-841면.
8) 임승순, 『조세법』, 2017년도판(박영사, 2017), 606면.
9) 강석규, 위의 책, 558면.

하여야 한다는 견해이다. 법인세법상 대손금의 범위를 한정적으로 해석할 경우 객관적으로 순자산이 감소한 사유가 발생하였음에도 이를 손금으로 인정받지 못하는 불합리한 상황이 발생할 수 있으나, 반대로 신고조정사항의 대손금마저 예시적으로 해석할 경우 납세자가 대손사유가 발생하였음을 인식하지 못하고 경정청구 기간까지 도과하였다면 이를 손금으로 인정받을 수 없다는 불합리한 결과가 발생하므로, 결산조정사항에 해당하는 대손금만을 예시적으로 해석하여야 한다는 입장이다.

다. 관련 문제점

(1) 대손금의 귀속시기에 관한 문제

법인세법 시행령 제19조의2 제3항 제1호는 제1항 제1호 내지 제7호에 해당하는 대손사유는 당해 대손사유가 발생한 날이 속하는 사업연도에 손금으로 산입하는 것으로, 제2호는 제1호 외의 경우에는 당해 대손사유가 발생하여 손금으로 계상한 날이 속하는 사업연도에 손금으로 산입하는 것으로 각 규정하고 있다.

그러므로, 법인세법상 대손금의 범위를 예시적으로 해석하여 법인세법 시행령 제19조의2 제1항 각 호가 명문으로 규정하지 않는 사유를 대손사유로 인정하는 경우 그와 같은 대손금의 귀속시기를 판단할 수 있는 명확한 기준이 존재하지 않는다는 문제가 발생한다.

이 문제에 대하여, 위 대법원 87누465판결과 같이 대손금을 청구권이 법적으로 소멸된 경우와 법적으로는 소멸되지 않았으나 채무자의 자산상황, 지급능력 등에 비추어 자산성의 유무에 대하여 회수불능이라는 회계적 인식을 한 경우로 구분한 후 전자는 그 대손사유가 발생한 날이 속하는 사업연도의 손금으로 산입하고 후자는 대손사유가 발생하여 손금으로 계상한 날이 속하는 사업연도의 손금으로 산입하도록 하여야 한다는 견해가 있다.[10]

그러나 현행 법인세법 시행령 제19조의2 제3항은 대손금의 손금산입시기를 명확히 규정하고 있으며, 그 내용을 살펴보아도 같은 조 제1항 제6호의 "「민사집행법」 제102조에 따라 채무자의 재산에 대한 경매가 취소된 압류채권"과 제7호의 "물품의 수출 또는 외국에서의 용역제공으로 발생한 채권으로서 외국환거래에 관한 법령에 따라 한국은행총재 또는 외국환은행의 장으로부터 채권회수의무를 면제받은 것"은 청구권이 법적으로 소멸한 경우에 해당하지 않음에도 불구하고 위 제6호 및 제7호에 해당하는 채권을 신고조정사항에 해당하는 대손금으로 규정하고 있다.[11]

위와 같은 내용에 비추어 보면, 위 대법원 87누465 판결의 법리는 현행 법인세법 체계와는 부합하지 않으므로 그 법리를 그대로 적용하는 것은 타당하지 않다고 생각된다.

(2) 납세자의 예측가능성에 관한 문제

법인세법 시행령 제19조의2 제1항 각 호가 명문으로 규정하지 않는 대손금은 결산조정사항에 해당하는 것으로 보아 그 대손사유가 발생하여 손금으로 계상한 날이 속하는 사업연도의 손금으로 산입할 수 있다고 본다면, 납세자로서는 대손사유가 발생하였음을 판단하기 어려운 경우에도 최종적으로는 이를 회계적으로 인식한 날이 속하는 사업연도의 손금으로 산입할 수 있으므로 예측가능성이 침해될 우려는 없다.

---

10) 양승종, 위의 글, 332면.
11) 사법연수원 편집부, 『법인세법』, (사법연수원 출판부, 2015), 101면.

그러나 신고조정사항인 법인세법 시행령 제19조의2 제1항 제1호 내지 제7호에 해당하는 대손사유를 예시적으로 해석한다면 필연적으로 납세자의 예측가능성을 해치게 된다. 소멸시효의 완성과 같이 청구권의 소멸이라는 것은 반드시 명백하지 않을 뿐만 아니라, 경우에 따라서는 수년의 소송과정을 거쳐서 확정될 수도 있다.[12] 또한, 대상판결과 같이 당해 채권이 우리나라와 법체계가 다른 외국법의 적용을 받을 경우 납세자 뿐만 아니라 과세관청도 당해 채권의 청구권이 소멸하였음을 객관적으로 판단하기 어려울 뿐만 아니라 그 청구권이 소멸한 시기를 특정하기 어려워 대손금의 귀속시기를 판단할 수 없게 된다는 문제점이 있다.[13] 그럼에도 불구하고 오직 당해 채권의 청구권이 소멸하였다는 점을 들어 그와 같은 대손금은 대손사유가 발생한 날이 속하는 사업연도의 손금으로만 산입할 수 있다고 한다면 납세자에게 지나치게 가혹한 결과를 초래할 수 있다.

라. 검토

법인세법 시행령 제19조의2 제1항 각 호의 대손사유를 한정적으로 해석한다면, 객관적으로 채권 회수가 불가능하여 법인의 순자산이 감소하였음에도 불구하고 납세자는 이를 손금으로 산입할 수 없게 되어 부당한 세부담을 안을 수 있다. 그러므로 위 제1항 각 호가 명시적으로 규정하고 있지 않은 경우에도 객관적으로 대손사유가 발생하였음을 입증할 수 있다면 손금으로 산입할 수 있다고 봄이 타당하다.

---

12) 우창록, 위의 글, 286면.
13) 대상판결의 경우에도 과세관청은 쟁점 공사대금 채권의 청구권이 소멸한 시점을 특정하지 못하였다.

다만, 법인세법상 대손금의 범위를 예시적으로 해석하더라도, 법인세법 시행령 제19조의2 제1항 각 호가 명시적으로 규정하고 있지 않은 대손사유를 청구권이 소멸된 경우와 청구권이 소멸하지는 않았으나 자산성의 유무에 대하여 회수불능이라는 회계적 인식을 한 경우로 구분한 후 전자의 경우는 대손사유가 발생한 날이 속하는 사업연도의 손금으로 산입할 수 있다고 해석한다면 납세자의 예측가능성과 법적 안정성을 해치게 된다. 법인세법 시행령 제19조의2 제1항 제1호 내지 제7호가 신고조정사항으로 규정하고 있는 대손사유를 제외하면 채권의 청구권이 소멸하였음을 객관적으로 판단하기란 쉽지 않으므로, 그와 같은 대손사유가 발생하였음은 사후적인 판단에 의존할 수밖에 없다. 그럼에도 불구하고, 채권의 청구권이 소멸하였음을 들어 그와 같은 대손금은 대손사유(청구권의 소멸)가 발생한 날이 속하는 사업연도의 손금으로만 산입할 수 있다고 한다면 납세자가 불측의 손해를 입을 수밖에 없다.

또한, 법인세법 시행령 제19조의2 제3항은 대손금의 귀속시기를 정하면서, 제1호는 "제1항 제1호부터 제7호까지의 규정에 해당하는 경우에는 해당 사유가 발생한 날"규정하여 신고조정사항의 대손사유를 한정적으로 규정하고 있으나, 제2호는 "제1호 외의 경우에는 해당 사유가 발생하여 손금으로 계상한 날"로 규정하여 결산조정사항의 대손사유는 포괄적으로 규정하고 있다. 이와 같은 대손금 귀속시기의 구분에 비추어 보아도, 법인세법 시행령 제19조의2 제1항 각 호에서 규정하지 않는 대손사유는 위 제3항 제2호 소정의 "제1호 외의 경우"에 해당하는 것으로 보아 결산조정사항의 대손사유로 보아야 한다.

따라서, 법인세법 시행령 제19조의2 제1항은 대손금의 범위를 예시적으로 규정하는 것으로 해석하되, 그와 같은 대손금의 귀속시기는 제3항 제2호에 따라 납세자가 손금으로 계상한 날이 속하는 사업연도의 손금으로 산입함이 타당하다고 본다.

다만, 대법원은 소득세법상 대손금의 범위에 관한 규정을 한정적으로 해석하고 있고, 법인세법과 소득세법은 공통적으로 대손처리에 의하여 손금(필요경비)에 산입되어야 하는 채권을 구체적으로 열거하여 엄격한 제한을 두면서 그 손금산입 시기(필요경비 산입시기)에 대하여도 명시적인 기준을 두고 있다. 이처럼 동일한 규정형식을 가지고 있는 소득세법상 대손금의 범위에 관한 규정은 한정적 규정으로 해석하면서, 법인세법상 대손금의 범위에 관한 규정은 예시적 규정이라고 해석하는 것은 구체적인 타당성이 부족하다.

그러므로 법인세법상 대손금의 범위를 예시적으로 해석하기 위하여는 법인세법 시행령 제19조의2 제1항 각 호 마지막에 '기타 회수가 불가능한 채권 등으로서 제8호 내지 제13호의 채권과 유사한 채권'이라는 취지의 유형적 포괄주의 규정을 신설함으로써, 위 제1항 각 호는 대손금의 범위를 예시적으로 규정하고 있다는 점과 위 제1항 각 호에서 명시적으로 규정하고 있지 아니한 대손금은 제3항 제2호에 따라 해당 대손금을 손금으로 계상한 날이 속하는 사업연도의 손금으로 계상하여야 한다는 점을 입법적으로 정리할 필요가 있다.

Ⅲ. 결론

이상에서 법인세법상 대손금의 범위를 예시적으로 해석할 수 있는지 여부와 그에 따른 대손금의 귀속시기에 관하여 검토해 보았다. 대손금의 본질이나 과세의 형평성 측면을 고려하면, 법인세법 시행령 제19조의2 제1항 각 호는 대손금의 예시로 해석하는 것이 타당하고, 위 제1항 각 호에서 규정하고 있지 아니한 대손금의 귀속시기는 제3항 제2호에 의하여 판단함이 타당하다고 생각되나, 이와 같은 해석을 위하여는 위 제1항 각 호 마지막에 유형적 포괄주의 규정을 신설할 필요가 있다고 본다.

한편, 법인세법상 대손금의 범위를 예시적으로 해석하여야 하는지에 관하여는 실무상 논란의 여지가 있을 수 있으나, 아직까지도 충분한 논의가 이루어지지 않은 것으로 보인다. 기존 연구와 판결들을 살펴보아도, 법인세법 시행령 제19조의2 제1항 각 호가 예시적 규정인지에 관한 지배적인 학설은 존재하지 않으며, 하급심도 서로 배치되는 판단을 하였다.14) 이와 같은 사정을 고려하면, 법인세법상 대손금의 범위를 예시적으로 해석할 수 있는지 여부에 관하여는 대법원이 심리를 하여 관련 법리를 명확하게 정리해 줄 필요가 있다.

---

14) 대상판결은 법인세법상 대손금의 범위를 예시적으로 해석하였으나, 반대로 앞서 살펴 본 서울고등법원 2011누26277 판결은 법인세법상 대손금의 범위를 한정적으로 해석하였다.

참고문헌

양승종, "대손요건과 대손금의 귀속시기", 『조세실무연구Ⅰ』(김앤장 법률사
　　무소, 2007).

우창록, "대손요건과 대손금의 귀속시기", 『서울지방변호사회 판례연구』, 제
　　4집(서울지방변호사회, 1990).

강석규, 『조세법 쟁론』, (삼일인포마인, 2017).

이창희, 『세법강의』, 제15판(박영사, 2017).

임승순, 『조세법』, 2017년도판(박영사, 2017).

사법연수원 편집부, 『법인세법』, (사법연수원 출판부, 2015).

포합주식과 의제배당소득세에 관한 세법의 규정체계 검토

김 희 남 세무사

Ⅰ. 사안의 개요

1. 피합병법인에 대한 법인세 과세

법인세법은 내국법인이 소유하는 자산의 가치증가분 등 미실현소득과 자본거래로 인한 수익 등 법령에서 익금불산입하는 수익에 대하여는 「각 사업연도의 소득에 대한 법인세」[1]를 과세하지 아니한다. 그러나 법인이 해산한 경우 위와 같이 각 사업연도의 소득에 대한 법인세 과세소득에 포함되지 아니한 채 사내에 유보되었던 경제적 가치가 환가처분 과정에서 배분 가능한 재산으로 실현되므로 이러한 소득에 대한 법인세를 과세하기 위하여 각 사업연도의 소득에 대한 법인세를 사후적으로 보완하는 「청산소득에 대한 법인세」 과세제도[2]를 두고 있다.

---

[1] 법인세법 제2장(제13조~제76조)에 따라 1회계기간(사업연도) 단위로 계산한 법인의 소득을 과세표준으로 하여 과세하는 법인세이다.

[2] 「내국법인의 청산소득에 대한 법인세」는 「각 사업연도의 소득에 대한 법인세」와는 별도로 같은 법 제3장(제77조~제90조)에서 규정하고 있다.

내국법인이 합병으로 해산한 경우 피합병법인의 권리의무가 포괄적으로 합병법인에 승계되므로 피합병법인에 대한 별도의 청산절차는 없으나, 피합병법인의 보유자산 가치증가분 등 각 사업연도의 소득에 대한 법인세로 과세되지 아니한 사내유보금 등이 합병신주 등의 형태로 피합병법인의 주주에게 배정되는 경우에는 그 경제적 실질이 해산에 따른 잔여재산의 환가 또는 분배와 동일하다는 결과가 발생한다.

현행 법인세법 제44조는 피합병법인이 합병으로 해산하는 경우에는 그 법인의 자산을 합병법인에게 양도한 것으로 보아 다음 ①에서 ②를 뺀 금액(양도손익)을 피합병법인의 합병등기일이 속하는 사업연도의 소득금액을 계산할 때 익금 또는 손금에 산입하도록 하여 피합병법인의 자산 가치증가분 등에 대한 법인세 과세를 보완하고 있다.

> ① 피합병법인의 주주가 지급받는 합병법인 또는 합병법인 모회사 주식3)(합병교부주식)의 가액 및 금전이나 그 밖의 재산가액의 합계액4)
> ② 피합병법인의 합병등기일 현재의 자산의 장부가액 총액에서 부채의 장부가액을 뺀 가액(순자산 장부가액)

한편, 2009. 12. 31. 법률 제9898호로 개정되기 전의 법인세법(이하 "구 법인세법"이라 한다) 제80조는 내국법인이 합병으로 해산하는 경우 아래 ①에서 ②를 뺀 금액을 피합병법인의 청산소득으로 과

---

3) 해당 법령에서는 "주식 등"이라고 하여 주식과 출자지분을 포함하고 있으나, 이 글에서는 서술의 편의상 주식회사의 합병을 전제로 "주식"이라고만 표기한다.
4) 법인세법 제44조 제1항 제1호는 이 금액을 "피합병법인이 합병법인으로부터 받은 양도가액"으로 규정하고 있다.

세하도록 하고 있다.

> ① 피합병법인의 주주가 합병법인으로부터 그 합병으로 인하여 취득하
>   는 주식의 가액과 금전이나 그 밖의 재산가액의 합계액5)
> ② 피합병법인의 합병등기일 현재의 자기자본의 총액

현행 법인세법 제44조의 '합병에 따른 피합병법인의 양도손익'과 구 법인세법 제80조에 따른 '합병에 의한 청산소득'은 순자산의 장부가액 또는 순자산의 장부가액과 유사한 개념에 해당하는 자기자본 총액을 초과하는 합병대가의 총합계액을 과세대상으로 하는 점에서 그 본래의 성격은 크게 다르다고 할 수 없다.

2. 합병대가의 총합계액과 합병포합(抱合)주식의 취득가액

현행 법인세법 시행령 제80조 제1항 제2호 (가)목은 '합병법인이 합병등기일 전 취득한 피합병법인의 주식(신설합병 또는 3 이상의 법인이 합병하는 경우 피합병법인이 취득한 다른 피합병법인의 주식을 포함한다)을 합병포합(抱合)주식'이라고 하면서, 피합병법인이 합병법인으로부터 받은 양도가액을 산정할 때 '합병포합주식에 대하여 합병교부주식을 교부하지 아니하더라도 그 지분비율에 따라 합병교부주식을 교부한 것으로 보아 합병교부주식의 가액을 계산한

---

5) 구 법인세법 제16조 제1항 제5호는 이 금액을 [이하 "합병대가"라 한다]라고 규정하고 있으므로, 같은 법 제80조 제1항에서 정하는 "합병대가의 총합계액"은 이 금액의 총합계액을 말한다. 이하 이 글에서는 "피합병법인이 합병법인으로부터 받은 양도가액"과 "합병대가의 총합계액"을 명확하게 구분할 실익이 없는 경우에는 "합병대가의 총합계액"으로 통칭한다.

다.'라고 규정하고 있다.

구 법인세법 제80조에 따른 합병에 의한 청산소득을 계산할 때에도 합병법인이 합병등기일 전 2년 이내에 취득한 피합병법인의 주식(신설합병 또는 3 이상의 법인이 합병하는 경우 피합병법인이 취득한 다른 피합병법인의 주식을 포함한다)이 있는 경우로서 그 합병포합주식6)에 대하여 ① 합병법인의 주식을 교부하지 아니한 경우 합병대가의 총합계액은 당해 포합주식의 취득가액을 가산한 금액으로 하고, ② 주식을 교부한 경우에는 당해 포합주식의 취득가액에서 교부한 주식의 가액을 공제한 금액을 가산하도록 하고 있다(구 법인세법 제80조 제2항).

위와 같이 법인세법에서 포합주식에 대한 규정을 둔 이유는 법인이 해산하는 경우 해산하는 법인의 잔여재산가액은 채권의 추심 또는 자산의 환가처분을 거쳐 확정하는 데 비하여, 법인 합병의 경우 합병등기일 현재 피합병법인의 잔여재산가액에 상당하는 금액을 피합병법인이 보유하는 재산적 가치를 기준으로 직접 측정하는 대신 합병법인이 피합병법인의 주주에게 교부하는 합병교부주식과 금전이나 그 밖의 재산가액을 합한 합병대가의 총합계액으로 파악하기 때문에 이러한 합병대가를 지급하지 아니하거나 일부만 지급하는 합병의 경우 그 금액에 상당하는 피합병법인의 양도손익(2010. 6. 30. 이전 합병의 경우 청산소득7))이 적게 계산되는 문제가 발생하기 때문이다.

즉, 내국법인이 합병을 함에 있어 통상의 합병절차에 의하지 아니하고 합병법인이 합병 전에 먼저 피합병법인의 주식(포합주식)을 취득하고 그 주주가 되어 합병하면서 합병신주 등 합병대가를 지급

---

6) 이하 이 글에서는 "합병포합(抱合)주식"을 "포합주식"으로 줄여서 쓴다.
7) 2009. 12. 31. 법률 제9898호로 개정된 「법인세법」은 그 부칙 제1조 단서 및 제6조의 규정에 따라 2010. 7. 1. 이후 최초로 합병하는 분부터 적용한다.

하지 아니한 경우에는 포합주식의 취득가액[8])에 상당하는 피합병법인의 양도소득 또는 청산소득이 감소하게 되므로 이를 과세대상으로 할 수 있다는 취지가 포함되어 있다고 할 수 있다. 그렇지 아니하면 법인의 합병의 경우에도 해산의 경우에 준하여 법인세를 과세하려고 하는 법의 목적을 실현할 수가 없어 과세의 실효를 거둘 수가 없기 때문이다(대법원 1989. 7. 25. 선고 87누55 판결 등 참조).

3. 문제의 제기

가. 피합병법인 주주의 의제배당소득

피합병법인의 주주가 합병으로 인하여 합병법인으로부터 합병대가를 지급받는 경우에는 합병대가의 총합계액이 그 피합병법인의 주식을 취득하기 위하여 사용한 금액을 초과하는 금액(아래 ①에서 ②를 뺀 금액)을 합병법인으로부터 이익을 배당받았거나 잉여금을 분배받은 금액으로 보아 그 주주가 내국법인인 경우 법인세가, 거주자인 경우 종합소득세(의제배당소득)가 과세된다(법인세법 제16조 제1항 제5호, 소득세법 제17조 제1항 제3호 및 제2항 제4호).

① 피합병법인의 주주가 합병법인으로부터 그 합병으로 인하여 취득하는 합병법인 또는 합병법인 모회사 주식(합병교부주식)의 가액과 금전이나 그 밖의 재산가액의 합계액[9])
② 피합병법인의 주식을 취득하기 위하여 사용한 금액

---

8) 2010. 7. 1. 이후 합병한 경우에는 피합병법인이 합병법인으로부터 받은 양도가액을 계산할 때 합병포합주식에 대하여 합병교부주식을 교부하지 않더라도 그 지분에 따라 합병교부주식을 교부한 것으로 보아 합병교부주식의 가액을 계산한다.

피합병법인의 합병에 따른 양도소득 또는 청산소득과 그 주주의 의제배당소득은 합병대가의 총합계액에서 차감하는 금액을 '순자산 장부가액'(피합병법인의 양도손익 또는 청산소득)과 '피합병법인 주식 취득가액'(피합병법인 주주의 의제배당소득)으로 하고 있는 점이 다르다.

이러한 의제배당 소득은 피합병법인에게 합병에 따른 양도소득 또는 청산소득으로 과세된 소득이 그 주주에게 또다시 법인세 또는 소득세로 과세되는 이중과세의 문제가 발생하게 되는데, 현행 세법은 이를 해소하기 위하여 법인주주에 대하여는 법인세법 제18조의2 및 제18조의3에서 정하는 '수입배당금액 익금불산입' 제도를 적용하고, 그 주주가 거주자인 경우 소득세법 제56조 규정의 '배당세액공제'를 적용한다.

나. 포합주식의 취득과 피합병법인 주주의 의제배당소득

앞에서 본 바와 같이 통상적인 합병의 경우 합병법인은 피합병법인의 주주에게 합병대가로 합병법인의 합병신주를 배정하거나, 그 대가의 전부 또는 일부로서 금전이나 그 밖의 재산을 제공할 수 있다(상법 제523조 제4호). 이 경우 피합병법인은 합병에 따른 양도손익(또는 청산소득)에 대한 법인세의 납세의무를 부담하게 되고, 그 주주는 의제배당 소득에 대한 법인세 또는 종합소득세를 납부하게 된다.

그런데, 내국법인 간 합병에 있어서 통상의 합병절차에 의하지 아니하고 합병법인이 합병 전에 포합주식을 취득하는 경우 피합병

---

9) 법인세법 제16조 제1항 제5호에서 규정하는 내용을 정리하여 기재하였다. 거주자의 의제배당에 관한 소득세법 제17조 제2항 제4호의 규정도 그 의미 면에서 법인세법의 규정내용과 다르지 않다.

법인의 양도손익 또는 청산소득을 계산할 때 합병대가의 총합계액에 포합주식의 취득가액을 가산하도록 하고 있는 법인세법 규정의 내용을 피합병법인 주주의 의제배당소득을 계산할 때에도 그대로 적용할 수 있는가 하는 문제가 발생한다.

합병법인의 포합주식 취득가액은 그 주식을 양도한 피합병법인 주주의 해당주식 양도가액과 같으므로 포합주식의 취득가액을 합병대가로 보더라도 피합병법인 주주의 의제배당소득은 아래 ①에서 ②를 뺀 금액으로 계산하게 되므로 사실상 그 주식의 양도차익과 같은 금액이 된다.

> ① 피합병법인 주주의 포합주식 양도가액(합병법인의 포합주식 취득가액)
> ② 피합병법인 주식 취득가액

이와 관련하여 법인세법 시행규칙 제7조는 법인세법 제16조 제1항 제5호의 의제배당소득 계산 시 합병포합주식의 지분에 따라 교부받은 것으로 보는 합병교부주식의 가액은 합병대가에 포함되지 않는다는 점을 명확하게 규정하고 있으나, 현행 소득세법은 이에 관한 아무런 규정을 두고 있지 아니하다.

다. 문제의 제기

법인세법에서 포합주식에 관한 규정을 둔 취지가 과세형평을 유지하기 위하여 합병의 절차와 형태에 따라 피합병법인의 양도손익 또는 청산소득이 감소하는 것을 방지하기 위한 것이라는 점에 더하여, 국세기본법 제14조 제2항의 실질과세원칙[10]을 적용하는 경우 합

---

10) "세법 중 과세표준의 계산에 관한 규정은 소득, 수익, 재산, 행위 또는 거

병법인의 포합주식 취득가액은 합병대가(특히 합병교부금)를 피합병법인의 주주에게 먼저 지급한 것이므로 피합병법인 주주의 의제배당소득을 계산할 때에도 그 금액을 합병대가의 총합계액에 가산하여야 한다는 주장이 제기될 수 있다.

앞에서 본 바와 같이 합병법인의 포합주식 취득가액은 그 주식을 양도한 피합병법인 주주의 해당주식 양도가액과 같으므로 포합주식의 취득가액을 합병대가로 보아 계산한 피합병법인 주주의 의제배당소득금액은 그 주주의 해당 주식 양도차익과 같은 금액이 되므로 결국 피합병법인 주주의 포합주식 양도가액을 합병대가에 포함할 것인지의 문제는 포합주식을 양도함으로써 생기는 소득을 의제배당으로 과세할 것인지, 아니면 주식 양도차익으로 과세할 것인지로 귀착된다고 볼 수 있다.

한편, 법인세법 시행규칙 제7조는 의제배당소득 계산 시 포합주식의 가액을 합병대가에 포함하지 아니하므로, 포합주식을 합병법인에게 양도한 피합병법인의 주주가 법인인 경우에는 그 양도가액을 법인세법 시행령 제11조 제2호의 수익(자산의 양도금액)으로, 해당 주식의 취득가액을 같은 시행령 제19조 제2호의 손비(양도한 자산의 양도당시의 장부가액)로 하여 그 양도차익에 법인세를 납부하면 아무런 문제가 없다.

그런데, 포합주식을 합병법인에게 양도한 피합병법인의 주주가 거주자인 경우에는 포합주식 양도차익 상당액을 소득세법이 정한 양도소득으로 보아 분리과세[11]할 것인지, 의제배당소득으로 보아 누진세율이 적용되는 종합소득세를 과세할 것인지에 따라 납부세액

래의 명칭이나 형식에 관계없이 그 실질내용에 따라 적용한다."라고 규정하고 있다.
11) 소득세법 제94조 제1항 제3호에서 정한 주식의 양도차익에 대하여 10%~30%의 단일세율을 적용한다.

과 납세의무 이행절차 등이 달라지게 된다.

　이하에서는 Ⅱ.에서 법인간 합병에서 발생하는 포합주식에 관한 법인세법의 규정체계와 관련 판결을 정리하고, Ⅲ.에서 포합주식 관련 의제배당소득에 관한 규정체계를 살펴본 다음, Ⅳ.에서 거주자의 포합주식 양도차익이 의제배당으로서 종합소득세 과세대상인지 아니면 주식양도소득으로 과세하는지 여부를 검토하고 Ⅴ.에서 결론으로 이 글을 마무리하고자 한다.

Ⅱ. 포합주식에 관한 법인세법 규정체계 검토

1. 구 법인세법의 규정체계

가. 1998. 12. 31. 이전 합병에 대한 구 법인세법 규정 체계[12]

　포합주식에 관한 규정은 1979. 12. 31. 대통령령 제9699호로 개정된 구 법인세법 시행령 제117조의2에서 처음 도입 된 후 1998. 12. 31. 대통령령 제15970호로 개정되기 전까지 아래와 같이 규정하였다.

---

12) 1998. 12. 28. 법률 제5581호로 전문개정되기 전의 법인세법과, 1998. 12, 31, 대통령령 제15970호로 전문개정되기 전의 법인세법 시행령 아래에서의 규정체계를 말한다.

제117조의2 (합병의 경우의 청산소득계산의 특례) ① 내국법인의 합병에 있어서 합병법인이 합병 전에 취득한 피합병법인의 주식 또는 출자(이하 "포합주식"이라 한다)가 있는 경우에 그 취득으로 인하여 피합병법인의 청산소득이 부당히 감소되는 것으로 인정되는 때에는 포합주식 취득가액은 합병교부금으로 보고 청산소득을 계산한다. 이 경우에 당해 포합주식에 대하여 합병법인의 주식을 교부한 때에는 포합주식 취득가액 중 당해 교부주식가액을 공제한 금액을 합병교부금으로 본다.

위 세법 개정 당시 재무부는 포합주식에 관한 규정의 도입취지를 "이번에 포합주식에 대한 청산소득계산특례규정을 두게 된 것은 주식양도차익에 대한 소득세 과세제도[13]가 마련되고 있지 않은 현행 제도를 이용하여 청산소득에 대한 법인세부담을 회피할 목적으로 사전에 피합병법인의 주식을 매입하여 합병하는 변태적인 합병을 규제하기 위한 것이다."라고 밝히고 있다.[14]

한편, 위 구 법인세법 시행령의 규정은 합병신주를 교부하지 아니한 포합주식 취득가액을 합병법인이 피합병법인의 주주에게 지급한 합병교부금으로 의제한다는 점을 명확하게 규정하였으나, ① 모법에 위임규정이 없거나, 모법인 구 법인세법 제43조 제3항[15])에 위

---

13) 1990. 12. 31. 법률 제4281호로 개정된 소득세법에서 비상장주식 양도차익에 대한 양도소득세 과세제도를 처음 도입하였다.

14) 한국조세연구원, 『개정세법 총람(Ⅰ) (간추린 개정세법)』, 1994년, Ⅰ-526면

15) 제43조 (청산소득금액의 계산)

③ 내국법인이 합병한 경우에 그 청산소득(이하 "合倂에 의한 淸算所得"이라 한다)의 금액은 합병으로 인하여 소멸한 법인(이하 "被合倂法人"이라 한다)의 주주사원 또는 출자자가 합병 후 존속하는 법인 또는 합병으로 인하여 설립되는 법인(이하 "合倂法人"이라 한다)으로부터 받는 그 합병법인의 주식·출자의 가액 또는 금전 기타 자산의 가액의 총합계액에서 피합병법인의 합병일(合倂登記를 한 날을 말한다. 이하 같다) 현재의 자기

배되는지 여부와 ② "청산소득이 부당히 감소되는 것으로 인정되는
때"의 판단기준에 대하여 논란이 있었다. 구 법인세법 시행령에서
포합주식에 관한 규정을 둔 취지와 그 규정의 위헌 여부 등에 관한
대법원의 판단은 다음과 같다.

(1) 구 법인세법 시행령에서 포합주식에 관한 규정을 둔 취지

대법원 1989. 7. 25. 선고 87누55 판결은 '법인세법 제42조, 제43조
의 내용에 의하면 내국법인이 해산한 경우에는 물론이고 합병에 의
하여 소멸하는 경우에도 해산의 경우에 준하여 법이 정하는 청산소
득의 금액을 과세표준으로 법인세를 과세한다는 취지이며 내국법인
이 합병을 함에 있어 통상의 합병절차에 의하지 아니하고 합병법인
이 합병 전에 먼저 피합병법인의 주식(포합주식)을 취득하고 그 주
주가 되어 합병함으로써 피합병법인의 청산소득을 부당히 감소하게
한 경우 이를 실질적으로 파악하여 과세대상으로 할 수 있다는 취지
가 포함되어 있다고 보아야 할 것이며 그렇지 아니하면 법인의 합병
의 경우에도 해산의 경우에 준하여 과세하려고 하는 법의 목적을 실
현할 수가 없어 과세의 실효를 거둘 수가 없을 것'이라고 판시하여
구 법인세법 체계에서 포합주식에 관한 규정을 둔 취지를 설명하였다.

(2) 포합주식에 관한 구 법인세법 시행령 제117조의2 규정의 위헌 여부

앞에서 본 대법원 87누55 판결은 '법 제44조[16]에서는 법에서 규
정하는 것을 제외하고 청산소득금액의 계산에 관하여 필요한 사항

자본의 총액을 공제한 금액으로 한다.
16) 제44조 (청산소득금액계산에 관한 세칙) 이 법에서 규정하는 것을 제외하
고 내국법인의 청산소득금액의 계산에 관하여 필요한 사항은 대통령령으
로 정한다.

은 대통령령으로 정할 것을 위임하고 있고 영 제117조의2의 규정은 법이 이와 같이 구체적 범위를 정하여 위임함에 따라 포합주식이 있는 합병의 경우의 청산소득계산의 특례를 규정한 것으로서 위와 같은 법의 취지를 벗어난 것이 아니라고 보아야 할 것이고 법 제43조 제3항은 청산소득금액을 합병등기일을 기준일로 하여 계산한다는 것이지 청산소득의 발생원인을 반드시 그리고 형식적으로 합병등기일을 기준시점으로 하여서만 정한다는 것은 아니라 할 것이므로 영 제117조의2의 규정이 모법에 위임규정이 없거나 모법인 법 제43조 제3항에 위배되는 것이라고 할 수 없고 이것이 구 헌법 제50조(대통령령)나 제95조(조세법률주의)에 위배되는 것이라고 할 수도 없다'라고 판시하여, 구 법인세법 시행령 제117조의2의 규정이 위임입법의 원칙이나 조세법률주의에 위반되지 않는다고 판단하였다.

이에 더하여 대법원 1989. 9. 12. 선고 87누564 판결은 '법인세법 시행령 제117조의2 제1항이 규정하는 포합주식 취득가액은 그 경제적 실질에 있어서는 같은 법 제43조 제3항이 규정하는 피합병법인의 주주가 합병법인으로부터 받는 금전 즉, 합병교부금과 차이가 없다고 할 것이므로 위 포합주식취득가액을 합병교부금으로 보고 청산소득금액을 계산하는 것은 같은 법 제43조 제3항의 취지에 부합되는 것'이라고 하면서 '같은 법 시행령 제117조의2 제1항이 그 규정의 포합주식 취득가액을 합병교부금으로 보고 청산소득을 계산한다고 규정한 것은 같은 법 제44조의 위임에 의하여 같은 법 제43조 제3항의 취지에 따라 포합주식이 있는 경우의 청산소득금액 계산방법을 규정한 것에 불과하고 모법의 위임근거도 없이 새로운 과세요건을 정한 것은 아니라고 할 것이므로 같은 법 시행령 제117조의2 제1항의 규정이 같은 법 제44조 소정의 청산소득 금액의 계산에 관하여 필요한 사항의 범위를 넘어서 새로운 법률사항을 규정함으로써 조세법률주의에 위배된 것이라고 할 수 없을 것'이라고 판시하였다.

(3) "청산소득이 부당히 감소되는 것으로 인정되는 때"의 판단기준

또한, 위 대법원 87누55 판결에서는 "영 제117조의2에서 규정한 합병법인이 합병 전에 취득한 포합주식이 있는 경우에 그 취득으로 인하여 피합병법인의 청산소득이 부당히 감소되는 것으로 인정되는 때란 반드시 주관적 요소로서 청산소득을 부당히 감소시킬 목적이나 의사가 인정되어야 한다는 것은 아니고 합병법인의 주식취득으로부터 합병에 이르기까지의 일련의 거래와 과정 등을 종합하여 판단되어질 성질의 것이라고 할 것"이라고 하면서 '만일 합병법인인 원고가 피합병법인의 주식을 양수한 후에 합병하는 방식을 취하지 아니하고 그 주식을 양수할 때에 합병하고 그 대가로 합병교부금을 지급하였다면 소외회사의 청산소득은 그 주식의 양도가액(합병교부금에 해당한다고 할 것이다)에서 불입자본금(자기자본의 총액을 의미하는 것으로 이해된다)을 공제한 금원이 될 것이므로 합병법인이 피합병법인의 주식을 취득함으로 인하여 소외회사의 청산소득이 부당하게 감소된 것이라고 인정한 조처는 정당하다'고 판시하였다.

나. 2010. 6. 30. 이전 합병에 대한 구 법인세법 규정 체계[17]

2009. 12. 31. 개정 전의 법인세법은 제80조 제2항에서 포합주식에 관하여 아래와 같이 규정하였다.

제80조 (합병에 의한 청산소득금액의 계산)
② 제1항의 규정에 의한 합병대가의 총합계액을 계산함에 있어서 합병법인이 합병등기일전 2년 이내에 취득한 피합병법인의 주식 등(신설합병 또는 3이상의 법인이 합병하는 경우 피합병법인이 취득한 다른 피

---

17) 2009. 12. 31. 법률 제9898호로 개정되기 전의 법인세법에서의 규정체계를 말한다. 이 개정 법률의 시행시기는 각주 7)에서 보는 바와 같다.

> 합병법인의 주식 등을 포함하며, 이하 이 조에서 "포합주식 등"이라 한
> 다)이 있는 경우로서 그 포합주식 등에 대하여 합병법인의 주식 등을
> 교부하지 아니한 경우 합병대가의 총합계액은 당해 포합주식등의 취득
> 가액을 가산한 금액으로 한다. 이 경우 주식 등을 교부한 경우에는 당
> 해 포합주식 등의 취득가액에서 교부한 주식 등의 가액을 공제한 금액
> 을 가산한 금액으로 한다.

구 법인세법 제80조 제2항은 ① 포합주식에 관한 내용을 종전과
달리 모법에서 직접 규정함으로써 위헌적 요소를 해소하였고, ② 종
전의 구 법인세법 시행령 제117조의2에서는 '포합주식의 취득가액'
을 '합병교부금'으로 의제하였으나, 구 법인세법 제80조 제2항은 '합
병대가의 총합계액에 가산'하도록 규정하고 있다. 또한, ③ 포합주식
의 범위를 "합병등기일전 2년 이내에 취득한 피합병법인의 주식 등"
으로 객관화·명확화함으로써 "피합병법인의 청산소득이 부당히 감
소되는 것으로 인정되는 때에는 포합주식 취득가액은 합병교부금으
로 보고 청산소득을 계산"하도록 한 종전의 규정을 보완하였다.

위 ③과 관련하여 대법원 2011. 5. 13. 선고 2008두14074 판결은
'구 법인세법 제80조 제2항 전문은 합병법인이 합병등기일 전 2년
이내에 취득한 피합병법인의 주식 등이 있는 경우로서 그 포합주식
등에 대하여 합병법인의 주식 등을 교부하지 아니한 경우 합병대가
의 총합계액은 당해 포합주식 등의 취득가액을 가산한 금액으로 하
도록 정하고 있으므로 조세법률주의의 원칙상 과세요건이나 비과세
요건 또는 조세감면요건을 막론하고 조세법규의 해석은 특별한 사
정이 없는 한 법문대로 해석할 것이고 합리적 이유 없이 확장해석하
거나 유추해석하는 것은 허용되지 아니한다. 따라서 구 법인세법 제
80조 제2항이 포합주식의 취득으로 인하여 피합병법인의 청산소득
이 부당히 감소되는 것으로 인정되는 것을 그 적용요건으로 규정하

고 있지 아니하는 이상, 합병법인이 취득한 주식이 포합주식에 해당하는 것만으로 구 법인세법 제80조 제2항의 적용대상이 된다고 해석할 것'이라고 판시하여 이를 확인하고 있다.

2. 현행 법인세법의 규정체계

현행 법인세법 시행령 제80조 제1항 제2호 (가)목 단서는 포합주식에 관한 내용을 아래와 같이 규정하고 있다.

제80조(합병에 따른 양도손익의 계산) ① 법 제44조 제1항 제1호에 따른 양도가액은 다음 각 호의 금액으로 한다.
1. 적격합병의 경우: 법 제44조 제1항 제2호에 따른 피합병법인의 합병 등기일 현재의 순자산장부가액
2. 제1호 외의 경우: 다음 각 목의 금액을 모두 더한 금액
가. 합병으로 인하여 피합병법인의 주주 등이 지급받는 합병법인 또는 합병법인의 모회사(합병등기일 현재 합병법인의 발행주식총수 또는 출자총액을 소유하고 있는 내국법인을 말한다. 이하 같다)의 주식(이하 "합병교부주식 등"이라 한다)의 가액 및 금전이나 그 밖의 재산가액의 합계액. 다만, 합병법인이 합병등기일 전 취득한 피합병 법인의 주식 등(신설합병 또는 3 이상의 법인이 합병하는 경우 피합병법인이 취득한 다른 피합병법인의 주식 등을 포함한다. 이하 "합병포합(抱合)주식 등"이라 한다)이 있는 경우에는 그 합병포합주식 등에 대하여 합병교부주식 등을 교부하지 아니하더라도 그 지분 비율에 따라 합병교부주식 등을 교부한 것으로 보아 합병교부주식 등의 가액을 계산한다.

포합주식에 관한 현행 법인세법 시행령 제80조의 규정 내용이 종전과 달라진 점을 들면 다음과 같다.

① 종전에는 적격합병18) 또는 비적격합병인지와 관계없이 포합주식의 취득가액을 합병대가의 총합계액에 가산하도록 하였으나, 현행 규정의 포합주식에 관한 규정은 비적격합병의 경우에만 적용한다.

② 종전에는 포합주식을 '합병법인이 합병등기일전 2년 이내에 취득한 피합병법인의 주식'으로 한정하였으나, 현행 규정에서는 그 취득시기와 관계없이 합병등기일 전에 합병법인이 취득하여 보유하고 있는 피합병법인의 주식이 모두 포함된다.

③ 포합주식의 취득가액을 합병대가의 하나에 해당하는 합병교부금으로 보거나(1998. 12. 31. 이전 합병의 경우) 합병교부금으로 특정하지는 않았지만 "합병대가의 총합계액"에 가산하도록 하였으나(2010. 6. 30. 이전 합병의 경우), 현행 규정은 합병포합주식에 대하여도 합병신주를 교부한 것으로 보고 그 교부한 것으로 보는 합병신주의 시가 상당액을 '피합병법인이 합병법인으로부터 받은 양도가액(법인세법 제44조 제1항 제1호의 가액)'에 더하도록 하고 있다. 즉, 종전에는 합병법인이 피합병법인의 주주로부터 포합주식을 취득한 당시를 기준으

---

18) 아래의 법인세법 제44조 제2항 각호의 요건을 모두 갖춘 합병을 말한다.
   1. 합병등기일 현재 1년 이상 사업을 계속하던 내국법인 간의 합병일 것.
   (단서 생략)
   2. 피합병법인의 주주 등이 합병으로 인하여 받은 합병대가의 총합계액 중 합병법인의 주식 등의 가액이 100분의 80 이상이거나 합병법인의 모회사의 주식 등의 가액이 100분의 80 이상인 경우로서...(중략)....피합병법인의 주주 등이 합병등기일이 속하는 사업연도의 종료일까지 그 주식 등을 보유할 것.
   3. 합병법인이 합병등기일이 속하는 사업연도의 종료일까지 피합병법인으로부터 승계받은 사업을 계속할 것.

로 그 취득가액이 법인세 과세 대상 소득에 미치는 효과를 조절하였다면, 현행 규정은 포합주식의 취득 경위 등과는 관계없이 합병등기일 현재 합병법인이 보유하는 포합주식에 대하여 합병신주를 교부하지 아니하더라도 그 지분비율에 따른 합병신주를 교부하여 자기주식으로 보유하게 되는 것과 동일한 효과를 유지하고 있다.

이러한 점을 종합하여 보면 종전에는 합병법인이 합병등기일 전에 피합병법인의 주주로부터 그 피합병법인의 주식을 취득한 후 이에 대해 합병신주를 교부하지 아니하는 경우 피합병법인의 주주에게 실제로 지급한 '포합주식의 취득가액'은 그 경제적 실질이 피합병법인의 주주가 합병법인으로부터 받는 금전, 즉 합병교부금과 차이가 없다고 보는 견해가 가능하였으나, 현행 규정상 포합주식에 관한 규정으로 볼 때에는 더 이상 이러한 견해를 주장하기 어렵게 되었다.

Ⅲ. 포합주식 관련 의제배당소득 계산에 관한 규정체계 검토

1. 법인세법의 규정체계

현행 법인세법은 합병 시 의제배당에 관하여 아래와 같이 규정하고 있다.

[법인세법]
제16조(배당금 또는 분배금의 의제) ① 다음 각 호의 어느 하나에 해당
하는 금액은 법인으로부터 이익을 배당받았거나 잉여금을 분배받은 금
액으로 보고 이 법을 적용한다.

　5. 합병에 따라 소멸하는 법인[이하 "피합병법인"(被合倂法人)이라　한
　　다]의 주주 등이 합병에 따라 설립되거나 합병 후 존속하는 법인(이
　　하 "합병법인"이라 한다)으로부터 그 합병으로 인하여 취득하는 합
　　병법인 또는 합병법인의 모회사(합병등기일 현재 합병법인의 발행
　　주식총수 또는 출자총액을 소유하고 있는 내국법인을 말한다. 이하
　　같다)의 주식 등의 가액과 금전이나 그 밖의 재산가액의 합계액[이
　　하 "합병대가"(合倂對價)라 한다]이 그 피합병법인의 주식 등을 취
　　득하기 위하여 사용한 금액을 초과하는 금액

[법인세법 시행규칙]
제7조(합병대가 또는 분할대가의 계산) 법 제16조 제1항 제5호 및 제6
호에 따른 <u>합병대가와 분할대가에는 영 제80조 제1항 제2호 가목 단서,</u>
<u>같은 호 나목, 영 제82조 제1항 제2호 가목 단서, 같은 호 나목, 영 제83</u>
<u>조의2 제1항 제2호 가목 단서 및 같은 호 나목의 금액이 포함되지 아니</u>
<u>하는 것으로 한다.</u>

　　위와 같이 법인세법의 규정체계 아래에서 의제배당소득을 계산
할 때에는　포합주식의 보유에 따라 피합병법인의 양도가액에 가산
하는 금액(법인세법 시행령 제80조 제1항 제2호 (가)목 단서의 금액)
은 합병대가에 포함되지 않도록 함으로써[19] 피합병법인의 법인주주
에게는 포합주식으로 인한 의제배당소득 과세문제가 발생하지 아니
한다.

　　따라서 포합주식을 양도한 피합병법인의 법인주주는 포합주식의

---

[19] 2010. 6. 30. 개정 전의 법인세법 시행규칙 제7조에서도 의제배당소득을
　　계산할 때 합병대가에는 포합주식의 취득가액이 포함되지 않았다.

양도가액을 법인세법 시행령 제11조 제2호의 수익(자산의 양도금액)으로 하고, 그 주식의 장부가액을 같은 시행령 제19조 제2호의 손비(양도한 자산의 양도당시의 장부가액)로 하여 그 양도차익에 대해 법인세를 납부하게 된다. 이 경우 주식양도차익은 배당소득이 아니므로 법인세법 제18조의2와 제18조의3에서 정한 '수입배당금액의 익금불산입'규정은 이를 적용할 수 없다.

2. 소득세법의 규정체계

가. 1986년 이전 포합주식 관련 규정체계

1990. 12. 31. 개정되기 전의 구 소득세법과 1987. 5. 8. 개정되기 전의 구 소득세법 시행령은 합병과 관련한 의제소득을 아래와 같이 규정하고 있다.

[구 소득세법]

제26조 (의제배당) ① 다음 각호의 금액은 이를 당해 주주·사원 기타 출자자에게 배당한 것으로 본다.

4. 법인의 합병의 경우에 합병으로 인하여 소멸한 법인의 주주·사원 기타 출자자가 합병후 존속하는 법인 또는 합병으로 인하여 설립된 법인으로부터 받는 주식 또는 지분의 가액과 기타 자산의 가액의 합계액이 소멸한 법인의 주식을 취득하거나 그 법인에 출자하기 위하여 소요된 금액을 초과하는 금액.

5. 내국법인(韓國證券去來所에 株式을 上場하고 있는 法人과 非營利法人을 제외한다)의 주주·사원 기타 출자자가 당해 법인의 주식 또는 지분을 유상으로 양도하는 경우에 당해 주식을 취득한 때로부터 당해 주식을 양도할 때까지의 대통령령이 정하는 바에 의하여 계산한 유보이익잉여금의 증가액.(단서 생략)

> **[구 소득세법 시행령]**
> 제50조 (감자 등으로 인하여 받는 주식 등의 평가) ④ 법인세법 시행령
> 제117조의2의 규정에 의하여 합병교부금으로 보는 포합주식취득가액은
> 법 제26조 제1항 제4호에 규정하는 합병후 존속하는 법인 또는 합병으
> 로 인하여 설립된 법인으로부터 받은 주식 또는 지분의 가액과 기타자
> 산의 가액에 포함되는 것으로 한다. <신설 1979·12·31>

구 소득세법 시행령 제50조 제4항의 규징을 그대로 따르면, 당시
소득세법은 원칙적으로 주식의 양도차익을 소득세 과세대상으로
삼고 있지 않았음에도,[20] 피합병법인의 당초 주주가 합병 이전에
자신이 보유하던 피합병법인의 주식을 합병법인에게 양도하여 포합
주식이 발생한 경우 그 양도차익을 의제배당소득으로 과세하도록 하
였다.

그런데, 이와 관련하여 앞에서 본 대법원 87누55 판결은 "원고 회
사와 소외회사가 합병할 당시 시행하던 소득세법(1985. 12. 13. 법률
제3793호로 개정되기 전의 것)에 의하면 그 제26조 제1항 제4호에
법인의 합병의 경우에 피합병법인의 주주가 받는 합병교부주식과
합병교부금의 합계액이 피합병법인의 주식을 취득하는데 소요된 금
액을 초과하는 금액은 이를 당해 주주에게 배당한 것으로 보도록 규
정할 뿐이고 그 이외에 주식의 양도차익에 대하여는 과세대상으로
하고 있지 아니하며 그 시행령 제50조 제4항(1987. 5. 8. 대통령령 제
12154호로 삭제되기 전의 것)에 의하면 법인세법 시행령 제117조의2
에 의하여 합병교부금으로 보는 포합주식의 취득가액은 위 합병교
부주식의 가액과 합병교부금에 포함되도록 규정하고 있는 바 위와
같은 소득세법의 규정에 따른다면 이 사건의 경우에 있어서 합병(합

---

20) 1990. 12. 31. 법률 제4281호로 개정된 소득세법에서 비상장주식 양도차익
   에 대한 양도소득세 과세제도를 처음 도입하였다.

병등기일)당시의 피합병법인의 소득세법상의 주주는 원고로 볼 수밖에 없고 이 사건에서 소득세법상 원고가 받은 합병교부금으로 보는 포합주식의 취득가액을 포함한 합병법인의 교부주식가액은 피합병법인의 주식을 취득하기 위하여 소요된 금액과 같은 것이어서 결국 의제배당이 없다고 보는 수밖에 없을 것이고 따라서 이와 같은 취지의 원심판단은 정당하다고 보아야 할 것이다. 논지는 이 사건의 경우에 있어서와 같이 포합주식이 있고 법인세를 과세할 수 있는 특례에 해당하는 경우에는 소득세법에 있어서도 원고가 피합병법인인 소외회사의 주주들에게 지급한 주식가액 금 205,000,000원에서 피합병법인의 주식액면가액(위 주주들의 취득가액을 의미하는 것으로 이해된다) 금 20,000,000원을 제한 나머지 금 185,000,000원이 합병등기일 이전에 위 주주들에게 배당이 있었던 것으로 보아야 한다는 취지인 듯하나 <u>이는 소득세법에 그 근거가 없는 것으로서 그렇게 되면 사실상 주식의 양도차익에 과세하는 결과가 되고 소득세법의 규정에 반하는 결과에 이르게 되는 것</u>이므로 위에서 본 소득세법이나 그 시행령의 규정을 그렇게 해석할 수는 없는 것"이라고 판시하여 구 소득세법 시행령 제50조 제4항에 따르더라도 피합병법인의 당초 주주가 합병 이전에 피합병법인의 주식을 합병법인에게 양도함으로써 발생한 소득을 의제배당소득으로 과세할 수 없다고 판단하였다.[21)]

나. 1987년부터 1990년까지 포합주식에 관한 소득세 과세체계

구 소득세법 시행령 제50조 제4항은 1987. 5. 8. 대통령령 제12154호로 삭제되었다. 위 소득세법 시행령 개정 당시 재무부는 "법인세

---

21) 위 대법원 87누55 판결은 아래 Ⅳ.장에서 다시 살펴보기로 한다.

법 시행령 제117조의2의 규정에 의하여 합병교부금으로 보는 포합
주식취득가액은 법인의 합병의 경우에 합병으로 인하여 소멸한 법
인의 주주·사원 기타 출자자가 합병후 존속하는 법인 또는 합병으
로 인하여 설립하는 법인으로부터 받는 주식 또는 지분의 가액과 기
타 자산의 가액에 포함되어 소득세법 제26조 제1항 제4호의 규정에
의한 의제배당으로 과세받았으나 동 규정을 삭제함으로써 포합주식
취득가액에 대하여 의제배당과세를 받지 않도록 하였다."라고 밝히
면서, 다만 피합병법인의 당초 주주가 합병법인에 주식을 양도하여
유보이익잉여금 증가액이 발생하는 경우에만 구 소득세법 제26조
제1항 제5호에 근거하여 의제배당으로 과세하도록 하였다.22)

즉, 1987. 1. 1. 이후에 이루어진 합병의 경우,23) 피합병법인의 당
초 주주가 합병 이전에 피합병법인의 주식을 양도하여 그 포합주식
에 대한 양도차익이 발생하더라도 유보이익잉여금 증가액이 발생하
는 경우 외에는 의제배당소득으로 과세되지 아니하였다.

다. 1991년 이후의 포합주식에 관한 소득세 과세체계

1990. 12. 31. 법률 제4281호로 개정된 소득세법은 구 소득세법 제
26조 제1항 제5호에서 규정하는 유보이익잉여금 증가분에 대한 의
제배당 관련 규정을 폐지하고, 비상장주식 양도차익에 대한 양도소
득세 과세제도를 도입하였다.

---

22) 한국조세연구원, 『개정세법 총람(II) (간추린 개정세법)』, 1994년, II-670,
   671면.
23) 1987. 5. 8. 대통령령 제12154호로 개정된 소득세법 시행령은 1987. 1. 1. 이
   후 합병분부터 적용한다.(부칙 ①, ②)

[구 소득세법]

제23조 (양도소득) ① 양도소득은 당해연도에 발생한 다음 각호의 소득
으로 한다. <개정 1990·12·31>

　1. 토지 또는 건물의 양도로 인하여 발생하는 소득

　2. 대통령령이 정하는 부동산에 관한 권리의 양도로 인하여 발생하는
　　소득

　3. 대통령령이 정하는 서화·골동품등(이하 "書畵등"이라 한다.)의 양도
　　로 인하여 발생하는 소득

　4. 한국증권거래소에 상장되지 아니한 주식 또는 출자지분으로서 대통
　　령령이 정하는 것의 양도로 인하여 발생하는 소득

　5. 제1호 내지 제4호외에 대통령령이 정하는 자산(이하 "기타 資産"이
　　라 한다)의 양도로 인하여 발생하는 소득

제26조 (의제배당) ① 다음 각호의 금액은 이를 당해 주주·사원 기타 출
자자에게 배당한 것으로 본다.

　5. 내국법인(韓國證券去來所에 株式을 上場하고 있는 法人과 非營利
　　法人을 제외한다)의 주주·사원 기타 출자자가 당해 법인의 주식 또
　　는 지분을 유상으로 양도하는 경우에 당해 주식을 취득한 때로부터
　　당해 주식을 양도할 때까지의 대통령령이 정하는 바에 의하여 계산
　　한 유보이익잉여금의 증가액. <1990. 12. 31. 개정 전>

　5. 제2호 단서의 규정에 의한 자본전입을 함에 있어서 법인이 보유한
　　자기주식 또는 자기출자지분의 주식 또는 지분의 가액을 그 법인이
　　배정받지 아니함에 따라 다른 주주·사원 기타 출자자가 이를 배정
　　받은 경우 그 주식 또는 지분의 가액(1990. 12. 31. 개정 후)

　구 소득세법의 개정과 관련하여 당시 재무부는 "비상장주식을 양
도하는 경우 보유기간 중 유보이익증가액의 40%(중소기업의 주식은
10%) 상당액을 배당받은 것으로 의제하여 과세하는 제도를 1986년
부터 시행하여 왔으나, 주주의 주소관할세무서에서 당해 법인의 유

보이익증가액을 파악하여 과세소득을 계산하여야 하는 등 집행상의 어려움이 있었다. 이번 세제개편에서는 비상장주식에 대한 과세에 있어서 1991. 1. 1. 이후 양도분부터 과세실효가 적은 유보이익증가액에 대한 의제배당과세를 폐지하는 대신 동 양도차익을 직접적으로 산정하여 양도소득세를 저율로 분리과세하는 제도로 전환하였다. 이에 따라 위장분산이 상대적으로 용이한 비상장주식에 대한 상속세증여세 과세의 실효성도 제고될 것으로 예상된다.”라고 밝힌 바 있다.[24]

이를 종합하면, 1986. 12. 31. 이전에 이루어진 합병의 경우 포합주식의 취득가액을 합병교부금으로 보아 의제배당소득을 계산하도록 하는 명문의 규정을 두고 있었으나(1987. 5. 8. 삭제 전 구 소득세법 시행령 제50조 제4항), 대법원 판결 등에 따라 실제 적용에 어려움이 있었고, 이후 세법 개정을 통하여 포합주식 관련 의제배당제도를 폐지하고 보유기간 중 유보이익잉여금 증가액에 대한 의제배당과세제도로 대체하였다가, 1991. 1. 1.부터 새로 도입된 비상장주식 양도차익에 대한 양도소득세 과세제도로 전환되었음을 알 수 있다.

IV. 포합주식 양도차익이 의제배당소득인지 주식양도소득인지 여부

1. 포합주식 양도차익에 대한 소득구분의 실익

앞서 I.장에서 살펴 본 바와 같이 법인세법에서 포합주식에 관한 규정을 둔 취지는 통상적인 합병의 경우에 비하여 포합주식이 있

---

24) 한국조세연구원, 『개정세법 총람(III) (간추린 개정세법)』, 1994년, III-160면.

는 합병은 그 포합주식으로 인하여 피합병법인의 '합병에 따른 양도 손익' 또는 2010. 6. 30. 이전 합병의 경우 피합병법인의 '합병에 따른 청산소득'이 감소하는 것을 방지하기 위하여 도입된 것으로 볼 수 있으나, 포합주식을 양도한 피합병법인의 당초 주주의 입장에서 볼 때에는 포합주식의 가액을 합병대가로 보거나 주식의 양도대가로 보거나 그 소득금액 자체는 동일하다고 할 수 있다.

결국, 피합병법인 주주의 포합주식 양도가액을 합병대가에 포함할 것인지의 문제는 포합주식을 양도함으로써 생기는 소득을 의제배당으로 과세할 것인지, 아니면 주식 양도차익으로 과세할 것인지로 귀착된다고 볼 수 있다.

피합병법인의 주주가 법인인 경우 법인세법 시행규칙 제7조는 의제배당소득 계산 시 포합주식의 가액을 합병대가에 포함하지 않도록 규정함으로써 그 양도차익에 법인세를 납부하면 아무런 문제가 없다. 그런데, 포합주식을 합병법인에게 양도한 피합병법인의 주주가 거주자인 경우에는 현행 소득세법에 이러한 규정을 두고 있지 않으므로 포합주식 양도차익 상당액이 소득세법이 정한 양도소득에 해당하는지, 의제배당소득에 해당되는지에 따라서 납부세액과 납세의무 이행절차 등이 달라지게 된다.[25]

---

25) 양도소득에 해당될 경우 소득세법 제94조 제1항 제3호에서 정한 주식의 양도차익에 대하여 10%~30%의 단일세율로 분리과세하나, 의제배당소득에 해당될 경우 종합소득에 합산하여 누진세율을 적용하는 대신 소득세법 제56조에서 정하는 배당세액공제를 적용한다. 통상의 세부담은 종합소득이 크다고 할 수 있다.

2. 포합주식을 양도한 거주자의 의제배당소득
관련 판례의 검토

가. 관련 판결(대법원 1989. 7. 25. 선고 87누55 판결)의 주요 내용

앞서 본 대법원 87누55 판결에서 거주자의 포합주식 양도차익이 의
제배당소득에 해당되는지에 관하여 판시한 주요내용은 다음과 같다.

① 청산소득계산의 특례에 의하여 법인세가 과세되는 경우라고
   하여 합병교부금으로 의제되는 포합주식의 취득(양도)가액과
   그 주식의 당초의 취득가액과의 차익이 당연히 배당으로 의제
   되어 소득세의 과세대상으로 된다고 할 수는 없고 이것이 배
   당으로 의제되는지 여부는 소득세법의 정하는 바에 따라 판단
   되어져야 할 것이다.

② 소득세법의 규정에 따른다면 합병(합병등기일) 당시의 피합병
   법인의 소득세법상의 주주는 원고(합병법인)로 볼 수밖에 없
   고 이 사건에서 소득세법상 원고(합병법인)가 받은 합병교부
   금으로 보는 포합주식의 취득가액을 포함한 합병법인의 교부
   주식가액은 피합병법인의 주식을 취득하기 위하여 소요된 금
   액과 같은 것이어서 결국 의제배당이 없다고 보는 수밖에 없
   을 것이다.

③ 원고가 피합병법인인 소외회사의 주주들에게 지급한 주식가
   액 금 205,000,000원에서 피합병법인의 주식액면가액(위 주주
   들의 취득가액을 의미하는 것으로 이해된다) 금 20,000,000원
   을 제한 나머지 금 185,000,000원이 합병등기일 이전에 위 주
   주들에게 배당이 있었던 것으로 보아야 한다는 취지인 듯하나
   이는 소득세법에 그 근거가 없는 것으로서 그렇게 되면 사실

상 주식의 양도차익에 과세하는 결과가 되고 소득세법의 규정
에 반하는 결과에 이르게 된다.

나. 관련 판결 검토

위 대법원 87누55 판결은 거주자의 주식양도차익에 대한 양도소
득세 과세제도가 도입되지는 않았지만, 포합주식의 취득가액을 합
병대가로 보아 이를 양도한 피합병법인의 당초 주주가 얻은 실질적
인 주식양도차익을 의제배당소득으로 과세하도록 한 구 소득세법
시행령 제50조 제4항(1987. 5. 8. 대통령령 제12154호로 삭제되기 전
의 것)이 시행되던 시기에 발생한 사안을 그 대상으로 하고 있다는
점에서 큰 의미가 있다고 볼 수 있다.

특히, 그 주요 판시내용 중 ① 포합주식이 있는 경우 포합주식의
취득가액을 합병교부금으로 보는 규정은 법인세에 관한 것이고, 합
병법인의 포합주식의 취득가액과 그 주식을 양도한 피합병법인 구
주주의 해당 주식 당초 취득가액과의 차익이 당연히 배당으로 의제
되어 소득세의 과세대상으로 된다고 할 수는 없고 이것이 배당으로
의제되는지 여부는 소득세법이 정하는 바에 따라 판단되어야 한다
는 점과, ③ 피합병법인의 구주주에게 포합주식의 양도차익에 상당
하는 배당이 있었던 것으로 보게 되면 사실상 주식의 양도차익에 과
세하는 결과가 되고, 이는 소득세법에 그 근거가 없는 것으로서 소
득세법의 규정에 반하게 된다는 점을 지적한 판시내용은 포합주식
이 있는 합병의 경우 의제배당소득의 해석에 관한 중요한 선례가 되
었다고 볼 수 있다.

다만, ②에서 지적한 합병(합병등기일)당시의 피합병법인의 소득
세법상의 주주는 포합주식을 취득한 합병법인으로 볼 수밖에 없고,

합병당시 피합병법인의 주주인 합병법인이 받은 합병교부금으로 보
는 포합주식의 취득가액은 합병법인이 피합병법인의 주식을 취득하
기 위하여 소요된 금액과 같은 것이어서 결국 의제배당이 없다고 판
단한 판시내용은 아래와 같은 사유로 전적으로 동의하기는 어렵다.

위 대법원 87누55 판결의 대상이 된 사안이 발생한 당시 시행되
던 구 소득세법 시행령은 법인합병에 따른 의제배당소득의 수입시
기를 "합병등기를 한 날"로 하고 있으므로26) 포합주식이 있는 합병
의 경우 그 의제배당 수입시기에 해당하는 날 현재의 피합병법인의
주주는 합병법인으로 볼 수 있다. 그러나 포합주식 양도차익을 배당
소득으로 의제한 구 소득세법 시행령 제50조 제4항은 합병법인이
취득한 포합주식의 취득가액을 합병교부금으로 보도록 규정함으로
써 그 합병교부금으로 의제되는 금액을 지급받은 상대방을 해당 포
합주식을 합병법인에게 양도한 피합병법인의 구 주주로 상정하고
있다고 보는 것이 타당하다. 즉, 포합주식을 합병법인에게 양도한
피합병법인의 구 주주를 포합주식 취득에 따른 의제배당소득의 납
세의무자로 보는 것이 자연스럽다.27)

또한, 구 소득세법 시행령 제50조 제4항을 그대로 적용할 경우
의제배당소득을 합병등기일을 기준일로 하여 계산한다는 것이지 의
제배당 발생원인을 반드시 그리고 형식적으로 합병등기일을 기준시

---

26) 구 소득세법 시행령(1987.5.8. 대통령령 제12154호로 개정되기 전의 것)
   제57조 (총수입금액의 수입시기)
   ②배당소득에 대한 총수입금액의 수입할 시기는 다음 각호의 날로 한다
   4. 법 제26조 제1항 제3호 및 제4호의 의제배당.
   (가) 법인이 합병으로 인하여 소멸한 경우에는 그 합병등기를 한 날.
   (나) 법인이 해산으로 인하여 소멸한 경우에는 잔여재산의 가액이 확정된 날
27) 현행 법인세법 시행령 제80조 제1항 제2호 (가)목 단서는 합병포합주식의
   지분비율에 따라 합병교부주식을 교부한 것으로 보도록 하고 있으므로
   이때의 합병교부주식을 받은 자는 합병법인으로 볼 수 있다.

점으로 하여서만 정한다는 것은 아니라 할 것이다. 이러한 점에서 위 대법원 87누55 판결은 합병등기일 현재 합병에 따른 의제배당소득세의 납세의무자가 합병법인임을 전제로 합병법인이 포합주식의 취득으로 인한 소득이 발생하지 않았다는 사유를 들어 의제배당소득이 없다고 판단한 것으로 이 점은 쉽게 납득하기 어렵다.[28]

---

28) 참고로, 대법원 2013. 2. 15. 선고 2010두10662 판결은 구 법인세법 시행령 (2008. 2. 22. 대통령령 제20619호로 개정되기 전의 것) 제122조 제1항 제2호 단서에서 합병에 의한 청산소득금액에 가산하는 포합주식 등의 취득가액의 계산에 관하여 특례를 둔 것과 관련하여 "피합병법인의 주주"를 다음과 같이 판단하였다.

"제122조 제1항 제2호 단서는, …(중략)…② 피합병법인의 주주 등이 포합주식 등을 합병법인에게 양도한 후 7일 이내에 포합주식 등의 양도금액의 100분의 95 이상에 상당하는 합병법인주식(합병법인이 새로이 발행한 주식을 말한다)을 취득할 것[같은 호 (나)목], …(중략)…의 요건[같은 호 (다)목]을 모두 충족하는 경우에는, 법 제80조 제2항에 의하여 가산하는 금액 대신 '시행령 제122조 제1항 제2호 (나)목의 규정(이하 '이 사건 규정'이라 한다)에 의하여 피합병법인의 주주가 취득한 합병법인 주식가액(취득가액이 액면가액보다 큰 경우에는 액면가액을 기준으로 계산한 금액을 말한다)에 포합주식 양도대금 중 합병법인 주식 취득에 사용되지 아니한 금액을 더한 금액'을 가산하여 법 제80조 제1항의 규정에 의한 합병대가의 총합계액을 계산하도록 규정하고 있다.

이와 같이 시행령 제122조 제1항 제2호 단서에서 합병에 의한 청산소득금액에 가산하는 포합주식 등의 취득가액의 계산에 관하여 특례를 둔 것은, 피합병법인의 주주가 합병 전 주식 양도의 대가로 합병법인이 새로 발행한 주식을 취득하는 경우에는, 합병시점에서 피합병법인 주주가 합병대가로 합병법인 주식을 교부받은 것과 사실상 차이가 없으므로, 합병 시의 청산소득 계산 방식과 동일하게 취득하는 합병법인 주식가액을 액면가액으로 계산하도록 하는 것이 과세형평상 타당하다는 점을 고려한 것이다.

위와 같은 관계 법령의 내용 및 취지에 비추어 볼 때, 이 사건 규정에서 정하고 있는 '피합병법인의 주주'는 '포합주식을 합병법인에게 양도한 피합병법인의 주주'를 의미할 뿐, '합병법인'이 여기에 포함되는 것으로 볼 수는 없다."

3. 구 소득세법 시행령 제50조 제4항 개정의 효력

법인의 합병 시 포합주식의 취득가액을 합병교부금으로 보아 거주자의 의제배당소득금액을 계산하도록 한 구 소득세법 시행령 제50조 제4항의 규정은 1979. 12. 31. 구 법인세법 시행령 제117조의2의 포합주식 관련 규정과 함께 도입되었다가 1987. 5. 8. 대통령령 제12154호로 삭제되었고, 이 개정된 소득세법 시행령은 1987. 5. 8.이 속하는 과세기간분부터 석용하므로29) 1987. 1. 1. 이후 합병에 따라 발생하는 포합주식에 대하여는 더 이상 의제배당소득세를 과세하지 않게 되었다.

위 소득세법 시행령의 개정 당시 정부는 종전에 의제배당으로 과세하던 포합주식 양도차익은 구 소득세법 제26조 제1항 제5호의 규정에 의한 유보이익잉여금 증가액에 해당하는 경우에만 의제배당과세를 하도록 하였다고 밝히고 있으나, 위 대법원 87누55 판결에서 지적한 바와 같이 주식양도차익에 대한 소득세 과세제도가 도입되기 전에 경제적 실질이 주식양도차익과 동일한 포합주식 양도차익만을 의제배당소득으로 과세하는 데 따른 불합리한 점을 개선한 것이라고도 볼 수 있다.

한편, 거주자의 주식양도차익에 대한 과세제도는 III.장 2. "소득세법의 규정체계"에서 살펴본 바와 같이 1990. 12. 31. 법률 제4281호로 개정된 구 소득세법 제23조 제1항 제4호에서 도입된 비상장주식 양도차익에 대한 양도소득세 과세를 시작으로 현행 소득세법 제94조 제1항 제3호에 규정된 주식의 양도차익에 대한 양도소득세 과세

---

29) <대통령령 제12154호, 1987. 5. 8.>
  ① (시행일) 이 영은 공포한 날로부터 시행한다.
  ② (일반적 적용례) 이 영은 이 영 시행일이 속하는 과세기간분부터 적용한다.(단서 생략)

제도로 확대되었다.

거주자의 포합주식 양도차익에 대한 의제배당 또는 양도소득 과세제도의 개정 연혁이 위와 같으므로 조세법률주의의 원칙상 과세요건이나 비과세요건 또는 조세감면요건을 막론하고 조세법규의 해석은 특별한 사정이 없는 한 법문대로 해석할 것이고 합리적 이유 없이 확장해석하거나 유추해석하는 것은 허용되지 아니한다는 측면에서 거주자의 포합주식 양도차익을 의제배당소득으로 과세하는 데 대한 합리적인 이유를 찾기 어렵다.[30]

4. 실질과세의 원칙과 현행 포합주식에 관한 규정

법인이 합병하는 경우 합병법인 또는 합병법인의 주요주주와 경영자 등은 합병계약 등 합병절차를 원활하게 추진하기 위하여 그 합병에 앞서 피합병법인의 지분을 먼저 취득함으로써 합병에 우호적인 지분을 확보하려는 경향이 있을 수 있다. 피합병법인의 주주 입장에서도 합병에 동참하여 피합병법인 발행주식 대신 합병신주를 교부받을 것인지 그 이전에 피합병법인 발행주식을 양도하고 합병법인의 주주가 될 것을 포기할 것인지는 피합병법인 주주의 선택에 달려 있다고 할 수 있다.

합병법인의 포합주식 취득이 위와 같이 세금과 관계없이 이루어질 수 있고, 거주자의 포합주식 양도차익의 소득구분에 관한 판례의 입장과 관련 소득세법의 개정 연혁이 위 2. 및 3.과 같음에도 합병법인의 포합주식 취득가액의 경제적 실질이 합병대가의 선지급과 같으므로 실질과세의 원칙을 적용하여 의제배당소득으로 과세하여야 한다는 논의가 제기될 수 있다. 그러나 포합주식 양도차익을 의제배

---

30) 포합주식 양도차익을 의제배당으로 과세하게 되면 1987. 5. 8. 삭제된 구 소득세법 시행령 제50조 제4항을 그대로 적용하는 결과가 된다.

당소득으로 보기 위해서는 아래와 같은 문제점이 모두 해소되어야 하고, 이는 입법 과정을 거치는 경우에도 마찬가지이다.

우선, 현행 세법상 포합주식에 관한 규정은 법인세법 시행령 제80조 제1항 제2호 (가)목 단서가 유일한데, 이 법인세법 시행령의 규정체계를 감안하면 거주자의 포합주식 양도차익을 양도소득이 아닌 의제배당으로 보는 데 있어서 몇 가지 모순이 발생한다.

① 현행 법인세법 시행령상 포합주식에 관한 규정은 비적격합병[31]의 경우에만 적용한다. 그런데, 거주자의 포합주식 양도차익을 의제배당소득으로 과세하고자 할 때 적격합병 또는 비적격합병에 차별 없이 적용할 것인지, 비적격합병의 경우에만 적용할 것인지에 대한 아무런 근거가 없다.

② 2009. 12. 31. 법률 제9898호로 개정되기 전의 법인세법 제80조 제2항은 피합병법인의 청산소득을 계산할 때 합병법인의 포합주식 취득가액을 합병대가에 가산하도록 하고 있으나, 현행 법인세법 시행령의 규정은 포합주식에 대하여 합병신주를 교부하지 아니하더라도 그 지분비율에 따라 합병교부주식을 교부한 것으로 보아 합병교부주식의 가액을 계산하도록 하고 있다. 즉, 종전의 규정은 피합병법인 구 주주에게 합병대가를 먼저 지급한 것으로 볼 여지가 없지 않았으나, 현행 규정은 포합주식을 취득한 합병법인(이로 인하여 합병등기일 현재 피합병법인의 주주가 되었다)이 그 포합주식에 대하여 합병신주를 교부하여 자기주식으로 보유하게 된 경우와 동일한 효과를 유지하는 데 그치고 있으므로 현행 법인세법 시행령의 규정은 포합주식을 양도한 피합병법인의 당초 주주에게 의제배당소득세를 과세할 수 있는 근거가 되지 않는다.

---

31) 각주 18의 적격합병 외의 합병을 말한다.

또한, 세법에서 포합주식에 관한 규정을 도입한 취지는 합병법인이 사전에 피합병법인의 주식을 매입하여 합병하는 변태적인 합병을 규제하기 위한 것으로서 포합주식 양도차익에 대한 소득세 과세제도를 마련하고 청산소득에 대한 법인세 부담의 회피를 방지하기 위한 것이었다.32) 이러한 포합주식의 도입취지를 감안하더라도 합병법인에게 포합주식을 양도한 거주자와 그 외의 다른 피합병법인의 주주와의 과세형평이 유지되어야 한다.

① 현행 소득세법 시행령 제27조 제1항 제1호 (나)목은 합병으로 인한 의제배당소득을 계산할 때 법인세법 제44조 제2항 제1호 및 제2호(주식의 보유와 관련된 부분은 제외한다)33)의 요건을 갖춘 합병의 경우 피합병법인의 주주가 합병대가로 받은 합병신주의 가액을 그 주주가 당초에 취득한 피합병법인 주식 취득가액으로 함으로써 의제배당과세에서 제외하는 대신, 향후 그 합병신주를 양도할 때 의제배당소득 상당액을 양도소득에 포함시켜 결국 양도소득세로 과세한다.34) 그렇다면 적어도 적격합병의 경우 포합주식을 양도한 피합병법인의 당초 주주가 그 포합주식의 양도차익에 대하여 양도소득세를 부담하였다면 그 주식양도소득을 의제배당소득으로 볼 아무런 이유가 없다.

② 현행 주식양도차익에 대한 소득세 과세는 소득세법 제94조 제1항 제3호에 열거된 주식의 양도차익을 양도소득세로 과세한다. 위 소득세법 규정에서 과세대상으로 삼고 있지 아니한 주

---

32) 각주 14 참조.
33) 각주 18 참조.
34) 의제배당과세에서 제외된 합병신주는 그 주식을 양도할 때 "양도자산의 필요경비"를 피합병법인 주식을 취득하는데 든 총비용으로 하여 양도소득으로 과세한다.(소득세법 시행령 제163조 제1항 제4호)

식, 예를 들면 대주주 이외의 주주가 증권시장에서 거래한 주권상장법인의 주식이 포합주식이 되는 경우 이를 의제배당소득으로 과세하게 되면 소득세법에서 과세대상으로 삼지 아니한 주식양도차익에 대하여 소득세를 과세하게 되고, 이점은 위 대법원 87누55 판결에서 지적한 바와 같다. 더 나아가 소득세법 규정에서 양도소득세 과세대상에 해당하는 주식의 경우에도 그 주식이 포합주식에 해당된다는 사유로 특별하게 의제배당소득으로 과세할 합리적인 이유를 발견하기 어렵다.

이상에서 살펴본 바와 같이 현행 세법의 규정체계 아래에서는 포합주식 양도차익을 배당소득으로 볼 수 있는 합리적인 근거를 찾을 수 없다.

5. 유상감자의 일환으로 취득한 자기주식과 포합주식의 비교

소득세법 제17조 제2항 제1호는 같은 조 제1항 제3호에서 정한 의제배당의 한 유형으로 "주식의 소각이나 자본의 감소로 인하여 주주가 취득하는 금전, 그 밖의 재산의 가액(價額) 또는 퇴사·탈퇴나 출자의 감소로 인하여 사원이나 출자자가 취득하는 금전, 그 밖의 재산의 가액이 주주·사원이나 출자자가 그 주식 또는 출자를 취득하기 위하여 사용한 금액을 초과하는 금액"을 들고 있다.

한편, 주식회사의 주식소각에 의한 자본금 감소의 경우 자기주식의 취득과정과 취득한 자기주식의 소각과정으로 나누어 볼 수 있다. 이때 자본금을 감소하고자 하는 법인이 그 주주로부터 자기주식을 유상으로 취득하는 경우, 이를 단순한 주식의 양수로 볼 것인가 또는 주식의 유상소각의 한 과정으로 볼 것인가에 따라 이를 양도한 주주의 해당 주식 양도차익을 의제배당소득으로 과세할 것인지 아니면 양도소득세로 과세할 것인지에 관한 문제가 발생한다.

이와 관련하여 대법원은 "주식의 매도가 자산거래인 주식의 양도에 해당하는가 또는 자본거래인 주식의 소각 내지 자본의 환급에 해당하는가는 법률행위 해석의 문제로서 그 거래의 내용과 당사자의 의사를 기초로 하여 판단하여야 할 것이지만, 실질과세의 원칙상 단순히 당해 계약서의 내용이나 형식에만 의존할 것이 아니라, 당사자의 의사와 계약체결의 경위, 대금의 결정방법, 거래의 경과 등 거래의 전체과정을 실질적으로 파악하여 판단하여야 한다"고 판시한 바 있다(대법원 1992. 11. 24. 선고 92누3786 판결, 2002. 12. 26. 선고 2001두6227 판결 등).

위 대법원 92누3786 판결 등의 취지에 비추어 합병법인이 취득한 포합주식에 대하여 합병신주를 교부하지 않는 경우 이를 자본거래인 주식의 소각 내지 자본의 환급에 해당하는 것으로 볼 수 있는지를 살펴보면, 유상감자의 경우 주식 발행법인이 자기주식을 취득하여 소각한 결과 자본금 감소가 이루어졌으나, 포합주식의 경우 합병법인이 피합병법인 발행주식을 취득한 경우로서 주식 발행법인인 피합병법인의 자본금에는 아무런 변동이 없다. 나아가 합병법인이 포합주식에 대하여 합병신주를 교부하지 않은 경우에도 합병법인 본래의 자본금 감소가 이루어진 바 없다.

또한 포합주식을 양도한 피합병법인의 주주입장에서 볼 때에도 합병 이전에 이미 합병법인에게 피합병법인의 주식을 이전하였음에도 주식 발행법인이 아닌 합병법인(주식 양수법인)으로부터 자본의 환급을 받았다고 볼 여지가 없다.

결국 위 대법원 92누3786 판결 등은 소득세법 제17조 제2항 제1호에 관한 것으로서 같은 항 제4호에서 규정하는 합병으로 인한 의제배당의 경우와는 사안을 달리 하므로 포합주식 양도차익이 의제배당에 해당하는지에 대한 논거로 들기에는 적절하지 않다.

6. 소 결

앞에서 살펴본 바와 같이 관련 세법의 개정 취지 및 실체법 규정 또 이에 관한 판례 등을 종합하여 보면 거주자의 포합주식 양도차익에 대한 소득세는 그 주식이 소득세법 제94조 제1항 제3호에서 규정하는 주식에 해당하는 경우 양도소득세로 과세되고, 더 이상 같은 법 제17조 제2항 제4호 소정의 의제배당소득으로 과세될 것은 아니다.

V. 결 론

포합주식에 관한 세법규정은 주식양도차익에 대한 소득세 과세제도가 마련되고 있지 않은 당시의 제도를 이용하여 청산소득에 대한 법인세부담을 회피할 목적으로 사전에 피합병법인의 주식을 매입하여 합병하는 변태적인 합병을 규제하기 위하여 1979. 12. 31. 대통령령 제9699호로 개정된 구 법인세법 시행령 제117조의2와 같은 날 대통령령 제9698호로 개정된 구 소득세법 시행령 제50조 제4항으로 처음 도입되었다.

그동안 관련 세법의 개정 연혁을 살펴보면 법인세법상 포합주식에 관한 규정은 그 규정 내용이 다소 변경되었을 뿐 현재도 유지되고 있는 반면, 포합주식 양도차익을 의제배당소득으로 규정하였던 구 소득세법 시행령의 규정은 1987. 5. 8. 폐지되고 1991년부터 주식양도차익에 대한 양도소득세 과세제도로 전환되었음을 알 수 있다.

구 소득세법 시행령의 규정이 폐지된 사실만으로도 포합주식 양

도차익을 의제배당소득으로 과세할 수 없다는 결론에 이를 수 있다
고도 보이나, 이 글에서는 구 소득세법 시행령 제50조 제4항이 가지
고 있는 본질적인 문제점을 관련 규정체계의 개정내용 등과 함께 검
토함으로써 다른 주식의 양도차익의 경우 양도소득세를 과세하는
것과 구별하여 포합주식 양도차익을 의제배당소득으로 과세하여야
하는 특별한 사정이 없다는 점을 확인하고자 하였다.

　결론적으로 법인세법령에서 피합병법인의 청산소득 또는 피합병
법인의 합병으로 인한 양도소득을 계산할 때 그 과세소득의 왜곡을
방지하기 위하여 포합주식에 관한 특례규정을 둔 취지를 피합병법
인 주주의 의제배당소득 계산에 그대로 적용할 수 없으며, 소득세법
령에서 주식의 양도차익을 양도소득으로 규정하고 있는 현행 소득
세법의 과세체계 아래에서는 포합주식의 양도차익에 대하여도 양도
소득으로 과세하는 것이 조세법률주의의 입장에서 합당하다고 생각
한다.

부동산 신탁과 부가가치세 문제[*]
- 대법원 2017. 5. 18. 선고 2012두22485 전원합의체 판결의
분석 및 그에 따른 후속 처리문제에 관하여 -

방 진 영 변호사

Ⅰ. 서론

최근 대법원은, 전원합의체 판결(대법원 2017. 5. 18. 선고 2012두 22485 전원합의체 판결, 이하 "대상 판결")을 통하여 그동안 학계 및 실무에서 많은 논란이 되어 왔던 신탁부동산의 처분에 따른 부가가 치세 납세의무자를 수탁자라고 판시하여, 당초 위탁자 내지 수익자 로 판단하여 왔던 기존의 견해를 변경하였다. 그 후에도 대법원은, 두 건의 후속 판결을 통하여 위 대상 판결의 입장을 재확인하였다.

기존 대법원 판례는 신탁재산의 처분으로 인한 이익의 귀속에 중 점을 두어 위탁자 또는 우선수익자를 부가가치세의 납세의무자로 판단하였는데, 이에 대하여 과세당국에서는 대법원에서 사용하지 않은 '실질적 통제권'이라는 용어를 사용하여 그 이전을 기준으로 부가가치세 납세의무자를 결정하도록 함에 따라 신탁재산의 부가가 치세 세무처리를 둘러싸고 실무상으로 큰 혼란이 있어 왔다. 대법원 이 신탁부동산의 처분 및 처분을 전제로 한 일련의 신탁법률관계에

---

* 2017. 7. 15. 한국세법학회 제23회 하계학술대회에서 발표하였던 글을 일부 보완한 것이다.

있어서의 부가가치세 납세의무자를 거래상대방이 쉽게 인식할 수
있는 수탁자로 변경함에 따라, 과세실무상의 혼란이 어느 정도 제거
될 것으로 보이며, 기존의 대법원 판결 및 행정해석에 따라 형성되
었던 신탁 관련 법률관계에도 많은 변화가 찾아올 것으로 예상된다.

그러나 부가가치세법에서는 신탁의 법률관계에 관하여는 아무런
규정을 두고 있지 않은바, 대상 판결에 의하더라도 신탁법률관계에
서의 부가가치세 세무처리와 관련하여 의문이 남는 부분은 여전히
존재한다. 또한 10년이 넘게 유지되었던 대법원 판결의 기본적인 입
장이 변경됨에 따라, 위 대상 판결의 적용과 관련하여 많은 실무상
혼란 및 거래당사자들 사이의 분쟁이 발생할 수 있을 것으로 예상된
다. 따라서 이 글에서는 위와 같은 대상 판결의 선고 이후 제기될 수
있는 후속 문제들을 짚어보고, 그에 대한 대응방안을 강구하여 보는
것을 그 목적으로 한다.

이를 위하여 이 글에서는, 부동산 신탁의 의의 및 신탁과세에 관
한 이론을 간단히 살펴보고(Ⅱ), 변경 전 대법원 판결 및 그에 따라
형성된 과세실무와 최근 선고된 일련의 대법원 판결의 논지를 정리
및 분석한 후(Ⅲ), 대상 판결에 따라 초래될 수 있는 실무상의 혼란
과 새롭게 제기될 수 있는 문제들에 대하여 짚어보고(Ⅳ), 이와 같은
혼란을 잠재울 수 있는 입법적인 개선방안을 모색(Ⅴ)해 보는 순서로
논의를 진행해보고자 한다.

Ⅱ. 신탁의 법률관계 및 신탁과세에 관한 이론

1. 부동산 신탁의 의의

신탁은 신탁을 설정하는 자(위탁자)와 신탁을 인수하는 자(수탁자) 간의 신임관계에 기하여 위탁자가 수탁자에게 특정의 재산을 이전하거나 담보권의 설정 또는 그 밖의 처분을 하고, 수탁자로 하여금 일정한 자(수익자)의 이익 또는 특정한 목적을 위하여 그 재산의 관리, 처분, 운용, 개발, 그 밖에 신탁 목적 달성을 위하여 필요한 행위를 하게 하는 법률관계를 말한다.[1]

신탁의 분류방법은 여러 가지인데, 특히 신탁의 목적물에 따라 분류할 때, 신탁재산이 부동산인 신탁을 부동산 신탁이라고 한다.[2] 즉, 부동산 신탁이라 함은 일반적으로 부동산소유자가 자신이 소유한 부동산을 부동산신탁회사에게 신탁등기하는 방식으로 소유권을 이전하면, 신탁회사가 수탁받은 부동산을 신탁의 목적에 맞게 관리, 개발, 처분하는 법률관계를 의미한다.

현재 실무에서 주로 취급되는 부동산 신탁의 유형은 관리신탁, 처분신탁, 담보신탁, 토지신탁(개발신탁), 분양관리신탁으로 나누어 볼 수 있는데, 각 신탁의 유형 및 계약관계에 따라 신탁회사가 수행하는 업무의 범위도 상이하다. 2017년 1월 현재 신탁업을 영위하고 있는 금융회사는 모두 56개 사로 은행, 증권회사, 보험회사, 부동산 신탁회사 등이 있으며, 부동산 신탁업무는 주로 부동산신탁회사가 영위하고 있다. 부동산 신탁업무 중 토지신탁은 부동산신탁회사만 취급할 수 있으며, 담보신탁은 부동산신탁회사 및 은행만 취급이 가능하다.

---

[1] 신탁법 제2조.
[2] 이재호, "신탁부동산의 양도와 부가가치세법상 납세의무자", 『특별법연구』 제10권(사법발전재단, 2012), 300면.

2. 신탁과세에 관한 이론

가. 논의의 필요성

우리 사법체계에서는 권리의무의 주체가 될 수 있는 인격을 가진 자로 자연인과 법인만을 인정하고 있으며, 신탁재산은 별도로 권리 의무의 주체로 인정하고 있지 않다. 그러나 신탁에 관한 일반법인 신탁법을 살펴보면, 신탁재산을 신탁재산에 대한 권리와 구별되는 독립성을 갖는 것으로 취급하는 규정들3)을 두고 있다. 이와 같이 신 탁은 사회경제적으로는 법인과 비슷한 기능을 맡을 수 있으므로,4) 민사법상 취급과는 달리 세법상으로는 신탁재산 자체를 독립된 납 세의무자 내지는 과세단위로 볼 수 있을지 여부가 문제된다. 이와 같은 신탁의 세법상 취급과 관련하여서는, 신탁을 단순한 도관으로 취급하여 법률관계를 구성하는 신탁도관이론과, 신탁을 법인과 유 사하게 별도의 납세의무의 주체로 인정하는 신탁실체이론이 대립하 고 있다.

---

3) 신탁법에서는, 신탁재산에 대하여 강제집행 또는 국세 등 체납처분을 할 수 없도록 규정하고 있으며(신탁법 제22조 제1항), 신탁재산은 수탁자의 상속재산 및 수탁자의 파산 시 파산재단을 구성하지 않는다(신탁법 제23 조, 제24조). 또한 신탁재산에 속하는 채권과 신탁재산에 속하지 않는 채 무는 상계하지 못한다(신탁법 제25조). 신탁재산의 관리, 처분, 운용, 개발, 멸실, 훼손, 그 밖의 사유로 수탁자가 얻은 재산은 신탁재산에 속하며(신 탁법 제27조), 수탁자는 신탁재산을 고유재산과 분별하여 관리하고 신탁 재산임을 표시하여야 한다(신탁법 제37조).
4) 이창희, 『세법강의』, 제15판(박영사, 2017), 515면.

나. 신탁도관이론 (the trust conduit theory)

신탁을 단순한 도관(conduit)으로 보기 때문에, 신탁재산 자체를 별도의 독립된 과세단위로 취급하지 않는다. 따라서 신탁재산에서 발생한 소득에 대한 세법상 납세의무자는 위탁자 내지는 수익자가 된다. 신탁도관이론은 신탁재산의 소유권이 대외적으로는 수탁자에게 이전되지만, 이와 같은 신탁재산은 위탁자 또는 수익자의 이익을 위하여 운용되는 것이므로, 위탁자 또는 수익자를 납세의무자로 보는 것이 국세기본법 제14조, 법인세법 제4조의 실질과세의 원칙에 부합한다는 점을 핵심적인 논거로 한다.[5]

다. 신탁실체이론 (the trust entity theory)

세법상 신탁재산 자체를 별도의 실체로 취급하여, 신탁재산을 세법 적용에 있어 법인과 유사한 지위로 인정한다. 이와 같은 신탁실체이론에 의하면, 법인세와 유사하게 신탁재산에서 발생한 소득은 위탁자, 수익자 및 수탁자의 다른 재산에서 발생한 소득과 독립적으로 과세된다.[6] 신탁실체이론은 신탁재산에 있어서의 법률적 소유권이 수탁자에게 있으며, 신탁재산에 귀속되는 모든 수입과 지출은 외견상 신탁재산에 귀속되는 것으로 나타난다는 점을 핵심적인 논거로 한다. 이와 같은 신탁실체이론을 일관되게 적용하면, 신탁재산이 제3자로부터 소득을 지급받는 때와 수익자가 신탁재산으로부터 이자나 배당을 받을 때 모두 과세된다.[7]

---

5) 광장신탁법연구회, 『주석 신탁법』, 제2판(박영사, 2016), 629면; 김동수·마영민, "신탁의 법률문제-신탁법과 세법", 『신탁법의 쟁점』, 제2권(소화, 2015), 320면 참조.
6) 광장신탁법연구회, 위의 책, 628면.

라. 현행 세법의 태도[8]

현행 세법은 기본적으로 신탁재산에 대한 사법상의 소유권은 수탁자에게 있다고 하더라도, 신탁재산에서 생기는 소득 및 신탁거래에 따른 경제적인 효과를 실제로 누리거나 누릴 자는 수익자 내지 위탁자라는 신탁도관이론에 기초하여, 신탁재산에 귀속되는 소득에 대한 납세의무자를 위탁자 내지 수익자로 정하고 있다.

구체적으로, 법인세법 제5조 제1항, 소득세법 제2조의2 제6항은 신탁재산에 귀속되는 소득은 그 '신탁의 이익을 받을 수익자(수익자가 특정되지 않거나 존재하지 않을 경우 신탁의 위탁자 또는 그 상속인)에게 귀속'되는 것으로 규정하여, 신탁은 도관에 불과할 뿐 독립한 과세단위가 아니라는 수익자 과세원칙을 선언하고 있다. 또한 법인세법은 자본시장법의 적용을 받는 신탁회사가 수탁한 신탁재산에 귀속되는 수입과 지출은 그 법인에 귀속되는 수입과 지출로 보지 아니한다고 규정하여,[9] 신탁재산에서 발생한 소득은 수탁자에게 귀속되지 않는다는 점을 명문으로 규정하고 있다.

그런데 수많은 사람들의 투자로 이루어지는 투자신탁 등의 경우에는 신탁을 투시하여 신탁재산의 투자수익을 바로 수익자에게 과세하는 것은 사실상 불가능하다. 따라서 이 경우에는 신탁재산에 귀속되는 소득이 발생한 시점에 수탁자에 대해 과세하지 않고, 위와 같은 신탁재산에 귀속되는 소득이 수익자에게 분배되는 시점에 이를 배당소득으로 과세하도록 하고 있다.[10] 이로 인하여 신탁재산에

---

7) 김동수·마영민, 위의 글, 320면.
8) 김동수·마영민, 위의 글, 321면 이하; 이중교, "신탁법상의 신탁에 관한 과세상 논점", 『법조』, 제639호(법조협회, 2009), 328면 이하; 이창희, 위의 책, 517면 참조.
9) 법인세법 제5조 제2항.
10) 소득세법 제17조 제1항 제5호, 소득세법 시행령 제46조 제7호.

귀속되는 소득은 사실상 과세이연의 효과를 누리게 된다.[11]

한편 지방세법상 취득세, 재산세의 납세의무자는 과세대상물건의 소유권을 사실상 취득하여 소유하고 있는 자인바,[12] 신탁법에 따른 신탁으로 수탁자에게 소유권이 이전된 토지에 대한 취득세 및 재산세의 납세의무자는 원칙적으로 수탁자이며, 대법원은 토지의 지목변경이 이루어질 경우에도 그 지목변경행위를 누가 하였는지에 관계없이 그 취득세의 납세의무자는 수탁자라고 한다.[13]

다만 지방세법은 신탁으로 인한 신탁재산의 취득으로서 (i) 위탁자로부터 수탁자에게 신탁재산을 이전하는 경우, (ii) 신탁의 종료로 인하여 수탁자로부터 위탁자에게 신탁재산을 이전하는 경우, (iii) 수탁자가 변경되어 신수탁자에게 신탁재산을 이전하는 경우는 형식적인 소유권의 이전으로 보아 취득세를 비과세하도록 규정하고 있으며,[14] 간주취득세의 과세대상이 되는 과점주주 여부를 판단할 때에도 신탁재산이 실질적으로 위탁자에게 귀속된다는 입장에서 위탁자가 신탁한 신탁재산은 위탁자에게 귀속되는 것으로 보아 과점주주 해당 여부를 판단하도록 규정하고 있다.[15]

---

11) 이창희, 위의 책, 517면.
12) 지방세법 제7조 제2항, 제107조 제1항 제3호. 신탁법에 따라 수탁자 명의로 등기, 등록된 신탁재산의 경우 종래에는 위탁자를 납세의무자로 보았으나, 2014년 지방세법의 개정으로, 위탁자별로 구분된 재산에 대해서는 수탁자를 납세의무자로 규정하였다.
13) 대법원 2012. 6. 14. 선고 2010두2395 판결.
14) 지방세법 제9조 제3항
15) 지방세법 제7조 제5항

III. 부동산 신탁 관련 부가가치세 문제

1. 쟁점의 정리

앞서 본 바와 같이, 현행 법인세법 및 소득세법은 신탁도관이론에 기초하여, 신탁재산에서 발생한 이익에 대하여는 위탁자 또는 수익자를 납세의무자로 취급하고, 수탁자인 신탁회사에 대해서는 신탁소득에 대한 납세의무를 지우지 않는다는 점을 명문으로 규정하고 있다. 그런데 부가가치세법에서는 신탁재산의 공급을 과세대상 거래로 볼 것인지, 이 경우 납세의무자는 누가 될 것인지 등에 관하여 아무런 명문의 규정을 두고 있지 않다. 따라서 부가가치세법상 신탁을 어떻게 취급할지 여부가 학계 및 실무에서 오랫동안 논란이 되어 왔다.

특히, 부가가치세법은 주식이나 채권 거래를 과세대상으로 취급하고 있지 않으므로[16] 신탁재산이 주식이나 채권인 투자신탁, 금전신탁의 경우에는 부가가치세 관련 쟁점이 상대적으로 크게 문제되지 않는다. 반면, 신탁재산이 토지를 제외한 부동산[17]인 경우, 부동산 거래는 부가가치세 과세대상이 되는 재화의 공급으로 취급되어 부가가치세 과세대상에 해당할 수 있으므로, 신탁과 관련한 부가가치세 문제는 주로 부동산 신탁을 중심으로 논의되어 왔다.

한편 부가가치세법상 과세의 대상인 재화의 '공급'은 계약상 또는 법률상의 모든 원인에 따라 재화를 인도하거나 양도하는 것을 의미하며,[18] 이와 같은 '인도 내지 양도'는 거래 상대방이 재화를 사

---

16) 부가가치세법 기본통칙 6-14-2.
17) 토지의 공급에 대해서는 부가가치세가 면제된다. 부가가치세법 제26조 제1항 제14호.
18) 부가가치세법 제9조 제1항.

용·소비할 수 있도록 소유권을 이전하는 행위를 전제로 한다.[19] 이
에 기초하여 보면, 부동산 신탁의 경우, 부동산의 사용·수익권 내지
소유권의 이전이 이루어진다고 볼 수 있는 신탁의 설정 및 운용, 신
탁재산의 임대 및 처분, 신탁계약의 종료 등 각 거래단계별로 부가
가치세 과세여부가 문제될 수 있다.

　구체적으로, 부동산 신탁에 있어서 부가가치세 과세 여부가 문제
될 수 있는 경우로는, ① 신탁의 설정(신탁계약)에 의한 위탁자에서
수탁자로의 신탁재산의 이전 및 신탁의 종료에 따른 신탁재산의 위
탁자 또는 수익자로의 귀속, ② 위탁자가 타인을 수익자로 지정하거
나 위탁자 또는 수익자가 제3자에게 수익권을 양도한 경우, ③ 신탁
재산을 취득하거나 신탁재산을 처분, 임대하는 경우[20]가 있을 수 있
는데, 세법상 신탁재산의 성격을 어떻게 정의하는지 여부에 따라 위
각 경우 별로 부가가치세 과세여부 및 부가가치세의 납세의무자가
달리 판단될 수 있다.

　이하에서는 부동산 신탁과 관련한 부가가치세 문제에 관한 종전
판례의 입장 및 과세당국의 행정해석에 관하여 살펴보고, 대상 판결
및 그 후 선고된 후속 판결의 논지를 정리해 보도록 하겠다.

2. 종전 판례 및 과세실무

가. 종전 판례의 입장

　종래 대법원은, 신탁재산의 관리·처분 등으로 인하여 발생한 이
익과 비용이 누구에게 속하는지 여부를 기준으로 부가가치세의 납

---

19) 대법원 2006. 10. 13. 선고 2005두2926 판결.
20) 광장신탁법연구회, 위의 책, 658면 참조.

세의무자를 판단하였다.

대법원은 신탁재산의 처분으로 인한 부가가치세 납세의무자에 관하여, 신탁법률관계에서 수탁자가 신탁재산을 관리·처분하면서 재화 등을 공급하거나 공급받게 되는 경우 수탁자 자신이 계약당사자가 되어 신탁업무를 처리하게 되는 것이나, 그 신탁재산의 관리·처분 등으로 발생한 이익과 비용은 위탁자에게 최종적으로 귀속하게 되어 실질적으로는 위탁자의 계산에 의한 것이라는 점에서 신탁법에 의한 신탁은 부가가치세법 제10조 제7항[21] 소정의 위탁매매와 유사하므로, 신탁업무를 처리함에 있어서의 사업자 및 이에 따른 부가가치세 납세의무자는 위탁매매의 경우와 같이 원칙적으로 위탁자라고 보았다.[22]

다만 신탁법률관계에서 위탁자 이외의 수익자가 지정되어 신탁의 수익이 우선적으로 수익자에게 귀속하게 되어 있는 타익신탁의 경우에는, 그 '우선수익권이 미치는 범위 내'에서는 신탁재산의 관리·처분 등으로 발생한 이익과 비용도 최종적으로 위탁자가 아닌 수익자에게 귀속되어 실질적으로는 수익자의 계산에 의한 것으로 되므로, 이 경우에는 사업자 및 이에 따른 부가가치세 납세의무자는 수익자가 된다고 보았다.[23]

같은 취지에서 대법원은, 수탁자가 신탁부동산을 처분하면서 매수인으로부터 거래징수한 부가가치세 상당액은 매매대금과 일체로 되어 사업자의 소유로 귀속되는 것으로서 신탁재산에 속하는 것이지만,[24] 부가가치세 환급청구권의 귀속권자는 부가가치세 납세의무

---

21) 구 부가가치세법(2013. 6. 7. 법률 제11873호로 전부 개정되기 전의 것) 제6조 제5항.
22) 대법원 2003. 4. 25. 선고 99다59290 판결.
23) 위 대법원 99다59290 판결, 2006. 1. 13. 선고 2005두2254 판결, 2008. 12. 24. 선고 2006두8372 판결 등.
24) 위 대법원 99다59290 판결.

자인 '위탁자'이므로, 부가가치세 환급청구권은 신탁법상의 신탁재산에 속한다고 볼 수 없다고 판단하였다.[25]

이와 같은 종래 대법원의 입장은, 법인세법 및 소득세법에서 기본적으로 취하고 있는 신탁도관이론의 주된 논거, 즉 신탁재산의 관리·처분으로 발생한 이익과 비용의 최종적인 귀속자는 위탁자와 수익자에 해당한다는 점을 기본적인 전제로 하고 있다. 다만 부가가치세법의 경우 신탁법률관계에서 재화 또는 용역의 공급자를 위탁자 내지는 수익자로 본다는 명문의 규정은 없으나, 신탁법률관계에서의 위탁자와 수탁자는 위탁매매와 그 법률관계가 유사하므로, 부가가치세법 제10조 제7항의 위탁매매의 특칙[26]을 유추 적용하여 부가가치세의 납세의무자를 위탁자로 볼 수 있다는 것이다.

한편 대법원은 위탁자에서 수탁자에게로의 신탁재산의 이전 및 신탁계약의 종료가 재화의 공급에 해당하는지 여부에 관하여 명시적으로 판단한 적은 없었으나, 종래 대법원 판결의 논리는 신탁도관이론에 기초하고 있었으므로, 신탁재산의 이전은 형식적인 명의의 이전일 뿐 재화의 공급이 아니어서 부가가치세 과세대상에 해당하지 않는다는 점을 전제로 하고 있었던 것으로 보인다. 관련하여, 하급심에서는 부가가치세법령에서 재화를 담보로 제공하는 것을 재화의 공급으로 보지 않는다고 규정한 취지에 비추어, 담보제공 목적의 신탁계약의 체결은 재화의 공급에 해당하지 않는다고 판단한 사례가 있었다.[27]

---

25) 대법원 2003. 4. 25. 선고 2000다33034 판결.
26) 위탁매매 또는 대리인에 의한 매매를 할 때에는 위탁자 또는 본인이 직접 재화를 공급하거나 공급받은 자로서, 부가가치세 납세의무자 및 매입세액공제를 받는 자에 해당한다는 내용이다.
27) 서울행정법원 2014. 6. 5. 선고 2013구합53851 판결.

나. 과세당국의 유권해석

과세당국 또한 종전 대법원 판결과 동일한 입장에서, 신탁의 종류와 관계없이, 부동산 소유자가 부동산을 신탁하고, 신탁회사가 수탁받은 부동산을 분양 및 임대하는 경우 부가가치세의 납세의무자는 위탁자에 해당한다는 입장을 일관되게 유지하여 왔다.28) 다만 과세당국은 타익신탁의 경우 대법원에서는 사용하지 않은 '실질적 통제권'이라는 용어를 사용하여, 실질적 통제권이 이전될 경우에 부가가치세법상 재화의 공급이 있었다고 보아 부가가치세 납세의무자를 달리 판단하여 왔다.

즉, 과세당국은 타익신탁의 경우에는 위탁자가 부동산에 대한 실질적 통제권을 우선수익자에게 이전하는 시점에 우선수익권이 미치는 범위 내에서 위탁자에서 우선수익자에로의 재화의 공급이 있는 것으로 보고,29) 실질적 통제권이 우선수익자로 이전된 상태에서 신탁된 부동산이 제3자에게 양도된 경우에는 우선수익자가 '우선수익권이 미치는 범위'30) 내에서 부가가치세의 납세의무자가 된다고 해

---

28) 부가 46015-536, 2001. 3. 21., 재소비 46015-172, 1997. 6. 3. - "위탁자인 부동산 소유자가 신탁법 규정에 따라 당해 부동산을 수탁자에게 신탁하고 수탁자가 이를 수탁하여 분양 및 임대하는 경우 당해 신탁부동산과 관련된 세금계산서의 공급자 또는 공급받는 자는 부가가치세법 시행령 제58조의 규정에 의하여 위탁자의 명의로 하는 것이며 이 경우 세금계산서 비고란에 수탁자 명의를 부기하는 것임."

29) 서면3팀-2134, 2007. 7. 30.

30) 서면3팀-76, 2008. 1. 9.의 경우, '타익신탁에 있어 위탁자에서 우선수익자로 신탁재산의 실질적 통제권이 이전된 후 수탁자가 신탁재산을 임대 및 양도하는 경우 납세의무자는 우선수익자가 되며, 1순위 및 2순위 우선수익자 각자가 신탁재산에 대한 실질적 통제권을 이전받은 경우에는 우선순위에 따라 우선수익권이 미치는 금액의 범위 내에서 납세의무를 지는 것'이라고 해석한 바 있다.

석하였다.31) 그리고 이 경우 위탁자의 공급가액은 우선수익권보다 우선하는 비용을 차감한 금액(註: 우선수익자가 실제로 배분 받을 수 있는 금액)이 아닌 '신탁부동산의 시가'로 보아야 하므로, 위탁자는 수익자에게 신탁부동산의 시가를 과세표준으로 하여 세금계산서를 발급하였다가, 위 신탁부동산이 실제로 매각된 때에 신탁부동산의 시가와 실제 매각가액의 차액에 대하여 수정세금계산서를 발급해야 한다고 해석하였다.32)

신탁재산의 이전과 관련하여서는 명시적인 유권해석을 찾기 어려우나, 앞서 본 바와 같이 과세당국은 위탁자를 부가가치세의 납세의무자로 보고 있었으므로, 실질적 통제권의 이전에 대하여만 과세할 뿐 신탁재산의 이전에 대해서는 과세하지 않겠다는 입장이었던 것으로 보인다. 그 밖에 위탁자 내지는 우선수익자가 수익권을 양도하는 경우, 원칙적으로 수익권은 재화로 볼 수 없어 과세대상이 되지 아니하지만, 그와 같은 수익권의 양도가 실질적 통제권을 이전한 것으로 볼 수 있는 경우에는 부가가치세 과세대상이 된다고 하였다.33)

이와 같이 과세당국이 부가가치세의 납세의무자를 판단함에 있어 '실질적 통제권'의 이전이라는 개념을 도입한 것은, 우리 부가가치세법은 재화의 공급이 순차적으로 이루어지는 것을 전제로 하는 전단계 세액 공제시스템을 채택하고 있는데, 기존 대법원 판결에 따르면 타익신탁의 경우 위탁자로부터 수익자에게로 재화가 공급되는 과정을 설명하기 어려울 뿐 아니라 위탁자에게는 매입세액만 발생하고 수익자는 매출세액만을 부담하게 된다는 문제점을 해결하기 위한 방편이었던 것으로 보인다.

다만 이와 같은 과세당국의 유권해석에 따르더라도, '실질적 통

---

31) 법규부가 2013-231, 2013. 9. 5., 법규부가 2012-347, 2013. 3. 13.
32) 법규부가 2013-233, 2013. 7. 12.
33) 재소비-113, 2005. 8. 31., 서면3팀-1599. 2005. 9. 23.

제권'이라는 용어 자체가 매우 추상적이고 불명확하며, 어떤 경우에 실질적 통제권을 가진다고 볼 수 있는 것인지, 실질적 통제권의 이전 시기는 언제인지, 실질적 통제권의 공급가액의 산정기준은 무엇인지 등에 관한 객관적인 판단기준이 명확하지 않아[34] 실무상 많은 혼란이 초래되었고, 납세의무자의 예측가능성과 법적 안정성을 현저히 침해하는 문제가 있었다.

3. 대상 판결 및 그 후속 판결들의 분석

가. 들어가며

대법원 2017. 5. 18. 선고 2012두22485 전원합의체 판결(대상 판결)은 기존 대법원 판결 및 이에 따라 형성되어 온 과세실무를 모두 뒤집고, 신탁부동산의 관리·처분에 있어 부가가치세의 납세의무자는 '수탁자'에 해당한다고 판시하였다. 그 후에도, 대법원은 2017. 6. 15. 두 건의 후속 판결(대법원 2017. 6. 15. 선고 2014두6111 판결, 2017. 6. 15. 선고 2014두13393 판결)을 통하여, 과세당국이 실질적 통제권이 이전되었다고 보아 부가가치세를 과세한 사안들에 대하여 대상 판결의 법리를 다시 한번 재확인하면서, 이를 별도의 재화의 공급으로 볼 수 없다는 점을 분명히 하였다. 이하에서는 위 3건의 대법원 판결들의 사실관계 및 판단근거에 대하여 차례로 살펴본다.

---

34) 과세당국은 신탁부동산에 대한 실질적 통제권이 이전되었는지 여부는 실질내용에 따라 사실판단할 사항이라고 하여(법규부가 2013-233, 2013. 7. 12. 등 다수), 명확한 판단기준을 제시하고 있지 못하였다.

나. 대법원 2017. 5. 18. 선고 2012두22485 전원합의체 판결 (대상 판결)

(1) 사실관계

원고(위탁자)는 건물의 매수를 위하여 저축은행으로부터 42억 원을 대출받고, 위 대출금 채무를 담보하기 위하여 부동산 신탁회사와 사이에 우선수익자를 저축은행으로 정하여 부동산 담보신탁계약을 체결하면서 신탁부동산이 환가되는 경우 위 저축은행의 채권을 우선적으로 변제하고 잔액은 원고에게 지급하기로 약정하였고, 신탁을 원인으로 한 소유권이전등기를 마쳤다. 그 후 원고가 위 대출금 채무를 변제하지 못하여 저축은행은 신탁회사에게 위 부동산의 환가를 요청하였으나 공개매각이 수차례 유찰되었고, 이에 저축은행이 수의계약으로 신탁부동산인 건물의 소유권을 취득하였다.

피고는 위탁자인 원고가 양수인인 저축은행에게 위 건물을 공급함에 따라 부가가치세의 납세의무가 발생하였다고 보아 원고에게 부가가치세를 부과하였다.

(2) 원고의 주장 요지 및 원심 판단[35]

원고는, 기존 대법원 판결에 따르면 타익신탁에서 신탁부동산의 양도에 따른 부가가치세 납세의무자는 우선수익권이 미치는 범위 내에서 우선수익자인바, 이 사건은 건물을 공급하는 자와 공급받는 자가 모두 저축은행으로 동일하여 부가가치세 과세대상인 재화의 공급이 존재하지 않는다고 주장하였다.

이에 대하여 원심은, 원고와 신탁회사 사이의 신탁계약은 담보신

---

35) 수원지방법원 2011. 12. 14. 선고 2011구합6463 판결, 서울고등법원 2012. 9. 6. 선고 2012누2421 판결.

탁이면서 타익신탁에 해당하므로, 신탁부동산의 양도로 인한 부가
가치세 납세의무자는 신탁계약의 수익자인 저축은행에 해당하는바,
위탁자인 원고에 대한 부가가치세 부과처분은 납세의무자가 아닌
자에 대한 것으로서 위법하다고 판단하였다.

(3) 대법원 판단

대법원은, 위탁자를 부가가치세 납세의무자로 볼 수 없다는 원심
의 결론은 그대로 유지하였으나, 아래와 같은 점을 근거로 신탁부동
산의 공급에 따른 부가가치세의 납세의무자는 '수탁자'에 해당한다
고 판시하여, 종래 타익신탁의 경우 신탁부동산의 공급에 따른 납세
의무자는 수익자로 보아야 한다는 기존 대법원 판결을 변경하였다.

① 부가가치세법은 부가가치 창출을 위한 '재화 또는 용역의 공
   급'이라는 거래 그 자체를 과세대상으로 하고 있을 뿐 그 거래
   에서 얻은 소득이나 부가가치를 직접적인 과세대상으로 삼고
   있지 않음. 이와 같이 우리나라의 부가가치세는 거래의 외형
   에 대하여 부과하는 거래세의 형태를 띠고 있으므로, 부가가
   치세법상 납세의무자에 해당하는지 여부 역시 원칙적으로 그
   거래에서 발생한 이익이나 비용의 귀속이 아니라 재화 또는
   용역의 공급이라는 거래행위를 기준으로 판단하여야 함.

② 부가가치세의 과세원인이 되는 재화의 공급으로서의 인도 또
   는 양도는 재화를 사용·소비할 수 있도록 소유권을 이전하는
   행위를 전제로 하므로, 재화를 공급하는 자는 위탁매매나 대
   리와 같이 부가가치세법에서 별도의 규정을 두고 있지 않는
   한 계약상 또는 법률상의 원인에 의하여 그 재화를 사용·소비

할 수 있는 권한을 이전하는 행위를 한 자를 의미함.

③ 신탁법상의 신탁은 위탁자가 수탁자에게 특정한 재산권을 이 전하거나 기타의 처분을 하여 수탁자로 하여금 신탁 목적을 위하여 그 재산권을 관리·처분하게 하는 것임. 따라서 수탁자 가 위탁자로부터 이전받은 신탁재산을 관리·처분하면서 재화 를 공급하는 경우 수탁자 자신이 신탁재산에 대한 권리와 의 무의 귀속주체로서 계약당사자가 되어 신탁업무를 처리한 것 이므로, 이때의 부가가치세 납세의무자는 재화의 공급이라는 거래행위를 통하여 그 재화를 사용·소비할 수 있는 권한을 거 래상대방에게 이전한 수탁자로 보아야 함.

④ 세금계산서 발급·교부 등을 필수적으로 수반하는 다단계 거래 세인 부가가치세의 특성을 고려할 때, 신탁재산 처분에 따른 공급의 주체 및 납세의무자를 수탁자로 보아야 거래당사자를 쉽게 인식할 수 있고, 과세의 계기나 공급가액의 산정 등에서 도 혼란을 방지할 수 있음.

다. 후속 판결 – ① 대법원 2017. 6. 15. 선고 2014두13393 판결

(1) 사실관계

원고(위탁자)는 분양보증회사와 사이에, 신축중인 주상복합아파 트 및 그 부지를 신탁부동산으로 하고, 원고가 보증사고로 분양계약 을 이행할 수 없게 될 때에 분양보증회사가 분양보증을 이행하기 위 하여 신탁부동산을 관리·분양 및 처분하는 것을 목적으로 하는 주 택분양신탁계약을 체결하고, 아울러 위 분양보증회사와 사이에 원

고가 보증사고로 분양계약을 이행할 수 없게 될 때에는 주택보증회
사가 보증채권자에 대한 분양보증을 이행하기로 하는 주택분양보증
계약을 체결하였다.

그런데 시공사의 부도로 인하여 공사가 중단됨으로써 원고가 분
양계약을 이행할 수 없게 된 보증사고가 발생하자, 분양보증회사는
분양계약자들에게 계약금과 중도금을 환급한 후 원고에게 보증채무
이행금액 및 지연손해금의 상환을 청구하였다.

피고는, 대한주택보증이 분양계약자들에게 환급책임의 이행을
완료하고 원고에게 보증채무이행금 상환청구를 함으로써 신축 중인
주상복합아파트의 실질적 통제권이 원고로부터 대한주택보증에게
로 이전되었고, 이는 부가가치세법상의 재화의 공급에 해당한다고
보아 원고에게 부가가치세를 부과하였다.

(2) 원심 판단36)

원심은, 시공사의 공사 중단이라는 보증사고가 발생하여 주택보
증이 분양계약자에게 계약금 등을 환급하고 원고에게 구상채무금
납입 통지를 함에 따라, 신탁부동산에 대한 관리·분양 및 처분에 대
한 권리가 원고로부터 주택보증에게 이전되었으므로, 이는 부가가
치세법에서 규정하는 재화의 공급에 해당하여 부가가치세 과세대상
이 된다고 판단하였다.

(3) 대법원 판단

대법원은, 대상 판결의 판시내용을 원용하면서, 주택분양보증을
위하여 위탁자인 사업주체가 수익자 겸 수탁자인 분양보증회사에게
주택분양신탁계약을 원인으로 부동산의 소유권을 이전하는 주택분

---

36) 서울고등법원 2014. 8. 22. 선고 2013누32580 판결.

양신탁의 경우 분양보증회사는 사업주체로부터 신탁계약에 따라 신탁재산의 소유권을 이전받고 이를 전제로 신탁재산을 관리·처분하면서 재화를 공급하는 것이므로, 분양보증회사가 주택분양보증계약에 기초하여 분양계약자들에게 분양대금을 환급하였다는 사정만으로는 신탁재산의 이전과 구별되는 별도의 재화의 공급이 존재한다고 볼 수 없고, 수탁자의 지위에서 신탁재산을 처분할 때 비로소 재화를 사용·소비할 수 있는 권한을 거래상대방에게 이전하는 재화의 공급이 있다고 판시하였다.

따라서 이 사건의 경우, 분양보증회사가 분양보증계약에 따라 분양대금을 환급하였다는 사정만으로는 원고로부터 대한주택보증에게로의 재화의 공급이 있었다고 볼 수 없다는 이유로 원심판결을 파기환송하였다.

라. 후속판결 – ② 대법원 2017. 6. 15. 선고 2014두6111 판결

(1) 사실관계

시행사인 원고(위탁자)는 건설회사와 사이에 주상복합건물 신축을 위한 공사도급계약을 체결하였고, 건설회사는 위 도급계약에 따른 신축공사를 마쳤으나 원고(위탁자)로부터 공사대금을 받지 못하였다. 이에 원고는 신탁회사(수탁자)와 위 주상복합건물 중 미분양 부동산에 관하여 부동산 처분신탁계약을 체결하면서 위 건설회사를 우선수익자로 지정하였다. 한편 원고와 건설회사는 위 부동산처분신탁계약을 통하여 원고의 건설회사에 대한 공사대금 채무가 모두 변제되는 것으로 약정하였다.

피고는, 원고가 부동산 처분신탁계약을 체결하면서 건설회사를 우선수익자로 지정한 것을 부가가치세법상 재화의 공급으로 보아,

미분양부동산(주택+상가) 중 상가분의 분양예정가액(시가) 중에서
건물가액을 과세표준37)으로 하여 원고에게 부가가치세 부과처분을
하였다.

(2) 원심 판단38)

원심은, 위 신탁계약은 원고의 공사대금채무를 미분양 주택 및
상가로 변제한 것이며, 이는 본래 채무이행인 금전의 이행에 갈음하
여 다른 급여를 제공한 민법상 대물변제이므로, 원고가 상가를 제공
하고 그 반대급부로 건설회사의 원고에 대한 채권이 소멸한 것이어
서 부가가치세법상 재화의 공급에 해당한다는 전제하에, 원고를 납
세의무자로 하여 상가의 분양예정가액이자 상가의 공급으로 소멸한
공사대금 채무액을 기초로 과세표준을 산정한 피고의 부가가치세
부과처분은 적법하다고 판단하였다.

(3) 대법원 판단

대법원은, 대상 판결의 판시내용을 원용하면서, 수탁자는 위탁자
로부터 재산권을 이전받고 이를 전제로 신탁재산을 관리·처분하면
서 재화를 공급하는 것이므로, 채무자인 위탁자가 기존 채무의 이행
에 갈음하여 수탁자에게 재산을 신탁하면서 채권자를 수익자로 지
정하였더라도, 그러한 수익권은 신탁계약에 의하여 원시적으로 채
권자에게 귀속되는 것이어서, 이와 같은 수익자의 지정으로 인하여
당초 신탁재산의 이전과 구별되는 위탁자의 수익자에 대한 별도의

---

37) 주택은 국민주택의 공급으로서 부가가치세가 면제된 것으로 보이고(조세
   특례제한법 제106조 제1항 제4호, 토지의 공급은 부가가치세가 면제된다
   (부가가치세법 제26조 제1항 제14호).
38) 서울행정법원 2013. 9. 26. 선고 2013구합741 판결, 서울고등법원 2014. 3.
   26. 선고 2013누28420 판결.

재화의 공급이 존재한다고 볼 수 없다고 판시하였다.

따라서 이 사건의 경우 위탁자인 원고가 신탁계약을 통하여 미지급 공사대금 채무에 갈음하기로 하면서 신탁회사에게 상가 등을 이전하고 건설회사를 우선수익자로 지정하였다고 하더라도, 그와 같은 신탁설정에 따른 거래가 있었다는 사정만으로는 부가가치세 과세대상이 존재한다고 볼 수 없다는 이유로 원심판결을 파기환송하였다.

4. 검토

종래 대법원 판결은, 타익신탁의 경우 부가가치세법상 아무런 명문의 근거 없이 신탁부동산의 소유자도 아니고 양도인이라는 사법상의 명의도 없는 수익자에게 부가가치세의 거래징수의무를 지우게 되는 문제점이 있었다.[39]

특히 과세당국에서는 위와 같은 기존 대법원 판결의 기본 입장에서 더 나아가, 대법원 판결이 사용하지 않는 '실질적 통제권'이라는 용어를 사용하면서, 실질적 통제권의 이전을 기준으로 위탁자와 우선수익자 중 납세의무자를 결정하도록 함에 따라 신탁재산의 처분에 따른 부가가치세 처리와 관련하여서는 상당한 혼란이 있었다. 부가가치세법상 공급시기는 세금계산서의 발급기준이 되며, 공급받는 자의 매입세액공제 문제와도 연결되어 있다는 점에서 거래당사자가 누구나 알 수 있는 간명한 사건을 기준으로 정하여야 하는데, 기존 과세당국이 취한 '실질적 통제권의 이전'이라는 개념은 매우 추상적이어서 거래당사자가 이를 쉽게 알기 어려우므로, 과도한 납세협력비용을 발생시키고 많은 분쟁을 초래하는 문제가 있었다. 학계에서

---

39) 이창희, 위의 책, 1040면 참조.

도, 이와 같은 기존 대법원 판결 및 과세실무에 대해서는 다양한 문제점을 지적하여 왔다.[40]

이와 달리, 앞선 3건의 대법원 판결은 모두 부가가치세는 거래의 외형에 대해 부과되는 거래세라는 점을 강조하면서, 현행 부가가치세법 하에서 다른 예외규정이 없는 한 신탁재산의 관리·처분으로 재화를 공급하는 자인 납세의무자는 사법상 재화의 소유자인 수탁자라는 점을 명확하게 밝혔다.

먼저, 대상 판결은, 명문의 규정이 없는 한 부가가치세법상 납세의무자는 '재화의 공급'이라는 거래행위를 기준으로 판단하여야 하고, 재화를 공급하는 자는 곧 '계약상 또는 법률상의 원인에 의하여 재화를 사용·소비할 수 있는 권한을 이전'하는 행위를 한 자를 의미하는데, 신탁법상의 신탁에서 수탁자가 신탁재산을 관리·처분하는 경우에는 수탁자 자신이 신탁재산에 대한 권리와 의무의 귀속주체로서 위 거래행위를 한 것이므로, 이 경우 재화를 공급한 자는 수탁자라는 점을 분명히 하였다.

그리고 후속판결인 대법원 2014두13393 판결 및 대법원 2014두

---

40) 기존 대법원 판결은 신탁제도와 위탁매매제도 및 신탁수익의 귀속과 과세물건인 부가가치의 귀속을 혼동하여, 단지 법률상 명의는 수탁자에게 귀속하고, 그 경제적인 이익과 비용은 위탁자 내지 수익자에게 귀속한다는 구조상의 유사성만 가지고 위탁매매가 지니고 있는 외연의 범위를 넘어 세법적 사실을 포섭함으로써 조세법률주의의 엄격해석원칙을 위반하였다거나(백승재, "신탁재산의 관리처분상 부가가치세 납세의무자 등", 『JURIST』, 제401호(청림인터렉티브, 2004), 60-61면), 신탁의 종류에 따라 위탁매매의 특칙을 유추적용할 수 있는지 여부가 달리 판단되어야 함에도 이를 고려하지 아니한 채 모든 신탁에 대하여 위탁매매의 특칙을 유추적용하였다는 점(이재호, 위의 글, 31면), 특히 타익신탁의 경우 수익자를 부가가치세 납세의무자로 본다면, 위탁자와 수익자 간 거래가 존재하지 않는 문제가 생긴다는 점(이재호, 위의 글, 317면) 등 다양한 문제점이 지적되어 왔다.

6111 판결은 '재화의 공급'이라는 거래행위를 기준으로 부가가치세의 납세의무자를 판단하여야 한다는 대법원 2012두22485 전원합의체 판결의 논리에 따라, 당초 과세당국이 위탁자에게서 수익자로의 재화의 공급이 있었다고 보았던 실질적 통제권의 이전의 경우는 '재화를 사용·소비할 수 있는 권한을 거래상대방에게 이전'하는 경우로 볼 수 없어, 재화의 공급으로 볼 수 없다는 점을 분명히 하였다.

이와 같은 일련의 대법원 판결은, 신탁법률관계에 관한 명문의 규정이 없는 현행 부가가치세법하에서 불분명한 판단기준으로 위탁자와 우선수익자 중 납세의무자를 선택하여야 하는 데에서 오는 혼란을 제거하고, 부가가치세법상 거래징수관계 등을 간명하게 하였다는 데에 의의가 있다.

IV. 대법원의 입장 변경에 따른 후속 처리문제

1. 문제의 제기

다만 대상 판결은 10년이 넘게 유지되어 왔던 대법원 판결 및 그에 따라 형성된 과세실무를 정면으로 뒤엎는 것이어서, 위 판시만으로는 해결되지 않는 여러 후속 문제들을 남겼다. 무엇보다도, 위 대상 판결로 인하여, 기존의 대법원 판결 및 과세실무에 따라 위탁자 및 수익자를 납세의무자로 하여 부가가치세를 신고·납부한 거래에 대하여 경정이 필요한지 여부가 문제될 수밖에 없다. 또한 대상 판결로 인하여 당초 문제되지 않았던 신탁의 설정 및 종료단계에서의 부가가치세 과세문제가 새롭게 제기될 수 있다.

그 밖에도 대상 판결로 외형상 부가가치세의 거래징수관계는 법리적으로는 간명하게 정리되었다고 볼 수 있으나, 대상 판결이 전제한 바(신탁재산의 권리의무 주체가 수탁자)와 달리 신탁실무상으로는 소유명의는 수탁자이지만, 신탁 유형에 따라 수탁자의 관여 여부나 관여 정도가 매우 다양하여 수탁자의 관여가 전혀 없거나 미미한 신탁유형의 경우 대상 판결의 법리를 그대로 적용하게 되면 많은 혼란과 부작용이 발생할 수 있다. 따라서 대상 판결이 현재 실무상 행해지고 있는 모든 부동산 신탁 관련 법률관계에 일률적으로 적용될 수 있는지, 거래의 실질과 배치되는 측면은 없는지 여부를 짚어볼 필요가 있다. 이하에서 차례로 살펴본다.

2. 대상 판결을 기존의 신탁법률관계에 적용해야 할 것인지

가. 판결 선고일 이전에 종료된 신탁법률관계에 적용할 경우

(1) 과세당국의 경정 가부

대상 판결의 취지를 판결 선고일 이전에 종료된 신탁법률관계에도 그대로 적용할 경우, 위탁자나 수익자를 재화 또는 용역의 공급자로 하여 발행한 세금계산서는 모두 사실과 다른 세금계산서로 취급되어 신탁거래의 당사자들은 매입세액 불공제 및 가산세 부과의 불이익을 입을 수 있고, 나아가 조세범처벌법 위반의 형사책임까지도 부담할 수 있는 문제가 있다.

이와 관련하여, 국세기본법은 '세법의 해석이나 국세행정의 관행이 일반적으로 납세자에게 받아들여진 후에는 그 해석이나 관행에 의한 행위 또는 계산은 정당한 것으로 보며, 새로운 해석이나 관행에 의하여 소급하여 과세되지 않는다'는 내용의 새로운 해석에 의한 소급과세금지의 원칙(비과세관행 존중의 원칙)을 규정하고 있다.[41] 이와 같은 새로운 해석에 의한 소급과세금지 원칙은 국세기본법 제15조 소정의 신의성실의 원칙의 파생원칙 또는 예시적인 특별규정으로 이해되고 있다.[42] 그리고 대법원은, 과세당국의 반복된 질의회신 및 예규가 시행되어 왔고, 납세자도 이에 따라 세무신고를 하여 온 경우에는 과세당국의 공적인 견해표명 내지는 세법해석의 관행이 성립하였다고 보고,[43] 이와 같은 과세당국의 공적 견해표명과 상이한 취지의 판결이 내려졌다고 하더라도, 공적 견해표명만을 신뢰한 납세의무자에게는 귀책사유가 없다고 판시하고 있어,[44] 판례변경 이후에도 신의성실의 원칙 내지는 소급과세금지의 원칙이 적용될 수 있다는 점을 확인하고 있다.

앞서 본 바와 같이, 최근의 일련의 대법원 판결이 선고되기 전까지 10년이 넘는 기간 동안 대법원은 신탁재산의 개발·관리·처분 등 신탁업무를 처리함에 있어서의 사업자 및 이에 따른 부가가치세 납세의무자는 위탁자(타익신탁의 경우 수익자)에 해당한다고 해석하였고, 이에 따라 과세당국은 일관되게 신탁부동산의 처분 시 수탁자에게 부가가치세를 부과하지 아니하였다. 그렇다면, 신탁부동산의 처분 시 수탁자가 납세의무를 부담하지 않는다는 점에 관한 과세관청의 세법해석의 관행이 성립하였다고 볼 수 있으므로, 대상 판결의 선고 전에 발생한 신탁재산의 개발관리 및 처분행위에 대하여 수탁자에게 부가가치세를 부과하는 것은 기존에 형성된 세법해석의 관행에 반하는 것으로서 국세기본법 소정의 신의성실의 원칙 및 새로

---

41) 국세기본법 제18조 제3항.
42) 임승순, 『조세법』, 2016년도판(박영사, 2016), 63면.
43) 대법원 2010. 4. 15. 선고 2007두19294 판결, 1994. 3. 22. 선고 93누22517 판결
44) 대법원 1987. 1. 20. 선고 86누151 판결.

운 해석에 의한 소급과세금지의 원칙에 위배될 소지가 있다고 판단
된다.

(2) 납세자의 경정청구 가부

신탁재산의 처분 시 부가가치세를 납부한 위탁자 및 수익자의 입
장에서는, 대상 판결의 선고에 따라 양도인에 대한 재화의 공급이
없다는 점이 확인되었다는 이유로, 과세당국에 기납부한 부가가치
세에 대하여 경정청구를 제기할 수 있을 것이다.

그러나 부가가치세는 거래세이므로, 그 세금의 부담이 위탁자,
수탁자, 수익자, 신탁재산의 양수인 사이에서 실질적으로 어떻게 전
가되고 귀착되는지 여부는 궁극적으로 당사자들 사이의 사적자치에
따라 결정된다.[45] 신탁법률관계에서도, 거래당사자들은 신탁계약 및
신탁부동산의 처분계약의 내용으로 거래징수 및 실질적인 부가가치
세의 부담주체를 합의하였을 것이다.[46]

또한 전단계 세액공제시스템을 채택하고 있는 부가가치세제에서,
위탁자(수익자)가 신탁재산의 양수인에 대한 재화의 공급이 없다는
이유로 과세당국에 부가가치세 경정청구를 제기하여 이와 같은 경
정청구가 인용될 경우, 신탁재산의 양수인은 위탁자로부터 재화를
공급받지 않은 것이 되므로, 과세당국으로부터 공제받은 매입세액
을 추징당하게 된다. 이 경우 신탁재산의 양수인은 재화의 공급이
없었음에도 불구하고 위탁자가 부가가치세 상당액을 거래징수하는
방법으로 법률상 원인 없이 부가가치세 상당액의 이익을 얻고, 이로
인하여 양수인에게 같은 금액 상당의 손해를 가하였다는 이유로 위

---

45) 이창희, 위의 책, 999면.
46) 실제로, 실무상 대부분의 부동산신탁계약서에는 '신탁재산에 관한 조세는
    위탁자 내지 수익자가 부담한다'는 내용의 규정이 포함되어 있거나, 신탁
    부동산의 처분 시 부가가치세의 거래징수에 관한 규정을 두고 있다.

탁자가 환급받은 부가가치세액에 대하여 민사상 부당이득반환청구
소송을 제기할 수 있을 것이다. 그 결과, 위탁자(수익자)가 과세당국
으로부터 환급받은 부가가치세 상당액은 민사소송 등을 통하여 종
국적으로 다시 양수인에게 반환될 것이므로, 위탁자(수익자)의 입장
에서 경정청구를 할 실익은 크지 않다고 판단된다.

나. 신탁계약을 체결하여 일부 법률관계가 형성된 경우

신탁재산의 최종적인 처분은 완결되지 않았으나, 기존의 대법원
판결 및 과세실무하에서 신탁계약을 체결하여 법률관계를 맺고 부
가가치세 세무처리를 하여 온 경우, 동일한 신탁계약 내에서 세무처
리가 달라지는 문제점이 발생할 수 있다.

즉, ① 신탁계약의 체결 이후 신탁재산과 관련하여 제3자로부터
재화 또는 용역을 공급받으면서 위탁자(또는 수익자) 명의로 세금계
산서를 발급받은 경우, ② 당초 과세당국의 유권해석에 따라 실질적
통제권이 이전되었다고 보아 위탁자에게서 수익자에게로 세금계산
서가 발급된 경우에는, 향후에 맺게 되는 새로운 법률관계부터 대상
판결에 따라 수탁자가 재화를 공급하는 것을 기준으로 세금계산서
를 발급하더라도 동일한 신탁계약 내에서 세금계산서의 발행 및 부
가가치세 신고·납부 주체가 달라지게 되고, 재화의 공급이 순차적으
로 연결되지 않는 문제점이 발생한다. 그 밖에도 ③ 대상 판결 이전
에 이미 부가가치세의 거래징수 당사자를 '위탁자'로 명시한 신탁재
산의 처분계약이 체결되었고, 매수인이 계약금 또는 중도금을 지급
하면서 위탁자(수익자)에게 부가가치세 상당액을 지급하였으며, 위
탁자(수익자)가 자신의 명의로 세금계산서를 발행하고 부가가치세
를 신고·납부한 경우에는, 동일한 신탁부동산의 처분계약 내에서 대

금의 납입 별로 세금계산서의 발행 및 부가가치세의 신고·납부주체
가 달라지는 문제점도 발생할 수 있다.

이에 대해서는, 대법원 판례의 변경을 이유로 기발행한 세금계산
서에 대한 수정세금계산서의 발급이 허용되어야 할 것으로 보인다.

3. 신탁재산의 이전 및 신탁계약의 종료에 따른 부가가치세 과세 문제

가. 문제의 제기

지금까지 과세실무 및 대법원 판결은 신탁재산의 이전(신탁설정
거래)이 부가가치세 과세대상에 해당하는지 여부에 관하여 명시적
으로 유권해석하거나 판단한 사례가 없었다. 그러나 대법원이 신탁
재산의 처분으로 인한 부가가치세의 납세의무자를 위탁자에서 수탁
자로 변경함에 따라 신탁재산의 이전 등 위탁자와 수탁자 사이의 거
래관계에도 부가가치세를 과세할 것인지 여부가 문제될 수 있다. 부
가가치세가 다단계 거래세라는 점을 고려하면, 당초 위탁자의 소유
였던 신탁재산의 처분권자가 수탁자가 된 것에 대하여 그 사이의 거
래관계를 설명해 줄 필요가 있기 때문이다.

대법원 2014두13393 판결, 2014두6111 판결은 수익자의 지정 및
분양대금의 환급만으로는 '당초 신탁재산의 이전과 구별되는 별도
의 재화의 공급'이 존재한다고 볼 수 없다고 판시하였는바, 위 판시
내용만으로 보면 대법원이 위탁자와 수탁자 사이의 거래도 부가가
치세 과세대상인 재화의 공급으로 판단하였다고 볼 여지도 있다.

다른 한편으로는, 위 대법원 2014두6111 판결은 위탁자가 우선수
익자를 지정하여 신탁계약을 체결한 것이 재화의 공급에 해당한다
고 보아 위탁자에게 부가가치세를 과세한 사안이므로, 만약 대법원

이 신탁계약의 체결 및 신탁재산의 이전이 재화의 공급에 해당한다
고 판단하였다면 재화를 공급받는 자를 우선수익자로 보든 신탁회
사로 보든 납세의무자인 위탁자에 대한 부가가치세의 부과처분은
그 결론에 있어서는 정당할 수 있다. 그럼에도 대법원 2014두6111
판결은 원심이 부가가치세법상 재화의 공급 등에 관한 법리를 오해
하여 판결에 영향을 미친 잘못이 있다는 이유로 원심판결을 파기환
송하였는바, 위 결론에 비추어 대법원은 신탁계약에 따른 신탁설정
거래가 부가가치세 과세대상인 재화의 공급에 해당하지 않는다는
입장을 취한 것으로 해석할 여지도 없는 것은 아니다.

나. 가능한 입장

(1) 과세대상에 해당한다는 입장

신탁재산은 재화에 해당하고, 신탁행위는 위탁자가 수탁자에게
소유권을 이전하는 행위로서 위탁자와 수탁자 간의 계약 등이 포함
되는데, 이는 계약상 또는 법률상의 원인에 포섭될 수 있으므로, 신
탁재산의 이전 등 거래는 부가가치세법상 재화의 공급인 '계약상의
원인에 따라 재화를 인도하거나 양도하는 것'에 해당할 수 있다는
견해이다.[47] 위탁자가 사업자라면 신탁재산의 매입과 관련된 세액
을 공제받았을 것이므로, 신탁재산의 이전 거래에 대하여 부가가치
세를 과세하여야 전단계 세액공제 시스템이 유지될 수 있다는 점을
중요한 논거로 들고 있다.[48] 그 외에 신탁실체이론의 입장에서, 신
탁재산의 소유권을 수탁자에게 이전하는 행위는 위탁자가 보유중인

---

47) 강성모, "신탁 관련 거래와 부가가치세", 『조세법연구』, 제22권 제3호(세경
사, 2016), 470면; 한원식, "신탁부동산의 매각에 따른 부가가치세 납세의
무자", 『조세연구』, 제11권 제3호(세경사, 2011), 486면.
48) 강성모, 위의 글, 473면.

재산을 현물출자하고 주식을 취득하는 것과 유사하므로, 법인에 대한 현물출자와 유사한 관점에서 과세거래로 볼 수 있다는 견해도 있다.49)

(2) 과세대상에 해당하지 않는다는 입장

일본은 수익자 등 과세신탁의 경우 신탁의 설정 및 신탁의 종료에 대하여 부가가치세를 과세하지 않는다.50) 신탁재산의 이전은 대가의 지급이 없는 무상거래이며, 신탁재산의 소유권의 이전은 형식적인 것이고 해당 신탁재산에 관계되는 재산의 양도 등은 신탁회사의 운용 또는 처분으로 실질적으로 실현된다고 보기 때문이다.51)

다. 검토

대상 판결의 논리에 따르면, 신탁재산의 이전 내지는 신탁계약의 종료도 재화의 공급으로서 부가가치세 과세대상으로 보는 것이 일관적이다. 수탁자가 재화의 공급자가 되기 위한 전제로서 위탁자로

---

49) 한원식, 위의 글, 486면.
50) 일본 소비세법 기본통달 4-2-1 [신탁 계약에 따라 재산을 수탁자에게 이전하는 행위 등].
 4-2-1 수혜자 등 과세 신탁 (법 제14조 제1항 "신탁 재산에 관한 자산의 양도 등의 귀속"에 규정하는 수혜자 (동조 제2항의 규정에 의하여 동조 제1항에 규정하는 수혜자로 간주되는 자를 포함한다)가 그 신탁 재산에 속하는 자산을 가지는 것으로 간주되는) 신탁을 말한다. 이하 제3항 및 9-1-29에서 같다)에 있어서는, 다음에 열거하는 이전은 자산의 양도 등에는 해당하지 않음에 유의한다.
  (1) 신탁 행위에 따라 그 신탁의 위탁자로부터 수탁자에게 신탁 자산의 이전
  (2) 신탁의 종료에 따른 그 신탁의 수탁자로부터 수익자 또는 위탁자에 잔여 재산의 급부로 이전
51) 강성모, 위의 글, 463-464면.

부터 수탁자에 대한 재화의 공급이 있어야 할 것이기 때문에, 신탁재산의 이전은 그 개념상 재화의 공급에 포섭된다고 보는 것이 자연스럽다. 특히, 신탁재산의 이전을 재화의 공급으로 보지 않을 경우에는, 수탁자는 신탁재산의 처분에 따른 매출세액을 부담하면서도 신탁재산 관련 매입세액을 공제받지 못하는 불이익을 입게 된다는 점에서도, 개념상으로는 신탁재산의 이전을 재화의 공급으로 보는 것이 바람직하고 매입세액공제와의 충돌이 없다.

같은 취지에서, 부가가치세법 시행령은 위탁매매 또는 대리인에 의한 매매의 경우 위탁자를 재화의 공급자(공급받는 자)로 의제하면서도 위탁자 또는 본인을 알 수 없는 경우에는 수탁자 또는 대리인을 재화의 공급자(공급받는 자)로 보고 있는데, 이와 같이 수탁자 내지는 대리인이 재화의 공급자(공급받는 자)가 되는 경우에는 위탁자와 수탁자 또는 본인과 대리인 사이에도 별개의 재화의 공급이 이루어진 것으로 의제하는 규정을 두고 있다.[52]

다만 신탁재산의 이전을 재화의 공급으로 볼 경우, 그 공급시기 및 공급가액을 어떤 기준으로 정할지 여부에 대한 문제가 남아 있다. 이와 관련하여, 현행 부가가치세법은 재화의 공급가액을 공급받는 자로부터 받는 금전적 가치 있는 모든 것을 포함한다고 규정하고 있으며, 판례 또한 부가가치세 과세표준인 공급가액에 포함되기 위해서는 재화의 공급과 대가관계에 있는 것이어야 한다고 판시하고 있다.[53] 그런데 위탁자가 신탁재산을 이전하고 수탁자로부터 받는 금전 또는 금전 외의 대가는 전혀 없으며, 위탁자는 오히려 신탁회사에게 보수를 지급할 뿐이기 때문에, 현행 부가가치세법령에 의하면 신탁재산의 이전으로 인한 재화의 공급가액을 산정할 수 없는 문제가 있다.

---

52) 부가가치세법 시행령 제28조 제10항.
53) 대법원 2016. 6. 23. 선고 2014두144 판결.

이와 관련하여, 신탁재산의 이전은 '사업자가 자기생산·취득 재
화를 자기의 고객이나 불특정 다수에게 증여하는 경우에는 재화의
공급으로 본다'는 부가가치세법 제10조 제5항에 포섭될 수 있고, 이
경우 공급가액은 시가[54]에 해당한다는 견해가 있다.[55] 그런데 부가
가치세법에서 사업상 증여 규정을 둔 취지는, 사업자가 다른 재화의
생산에 사용할 목적으로 매입하여 매입세액공제를 받은 재화가 다
음 단계의 생산으로 이어지지 않고 제3자에 의하여 직접 소비되는
경우, 사업자 본인의 소비가 개인적 공급으로 과세되는 것과 동일하
게 사업자가 스스로에게 재화를 공급한 뒤 이를 개인적인 지위에서
제3자에게 이전한 것으로 보아 부가가치세를 과세하겠다는 것이어
서,[56] 신탁재산의 이전을 위 규정에 바로 포섭시키기는 어려운 측면
이 있다고 보인다. 납세의무자의 예측가능성을 도모한다는 측면에
서 신탁재산 이전의 경우 공급시기 및 공급가액에 관한 명문의 규정
을 두는 편이 바람직할 것으로 생각된다.

한편 신탁재산의 이전에 따른 재화의 공급가액을 재화의 시가로
의제할 경우에는, 신탁재산의 이전 시점에서 재산의 평가이익 상당
액의 부가가치가 창출된 것으로 보아 평가이익 상당액에 대하여 부
가가치세가 부과되는 결과가 초래된다. 예컨대, 위탁자가 부동산을
100에 취득하였고, 위 부동산을 신탁회사에 신탁할 당시 그 부동산
의 시가가 150으로 상승한 경우, 위탁자는 '부동산의 신탁'이라는 행
위가 이루어졌다는 이유로 위 부동산의 시가 상승분 50에 대한 부가
가치세를 부담하여야 한다. 종전에는 신탁부동산의 처분 시점에서
야 비로소 실현되었던 신탁부동산의 평가이익이 신탁재산의 이전
시점에서 일부 실현되는 결과가 초래되는 것이다. 그런데 이와 같은

---

54) 부가가치세법 제29조 제3항 제4호.
55) 강성모, 위의 글, 473면.
56) 이창희, 위의 책, 1035면 참조.

결론은 기본적으로 신탁을 도관으로 취급하는 법인세법 및 소득세법의 기본입장과 부합하지 않는 측면이 있으며, 신탁제도를 이용하고자 하는 납세자의 의사결정에 영향을 미칠 수 있으므로, 세법의 지도이념 중 하나인 '효율'을 저해하는 것은 아닌지에 대한 신중한 검토가 필요할 것으로 생각된다.

4. 대상 판결을 모든 신탁법률관계에 일률적으로 적용할 수 있는지 여부

가. 신탁재산의 임대용역을 공급하는 경우

대상 판결은 신탁재산의 공급에 따른 납세의무자가 수탁자에 해당한다는 주된 근거로, 수탁자가 신탁재산에 대한 권리와 의무의 주체로서 계약당사자가 되어 재화를 사용·소비할 수 있는 권한을 거래상대방에게 이전한다는 점을 들고 있다.

그런데 부동산신탁 중 하나인 부동산 관리신탁의 경우, 당초부터 신탁회사가 부동산소유자를 대신하여 부동산을 관리하면서, 그 부동산을 임대하여 수익을 창출하는 것을 목적으로 할 뿐 기본적으로 신탁부동산의 처분을 전제하고 있지 않다. 구체적으로, 부동산 관리신탁은 부동산관리자인 신탁회사가 부동산소유자를 대신하여 임대차 관리, 시설의 유지·관리, 세무관리 등 일체를 종합적으로 관리·운용하여 그 수익을 수익자에게 교부하는 형태의 갑종 관리신탁과 신탁회사가 단순히 신탁부동산의 소유명의만을 관리하여 주는 을종 관리신탁으로 구분되는데,57) 우리나라의 신탁실무상으로는 갑종 관리신탁은 거의 이용되지 않고 을종 관리신탁만 행하여지고 있다.58)

---

57) 광장신탁법연구회, 위의 책, 577면.

그런데 을종 관리신탁의 경우, 신탁회사는 신탁부동산의 등기부
상 소유권의 보존 및 관리업무만을 수행할 뿐이고 그 외에 신탁부동
산에 대한 임대차 및 유지관리행위는 모두 위탁자가 수행한다.[59] 임
대차는 당사자 일방이 상대방에게 목적물을 사용·수익하게 하고 상
대방이 이에 대하여 차임을 지급하기로 하는 당사자들의 합의에 의
하여 성립하며,[60] 임대인이 반드시 임차목적물에 대한 소유권 기타
처분권을 가지고 있어야 하는 것도 아니므로, 위탁자가 임대차계약
의 당사자가 될 수 있고 이 경우 임대목적물을 실제로 관리하면서 계
약상 원인에 의하여 임대용역을 공급하는 자는 위탁자로 볼 수 있다.

그렇다면, 신탁재산을 처분하는 경우와는 달리, 신탁회사가 신탁
부동산의 소유명의만을 관리하고, 위탁자의 실질적인 권한을 행사
하여 임대용역을 공급하는 경우에는 변경된 대법원 판결에 따라 수
탁자를 재화의 공급자로 보는 것이 적절하지 않을 수 있다.

나. 위탁자 또는 수익자의 지시로 신탁재산의 처분이 이루어지는 경우

신탁재산을 처분하는 경우에도, 위탁자의 채무불이행을 이유로
독립적으로 부동산을 처분하는 경우가 아니라, 위탁자가 매수예정
자를 직접 지정하는 등 위탁자의 관여도가 큰 경우에는 신탁재산의
처분계약의 체결 및 처분행위 등이 신탁회사의 관리·통제 범위를

---

58) 광장신탁법연구회, 위의 책, 577면.
59) 부동산 신탁회사에서 일반적으로 사용하는 표준 을종 부동산관리신탁계
    약서에는, 대체로 소유권 이외에 신탁부동산에 대한 임대차 및 신탁부동
    산의 유지관리행위 일체는 위탁자 또는 수익자의 책임하에 관리한다고
    규정하고 있다.
60) 민법 제618조.

벗어나므로, 부가가치세 관련 세무처리를 신탁회사가 모두 이행하기 쉽지 않은 경우도 있다.

예컨대, ① 부동산의 처분을 목적으로 수탁자에게 소유권을 이전하고 수탁자가 그 부동산을 처분하여 수익자에게 정산하여 주는 형태의 부동산 처분신탁의 경우, 실무상 위탁자 또는 수익자의 처분요청이 있을 경우 신탁부동산의 처분이 이루어지며, 매수예정자가 이미 정해진 상황에서 신탁계약이 체결되는 것이 일반적이다.[61]

그 외에도, ② 건축물의 분양에 관한 법률은 오피스텔, 주상복합건물 등 일정한 성질 및 규모에 해당하는 건축물을 분양하고자 하는 분양사업자가 착공신고 후 곧바로 분양을 하기 위해서는 금융기관 등으로부터 분양보증을 받거나 자본시장법에 따른 신탁업자와 신탁계약을 체결하도록 규정하고 있는바,[62] 이와 같은 법률상의 요구에 따라 이루어지는 것이 분양관리신탁이다. 그런데 위 건축물의 분양에 관한 법률은 건축물을 분양하는 자인 '분양사업자'와 '분양받은 자' 사이에 건축물의 분양계약이 체결되는 경우를 예정하고 있고,[63] 분양관리신탁에서의 위탁자는 분양사업자가 되는 것이므로, 분양관리신탁의 경우 수분양자들에게 직접 신탁부동산을 공급하는 자는 '위탁자'로 볼 수 있고, 신탁회사들은 분양대금 관련 대리사무업무를 수행할 뿐 구체적인 분양업무는 수행하지 않는다. 따라서 실무상 신탁회사들은 분양대금이 입금되고 난 후에야 분양사실을 인지하는 경우가 대부분이다.

---

61) 처분신탁의 경우에도 수탁자가 신탁부동산의 명의관리만을 하다가 처분하는 유형이 있고(갑종처분신탁), 명의관리 이외에 처분 시까지의 물건관리행위를 일체로 스스로 하다가 처분하는 유형(을종처분신탁)도 있는데, 현재 우리나라의 신탁실무에서는 명의관리를 하다가 처분하는 을종관리신탁만이 행해지고 있다. 광장신탁법연구회, 위의 책, 578면.
62) 건축물의 분양에 관한 법률 제4조 제1항.
63) 건축물의 분양에 관한 법률 제2조 제3호, 제4호.

이와 같은 경우에도 대상 판결을 적용하여 신탁재산의 공급자는 수탁자이고 신탁재산이 이전되는 때에 위탁자에게서 수탁자에게로의 신탁부동산의 공급이 있다고 볼 경우에는, 신탁회사는 신탁재산을 이전 받은 때부터 신탁재산을 처분할 때까지 신탁재산을 운용하면서 공급받는 재화 또는 용역에 대하여 모두 세금계산서를 발급받고, 부가가치세 신고·납부 당시 이를 반영하여야 한다. 그런데 신탁회사는 사실상 신탁재산의 소유명의만을 관리할 뿐이고 위탁자가 실제로 신탁부동산을 관리 및 통제하고 있어, 수탁자가 재화 또는 용역의 공급시기 및 공급가액을 파악하기 어려운 문제가 있다.

특히, 현재 우리나라의 부동산 신탁시장의 경우, 신탁회사가 적극적인 통제 및 관리를 하지 않는 단순 관리형태의 신탁상품이 대부분을 차지하므로,64) 이와 같은 현실에서 신탁회사가 부가가치세 납세협력의무를 모두 이행하기에는 큰 현실적인 부담이 존재한다.

---

64) 2017년 3월말 기준으로 부동산신탁의 총 수탁규모는 아래와 같은바, 이 중 신탁회사가 수탁재산을 적극적으로 관리, 통제하는 차입형 토지신탁의 비중은 매우 미미하고, 나머지는 모두 소유명의만을 관리하는 형태이다.

(단위: 조 원)

구분	관리신탁	담보신탁	처분신탁	토지신탁		분양관리신탁	총계
				차입형	관리형		
부동산신탁회사	2.6	99.2	6.2	5.6	41.8	8.1	163.5
은행	3.2	26.3	0.4	.			29.9
증권회사	0.8		0.1				0.9
보험회사	1.3						1.3
합계	7.9	125.5	6.6	5.6	41.8	8.1	195.6

5. 사업자등록 문제

부가가치세법은 사업자를 납세의무자로 삼되, 사업장마다 따로 사업자등록을 하라고 정하여 사업장을 실질적인 납세단위로 삼고 있다.[65] 지금까지 과세당국은 신탁법률관계에서 위탁자가 사업자등록을 하여야 한다는 입장이었고,[66] 과세실무상으로도 위탁자 또는 수익자가 사업자등록을 하고 부가가치세 신고·납부의무를 이행하여 왔다.

그런데 대상 판결에 따르면 '수탁자'가 신탁재산의 공급자이므로, 신탁회사가 신탁부동산의 소재지 별로 혹은 사업자 단위[67]로 사업자등록을 하여야 할 것이다. 이 경우 신탁재산 관련 부가가치세 납부세액 및 환급세액이 신탁회사의 고유재산 관련 부가가치세와 혼재되거나, 또는 각기 다른 신탁재산 별로 혼재되는 문제가 발생할 수 있다.

따라서 대상 판결이 적어도 부가가치세법상으로는 신탁실체이론을 채택한 것으로 보아, 신탁회사가 수탁한 각 신탁재산(또는 신탁사업)에 별도의 사업자등록번호를 부여하여 사업자등록을 할 수 있도록 할 필요가 있다. 이와 같이 사업자등록을 하는 것이 신탁재산을 고유재산과 분별하여 관리하여야 한다는 신탁법의 취지에도 보다 부합할 것으로 판단된다.

---

65) 부가가치세법 제8조 제1항.
66) 부가 22601-18, 1993. 1. 8. - '부동산 소유자가 임대용 부동산을 부동산신탁회사에 신탁하고, 신탁회사가 이를 임대 운영하는 경우에도 당해 부동산소유자는 부동산등기부상의 소재지를 사업장으로 하여 사업자등록을 하여야 하는 것'이라고 한다.
67) 부가가치세법 제8조 제3항.

6. 대상 판결 선고 이후 기획재정부의 유권해석

대상 판결이 선고된 이후, 기획재정부는 2017. 9. 1. 신탁부동산 매각 시 납세의무자의 판단 등과 관련한 국세청의 질의에 대하여 아래와 같이 회신하였다.

---

① 수탁자가 위탁받은 신탁재산을 매각하는 경우, 부가가치세법 제3조에 따른 납세의무자는 수탁자이며 이는 신탁유형에 관계없이 적용하는 것이다.

② 위 해석은 회신일 이후 재화 또는 용역을 공급하는 분부터 적용하되, 대상 판결의 취지에 따라 판결일 이후부터 예규 회신일 전까지 수탁자가 납세의무자로서 부가가치세를 신고한 경우에는 수탁자를 납세의무자로 할 수 있다.

③ 신탁계약에 따라 위탁자가 수탁자에게 신탁재산을 이전하는 경우에는 관련 세금계산서를 발급하지 않는 것이다.

위 유권해석에 따라, 과세관청은 유권해석일 이후 공급하는 재화 또는 용역분부터 대상 판결을 적용하고, 유권해석일 이전에 이루어진 과거의 법률관계에 대해서는 수탁자에게 추가적으로 부가가치세를 과세하지 않을 것이다. 위 기획재정부의 유권해석은 이미 종료된 신탁법률관계에 대상 판결을 적용할 경우 찾아올 실무상의 혼란을 우려하고, 과세관청이 수탁자에 대하여 부가가치세를 추가로 징수하더라도 위탁자(수익자)가 경정청구를 할 경우 기납부세액을 환급해주어야 하므로 실질적으로 추가징수할 금액은 없다는 점을 고려한 것으로 보인다. 또한 기획재정부는 대상 판결을 신탁유형과 관계없이 모두 적용하는 것으로 유권해석하였는데, 이는 대상 판결이 일

반적인 신탁법률관계에 모두 적용되는 취지라는 점을 감안한 것으로 보인다.

한편 기획재정부는 최초로 신탁의 설정에 따라 신탁재산이 위탁자에게서 수탁자에게로 이전되는 경우에는 세금계산서를 발급하지 않는 것으로 명시적으로 해석하였다. 이는 신탁재산의 이전이 형식적인 소유권의 이전에 해당한다는 점 및 신탁의 설정 단계에서 수탁자에게 부가가치세를 부과하고 세금계산서 발급의무를 부여하는 것은 가혹하다는 점이 참작된 것으로 보인다.

V. 입법 방향의 모색

1. 입법적인 개선의 필요성

신탁과 관련한 부가가치세의 과세실무상 혼란이 발생한 주된 원인은, 부가가치세법에 신탁의 취급에 관한 명문의 규정이 없기 때문이다.[68] 대상 판결 및 그 후속판결들만으로는 이와 같은 혼란이 모두 해결될 수 없으며, 실무상 새롭게 제기되는 논란들도 있을 것이라는 점은 앞서 본 바와 같다. 또한 명문의 규정 없이 과세당국의 유권해석으로만 신탁법률관계의 부가가치세제를 운영하는 것은 당사자들의 예측가능성 및 법적 안정성을 크게 저해하므로, 부가가치세법령에 신탁의 취급 및 재화의 공급으로 보는 경우를 명시적으로 규정하는 것이 바람직하다.

신탁관련 법률관계를 부가가치세법에 규정할 때에는, 부가가치

---

68) 입법적인 해결이 필요하다는 견해로는, 한원식, 위의 글, 485면 이하, 강성모, 위의 글, 499-500면 등.

세 세무행정 자체의 편리성, 다른 세제와의 균형, 조세법의 기본 이념인 효율과 공평의 측면에서 타당한지 여부 등을 종합적으로 고려할 필요가 있을 것이다. 이하에서는 부가가치세의 납세의무자를 수탁자로 보는 경우와 위탁자 내지 수익자로 규정하는 경우로 나누어 가능한 입법 방향을 모색하여 본다.

2. 수탁자를 납세의무자로 규정하면서 신탁재산 이전의 공급시기를 의제하는 방안

대상 판결의 취지에 따라 신탁 부동산의 공급으로 인한 부가가치세 납세의무자를 수탁자로 볼 경우에는, 위탁자와 수탁자 사이의 거래(신탁재산의 이전, 신탁재산의 종료, 수탁자의 변경 등)를 재화의 공급으로 볼 것인지에 대하여 부가가치세법상 명문의 규정을 두는 것이 필요하다.

먼저, 위탁자와 수탁자 사이의 거래를 재화의 공급으로 볼 경우에는, 그 공급시기와 공급가액을 명확히 규정하는 것이 필요하다. 다만 공급가액을 시가로 규정할 경우에는 신탁의 경우를 미실현이득의 실현계기로 취급하게 된다는 점은 앞서 본 바와 같다. 신탁재산의 이전으로 인한 공급가액을 신탁재산의 취득가액으로 규정할 경우에는, 위탁자의 입장에서는 매입세액과 매출세액이 동일해지고, 신탁재산의 최종적인 처분 시까지 신탁재산에서 부담할 부가가치세액은 없게 되므로, 법인세법 및 소득세법에서의 신탁의 취급과 균형을 맞출 수 있다는 장점이 있다.

한편 위탁자와 수탁자 사이의 거래는 결국 형식적인 소유권의 이전에 불과하다는 점을 고려하여, 부가가치세법상 위 거래들은 재화의 공급으로 보지 않는다는 명문의 규정을 둘 수도 있을 것이다. 관련하여 지방세법은 위탁자와 수탁자 간의 거래는 형식적인 소유권의 이전에 해당한다는 점을 근거로 신탁의 설정 및 신탁의 종료로 인한 신탁재산의 이전 및 수탁자가 변경되어 신수탁자에게 신탁재산을 이전하는 경우 취득세를 비과세한다는 점을 명문으로 규정하고 있으므로,[69] 위 규정형식을 참고할 수 있을 것이다. 이 경우, 전단계 세액공제제도를 채택하고 있는 부가가치세제의 특성상 위탁자에게서 수탁자에게로 재화가 공급되는 시기를 의제하여 줄 필요가 있는데, 수탁자가 신탁부동산을 처분할 때 위탁자로부터 수탁자에게로 재화의 공급이 있는 것으로 본다는 취지의 규정을 둔다면 세무처리가 한결 간명해질 것이다.

다만 대상 판결의 취지에 비추어 보더라도, 신탁재산을 임대하는 경우 및 분양관리신탁에서 분양이 이루어지는 경우, 처분신탁계약 등에서 위탁자가 직접 매수인을 지정하는 경우 등에는 수탁자가 납세의무자라는 위 판결의 논지를 그대로 적용하기 어려운 측면이 있고, 현실적으로 수탁자가 납세협력의무를 이행하기 어려운 경우도 있을 수 있다. 이러한 경우를 감안하여, 신탁의 종류별로 재화 공급의 주체를 위탁자 내지는 수익자로 보는 예외규정을 마련할 필요가 있을 것이다.

이와 관련하여, 호주의 부가가치세법은 신탁부동산의 공급 시 부가가치세 납세의무자를 수탁자로 규정하면서도, 수탁자가 수익자의 지시에 따라 자산에 대한 권리를 제3자에게 양도한 경우에는 수탁자가 법적인 권리를 가지더라도 공급의 주체는 수익자가 된다고 규정[70]하고 있는바, 이와 같은 입법례도 참고할 필요가 있다.

---

69) 지방세법 제9조 제3항.
70) 강성모, 위의 글, 461면.

3. 위탁자(수익자)를 재화의 공급자(공급받는 자)로 의제하는 특칙을 두는 방안

현행 부가가치세법에서 위탁매매에 관한 재화 공급의 특례를 둔 것과 같이, 신탁법에 따른 신탁재산의 매매가 이루어질 경우에도 위탁자(수익자)가 직접 재화를 공급하거나 공급받은 것으로 본다는 규정을 두는 방안도 고려하여 볼 수 있다. 현재 부가가치세법 제10조 제7항(위탁매매의 특칙)에 '신탁법에 따른 신탁재산에 대한 수탁자 명의의 매매'를 포함하는 형태로 간명하게 입법이 가능하다.

재화의 공급자를 위탁자로 의제하는 규정을 신설하는 방안은, 위탁자에게 비교적 폭넓은 권한을 인정하고 있는 현행 신탁법령의 내용 및 신탁회사가 소유명의만을 관리하는 형태의 신탁상품이 시장의 대부분을 차지하는 우리나라의 부동산 신탁실무를 잘 반영할 수 있다는 장점이 있다. 특히 부동산 신탁의 경우, 불특정금전신탁이나 투자신탁의 경우와는 달리 위탁자가 다수이거나 위탁자를 알기 어려운 경우는 거의 없으므로, 위탁자나 수익자를 재화의 공급자로 보아 부가가치세 신고·납부의무를 부여하는 데에도 큰 어려움은 없다.

그 밖에도, 현행 법인세법과 소득세법은 신탁도관이론을 채택하여 위탁자 또는 수익자를 납세의무자로 규정하고 있으므로, 부가가치세 납세의무자를 위탁자로 규정할 경우 소득세제와 일관되고 모순이 없다는 장점도 있다. 일본의 경우에도 수익자 등 과세신탁에 대하여 소득세, 법인세의 납세의무자를 위탁자 내지 수익자로 규정하면서, 이와 대응하여 소비세에 대하여도 명문으로 수익자 과세원칙을 규정하고 있는바, 이와 같은 입법례도 참고가 될 수 있을 것이다.

다만 위탁자 내지 수익자를 재화의 공급자로 의제할 경우 가장 큰 문제점으로 지적될 수 있는 것은, 신탁부동산의 처분 당사자가 아닌 수익자에게 거래징수의무를 지우게 되며, 위 공급가액 중 일부만 우선수익자가 가져가고 나머지는 위탁자가 가져갈 경우에는 공급자가 둘이 되어 거래징수 및 세금계산서의 발급이 번거로워 진다는 점일 것이다.[71] 그 외에도 사업자가 아닌 수익자가 신탁재산의 양수인으로부터 부가가치세를 거래징수한 후 부가가치세를 신고·납부하지 않는다거나, 위탁자가 토지 등을 신탁한 채로 건축사업을 시행하면서 관련 매입세액을 모두 공제받은 후 파산하는 등 부가가치세의 징수누락이 발생할 수 있다는 점도 지적될 수 있다.

이와 같은 거래징수의 불편함 및 체납 문제를 보완할 수 있는 방안으로, 신탁회사에게 신탁부동산의 처분 시 양수인으로부터 부가가치세를 거래징수하여 대리납부하도록 하는 대리납부의무를 부여하는 방안을 고려하여 볼 수 있다. 그 밖에도 부가가치세 체납을 방지하기 위하여 금 관련 제품 및 스크랩 등을 공급하는 경우에는 공급받는 자가 부가가치세를 납부하도록 하고 있는 매입자 납부제도[72]를 참고하여, 신탁재산을 처분할 때에는 신탁재산을 공급받는 자가 직접 부가가치세액을 납부하도록 하는 방안도 고려하여 볼 수 있을 것이다.

4. 소결 - 입법방향의 선택과 관련하여

대상 판결은 현행 부가가치세법상 신탁 관련 법률관계에 관하여 위탁매매나 대리와 같은 별도의 규정을 두고 있지 않은 점을 전제로 하여, 부가가치세법상 '재화의 공급'에 관한 정의에 비추어 보면 부가가치세의 납세의무자는 수탁자로 해석하여야 한다는 해석론을 제시한 것이므로, 대상 판결에 불구하고 입법론으로는 앞서 본 바와 같이 부가가치세의 납세의무자를 위탁자로 정하는 방안과 수탁자로

---

71) 이창희, 위의 책, 1040면.
72) 조세특례제한법 제106조의4, 제106조의9.

정하는 방안이 모두 가능하다. 그리고 위탁자와 수탁자 중 누구를 납세의무자로 정할 것인지 여부는 결국 정책적인 판단의 문제로 귀결된다.73)

　그렇다면, 신탁 관련 거래에서의 부가가치세법상 납세의무자를 규정할 때에는, 해당 세제가 신탁법상의 법리, 부가가치세법상의 일반적인 법리에 부합하는지 여부뿐만 아니라 입법이 신탁산업에 미치는 영향에 대하여도 충분한 고민이 필요하다. 즉, 세금은 사람들의 의사결정에 영향을 미칠 수밖에 없으므로, 조세법령을 입법할 때에는 가급적 세금이 사회에 미칠 수 있는 경제적 부작용을 최소화하여야 한다.74) 그런데 모든 신탁법률관계에 대하여 신탁회사에게 거래징수의무 및 세금계산서의 발급의무를 부여할 경우, 신탁회사가 신탁재산과 관련하여 발생하는 모든 매입·매출거래를 관리 및 통제하여야 하므로, 현재 신탁실무상 활발하게 이용되고 있는 신탁회사가 소유명의만을 관리하며 신탁보수를 적게 받는 형태의 신탁상품은 유지되기 어려울 것이다. 신탁 관련 부가가치세의 납세의무자를 규정할 때에는, 이와 같이 현행 신탁시장의 구성에 변화를 가져오는 것이 과연 신탁산업에 대하여 국가가 장려하는 방향인지 여부에 대한 충분한 논의가 전제되어야 할 것이다.

---

73) 강성모, 위의 글, 500면에서도 입법으로 신탁재산의 처분 등 거래에서 위탁자 또는 수익자를 납세의무자로 삼을 수 있으며, 소득에 대한 과세와의 통일도 기할 수 있다는 점을 지적하고 있다.
74) 이창희, 위의 책, 32면. 이를 세법의 입법상 지도이념 중 '효율'의 이념이라고 한다.

Ⅵ. 결론

지금까지 신탁 관련 거래에서의 부가가치세 납세의무자와 관련한 변경된 대법원 판결의 내용을 정리하여 보고, 판례의 변경 이후 제기될 수 있는 후속문제들에 관하여도 살펴보았다. 대상 판결의 선고 이후에도 신탁 거래에서의 부가가치세 문제와 관련한 실무상 혼란이 모두 정리되었다고 보기 어렵고, 대상 판결만으로 해결되지 않는 의문점들도 여전히 존재한다. 이와 같은 논란을 잠재우기 위해서는, 하루 빨리 부가가치세법에 신탁과 관련한 상세한 규정을 마련하여야 할 것이다.

Ⅶ. 보론 – 신탁관련 부가가치세법 개정안에 대하여

2017. 12. 19. 법률 제15223호로 개정되어 2018. 1. 1.부터 시행된 부가가치세법은 제10조 제8항에 "신탁재산을 수탁자의 명의로 매매할 때에는 신탁법 제2조에 따른 위탁자가 직접 재화를 공급하는 것으로 본다."는 내용의 신탁 관련 특례 규정을 신설하여, 신탁재산을 매각하는 경우 재화의 공급자를 '위탁자'로 명문으로 규정하였다. 현재 우리나라의 부동산 신탁실무상으로 대부분 위탁자가 신탁부동산의 처분을 관리·통제하는 점을 반영하고, 세무처리가 대폭 변경됨에 따른 신탁실무의 혼란을 방지하기 위한 입법인 것으로 보인다. 신설된 특례규정은 자칫 대상 판결과 배치되는 규정을 입법한 것으로 보일 수 있으나, 대상 판결은 '위탁매매나 대리와 같이 부가가치세법에서 별도의 규정을 두고 있지 않은 경우'를 전제한 것이므로,

대상 판결과 모순되는 것은 아니다.

그리고 개정 부가가치세법 제10조 제8항 단서는 대상 판결에서 문제되었던 담보신탁의 경우, 즉 '위탁자의 채무이행을 담보할 목적으로 대통령령으로 정하는 신탁계약을 체결한 경우로서 수탁자가 그 채무이행을 위하여 신탁재산을 처분하는 경우'에는 '수탁자'가 재화를 공급하는 것으로 규정하였는데, 담보신탁된 부동산을 환가처분하는 경우는 수탁자가 해당 거래를 충분히 관리·통제할 수 있으므로 이와 같은 예외규정을 둔 것으로 보인다.

또한 개정된 부가가치세법 제10조 제9항 제4호는 신탁재산의 형식적인 이전, 즉 신탁의 설정 및 종료, 수탁자의 변경의 경우에는 재화의 공급으로 보지 아니한다고 명문으로 규정하였다. 위탁자를 부가가치세 납세의무자로 보는 이상 신탁재산의 이전은 재화의 공급으로 보지 않는 것이 논리적으로 일관되고 전단계 공제시스템에도 부합하므로, 위 규정을 신설한 것은 바람직하다고 판단된다.

재화의 공급과 관련된 규정의 신설과 함께 수탁자의 물적납세의무에 관한 규정도 신설되었다. 부가가치세법 제3조의2는 위탁자가 부가가치세를 체납한 경우 보충적으로 신탁재산에 대하여 수탁자에게 물적납세의무를 지우고 있다. 다만 신탁설정일 이후에 법정기일이 도래하는 부가가치세 및 체납처분비에 한한다. 신탁법률관계에서 위탁자가 체납한 상태로 파산하는 등 조세채권이 일실되는 경우가 많아 과세권을 확보하겠다는 취지에서 위 규정이 신설되었다. 다만 위 규정은 신탁재산에 대하여는 국세 등 체납처분을 할 수 없다는 신탁법75)의 취지와 충돌할 염려가 있다. 또한 수탁자가 물적납세의무를 부담하는 범위는 신탁재산을 한도로 한다. 그런데 수탁자가 신탁재산을 처분하거나, 신탁계약이 종료하여 신탁재산을 반환한

---

75) 신탁법 제22조 제1항 본문. 다만 신탁법도 신탁 전의 원인으로 발생한 권리에 기한 경우에는 예외를 인정하고 있다.(신탁법 제22조 제1항 단서)

이후에는 신탁재산을 더 이상 소유하지 않게 되는데, 위탁자의 부가
가치세 납세의무 발생 및 체납은 신탁재산의 처분 등으로 인하여 주
로 발생할 것이므로, 위 규정의 실효성에는 다소 의문이 있다.

참 고 문 헌

1. 단행본

이창희, 『세법강의』, 제15판(박영사, 2017).

광장신탁법연구회, 『주석 신탁법』, 제2판(박영사, 2016).

임승순, 『조세법』, 2016년도판(박영사, 2016).

곽윤직, 『민법주해 제7권』, (박영사, 1992).

황종대 외 2인, 『부가가치세 실무』, (삼일인포마인, 2017).

2. 논문 등

이재호, "신탁부동산의 양도와 부가가치세법상 납세의무자", 『특별법연구』
　　제10권(사법발전재단, 2012).

김동수·마영민, "신탁의 법률문제-신탁법과 세법", 『신탁법의 쟁점』, 제2권
　　(소화, 2015).

이중교, "신탁법상의 신탁에 관한 과세상 논점", 『법조』, 제639호(법조협회, 2009).

백승재, "신탁재산의 관리처분상 부가가치세 납세의무자 등", 『JURIST』, 제
　　401호(청림인터렉티브, 2004).

강성모, "신탁 관련 거래와 부가가치세", 『조세법연구』, 제22권 제3호(세경사,
　　2016).

한원식, "신탁부동산의 매각에 따른 부가가치세 납세의무자", 『조세연구』,
　　제11권 제3호(세경사, 2011).

조철호, "부동산신탁에 있어서 신탁부동산의 처분에 대한 부가가치세 납세
　　의무자", 『행정재판실무연구집』, 제108집(법원도서관, 2005).

김재진·홍용식, "신탁과세제도의 합리화방안", 한국조세연구원, 1998.

기획재정부, 2015 개정세법 해설, 2015.

국가 등에 징수되는 제세공과금과 부가가치세

이 진 우 변호사

I. 들어가는 말

우리나라의 부가가치세는 각 거래 단계별로 창출되는 부가가치의 총합에 대하여 부과되는데, 일정한 경우 그와 같이 창출된 부가가치 중 일부가 국가 또는 지방자치단체에 제세공과금[1]으로서 징수되는 경우가 있다. 그러한 경우 부가가치세가 과세되는지, 과세되는 경우 그 내용은 어떠하고 부가가치세의 부담 관계는 어떻게 되는지가 문제될 수 있다. 이하에서는 부가가치세의 연혁과 기본구조 등에 관하여 논의에 필요한 범위 내에서 간략하게 검토한 후, 최근 소비자에게 과도한 세금 부담을 지운다는 이유로 논란이 되고 있는 담배·유류 관련 제세공과금[2]의 경우를 중심으로 위와 같은 문제에 대

---

1) 이하에서는 국세, 지방세 및 국가나 지방자치단체가 정책적인 이유로 일정한 자에게 금전 지급의무를 부담지우는 경우를 포괄하여 제세공과금이라고 한다.

2) 주류의 경우와 같이 담배·유류와 마찬가지로 관련 제세공과금(특히 종량세로 과세되는 세액)을 부가가치세의 과세표준이 되는 '금전으로 지급되는 대가'라고 보아 그 세액에 대해 재차 부가가치세가 부과되는 경우가 다수 있으나, 이하에서는 편의상 담배·유류의 경우를 대표적인 예로 서술하겠다. 따라서 이하에서의 논의는 종량세 방식으로 과세되는 간접세에 대해 부가가치세가 중첩적으로 과세되는 경우 모두에 관하여 그 논의의 실익이 있다고 생각된다.

해 살펴보겠다.

II. 부가가치세의 연혁, 기본구조 등

1. 부가가치세의 연혁

해방 이후 1977년 이전까지 우리나라에서는 일반소비세로서 매상세의 성격을 갖는 영업세와 개별 소비세로서의 성격을 갖는 물품세, 직물류세, 석유류세, 전기까스세, 통행세, 입장세와 유흥음식세의 8가지 세목의 간접세에 관하여 개별 법률에서 정하고 있었다. 이러한 간접세3) 체계는 부가가치세 제도를 도입하지 않고 물품의 공급에 관하여는 물품세, 용역의 공급에 관하여는 영업세를 기본적으로 부과하되, 특별한 재화나 용역의 공급에 관하여는 일정한 세목의 세금을 별도로 부담지우는 체계였으며, 각 간접세별 과세대상이 상이하여 특별한 사정이 없는 한 각각의 간접세가 서로 중첩하여 과세되는 일은 발생하지 아니하였다.4)

---

3) 일반적으로 법률상의 납세의무자와 경제상의 담세자가 일치하지 아니하여 세 부담의 전가가 이루어지는 조세를 간접세라고 한다. 이와 달리 직접세와 간접세의 구분은 과세관청이 온 국민과 직접적 법률관계를 맺고 각 납세자의 인적·주관적 사정을 고려해서 세금을 매기는지 여부에 따라 구분될 뿐이고, 우리나라의 세법 해석상 그 구분의 실익도 없다는 견해로 이창희, 『세법강의』, 제14판(박영사, 2016), 9면. 이하에서는 편의상 전자의 견해에 따른다.

4) 중화인민공화국의 경우 당초 물품의 판매 등에 관하여는 增置稅(증치세)를, 용역의 공급 등에 관하여는 營業稅(영업세)를 각 부과하고 있었는데, 경제 발전에 따라 증치세와 영업세의 이중과세 등의 문제가 발생함에 따라 최근 '영업세를 증치세로 통합(營改增)'하는 세제 개편이 이루어졌다. 「중화인민공화국증치세잠정조례」, 「영업세의증치세전환시범의전면실시에

그런데 1976. 12. 22. 법률 제2932호로「부가가치세실시에따른세법조정에관한임시조치법」, 법률 제2934호로「부가가치세법」, 법률 제2935호로「특별소비세법」이 각 제정되어 부가가치세 및 세금계산서 교부 제도, 특별소비세5) 제도가 각 시행되었다.6) 즉, 정부는 'EU형의 부가가치세 제도를 도입하면서 간접세체계를 근대화하고 제4차 경제개발 5개년 계획을 효과적으로 지원한다'는 입법 목적 아래 부가가치세 제도 및 특별소비세 제도를 도입하면서, 앞서 본 영업세, 물품세, 직물류세, 석유류세, 전기까스세, 통행세, 입장세와 유흥음식세에 관한 법률들을 모두 폐지하였다.7) 다만, 이후 세제 개편 및 재정 수요 등에 따라 각종 간접세들을 추가로 도입하고, 각 간접세들 간의 관계를 고려하여 과세표준 및 세액, 감면 등을 조정하면서 현재에 이르고 있다.

2. 부가가치세의 기본구조 및 원리

부가가치세는 재화 또는 용역의 공급 등을 과세대상으로 하여(부가가치세법 제4조), 그 공급가액을 과세표준으로 하여 과세되는데, 공급에 대한 대가를 금전으로 지급받는 경우에는 그 대가인 금전이,

---

관한통지」각 참조. 한편, 미합중국의 경우 부가가치세 제도를 도입하지 않고, 일반적인 거래에 관하여 sales tax(매출세), 담배제품 등에 관하여는 Federal excise tax(연방소비세), 그 외 주정부소비세 등의 간접세가 과세되고 있다. Internal Revenue Code subtitle E - Alcohol, Tobacco, and Certain Other Excise Taxes(§§ 5001 to 5891) 참조.

5) 특별소비세법은 2007. 12. 31. 법률 제8829호로 개정되면서 그 제명(題名)을 개별소비세법으로 개정하였고, 이에 특별소비세도 개별소비세로 그 세목 명이 변경되어 현재까지 유지되고 있다.

6) 유럽형 부가가치세 제도의 도입과 관련된 자세한 내용은 박종수,「유럽연합(EU)의 부가가치세법제에 관한 연구」, (한국법제연구원, 2002), 11-44면

7) 1976. 12. 22.자 관보 제7531호 참조.

금전 외의 대가를 받는 경우에는 자기가 공급한 재화 또는 용역의 시가를 공급가액으로 한다(같은 법 제29조 제3항 제1, 2호).

부가가치세법 제31조는 "사업자가 재화 또는 용역을 공급하는 경우에는 제29조 제1항에 따른 공급가액에 제30조에 따른 세율을 적용하여 계산한 부가가치세를 재화 또는 용역을 공급받는 자로부터 징수하여야 한다"라고 하여 거래징수에 관하여 규정하고 있다. 그리고 일반적으로 부가가치세의 과세방법에는 가산법과 공제법이 있으며, 공제법은 다시 전단계거래액공제법과 전단계세액공제법으로 나뉘는데, 부가가치세법 제37조 제1항에서는 부가가치세 납부세액은 매출세액에서 매입세액을 뺀 금액으로 하고, 매출세액을 초과하는 부분의 매입세액은 환급세액으로 한다고 규정하여, 이른바 전단계 세액공제 제도를 채택하고 있다.

즉, 부가가치세는 재화나 용역이 생산·제공되거나 유통되는 모든 단계에서 창출된 부가가치를 과세표준으로 하여 부과하는 조세로서, 부가가치세법은 사업자의 자기생산 부가가치에 대해서만 과세가 이루어지도록 하기 위하여 당해 과세기간 중의 매출액에 소정의 세율을 적용하여 계산한 매출세액에서 전단계매입액에 포함된 부가가치세액인 매입세액을 공제함으로써 부가가치세 납부세액을 계산하는 이른바 '전단계세액공제법'을 채택하고 있는 것이다(헌법재판소 2010. 6. 24. 선고 2007헌바125 결정 참조).

위와 같은 규정들은 국가가 사업자로부터 징수하는 부가가치세 상당액을 공급을 받는 자에게 차례로 전가시킴으로써 궁극적으로 최종소비자에게 이를 부담시키겠다는 취지를 선언하고 있는 것으로 볼 수 있고(대법원 1999. 11. 12. 선고 99다33984 판결 등 참조), 부가가치세법상 전단계세액공제 제도 및 거래징수 제도하에서 재화 또는 용역의 유통과정에 있는 각 사업자가 납부하는 부가가치세액의 합계는 최종소비자가 부담하는 부가가치세액과 정확하게 일치된다

(대법원 2011. 2. 10. 선고 2009두23594 판결, 1999. 11. 12. 선고 99다 33984 판결). 이에 따라 국가가 유통과정에 있는 각 사업자로부터 징수하는 부가가치세액의 합계는 최종소비자가 부담한 부가가치세액을 넘을 수 없는데, 이를 최종소비과세의 원칙이라고 한다.

위와 같은 규정들을 바탕으로, 판례는 "부가가치세는 재화나 용역이 생산·제공되거나 유통되는 모든 단계에서 창출된 부가가치를 과세표준으로 하고 소비행위에 담세력을 인정하여 과세하는 소비세로서의 성격을 가지고 있"다고 판시하고 있다(대법원 2017. 5. 18. 선고 2012두22485 전원합의체 판결). 이상과 같은 점을 두고 일반적으로 부가가치세는 다단계 일반소비세로서 간접세라고 일컬어진다. 즉, 부가가치세는 부가가치를 창출하는 각 단계별로 사업자에 의하여 납부된 조세가 가격에 포함되어 종국적으로 최종소비자에게 세부담이 전가될 것이 예정되어 있는 조세라는 것인데, 이때 각 단계별로 창출된 부가가치의 총합에 대하여 부가가치세가 과세되는 것이고, 각 단계별 사업자는 자기가 생산한 부가가치에 대하여만 부가가치세 납세의무를 부담하는 것이다.

3. 부가가치세의 부담

사업자가 재화 또는 용역을 공급하는 경우 그 공급을 받는 자로부터 부가가치세를 거래징수하도록 정한 부가가치세법 제31조가 단순한 훈시규정에 불과한지 여부에 관하여 견해가 대립한다.[8]

---

8) 견해대립의 상세 내용에 관하여는 한국세법학회, 『조세판례백선 2』, (박영사, 2015), 507-513면 참조. 한편, 거래징수에 관한 규정이 강행규정인지 훈시규정인지에 관한 논란은 애초에 문제가 잘못된 것이라는 견해에 이창희, 『세법강의』, 제14판(박영사, 2016), 979면.

대법원은 '사업자가 재화 또는 용역을 공급하는 때에는 부가가치세 상당액을 그 공급을 받는 자로부터 징수하여야 한다고 규정하고 있는 부가가치세법 제15조는 사업자로부터 징수하는 부가가치세 상당액을 공급을 받는 자에게 차례로 전가시킴으로써 궁극적으로 최종소비자에게 이를 부담시키겠다는 취지를 선언한 것에 불과한 것이어서, 사업자가 위 규정을 근거로 공급을 받는 자로부터 부가가치세 상당액을 직접 징수할 사법상의 권리는 없는 것이고, 공급을 받는 자가 거래의 상대방이나 국가에 대하여 부가가치세를 지급하거나 납부할 의무가 있다고 볼 수 없다'고 일관되게 판시하고 있는데(대법원 1984. 3. 27. 선고 82다카500 판결, 2002. 11. 22. 선고 2002다38828 판결 등 참조), 이를 두고 판례가 이른바 훈시규정설의 입장을 취하고 있다고 해석하는 것이 일반적이다.

다만 대법원은, 거래당사자 사이에 부가가치세를 부담하기로 하는 약정이 따로 있는 경우에는 사업자는 그 약정에 기하여 공급을 받는 자에게 부가가치세 상당액의 지급을 청구할 수 있는데, 부가가치세 부담에 관한 위와 같은 약정은 반드시 재화 또는 용역의 공급 당시에 있어야 하는 것은 아니고 공급 후에 한 경우에도 유효하며, 반드시 명시적이어야 하는 것은 아니고 묵시적 형태로 이루어질 수도 있다는 입장이다(대법원 1999. 11. 12. 선고 99다33984 판결, 2004. 2. 13. 선고 2003다49153 판결 등 참조).

헌법재판소도 "사업자가 재화 또는 용역을 공급하는 경우에 공급가액에 일정한 세율을 적용하여 부가가치세를 재화 또는 용역을 공급받는 자로부터 징수하여야 한다고 규정하고 있는 부가가치세법 제31조는, 사업자로부터 징수하고 있는 부가가치세 상당액을 공급받는 자에게 차례로 전가시킴으로써 궁극적으로는 최종소비자에게 이를 부담시키겠다는 취지에 불과하고, 부가가치세를 사실상 누가 부담하며 어떻게 전가할 것인가 하는 문제는 사적 자치가 허용되는 영역으로서 거래당사자의 약정 또는 거래관행 등에 의하여 결정될 사항이며, 국가와 납세의무자와의 권리·의무관계를 규율하는 조세법에 따라 결정되는 사항은 아니다"라고 판시하여 같은 입장으로 해석된다(헌법재판소 2000. 3. 30. 선고 98헌바7 결정).

위와 같은 판례의 입장에 따른다면, 거래징수에 관한 부가가치세 규정만을 근거로 거래 상대방에게 부가가치세 상당액을 청구할 수 있다거나, 그 상당액을 지급하지 아니한 상대방이 채무불이행 책임 등을 부담한다고 볼 수는 없지만, 명시적·묵시적으로 부가가치세 부담에 관한 약정을 한 것으로 볼 수 있다면, 그 약정에 따라 부가가치세 부담 관계를 정할 수 있다고 볼 것이다.

4. 소결

앞서 본 일반론에 따르면, 결국 담배·유류 관련 제세공과금에 있어서의 부가가치세 문제를 고려함에 있어서는, 각 거래 단계별로 창출된 부가가치의 총합이 얼마인지, 재화 또는 용역의 공급 대가가 무엇인지를 살펴 과세표준과 세액을 확정하고, 부가가치세 부담에 관한 약정의 존부 및 그 내용의 해석에 따라 부가가치세 부담 주체를 정하여야 할 것이다.

Ⅲ. 담배와 유류 관련 제세공과금에 대하여 부과되는 부가가치세

1. 문제의 소재

앞서 본 바와 같이 부가가치세는 재화나 용역이 생산·제공되거나 유통되는 모든 단계에서 창출되는 부가가치를 과세표준으로 하여 각 거래단계별로 과세하는 조세로, 조세의 부담을 거래상대방에게 전가시켜 종국적으로는 최종소비자가 그 부담을 지도록 하는 일반소비세이다.9) 그런데 담배나 유류를 소비하는 최종소비자가 부담하는 부가가치세는, 담배와 유류의 제조 및 판매와 관련하여 국가가 징수하는 각종 제세공과금 상당액을 모두 과세표준에 포함하여 산출된다. 그리고 그러한 각종 제세공과금 상당액은 모두 국가 또는 지방자치단체에 귀속된다.

그렇다면 결국 국가 등에 귀속되는 각종 제세공과금 상당액에 대하여도 재차 부가가치세가 부과되고, 국가 등이 그 부가가치세 상당액에 대한 부담을 하지 않으며, 오히려 납세의무자가 국가 등에 귀속되는 각종 제세공과금에 대한 부가가치세를 부담하게 된다. 이하에서는 담배 및 유류 관련 제세공과금 및 부가가치세의 과세 내용을 살펴보고, 국가 등에게 징수되는 제세공과금에 대하여 재차 부가가치세를 과세하고 그 부담을 납세의무자 등에게 전가하는 결과가 타당한 것인지 살펴보도록 한다.

---

9) 임승순, 『조세법』, 2016도판(박영사, 2016), 980면. 한편, 부가가치세 세액이 소비자에게 전가된다는 것은 착시라는 것에 이창희, 『세법강의』, 제14판 (박영사, 2016), 978면.

2. 담배와 유류 관련 제세공과금의 구성

가. 담배의 경우

(1) 세목 등

담배의 소비에 관하여 앞서 본 바와 같이 1977년부터 간접세 체계가 변경됨에 따라 부가가치세가 과세되었다. 즉, 부가가치세법은 재화나 용역을 공급하는 자가 납세의무를 부담하는데, 담배도 재화에 해당하므로 담배를 공급하는 사업자도 부가가치세 납세의무를 부담하게 된다.

그런데 특별소비세(개별소비세)는 부가가치세가 단일세율을 적용함에 따라 발생하는 불합리성을 제거하고 사치성 물품에 대한 소비 억제를 위해 일반소비세인 부가가치세를 보완하기 위해 도입된 것으로, 1977년 최초로 특별소비세법이 도입될 당시에는 담배의 소비에 대해 특별소비세를 과세하지 않았다. 하지만 흡연율을 감소시키고 국민의 건강을 증진하기 위한다는 입법 취지에 따라 2014. 12. 23. 법률 제12846호로 개별소비세법이 개정되면서, 비로소 담배가 개별소비세 과세 대상 물품에 포함되었다. 그에 따라 현행 개별소비세법 제3조 제2호는 과세물품을 제조하여 반출하는 자 등은 개별소비세를 납부할 의무를 부담한다고 정하고, 같은 법 제1조 제2항 제6호에서는 담배를 과세물품의 하나로 정하고 있으며, 그에 따라 개별소비세와 부가가치세가 중첩적으로 과세되기 시작하였다.

한편, 지방세법의 개정으로 1989부터 제조담배의 소비 등에 대하여 담배소비세가 부과되었는데, 1988. 12. 26. 법률 제4023호로 개정된 구 부가가치세법 제12조 제1항 제9호[10]에서는 지방세법의 개정

---

10) 제12조 (면세).

으로 신설된 담배소비세가 부과되는 제조담배에 대하여는 부가가치
세를 면세하도록 하였다. 그런데 이후 1998. 12. 28. 법률 제5585호로
개정된 구 부가가치세법 제12조 제1항에서는 일반적인 제조담배의
공급 및 수입을 부가가치세 면세 대상에서 제외하여, 제조담배를 공
급하거나 수입하는 경우에도 부가가치세를 내도록 하였고, 이에 따
라 담배소비세와 부가가치세가 별도로 과세되게 된 것이다.11)

그리고 앞서 본 바와 같이 1989년 지방세법이 개정됨에 따라 담
배소비세가 부과되기 시작하였는데, 지방세법 제49조는 제조장으로
부터 반출한 담배, 보세구역으로부터 반출한 담배 등에 대하여 그
제조자, 수입판매업자 등이 담배소비세를 납부할 의무를 부담하도
록 규정하고 있다.12) 그리고 같은 법 제150조는 담배소비세의 납세

_____

다음 각호의 재화 또는 용역의 공급에 대하여는 부가가치세를 면제한다.
 9. 전매품 및 제조담배
11) 1999 개정세법 해설. 1998년 개정 법률 이후에도 현재까지 '담배사업법 제
   18조 제1항의 규정에 의한 판매가격이 20개비당 200원 이하인 것'과 '담
   배사업법 제19조에 따른 특수용담배로서 영세율이 적용되지 아니하는
   것'에 관하여는 계속적으로 부가가치세가 면제되고 있다(현행 부가가치
   세법 시행령 제39조 참조). 그러나 이는 군용담배, 보훈용담배 등 극히 일
   부의 경우에 한하여 적용될 뿐이고, 일반적인 담배의 공급에 관하여는 적
   용되지 않는다.
12) 1984. 12. 24. 법률 제3757호로 개정된 구 지방세법 제234조의15 이하에서
   담배판매세에 관한 조항이 신설되어, 시·군의 관할구역 내에서 담배전매
   법의 규정에 의하여 제조담배를 매도한 자는 '담배전매법의 규정에 의하
   여 지정된 제조담배소매인에게 제조담배를 매도하고 받은 매도금액에서
   교육세액을 공제한 금액'을 과세표준으로 하여 일정한 세율을 적용하여
   산출한 세액 상당의 담배판매세를 납부할 의무를 부담하게 되었다. 그런
   데 1988. 12. 26. 법률 제4028호로 개정된 구 지방세법에서 '지방자치제 실
   시에 대비하여 지방재원 확충을 위한 담배세제 개편'의 일환으로 담배판
   매세를 폐지하고 "담세자(擔稅者)를 담배소비자(消費者)"로 하는 담배소
   비세를 신설하면서, 담배소비세가 부과되는 제조담배에 대한 부가가치세
   를 면제하는 규정을 두었다. 1988. 11. 지방세법중개정법률안 심사보고서,

의무자가 지방교육세의 납세의무도 부담하도록 정하고 있다.

마지막으로, 담배 관련 제세공과금 중에는 지방세와 국세 외에도 각종 부담금이 포함되어 있다. 우선 「국민건강증진법」은 제23조 제1항에서 보건복지부장관이 제조자등이 판매하는 담배에 부담금을 부과·징수하도록 정하고 있는데, 이 부담금을 국민건강증진부담금이라고 한다.13) 그리고 「자원의 절약과 재활용촉진에 관한 법률」 제12조 제1항 및 같은 법 시행령 제10조 제5호에 따르면 환경부장관은 담배의 제조업자나 수입업자에게 담배의 처리에 드는 비용을 매년 부과·징수하여야 하는데, 그러한 비용을 폐기물부담금이라고 한다.14) 그리고 이 폐기물부담금이 앞서 본 담배소비세, 지방교육세, 개별소비세, 부가가치세 및 국민건강증진부담금과 함께 담배 관련 제세공과금의 한 부분을 구성한다.15)

1988. 12. 2.자 제144호 국회(정기회) 제14차 본회의 회의록 각 참조.

13) 국민건강증진부담금은 1995. 1. 5. 법률 제4914호로 국민건강증진법이 제정될 때, 건강증진사업의 추진에 필요한 재원을 확보하기 위하여 담배사업자의 공익사업 출연금 및 의료보험 보험자의 부담금으로 조성되는 국민건강증진기금을 설치하도록 함으로써 최초로 부과되기 시작하였다. 참고로 위와 같이 국민건강증진법이 제정될 당시 담배사업자 등에게 부과되는 국민건강증진부담금은 1갑(20개비)당 2원이었으나, 1999년경 보건복지부가 1갑당 10원으로 인상을 추진하였고, 이에 대해 재정경제부 등이 '목적세와 준조세를 정리하는 과정에서 전체 부담금을 5배 가량 확대하는 것은 정책 방향에 맞지 않다'고 보건복지부안에 반대하여 최종적으로 1갑당 8원으로 인상이 되었다.

14) 폐기물부담금의 경우 당초에는 담배를 그 부과 대상 품목에 포함시키고 있지 아니하였다. 그러나 1996. 12. 28. 대통령령 제15183호로 자원의 절약과 재활용 촉진에 관한 법률 시행령이 개정되면서, 폐기물부담금의 부과 대상품목에 담배가 추가되었는데, 참고로 당시 부담금 액수는 1갑(20개비)당 4원이었다.

15) 건강증진부담금과 폐기물부담금이 조세 또는 준조세로서의 성격을 갖는지 여부 및 위 각 부담금 부과가 위헌인지 여부 등에 관한 논의가 있다. 그러나 이하에서는 그러한 논의에 관한 소개 및 검토는 생략하고 여타 국

(2) 세액 등

앞서 본 담배 관련 제세공과금의 구체적인 세액이나 부담금의 액수를 표로 나타내면 아래와 같다.16)

[표 1 : 담배 관련 제세공과금의 구성]

비고		금액
제조 원가 및 유통 마진 등 합계		1,182원
부가가치세를 제외한 나머지 제세공과금	담배소비세	1,007원
	지방교육세	443원
	건강증진부담금	841원
	폐기물부담금	24.4원
	개별소비세	594원
	소계	2,909.4원
부가가치세		409원(=(1,182원 + 2,909.4원) *10%)
판매 가격		4,500원

위 그림을 풀어서 설명하면, 제1종 궐련17) 담배 20개비(1갑18))의

세 및 지방세와 함께 담배 관련 제세공과금으로 보아 검토의 대상에 포함한다.

16) 담배의 종류 및 유통 단계별로 제조원가 및 유통마진은 달라질 수 있는데, 이하에서는 2018. 1. 1. 최종소비자에게 공급되는 거래를 기준으로 가장 많이 유통되는 제품(최종소비자가격 4,500원 상당의 궐련)의 가격을 바탕으로 한 세액 등을 전제로 서술한다.

17) 궐련이란 잎담배에 향료 등을 첨가하여 일정한 폭으로 썬 후 궐련제조기를 이용하여 궐련지로 말아서 피우기 쉽게 만들어진 담배 및 이와 유사한 형태의 것으로서 흡연용으로 사용될 수 있는 것을 의미한다. 지방세법 시행령 제60조 제1호.

18) 일반적으로 지방세법 등은 20개비를 기준으로 세율을 정하고 있으므로, 한국에서 피우는 담배 1갑은 20개비로 구성되어 있다. 다만, 외국의 경우 특정 개비 수를 기준으로 하여 담배에 관한 제세공과금을 수시로 인상하게 되는데, 이러한 경우 자판기나 소매상의 가격 표시를 변경하지 않고

최종소비자 가격 4,500원 중 담배를 제조장으로부터 반출하는 자 등
이 납세의무를 부담하는 담배소비세는 종량세(從量稅)[19] 방식으로
과세되는데, 그 세액은 1,007원이고(지방세법 제52조 제1항[20])[21], 위
와 같은 경우 담배소비세 납세의무자는 443원의 지방교육세 납세의
무를 함께 부담한다(지방세법 제151조 제1항 제4호[22]). 그리고 위와
같은 경우 담배의 제조자 등은 건강증진부담금 841원(국민건강증진

제조사가 1갑에 들어가는 개비 수를 줄여서 출시하게 되며, 이러한 경우
1갑은 20개비 이하로 구성된다.

19) 과세표준을 일정한 금액 기준으로 정하는 조세를 종가세(從價稅)라고 하
고, 과세대상의 가격 폭이 크고 불안정할 때에는 일정한 금액 기준으로
과세표준을 정하는 것이 곤란하므로 일정한 수량을 기준으로 과세표준을
정하며, 이를 종량세(從量稅)라고 한다. 담배소비세 등의 경우에는 비교법
적 고려, 가격의 수시변동 및 각종 제세공과금의 추가 등으로 가격 폭이
크고 불안정하므로, 20개비 담배 등 일정한 수량을 기준으로 과세표준을
정하는 종량세에 해당하며, 이러한 경우 통상 세율도 소득세 등과 같이
정률(定率)이 아닌 정액(定額)으로 정하여진다.

20) 제52조(세율)
① 담배소비세의 세율은 다음 각 호와 같다.
  1. 피우는 담배
   가. 제1종 궐련: 20개비당 1,007원
② 제1항에 따른 세율은 그 세율의 100분의 30의 범위에서 대통령령으로
가감할 수 있다.

21) 참고로, 행정안전부가 발간한 2016년 지방세통계연감에 의하면 2015년 지
방세 총 세수 70,977,794,000,000원 중 담배소비세 세수는 3,034,951,000,000
원으로 약 4%에 달한다.

22) 제151조(과세표준과 세율)
① 지방교육세는 다음 각 호에 따라 산출한 금액을 그 세액으로 한다.
  4. 이 법 및 지방세감면법령에 따라 납부하여야 할 담배소비세액의 1
   만분의 4,399
② 지방자치단체의 장은 지방교육투자재원의 조달을 위하여 필요한 경우
에는 해당 지방자치단체의 조례로 정하는 바에 따라 지방교육세의 세율
을 제1항(같은 항 제3호는 제외한다)의 표준세율의 100분의 50의 범위에
서 가감할 수 있다.

법 제23조 제1항 제1호[23]))을 보건복지부장관에게, 폐기물부담금 24.4원
(자원의 절약과 재활용촉진에 관한 법률 시행령 제11조 및 같은 영
[별표 2] 제5호[24]) 품목 구분 5. 담배)을 환경부장관에게 각 납부할
의무를 부담한다. 또한 제1종 궐련 피우는 담배 20개비를 제조하여
반출하는 자는 개별소비세 594원을 납부할 의무를 부담하며(개별소
비세법 제1조 제2항 제6호, 같은 법 [별표] 담배에 대한 종류별 세
율)[25], 위와 같은 경우 제조원가 및 각 단계별 유통 마진의 합산액은
통상 1,182원으로 책정된다.

　결국 위와 같이 최종소비자가 담배 20개비를 소비하는 경우 담배
에 관한 전체 제세공과금 중 부가가치세를 제외한 나머지 제세공과
금이 2,909.4원(= 담배소비세 1,007원 + 지방교육세 443원 + 건강증
진부담금 841원 + 폐기물부담금 24.4원 + 개별소비세 594원)에 달한
다. 그리고 위 제세공과금 2,909.4원과 제조원가 및 유통마진 1,182원

---

23) 제23조(국민건강증진부담금의 부과·징수 등)
① 보건복지부장관은 제조자등이 판매하는 「담배사업법」 제2조에 따른 담배
(「지방세법」 제54조에 따라 담배소비세가 면제되는 것, 같은 법 제63조 제
1항 제1호 및 제2호에 따라 담배소비세액이 공제 또는 환급되는 것은 제
외한다. 이하 이 조 및 제23조의2에서 같다)에 다음 각 호의 구분에 따른
부담금(이하 "부담금"이라 한다)을 부과·징수한다.
1. 궐련: 20개비당 841원
24) 위 [별표 2] 폐기물부담금의 산출기준(제11조 관련) 중 제5호의 내용은 아
래와 같다.

품목 구분	종류 및 규격	요율 및 금액 기준
5. 담배	담배(판매가격 200원 이하인 담배와 「지방세법」 제53조, 제54조 및 제63조에 따라 담배소비세를 면제하거나 환급하는 담배는 제외한다)	20개비(전자담배의 경우에는 20카트리지를 말한다)당 24.4원

25) 참고로 2017년 국세청 국세통계에 따르면 2016년 전체 개별소비세 신고세
액 4,742,703,000,000원 중 약 50%에 달하는 2,201,766,000,000원이 담배의
제조판매 등을 원인으로 신고된 세액이다.

을 합한 4,091.4원을 공급가액으로 하여 부가가치세 409원이 과세되며, 이에 따라 최종소비자가 부담하는 담배 관련 제세공과금은 총 3,318.4원(= 부가가치세를 제외한 나머지 제세공과금 2,909.4원 + 부가가치세 409원)에 달한다.[26)

나. 유류의 경우

(1) 세목 등

유류 관련 제세공과금을 유류세라 일컫기도 하나, 유류세는 법령에서 정하는 용어, 세목이 아니다. 소위 유류세는 휘발유와 경유 등 일부 석유류에 부과되는 세금 및 준조세를 통칭하는 용어로 널리 사용되고 있는데, 일반적으로 ① 교통·에너지·환경세, ② 교육세, ③ 개별소비세, ④ 자동차 주행에 대한 자동차세, ⑤ 부가가치세, ⑥ 관세, ⑦ 수입부과금, ⑧ 액화석유가스 등에 대한 판매부과금 그리고 ⑨ 품질검사수수료의 전부 또는 그 중 일부를 일컫는다. 이하에서는 관세, 수입부과금, 판매부과금과 품질검사수수료를 제외한 나머지를 중심으로 논의하되, 필요한 경우 위 관세, 부과금 및 수수료 등도 논의의 대상에 포함하도록 한다.

당초 석유류의 소비에 대한 세금에 관하여는 물품세법에서 정하고 있었으나, 석유류의 경우 그 세원이 풍부할 뿐만 아니라 과세방식에 있어서도 다른 물품과 상이한 점이 있다고 하여, 그 특수성을 감안하여 과세의 철저와 조세체계의 정비를 기하고자 하는 입법 목적에 따라 1961. 12. 8. 법률 제825호로 석유류세법이 제정되어 석유

---

26) 위 금원(3,318.4원)에 연초 생산 안정화 기금 5원을 더한 3,323원을 담배 관련 제세공과금으로 풀이하는 경우도 있으나, 본 논문에서는 연초 생산 안정화 기금에 상당하는 금원은 제조 원가 및 유통 마진 등에 포함되는 것으로 이해한다.

류세가 과세되기 시작하였다. 그런데 1977년경 간접세체계를 전면 개편하면서 부가가치세법과 특별소비세법이 제정되어 시행되기 시작하였고, 그에 따라 기존의 석유류세는 대상 유류의 종류에 따라 부가가치세와 특별소비세로 구분되어 과세되어 왔다.27)

한편 불필요한 자동차 운행을 억제하겠다는 정책적 목표 아래 1993. 12. 31. 법률 제4667호로 제정된 교통세법은 '도로 및 지하철 등 사회간접자본의 건설을 위한 투자재원의 조달은 수송부문과 관련된 석유류 제품을 세원으로 하는 것이 수익자 부담 및 원인자 부담의 차원에서 바람직하다'는 고려에 따라, 당시 도로사업특별회계 및 도시철도사업특별회계에 전입되어 도로 및 도시철도 건설에 사용되고 있는 '휘발유 및 경유에 대한 특별소비세를 한시적으로 목적세로 전환하여 이를 교통시설투자에 전액 사용'하기 위해 교통세를 신설하도록 정하였다. 이에 당시 휘발유 및 경유에 대하여 부과되던 특별소비세가 한시적(2004년까지 10년간)으로 목적세로 전환하게 되었으나, 교통세법이 교통·에너지·환경세법으로 변경되고 교통세의 부과 범위 및 사용 용도 등이 확대되면서, 그 일몰시기도 당초 2003. 12. 31.에서 현재 2019. 12. 31.까지 연장되어 있다.

그리고 1982년부터 1986년까지 5년간 한시적인 목적세로 교육세를 운영하기 위해 교육세법을 제정할 당시에는 교육세법에서 석유류세 또는 교통·에너지·환경세 등의 납세의무자가 교육세 납세의무를 부담하도록 정하고 있지는 않았다. 그러나 교육세법의 일몰시기가 계속적으로 연장되고, 그 과세 범위 및 사용 용도 등이 확대되던 중 1995. 12. 29. 법률 제5037호로 개정된 교육세법이 1996년 시행되면서부터 교통세 납세의무자가 교육세 납세의무를 추가적으로 부담하게 되었다.

---

27) 석유류의 경우 그 종류에 따라 부가가치세, 개별소비세 과세 여부가 나뉜다. 이하에서는 부가가치세 과세대상인 휘발유를 대상으로 검토를 한다.

마지막으로 1999. 12. 28. 법률 제6060호로 개정된 구 지방세법에서 '지방자치단체의 자주재원 확충을 위하여 휘발유·경유 등의 소비에 대한 교통세액 중 일부를 세원으로 하는 주행세를 지방세로 신설'하는 내용으로 지방세법이 개정되면서부터 교통세 납세의무자가 주행세 납세의무도 함께 부담하게 되었고, 이후 교통세가 교통·에너지·환경세로, 주행세가 자동차 주행에 대한 자동차세로 개편되어 현재에 이르고 있다.

(2) 세액 등

앞서 본 바와 같이 유류 관련 제세공과금은 교통·에너지·환경세, 교육세, 개별소비세, 자동차 주행에 대한 자동차세, 부가가치세 등으로 구성되는데, 그 구체적인 세액이나 부담금의 액수를 표로 나타내면 아래와 같다.[28]

[표 2 : 유류 관련 제세공과금의 구성]

비고		금액
정유사 공급 가격		560.1원
유통 비용과 마진		98원
부가가치세를 제외한 나머지 제세공과금	교통에너지환경세	529원
	교육세	79.35원
	자동차세	137.54원
	품질검사수수료 등	0.5원

---

28) 유류의 경우 유종과 기준 시점에 따라 각 유통 단계별로 제조원가 및 유통마진 등이 달라지게 되는데, 이하에서는 2018. 1월 첫째 주 최종소비자에게 휘발유 1리터가 공급되는 경우 전국 평균 가격(1,544.9원/1리터)를 기준으로 한다. 그리고 아래 그림은 한국석유공사가 운영하는 유가정보 사이트(www.opinet.co.kr)에서 제공하는 "국내 석유제품 주간 가격동향"의 2018년 1월 1주 리포트의 도표를 기초로 저자가 세목별 세액을 추가로 표시한 내용이다.

소계	746.39원
부가가치세	140.4원 {=(560.1원 + 98원 + 746.39원) *10%}
판매 가격	1,544.9원

위 표를 풀어서 설명하면, 휘발유 1리터[29])를 제조하여 반출하는 자 등은 2018. 1. 1. 현재 교통·에너지·환경세법 시행령에서 정한 탄력세율(彈力稅律)[30])이 적용되어 1리터당 529원의 교통·에너지·환경세를 납부할 의무를 부담하고(교통·에너지·환경세법 제2조 제1항 제1호, 같은 조 제2항,[31]) 교통·에너지·환경세법 시행령 제3조 제1호 가

---

29) 다만 휘발유와 이와 유사한 대체유류의 경우에는 제조장에서 반출한 후 소비자에게 판매할 때까지 수송 및 저장 과정에서 증발 등으로 자연 감소되는 정도를 감안하여 0.5%를 '제조장에서 반출한 때의 수량'에 곱하여 산출한 수량을 공제한 수량으로 한다(교통·에너지·환경세법 제6조 제1항, 제2조 제1항 제1호, 같은 법 시행령 제6조).

30) 법령에 표준세율을 정하여 두되, 그러한 일정한 경우 표준세율 이외에 일정한 범위 내에서 어느 정도 탄력적으로 세율을 조정할 수 있는 제도를 탄력세율 또는 조정세율 제도라고 한다. 이러한 탄력세율은 법령의 제정 권한이 없는 지방자치단체가 그 특유의 재정 목적 등을 달성하기 위하여 자율적으로 세율을 조정할 수 있도록 하기 때문에 특히 목적세·지방세 영역에서 주로 활용되는 측면이 있는데, 지방세의 경우 1991년 지방세법이 개정되기 전에는 행정자치부 장관 등의 세율조정 승인 등이 있어야 가능했다. 교통·에너지·환경세의 경우 교통시설의 확충 또는 해당 물품의 수급상 필요한 경우에는 그 세율의 100분의 30의 범위에서 대통령령으로 조정할 수 있도록 하여 탄력세율을 규정하고 있는바(「교통·에너지·환경세법」 제3조 제3항), 교육세 등의 경우에는 실제 탄력세율이 적용된 사례가 드물지만, 교통세의 경우 1990, 1994년 등에 정책상의 이유로 탄력세율이 수시로 적용되고 있으며, 그에 따라 교통·에너지·환경세에 부가되는 세목(교육세 등)의 세율도 연동되어 변경된다.

31) 제2조(과세대상과 세율)
① 교통·에너지·환경세를 부과할 물품(이하 "과세물품"이라 한다)과 그 세율은 다음과 같다.
1. 휘발유와 이와 유사한 대체유류

목32), 같은 영 제3조의2³³) 제1호),³⁴) 위와 같은 경우 교통·에너지·환
경세 납세의무자는 79.35원의 교육세(교육세법 제5조 제1항 제3
호³⁵)), 137.54원의 자동차 주행에 대한 자동차세(지방세법 제136조³⁶)

리터당 475원
2. 경유 및 이와 유사한 대체유류
리터당 340원
③ 제1항에 따른 세율은 국민경제의 효율적 운용을 위하여 교통시설의 확
충과 대중교통 육성 사업, 에너지 및 자원 관련 사업, 환경의 보전·개
선사업 및 유가 변동에 따른 지원 사업에 필요한 재원의 조달과 해당
물품의 수급상 필요한 경우에는 그 세율의 100분의 30의 범위에서 대
통령령으로 조정할 수 있다.
32) 제3조(과세물품의 세목) 법 제2조제2항의 규정에 의한 과세물품의 세목은
다음과 같다.
1. 휘발유와 이와 유사한 대체유류
가. 휘발유
33) 제3조의2(탄력세율) 법 제2조제3항에 따라 탄력세율을 적용할 과세물품과
그 세율은 다음 각 호와 같다.
1. 제3조제1호의 휘발유와 이와 유사한 대체유류 : 리터당 529원
2. 제3조제2호의 경유 및 이와 유사한 대체유류 : 리터당 375원
34) 참고로, 2017년 국세청 국세통계에 따르면, 2016년 교통·에너지·환경세 세
수 실적은 전체 국세청 세수 약 233조 중 약 7%(약 15조)에 달하고, 그 중
휘발유의 반출 등에 따른 세액은 6,449,240,000,000원 가량이다.
35) 제5조(과세표준과 세율)
① 교육세는 다음 각 호의 과세표준에 해당 세율을 곱하여 계산한 금액을
그 세액으로 한다. (단서 생략)

호별	과세표준	세율
3	「교통·에너지·환경세법」에 따라 납부하여야 할 교통·에너지·환경세액	100분의 15

36) 제136조(세율)
① 자동차세의 세율은 과세물품에 대한 교통·에너지·환경세액의 1천분의
360으로 한다.
② 제1항에 따른 세율은 교통·에너지·환경세율의 변동 등으로 조정이 필
요하면 그 세율의 100분의 30의 범위에서 대통령령으로 정하는 바에
따라 가감하여 조정할 수 있다.

제1항, 제2항, 같은 법 시행령 제131조[37])를 각 납부할 의무를 추가적으로 부담한다. 그리고 위와 같은 경우 품질검사수수료 등으로 0.5원을 추가적으로 부담하여야 하며, 이때 판매자가 위와 같은 제세공과금을 제외한 정유사 공급가격 560.1원을 제외하고 얻게 되는 유통비용과 마진은 98원에 불과하다.

결국 위와 같이 최종소비자가 휘발유 1리터를 소비하는 경우 부가가치세를 제외한 나머지 제세공과금은 746.39원(= 교통·에너지·환경세 529원 + 교육세 79.35원 + 자동차 주행에 대한 자동차세 137.54원 + 품질검사수수료 등 0.5원)에 달한다. 그리고 위 제세공과금 746.39원과 정유사 공급가격 560.1원 및 유통비용 및 마진 98원을 모두 합산한 1404.49원을 공급가액으로 하여 부가가치세 140.4원이 과세되며, 이에 따라 최종소비자가 부담하는 유류 관련 제세공과금은 총 886.8원(= 부가가치세를 제외한 나머지 제세공과금 746.39원 + 부가가치세 140.4원)에 달하게 된다.

3. 담배와 유류의 공급에 관한 현행 부가가치세 과세의 부당성

가. 부가가치세 과세표준 관련 규정

앞서 본 바와 같이 담배, 유류 관련 부가가치세 과세표준에는 그 부가가치세를 제외한 나머지 제세공과금이 모두 포함되는데, 이러한 결과의 당부를 살펴봄에 있어 우선이 되는 것은 실정법의 규정이

---

37) 제131조(조정세율)
　　법 제136조 제2항에 따른 조정세율은 법 제135조에 따른 과세물품(이하 이 절에서 "과세물품"이라 한다)에 대한 교통·에너지·환경세액의 1천분의 260으로 한다.

되어야 할 것이다.

이와 관련하여 과세관청은 개별소비세, 교통·에너지·환경세, 교육세가 모두 유류 등의 공급에 따른 공급가액으로서 부가가치세 과세표준에 포함된다는 입장이고(부가가치세법 집행기준 29-0-2[38]), 앞서 본 바와 같이 지금껏 실무상으로도 위 각 세금 및 자동차 주행에 대한 자동차세, 판매부과금과 품질검사수수료를 모두 과세표준에 포함하여 부가가치세가 신고·납부되고 있다.

그러나 부가가치세법에서는 이와 관련하여 명문의 규정을 두고 있지 않다. 다만, 부가가치세법 제29조 제2항은 "재화의 수입에 대한 부가가치세의 과세표준은 그 재화에 대한 관세의 과세가격과 개별소비세, 주세, 교육세, 농어촌특별세 및 교통·에너지·환경세를 합한 금액으로 한다."고 규정하고 있을 뿐이다.

하지만 위 규정의 반대해석상, '재화의 수입' 외의 과세대상 거래에 있어 위와 같이 특별한 규정을 두지 아니한 이상, 재화의 수입을 제외한 나머지 과세대상 거래, 즉 '재화 또는 용역의 공급'에 있어서는 개별소비세, 주세, 교육세, 농어촌특별세 및 교통·에너지·환경세가 과세표준에 포함되지 않는다고 볼 여지도 있다.

더구나 위 규정을 근거로 재화 또는 용역의 공급에 대해서도 개

38) 집행기준 29-0-2 공급가액의 계산

① 공급가액은 거래상대방으로부터 받은 대금, 요금, 수수료, 그밖에 어떤 명목이든 상관없이 재화 또는 용역을 공급받는 자로부터 받는 금전적 가치 있는 모든 것을 포함하되, 부가가치세는 포함하지 아니한다.

구분	과세표준
생략	
• 수입재화	• 관세의 과세가격과 관세, 개별소비세, 주세, 교육세, 농어촌특별세 및 교통·에너지·환경세의 합계액
• 개별소비세, 교통세·에너지·환경세 및 주세가 과세되는 재화 또는 용역	• 개별소비세, 주세, 교육세, 농어촌특별세 및 교통·에너지·환경세 상당액이 포함된 재화 또는 용역의 대가

별소비세, 주세, 교육세, 농어촌특별세 및 교통·에너지·환경세가 과세표준에 포함된다고 볼 경우, 위 규정에서 명시하고 있지 아니한 제세공과금, 즉 담배 관련 제세공과금에 있어서의 지방교육세, 건강증진부담금, 폐기물부담금과 유류 관련 제세공과금에 있어서의 자동차 주행에 대한 자동차세, 수입부과금, 판매부과금, 품질검사수수료의 경우에는 부가가치세 과세표준에 포함되지 않는다고 볼 여지도 있다.

뿐만 아니라, 1977년 부가가치세법이 제정될 당시 제13조 제4항에서는 재화의 수입에 대한 부가가치세의 과세표준은 관세의 과세가격과 관세·특별소비세 및 주세의 합계액으로 한다고 규정하여, 교육세, 농어촌특별세 및 교통·에너지·환경세가 포함되어 있지 아니하였는바, 위 각 세목이 도입될 때마다 부가가치세법을 개정하여 온 점[39]에 비추어 위 규정을 단순한 확인적 규정이라고 보기도 어렵다.

이상과 같이 현행 부가가치세 법령에서는 위 문제에 관하여 명확한 답을 주고 있지 아니하므로, 이러한 문제가 발생하는 근본적인 이유를 살펴본 후 담배, 유류 관련 부가가치세 과세의 문제점에 관하여 살펴본다.

나. 종량세의 세액을 종가세인 부가가치세 과세표준에 산입

결론부터 말하자면, 위와 같은 문제가 발생하는 근본적인 이유는

---

39) 교육세와 교통세는 각각 1982년, 1994년부터 도입이 되었고, 1993. 12. 31. 법률 제4663호로 개정된 구 부가가치세법에서부터 재화의 수입에 대한 부가가치세 과세표준에 교육세와 교통세를 추가하게 되었다. 그런데 앞서 본 바와 같이 1989년부터 부과되기 시작한 담배소비세 및 그에 부가되는 지방교육세, 2000년부터 부과되기 시작한 자동차 주행에 대한 자동차세에 관하여는 현재까지 위와 같은 규정을 두지 않고 있다.

앞서 본 바와 같이 교육세와 같은 목적세와 각종 부담금 등을 신설하면서, 그 중 일부는 종가세(從價稅)[40]형식으로, 나머지 일부는 종량세(從量稅)[41]형식으로 혼합하는 과정에서 부가가치세의 부담 문제에 관한 아무런 검토가 이루어지지 아니한 데 기인한다. 다시 말해 종량세와 종가세를 혼합하여 과세체계를 구성하면서, 종량세에 따라 과세되는 간접세 등의 세액 그 자체를 종가세의 과세표준이 되는 가격에 다시 편입시킴으로써 문제가 발생하는 것이다.

앞서 본 담배, 유류 관련 제세공과금의 사례로 돌아가, 각 제세공과금의 과세표준과 세율을 예로 앞서의 내용을 설명하면 [표 3]과 같다.

[표 3]은 담배, 유류 관련 제세공과금의 주된 과세표준과 세율을 정리한 것인데, 우선 담배 관련 제세공과금의 경우 지방교육세와 부가가치세를 제외한 나머지 제세공과금이 모두 종량세 형식으로 정하여져 있음을 알 수 있다.[42] 그리고 지방교육세는 종가세이지만,

---

40) 과세단위를 과세 객체인 금액에 두고 세율을 일정한 비율(통상 백분율)로 표시한 조세체계 또는 그러한 방식으로 과세되는 조세를 종가세라 하는데, 일반적으로 종가세는 비싼 가격에 대하여 많은 세금을 매김으로써 세부담의 역진성 완화에 기여한다는 장점이 있다고 평가된다.

41) 과세표준이 개수·길이·용적·면적·중량 등의 수량(數量)으로 표시되고 세율은 금액으로 정하여지는 조세체계 또는 그러한 방식으로 과세되는 조세를 종량세라 하는데, 조세정책적 관점에 있어서 종량세는 세액의 산정이 쉬워 행정의 능률을 높일 수 있고, 가격 인상이 있을 경우 실효세율이 낮아져 납세자의 실질적인 부담이 경감된다는 장점이 있으나, 반면에 과세의 공평성이 결여되기 쉽고 재정수입의 확보가 어렵다는 단점이 있다고 평가된다.

42) 2015년 개별소비세법을 개정하면서 담배에 대해서도 개별소비세를 과세하기로 할 당시, 개별소비세의 세율을 종량세 방식으로 할지, 종가세 방식으로 할지 여부가 주된 입법상의 쟁점이 되었다고 한다. 조서연, "담뱃값을 구성하는 세금", 대한변협신문(2015. 4. 13.자). 참고로 개별소비세의 경우 과세대상에 따라 종가세와 종량세가 혼재되어 있으나, 현행 개별소

담배소비세를 본세로 하는 부가세(surtax)로서, 종량세인 담배소비세
의 세액을 그 과세표준으로 하게 된다. 따라서 위 각 종량세 및 종량
세를 본세로 하는 종가세의 경우에는 각 과세표준 및 세율에 있어서
상호 간섭이 이루어지지 않고 독자적인 세액 산출이 이루어진다.

[표3 : 담배, 유류 관련 제세공과금의 과세표준과 세율 구조]

구분		과세표준	세율	비고
담배세	담배소비세	20개비(궐련)	1,007원	종량세
	건강증진부담금	20개비(궐련)	841원	
	폐기금부담금	20개비(궐련)	24.4원	
	개별소비세	20개비(궐련)		
	지방교육세	담배소비세액	1만분의 4,399원	본세의 세액을 과세표준으로 하는 종가세
	부가가치세	공급가액	10%	
유류세	교통·에너지·환경세	휘발유 등 1리터	529원(휘발유)	종량세
	교육세	교통·에너지 환경세의 세액	100분의 15	본세의 세액을 과세표준으로 하는 종가세
	자동차 주행에 대한 자동차세	교통·에너지 환경세의 세액	1천분의 260	
	부가가치세	공급가액	10%	

　이러한 점은 유류 관련 제세공과금의 경우에도 마찬가지인데, 유
류 관련 제세공과금의 경우 교통·에너지·환경세를 본세로 하여, 그
세액을 과세표준으로 교육세와 자동차 주행에 대한 자동차세의 세
액이 정해지게 되므로, 앞서 본 담배에 관한 제세공과금의 경우와
마찬가지로 종량세인 교통·에너지·환경세와 이를 본세로 하는 종가
세 사이에서 과세표준 및 세액 산출에 있어서 간섭이 발생하지 아니
한다.
　그런데 부가가치세의 경우 주지하다시피 공급가액을 과세표준으

비세법에 따르면 담배의 경우 종량세 과세 대상이다.

로 10%의 세율이 적용되는 종가세에 해당한다. 따라서 그 과세표준
인 공급가액이 얼마인지에 따라서 산출되는 세액에 차이가 발생하
게 되는데, 앞서 본 바와 같이 부가가치세 그 자체는 여기서의 공급
가액에 포함되지 않는다. 그렇다면 종량세로 과세된 제세공과금 또
는 그러한 종량세를 본세로 하여 가산되는 부가세(surtax)의 경우는
어떠한가. 이에 관하여 앞서 본 바와 같이 그러한 제세공과금의 세
액 등이 그대로 전액 부가가치세의 과세표준이 되는 공급가액에 포
함됨으로써 '세금에 대한 부가가치세'가 과세되고 있는데, 이러한
결과는 타당하지 못하다. 왜냐하면 담배, 유류 관련 제세공과금 중
부가가치세를 제외한 나머지 부분도 부가가치세의 경우와 마찬가지
로 담배, 유류의 공급에 대한 대가로서 지급되는 금전이 아니라, 간
접세 과세체계 및 징수의 편의상 담배, 유류의 제조판매자를 통해
국가 등이 징수하는 제세공과금에 불과하므로, 부가가치세의 과세
표준에서 제외되는 것이 타당하다고 생각한다. 다만 본 글에서는 현
행 과세실무와 같이 그러한 제세공과금도 담배, 유류의 공급 시 금
전으로 지급되는 대가로서 부가가치세 과세표준에 포함된다는 견해
에 따를 때 어떠한 문제점이 발생하는지, 그렇다면 입법론적으로 어
떠한 해결이 필요한지 살펴보도록 한다.

다. 납세의무자가 창출한 부가가치를 초과하는 납부세액 발생

부가가치세는 재화나 용역이 생산·제공되거나 유통되는 모든 단
계에서 창출된 부가가치를 과세표준으로 하여 부과하는 조세로서,
부가가치세법은 사업자의 자기생산 부가가치에 대해서만 과세가 이
루어지도록 하기 위하여 '전단계세액공제법'을 채택하고 있는 것이
다(헌법재판소 2010. 6. 24. 선고 2007헌바125 결정 참조). 그런데 현

재와 같은 과세 방식에 따르면, 결과적으로 담배, 유류 관련 제세공과금의 납부의무자(담배, 유류의 제조·판매자 등)의 경우 자기생산 부가가치를 초과하는 부분에 대해서도 부가가치세 납세의무를 부담하게 된다. 그리고 그 부가가치세는 국가 또는 지방자치단체에 귀속되는 제세공과금에 대한 것이다.

즉, 전단계세액공제 제도하에서 각 사업자들은 각자 위 부가가치세액에서 자신의 매입세액을 공제한 나머지 세액에 대한 납부의무만을 부담하게 되는데, 이때 각 거래단계에서 징수되는 매출세액이 그에 대응하는 매입세액의 공제·환급을 위한 재원이 되는 것이며(대법원 2011. 2. 24. 선고 2010두20430 판결 등), 그에 따라 각 사업자가 납부하게 되는 세액은 자기가 생산한 부가가치에 대한 부가가치세(매출세액 – 매입세액)와 일치한다.

그런데 담배의 경우를 예로 들어 보자. 부가가치세를 제외한 나머지 담배 관련 제세공과금은 그 납세(납부)의무자를 제조·판매자 등으로 정하고 있으며, 다만 각 거래단계별로 거래징수되는 부가가치세와 달리 그 납세의무자가 제조반출가격 등에 해당 세액 등을 포함시켜 담세자(소비자)에게 경제적 부담이 전가되는 방식으로 부과·징수된다. 따라서 담배 제조·판매자 외의 중간 거래 당사자들로서는 그와 같이 제세공과금이 포함된 도·소매 가격을 기준으로 매출·매입부가가치세를 산정하게 된다. 그러한 결과 설령 그와 같은 제세공과금 상당액을 (매출)부가가치세 과세표준에 산입하는 것이 타당한지 않다고 하더라도, 그 중간 거래 당사자들로서는 매출세액뿐만 아니라 공제받는 매입세액도 동일하게 그와 같은 제세공과금 상당액을 과세표준에 산입하여 산출된 세액을 기준으로 하게 되므로, 결과적으로는 '제세공과금 상당액에 대한 부가가치세'에 대한 납부의무를 부담하지 않게 된다.

그런데 부가가치세를 제외한 나머지 담배 관련 제세공과금 납부의무를 부담하는 담배 제조·판매자의 경우에는 이와 사정이 다르다. 담배 제조·판매자의 경우 매출 부가가치세에는 그러한 제세공과금 상당액에 대한 부가가치세가 포함되는 반면, 위와 같은 제세공과금에는 부가가치세 상당액이 포함되어 있지 아니하므로, 그러한 제세공과금에 대한 부가가치세 상당액을 매입세액으로 공제받을 수가 없게 된다.43) 이러한 결과는 유류 관련 제세공과금의 경우에도 마찬가지로, 이는 자기생산 부가가치에 대해서만 과세가 이루어지도록 하기 위하여 '전단계세액공제법'을 채택하고 있는 부가가치세법의 체계에 부합되지 않는다.

특히 만약 담배 제조·판매자가 자신의 거래 단계에서 아무런 부가가치를 창출하지 못하고 자신이 매입한 재화 또는 용역의 공급가액과 동일한 가격으로 담배를 공급한 경우를 상정해 보자. 현행 과세실무에 따르면 담배 제조·판매자로서는 위와 같은 경우에도 부가가치세를 제외한 나머지 제세공과금 상당액을 과세표준에 산입함으로써 발생하는 부가가치세에 대하여는 매출세액으로 신고하여야 하나, 같은 세액 상당을 매입세액으로서 공제받을 수가 없게 되어 결국 그 세액 상당의 납부의무를 부담하게 된다. 그렇다면 앞서 본 각각의 개별 법령에 따라 담배제조·판매자가 납부의무를 부담하는 각종 제세공과금이 그가 창출한 부가가치가 된다는 의미인데, 이를 선뜻 납득하기 어려울 뿐만 아니라, '조세'의 정의44)에 비추어 보아도

---

43) 대법원 2004. 2. 13. 선고 2003다49153 판결은, 낙찰대금에 그 부동산의 낙찰에 대한 부가가치세가 포함되어 있지 아니한 경우에는 낙찰인이 거래징수를 당하는 매입세액 자체가 없으므로, 낙찰인이 낙찰대금에 부가가치세가 포함되어 있다는 전제 아래 경매 부동산의 소유자로부터 세금계산서를 받아 제출하였다고 하더라도 부가가치세의 원리상 이를 매입세액으로 공제할 여지가 없는 것이라고 판시하였다. 마찬가지의 이유에서, 담배 관련 제세공과금 상당액에는 부가가치세 매입세액이 포함되어 있지 아니하므로, 납세의무자로서는 매입세액 공제를 받을 여지가 없다.

국가 등이 공권력에 기해 창설한 반대급부 없는 과징금 상당을 담배제조·판매자가 창출한 부가가치로 볼 수 없음은 명백하다고 생각한다.

라. 해결 방안

앞서 본 문제를 해결할 수 있는 궁극적인 방안은 국가 등이 징수하는 제세공과금에 대해서는 이를 부가가치세 과세표준에서 제외함으로써 그 제세공과금에 대한 부가가치세가 과세되지 않도록 하는 것이라고 생각한다. 그러나 그러한 제세공과금도 법률상 납세(납부)의무자는 담배, 유류의 제조판매자등일 뿐이고, 담배나 유류의 공급기회에 제세공과금 상당액이 판매가격에 포함되어 수수되고 있는점 등을 들어, 현행법의 해석론으로서는 제세공과금 상당액을 부가가치세 과세표준에서 제외하는 것이 곤란하다고 하는 주장이 있다.

그렇다면, 그러한 주장의 당부를 떠나 법령의 개정을 통한 문제해결을 고려할 수 있다고 생각하는데, 그 구체적인 방법으로 우선제세공과금이 부과되는 분에 대하여는 부가가치세 면제하는 방법을고려할 수 있다고 생각된다. 이와 관련하여 앞서 본 바와 같이 1989년 지방세법의 개정으로 담배소비세를 과세하기 시작하면서, 1988. 12. 26. 법률 제4023호로 개정된 구 부가가치세법 제12조 제1항 제9호에서 '지방세법의 개정으로 신설된 담배소비세가 부과되는 제조담배에 대하여는 부가가치세를 면제'하도록 규정을 둔 것을 참조할수 있다고 생각된다.

그 다음으로는 종량세 방식으로 과세되는 간접세의 세율(세액)을종가세 방식으로 과세되는 부가가치세의 과세표준으로 산입하는 것

---

44) 국가나 지방자치단체 등 공권력의 주체가 재원조달의 목적으로 그 과세권을 발동하여 반대급부 없이 일반국민으로부터 강제적으로 부과징수하는 과징금.

을 방지하거나, 기타 제세공과금에 대하여 부가가치세가 과세되지 않도록 하는 규정을 두는 방법을 고려할 수 있다. 이와 관련하여서 부가가치세 상당액을 부가가치세의 과세표준에서 제외함을 명시하고 있는 부가가치세법 제29조 제3항, 개별소비세와 부가가치세의 세액을 과세표준에서 제외함을 명시하고 있는 개별소비세법 제8조 제2항, 종가세 방식으로 과세되던 종래 담배판매세의 과세표준을 '제조담배를 매도하고 받은 매도금액에서 교육세액을 공제한 금액'이라 정하여 교육세가 부과되는 분에 대하여는 담배판매세가 과세되지 않도록 정하던 구 지방세법 제234조의15의 규정을 고려할 수 있다고 생각된다.

마지막으로, 2018년 세법 개정으로 도입된 의제매입세액공제 대상 확대를 통해, 담배나 유류 기타 제세공과금에 관하여는 담배 제조·판매자에게 의제매입세액 공제를 허용하는 방법을 고려할 수도 있다(조세특례제한법 제104조의28 제5항[45] 등). 그러나 이러한 방법

---

45) 위 규정은 조세특례제한법 시행령 제106조 제7항 제52호에서 정한 면세사업자에 해당하는 2018 평창 동계올림픽대회 및 동계패럴림픽대회 조직위원회(이하 "조직위"라 한다)에 재화 또는 용역을 공급하는 후원 기업들이 그 대가로 대회 관련 상징물 사용의 권리 등을 부여받는 경우와 관련하여, 후원기업들이 재화 또는 용역을 공급하는 것을 부가가치세 과세대상으로 보면서도, 조직위가 상징물 사용의 권리 등을 공급하는 것에 관한 매입세액을 공제받지 못함에 따라 후원기업들이 부담하게 되는 부가가치세 부담을 경감하기 위한 규정이다. 위 규정은 조직위에 대회 관련 상징물 사용권을 대가로 현물을 공급하는 사업자에 대하여는 공제율을 9/10로 정하여 의제매입세액공제를 허용하도록 하였고, 조세특례제한법 제104조의29는 2019 광주 세계수영선수권대회 조직위에 대회 관련 상징물 사용권을 대가로 현물을 공급하는 사업자에 대해서도 동일한 내용으로 의제매입세액공제를 허용하도록 정하고 있다. 다만 위와 같은 규정의 도입으로 인해 향후 개최될 국제 대회 기타 후원기업 등의 부가가치세 부담을 경감할 필요가 있는 경우에 대해서도 같은 취지의 특례를 주장하는 사례가 발생할 것으로 생각된다.

은 담배나 유류의 제조·판매자의 입장에서 고려할 만한 방법은 될 수 있으나, 최종소비자의 입장에서는 결국 제세공과금에 대한 부가가치세를 계속적으로 부담하는 결과가 되는 문제가 여전히 남는다.

4. 소결

담배와 유류 관련 제세공과금은 국가 등 공권력의 주체가 재원조달의 목적으로 그 과세권을 발동하여, 반대급부 없이 일반국민으로부터 강제적으로 부과징수하는 과징금으로서의 조세 또는 그에 준하는 부담금이고, 다만 그 과세·징수체계상 담배, 유류의 제조판매자 등이 다음 단계의 거래상대방 또는 최종소비자에게 순차 그 부담을 전가하는 구조일 뿐이다. 그렇다면 근본적으로 이는 국가 등이 공권력의 주체로서 법률 제정 등의 방식을 통해 창출하는 부가가치 등에 지나지 않고, 위와 같은 담배, 유류의 제조·판매자가 창출하는 부가가치가 아니라고 생각된다.

그럼에도 불구하고 담배·유류의 제조·판매자로서는 그와 같은 제세공과금 중 부가가치세법 제29조 제3항에 따라 과세표준에서 제외되는 부가가치세 상당액을 제외한 나머지 제세공과금에 관하여는 '제세공과금 상당액에 대한 부가가치세'를 납부하여야 하고, 그 부담은 종국적으로 담배, 유류의 최종소비자에게 전가된다. 그리고 이러한 결과는 특히 담배의 경우 관련 제세공과금이 소위 죄악세(sin tax)라는 점을 고려하여 정당화되거나, 그에 대해 별다른 의문을 갖지 않는 경향이 있다고 생각된다. 그러나 이와 같은 결과는 담배, 유류뿐만 아니라 종량세 방식으로 간접세가 과세되면서 동시에 그 종량세의 세액을 다시금 부가가치세 과세표준에 산입하는 방식으로 과세가 이루어지는 다른 품목들에 있어서도 마찬가지로 발생한다.

그런데 이는 부가가치세의 기본구조에 비추어 타당하지 아니하고, 그와 같은 '제세공과금'을 부가가치세 과세표준에서 제외하거나, 관련 부가가치세를 면제하거나 그렇지 않다면 제세공과금 상당액에 관하여 의제매입세액공제를 허용하는 등의 법 해석 또는 입법적 해결이 필요하다고 생각된다.

Ⅳ. 맺음말

한때 배럴당 100달러를 넘었던 국제유가가 배럴당 20달러 대까지 하락하였다가, 최근 중동 정세 불안과 원유 수요 증가 등의 원인으로 최근 다시 배럴당 약 70달러까지 상승함에 따라 유류 관련 제세공과금도 증가 일로에 있다. 그리고 최근 국민건강 증진이라는 명목 하에 담배소비세와 전자담배에 대한 개별소비세를 인상함에 따라 담배 관련 제세공과금에 대한 일반의 관심도 높아지고 있다. 이에 따라 석유류와 담배의 최종소비자인 소비자의 부가가치세 부담도 덩달아 높아지고 있는데, 앞서 살펴본 바와 같이 각종 제세공과금에 관하여 재차 부가가치세를 부과하면서 그 부담을 납세의무자에게 전가시키는 것이 타당한지 의문이다.

위와 같은 문제는 부가가치세법의 해석으로도 얼마든지 해결이 가능하다고 생각되나, 해석에 이론이 있어 그 문제의 해결이 곤란하다면 국가 등이 징수하는 제세공과금에 대하여는 부가가치세를 면제하는 등의 법령 개정을 통한 입법적 해결을 고려할 수도 있다고 생각한다. 그렇다면 대체에너지의 사용 증가 및 그에 따른 유류 소비의 감소, 담배 관련 제세공과금의 과도한 부담에 대한 비난을 고려하여 담배·유류 관련 세제를 개편하면서 부가가치세와 관련된 입법적 논의를 함께 하는 것이 타당하다고 생각한다.

비상장주식의 순손익가치를 평가할 때 각 사업연도 소득에 가감하는 준비금의 범위

- 대법원 2013. 11. 14. 선고 2011두22280 판결에 관하여 -

정 순 찬 변호사

Ⅰ. 사안의 개요

1. 사실관계

기초화학제품 등을 생산하는 법인인 원고는 1985. 9. 23. 사업다 각화의 일환으로 자동차배기가스 정화용 촉매제를 생산하기 위해 독일 법인과 50:50의 지분비율로 A주식회사를 설립하였다. A회사는 구 조세특례제한법(2005. 12. 31. 법률 제7839호로 개정되기 전의 것, 이하 '구 조특법'이라고 한다) 제4조 및 제9조의 규정에 따라 1999 및 2001 사업연도에 중소기업투자준비금 1,000,000,000원, 연구 및 인력개발준비금 3,381,682,152원을 설정하였는데, 위 준비금의 구 조 특법에 따른 설정 및 환입금액은 아래의 표와 같다.

준비금	연구 및 인력개발준비금		중소기업 투자준비금	계
설정	1999년	2001년	1999년	4,381,682,152
	1,381,682,152	2,000,000,000	1,000,000,000	
환입	2002년	460,560,717		333,333,333	793,894,050
	2003년	460,560,717		333,333,333	793,894,050
	2004년	460,560,718	666,666,667	333,333,334	1,460,560,719
	2005년		666,666,667		666,666,666
	2006년		666,666,666		666,666,666
환입 계	1,381,682,152	2,000,000,000	1,000,000,000	4,381,682,152

원고는 향후 태양광산업에 진출하는데 필요한 자금을 마련하기 위해 2005년경 보유하던 A회사 주식 중 441,860주(이하 '이 사건 주식'이라 한다)를 원고와 같은 그룹의 계열회사로서 법인세법상 특수관계자에 해당하는 B회사에 1주당 48,000원씩 총 21,209,280,000원에 양도하였다. 이 때 원고는 중소기업투자준비금 및 연구 및 인력개발준비금 환입금액을 익금에 가산하지 않고 순손익가치를 계산한 다음 비상장주식인 이 사건 주식의 시가를 보충적 평가방법에 의해 평가하였다.

그런데 서울지방국세청장은 이 사건 주식의 시가를 산정함에 있어 중소기업투자준비금 및 연구 및 인력개발준비금의 환입금액을 안분하여 익금에 가산하여 평가한 것이 타당하며, 이러한 방법으로 산정한 이 사건 주식의 1주당 가액은 51,694원, 총액은 22,841,510,840원이어서 원고가 이 사건 주식을 특수관계자인 B회사에게 저가로 양도한 것으로 보아, 피고에게 법인세법상 부당행위계산부인규정[1]을 적용하여 실제 양도한 가액과의 차액인 1,632,230,840원

---

1) 구 법인세법(2005. 12. 31. 법률 제7838호로 개정되기 전 것) 제52조 제4항에서는 부당행위계산 유형 및 시가 산정 등에 관하여 필요한 사항은 대통령령에서 정하도록 위임하고 있으며, 구 법인세법 시행령(2005. 12. 31. 대통령령 제19255호로 개정되기 전 것) 제88조 제1항 제3호는 부당행위계산

(=22,841,510,840원-21,209,280,000원)을 익금산입하여 2005 사업연도 법인세를 경정하도록 통보하였다. 피고는 이에 따라 2008. 11. 11. 원고에게 2005 사업연도 법인세 606,658,240원을 부과하는 처분(이하 '이 사건 처분'이라 한다)을 하였다.

2. 쟁점

구 상속세 및 증여세법 시행령(2008. 2. 22. 대통령령 제20621호로 개정되기 전의 것, 이하 '구 상증세법 시행령'이라고 한다) 제56조 제3항2)3)(이하 '쟁점규정'이라고 한다) 전단에서는 순손익액을 법인

유형 중 하나로 '자산을 무상 또는 시가보다 낮은 가액으로 양도 또는 현물 출자한 경우'를 규정하고 있고, 제89조 제2항 제2호는 주식 '시가'가 불분명한 경우에는 구 상속세 및 증여세법(2006. 12. 30. 법률 제8139호로 개정되기 전 것, 이하 '구 상증세법'이라고 함) 제63조 규정을 준용하여 평가한 가액에 의하도록 규정하고 있다.

2) 구 상증세법 시행령 제56조【1주당 최근 3년간의 순손익액의 계산방법】
  ③ 제1항제1호의 규정에 의한 순손익액은 「법인세법」 제14조의 규정에 의한 각 사업연도소득에 제1호의 규정에 의한 금액을 가산한 금액에서 제2호의 규정에 의한 금액을 차감한 금액에 의한다. 이 경우 각 사업연도소득 계산시 손금에 산입된 충당금 또는 준비금이 세법의 규정에 따라 일시 환입되는 경우에는 당해금액이 환입될 연도를 기준으로 안분한 금액을 환입될 각 사업연도소득에 가산한다.
  1. 「법인세법」 제18조제4호 및 제6호의 규정에 의한 금액, 동법 제18조의 2·제18조의3의 규정에 의한 수입배당금액중 익금불산입액 및 그 밖에 재정경제부령이 정하는 금액
  2. 다음 각목의 규정에 의한 금액
    가. 당해 사업연도의 법인세액, 법인세액의 감면액 또는 과세표준에 부과되는 농어촌특별세액 및 소득할주민세액
    나. 「법인세법」 제21조제4호 및 제5호 및 동법 제27조에 규정하는 금액과 각 세법에서 규정하는 징수불이행으로 인하여 납부하였거나 납부할 세액
    다. 「법인세법」 제24조 내지 제26조·동법 제28조 및 「조세특례제한법」

세법 제14조에 따른 각 사업연도의 소득에 제1호의 금액을 더한 금액에서 제2호의 금액을 뺀 금액으로 규정하면서, 후문에서는 각 사업연도의 소득을 계산할 때 손금에 산입된 충당금 또는 준비금이 세법의 규정에 따라 일시 환입되는 경우에는 해당 금액이 산입될 연도를 기준으로 안분한 금액을 환입될 각 사업연도소득에 가산한다고 규정하고 있다.

대상 판결에서는 비상장주식 평가시 순손익가치를 계산함에 있어서 구 조특법 제4조 및 제9조의 중소기업투자준비금, 연구 및 인력개발준비금 환입금액을 각 사업연도의 소득금액에 포함시켜야 하는지 여부가 쟁점이 되었다.

Ⅱ. 원심 및 대법원 판결 요지

1. 원심판결4) 요지

구 상증세법 시행령 제56조 제3항이 각 사업연도 순손익액 산정시 법인세법 제14조 규정에 의한 각 사업연도 소득에서 가산하도록 규정하고 있는 제1호 규정 금액이란 기업회계상 수익에 해당하는 것이지만 세법 규정에 의하여 익금불산입된 것이고, 차감하도록 규정하고 있는 제2호 규정 금액이란 기업회계상 비용에 해당하는 것이지만 세법 규정에 의하여 손금불산입된 것이다. 이 사건 전단규정

제135조 내지 제137조에 규정하는 금액 및 기타 재정경제부령이 정하는 금액

3) 2011. 7. 25. 대통령령 제23040호로 상속세 및 증여세법 시행령 개정시 제56조 제4항으로 변경되었다.

4) 서울고등법원 2011. 8. 17. 선고 2011누2110 판결.

이 법인세법 제14조 규정에 의한 각 사업연도 소득에 대하여 위와 같은 가감 조정을 거치도록 한 취지는 결국 기업회계상 당기순이익에 따라 주당 순손익액을 산정하겠다는 원칙을 선언한 것으로 보아야 한다. 주식 가격은 다양한 요인에 의하여 결정되는 것이므로 비상장주식에 대한 평가방법을 정할 때 어느 요인을 어떻게 반영할 것인가는 행정입법에 맡겨져 있다고 할 것이지만. 주당 순손익액을 평가 요소에 반영하는 이상에는 세무조정 이전에 주주에게 실제 귀속되는 경제적 이익액을 기초로 하는 것이 객관적이고 합리적인 평가를 담보하기 위한 최소한 요구사항이 된다. 따라서 이 사건 전단 규정과 같이 법인세법 제14조 규정에 의한 각 사업연도 소득금액을 출발점으로 순손익액을 계산하는 구조하에서는 기왕에 이루어진 세무조정에 대한 반대 조정을 통하여 기업회계상 당기순손익으로 환원시킬 것이 반드시 요구된다.

~~~ 중략 ~~~

이들 준비금 설정이나 환입 자체는 기업회계상 손익거래에 해당하지 아니하고, 투자 또는 연구 및 인력개발을 촉진하기 위하여 그에 소요될 재원을 확보하였을 때 세무조정(신고조정)에 의한 손금산입을 인정하였다가 일정 기간 경과 후 익금에 산입하는 방식으로 그 기간 동안 조세부과를 유예하는 조세 지원책에 불과한 것이다.

~~~ 중략 ~~~

위 환입액은 준비금을 손금에 산입하여 이연시킨 법인세를 부과하기 위한 세무조정 기법일 뿐 기업회계상 당기순이익에 포함되는 수익에 속하지 아니한다. 이 사건 전단 규정은 기업회계상 당기순이익에 따라 주당 순손익액을 산정하겠다는 원칙을 선언한 것이고, 동항 각호는 이를 구체화한 예시적 규정으로 보아야 하므로 2002-2004 사업연도 법인세 신고 시 익금에 산입된 환입액은 명문 규정 여부에 관계없이 구 상속세및증여세법 시행령 제56조 규정에 의한 순손익액 산정 시 법인세법 제14조 규정에 의한 각 사업연도 소득금 액에서 공제되어야 한다.

2. 대법원 판결의 요지

구 조세특례제한법(2005. 12. 31. 법률 제7839호로 개정되기 전의 것, 이하 '조특법'이라 한다) 제4조의 중소기업투자준비금이나 제9 조의 연구 및 인력개발준비금은 장래의 일정한 과세기간까지 사업 용 자산의 개체 또는 신규취득이나 연구 및 인력개발 등에 소요될 비용에 충당하기 위하여 설정하는 것으로서, 이를 손금으로 계상한 경우에는 일정한 금액 범위 안에서 실제 지출 여부를 묻지 않고 그 사업연도의 소득금액 계산 시 손금에 산입되었다가 나중에 위 각 규 정에서 정한 바에 따라 일정 과세기간에 걸쳐 균등하게 안분하여 환 입되거나 일시에 환입되게 된다. 결국, 이러한 준비금은 일정한 정 책적 목적을 달성하기 위하여 먼저 설정 사업연도의 소득금액 계산 시 이를 가공의 손금으로 산입하였다가 나중에 환입되는 사업연도 에 그 환입액을 가공의 익금으로 산입하는 방법으로 일정 기간 동안 조세부과를 유예해 주기 위한 것에 불과하므로, 그 설정과 환입에 따른 손금이나 익금은 당해 법인의 손익이나 그 주식의 가치에 아무 런 영향을 미칠 수 없음이 분명하다. 따라서 이처럼 가공의 익금에 불과한 조특법 제4조 및 제9조의 준비금 환입액을 각 사업연도 소득 에 가산하여 1주당 순손익가치산정의 기초가 되는 '순손익액'을 산 정하는 것은 허용되지 않는다[구 상속세 및 증여세법 시행령(2008.

2. 22. 대통령령 제20621호로 개정되기 전의 것) 제56조 제3항 후문은 각 사업연도 소득 계산 시 손금에 산입된 충당금 또는 준비금이 세법의 규정에 따라 일시 환입되는 경우에는 당해 금액이 환입될 연도를 기준으로 안분한 금액을 환입될 각 사업연도 소득에 가산하도록 규정하고 있으나, 이는 조특법 제4조 및 제9조의 준비금 환입액과는 달리 그 성질이 가공의 익금에 해당하지 아니하는 충당금 또는 준비금이 일시 환입되는 경우의 특례를 정한 것으로 보아야 한다].

Ⅲ. 사안의 검토

1. 보충적평가방법에 따른 비상장주식의 시가 산정

가. 상속 또는 증여재산의 보충적평가방법과 그 취지

상속(증여)재산의 평가문제는 과세대상 및 그 범위를 정하는 문제 못지않게 납세자와 관세관청의 이해가 첨예하게 대립되는 중요한 부분으로서 실무상 빈번히 문제가 되는 부분이다.[5]

상속세나 증여세는 상속재산이나 증여재산의 가액을 기준으로 하며, 각 재산가액은 원칙적으로는 상속받거나 증여받은 당시의 시가를 기준으로 한다[현행 상속세 및 증여세법(이하 '상증세법'이라고 한다) 제60조 제1항]. 그리고 시가는 불특정 다수인 사이에 자유롭게 거래가 이루어지는 경우에 통상적으로 성립된다고 인정되는 가액으로 하되 수용가격·공매가격 및 감정가격 등 대통령령으로 정하는 바에 따라 시가로 인정되는 것을 포함한다(상증세법 제60조 제

---

5) 임승순, 『조세법』, 2017년도판(박영사, 2017), 902면.

2항).6) 판례는 시가라 함은 일반적이고 정상적인 거래에 의하여 형성된 객관적 교환가치를 의미한다고 한다(대법원 1994. 12. 22. 선고 93누22333 판결). 아울러 상증세법에서는 시가를 산정하기 어려운 경우에는 해당 재산의 종류, 규모, 거래 상황 등을 고려하여 상증세법 제61조부터 제65조까지에 규정된 방법으로 평가한 가액을 시가로 간주하도록 보충적 평가방법을 규정하고 있다(상증세법 제60조 제3항).

시장성이 풍부한 동종의 물건의 거래에서 형성된 가액은 다른 평가작업 없이 그 자체를 시가로 포착할 수 있다. 그런데 불완전경쟁시장에서 거래조차 이루어지지 않는 상황에서 가격을 평가하는 것이 쉬운 문제가 아니며, 상속받거나 증여받은 재산의 경제적 가치를 적정하게 화폐액으로 환가하는 것이 상속세 또는 증여세 부과에 있어 가장 중요한 문제가 되고 있다. 특히 비상장주식은 거래가 드물게 발생하므로 다른 자산에 비하여 보충적평가방법이 가지는 중요성이 더 클 수밖에 없다.

하지만 상증세법에서 보충적 평가방법을 규정하고 있는 것은 시가주의의 철저한 작용 내지는 관철을 위한 것이라기보다는 구체적인 사례에 있어 시가 산정의 어려움을 감안하여 과세관청에 대하여 시가에 관한 입증의 어려움을 완화하여 주고 동시에 과세관청의 주관이나 재량에 의한 평가를 배제하여 평가방법을 객관화하는데 그 취지가 있다고 할 것이며, 보충적 평가방법은 납세자에게 법적 안정성을 제공하고 예측가능성을 높인다.7) 그리고 상증세법상의 보충적 평가방법은 기업가치를 객관적이고 합리적으로 반영할 수 있는 시

6) 대법원은 간주시가로 열거된 가격은 한정적인 것이 아니라 예시적이라고 한다(대법원 2010. 1. 14. 선고 2007두23200 판결).
7) 이중교, "세법상 비상장주식의 평가와 민형사상 책임의 관계", 『조세법연구』, 제20권 제3호(한국세법학회, 2014), 301면 및 322면.

가를 적정하게 산정하기 위하여 당시의 조세정책적 고려에 따라 비상장주식의 시가를 반영할 수 있는 여러 방법들 중 하나의 방법을 선택한 것이라 할 것이다.

나. 보충적평가방법에 따른 비상장주식의 순손익가치의 계산

유가증권 중 비상장법인 주식에 대하여는 구 상증세법 제63조 제1항 제1호 나목에서 그 평가방법을 규정하고 있다. 그리고 그 위임을 받은 구 상증세법 시행령에서는 원칙적으로 비상장법인 주식은 1주당 순손익가치와 1주당 순자산가치를 3:2으로 가중평균(부동산과다보유법인의 경우에는 2:3으로 가중평균)하여 계산하도록 하되, 예외적으로 1주당 순자산가치로 평가하는 예외를 인정하고 있다.

본래 비상장주식의 순손익가치는 그 주식이 갖는 미래의 기대수익을 추정한 다음 그 현재가치를 평가하는 방법으로 산정하는 것이 바람직하지만, 미래의 기대수익을 정확히 예측하는 것은 어려우므로 구 상증세법 시행령에서는 원칙적으로 과거의 실적인 '1주당 최근 3년간의 순손익액의 가중평균액[8])'을 순손익가치환원율[9])로 나누어 계산하도록 규정하고 있다(구 상증세법 시행령 제54조 참고). 이와 같이 순손익가치 계산시 수익가치를 미래 예상수익이 아니라 과거 3년간의 실현수익으로 산정하고 있는 등에 비추어 실제 거래에서 이루어지는 비상장주식의 가액과 구 상증세법상 보충적 평가방법에 따라 계산되는 가액이 차이가 날 수 있음을 쉽게 짐작할 수 있

---

8) {(평가기준일 이전 1년이 되는 사업연도의 1주당 순손익액×3) + (평가기준일 이전 2년이 되는 사업연도의 1주당 순손익액×2) + (평가기준일 이전 3년이 되는 사업연도의 1주당 순손익액×1)} ÷ 6.

9) 금융회사 등이 보증한 3년 만기 회사채의 유통수익률을 감안하여 기획재정부장관이 고시하는 이자율.

고, 이러한 이유 등으로 비상장법인주식의 평가를 둘러싼 다툼이 많이 발생하고 있다.[10]

한편, 구 상증세법상 비상장주식의 순손익가치는 기업회계상의 당기순이익을 출발점으로 하여 세무조정을 거쳐 산출된 각 사업연도 소득금액(구 법인세법 제14조)에서 쟁점규정 제1호의 금액을 더한 금액에서 제2호의 금액을 뺀 금액으로 한다. 즉, 구 상증세법상의 순손익액은 각 사업연도 소득금액에서 아래 표와 같이 일정한 가산과 공제를 거친 가정적 순이익이다.[11] 이와 같이 순손익가치를 계산토록 것은 세무조정은 조세정책적 목적에서 익금산입(또는 손금불산입), 손금산입(또는 익금불산입)을 하는 경우가 많아 실제 기업의 순손익가치를 제대로 반영하지 못하므로 정책적 목적에서 가감했던 세무조정사항 중 일부를 다시 원래대로 돌리려는 목적으로 규정된 것으로 보인다.

가산할 금액	차감할 금액
국세·지방세 과오납에 대한 환급금 이자(법인세법 제18조 제4호) 지주회사의 수입배당금액의 익금불산입 금액, 일반법인의 수입배당금액의 익금불산입 금액 기부금 이월금액 중 해당연도 공제금액(법인세법 제24조 제4항, 조세특례제한법 제73조 제4항)	당해 사업연도의 법인세액, 법인세액의 감면액 또는 과세표준에 부과되는 농어촌특별세액 및 지방소득세액 벌금·과료·과태료·가산금·체납처분비(법인세법 제21조 제3호) 손금불산입대상 공과금(법인세법 제21조 제4호) 업무무관지출비용(법인세법 제27조) 각 세법에서 규정하는 징수불이행으로 인하여 납부하였거나 납부할 세액(법인세법 제21조 제1호) 기부금한도 초과액(법인세법 제24조, 조세특례제한법 제73조 제3항) 접대비한도 초과액(법인세법 제25조, 조세특례제한법 제136조)

10) 박훈, "상속세 및 증여세 관련 판례의 동향과 전망", 『조세법연구』, 제22권 제3호(한국세법학회, 2016), 266면.
11) 이태로·한만수, 『조세법강의』, 신정5판(박영사, 2009), 739면.

| | 과다경비 등의 손금불산입(법인세법 제26조)
지급이자 손금불산입 금액(법인세법 제28조)
감가상각비 시인부족액에서 상각부인액을 손금으로
추인한 금액을 뺀 금액(법인세법 시행령 제32조) |

2. 준비금 등의 환입과 각 사업연도 소득금액의 계산

가. 준비금·충당금의 성격

세법상 준비금이란 실제로는 비용 또는 손실이 발생하지 않았지만 장래에 발생할 다액의 비용 또는 손실에 충당하거나 특정한 지출에 소요되는 자금에 충당하기 위하여 미리 손금에 산입한 금액을 말한다. 이와 같이 손금에 산입한 준비금은 그 이후에 실제로 손실이 발생한 때 그 손실과 상계하거나 익금에 환입하여 과세하는 것으로 납세의무자에게 법인세의 일정기간 유예하는 효과가 있다.[12)]

그리고 준비금은 설정의 강제성 유무에 따라 강제성 준비금과 임의성 준비금으로 나뉜다. 책임준비금과 비상위험준비금은 강제성 준비금에 해당되며, 조세특례제한법상의 연구·인력개발준비금(제9조)과 고유목적사업준비금(제74조), 법인세법상의 고유목적사업준비금(법인세법 제29조) 등은 임의성 준비금에 해당된다. 그리고 이러한 준비금들은 법인세법상 책임준비금을 제외하면 기업회계상의 손비에 해당하지 않는다.[13)] 임의성 준비금은 비용·수익의 대응원칙에 어긋나며, 법인의 인력 및 연구개발투자를 지원하거나 고유목적사업에 지출하는 활동을 장려하는 의미의 조세우대조치의 성격을 지

12) 김완석·황남석, 『법인세법론』, 2017년 개정증보판(삼일인포마인, 2017), 277면.
13) 황남석, "세법상의 준비금에 관한 고찰", 『조세법연구』, 제18권 제3호(한국세법학회, 2012), 267면.

니고 있다.

회계기준에서는 과거사건의 결과로 현재의무가 존재하고 해당 의무를 이행하기 위하여 경제적 효익이 내재된 자원이 유출될 가능성이 높고, 해당 의무의 이행에 소요되는 금액을 신뢰성 있게 추정할 수 있는 경우 충당부채를 인식하도록 하고 있다(한국채택국제회계기준 제1037호 문단 14). 충당부채의 예로 제품보증충당부채, 하자보수충당부채, 구조조정충당부채, 손실부담계약충당부채, 복구충당부채 등을 들 수 있다. 그리고 수취채권 등과 같은 금융자산에 대하여는 손상발생의 객관적인 증거가 있는지의 여부를 평가하고, 그러한 증거가 있는 경우에는 손상차손을 인식하도록 하고 있다(한국채택국제회계기준 제1039호 문단 58).

법인세법상으로는 퇴직급여충당금, 대손충당금, 구상채권충당금 등은 손금산입을 인정하고 있으며, 보증판매충당부채, 구조조정충당부채, 하자보수충당부채 등은 손금산입을 허용하지 않는다.

나. 연구·인력개발준비금 등의 환입과 세법상 효과

연구·인력개발준비금은 구 조특법 제9조 제2항에 따라 해당 준비금을 손금에 산입한 과세연도가 끝나는 날 이후 3년이 되는 날이 속하는 과세연도가 끝나는 날까지 연구·인력개발에 필요한 비용 중 대통령령으로 정하는 비용(연구·인력개발비)에 사용한 금액에 상당하는 준비금은 그 3년이 되는 날이 속하는 과세연도부터 각 과세연도의 소득금액을 계산할 때 그 준비금을 36으로 나눈 금액에 해당 과세연도의 개월 수를 곱하여 산출한 금액을 익금에 산입하지만(같은 항 제1호), 손금에 산입한 준비금이 익금에 산입할 준비금을 초과하는 경우 초과금액은 준비금을 손금에 산입한 과세연도가 끝나는 날 이후 3년이 되는 날이 속하는 과세연도의 소득금액을 계산할 때 익금에 산입하며, 다만, 준비금을 손금에 산입한 후 사업계획 등이 변경되어 연구·인력개발비에 사용하지 아니하게 된 금액은 그 3년이 되는 날이 속하는 과세연도 전에 익금에 산입할 수 있다고 되어 있다(같은 항 제2호).[14] 아울러 구 조특법 제4조 제2항의 중소기업투자준비금도 구 조특법 제9조 제2항의 연구·인력개발준비금과 동일한 내용으로 규정되어 있었다.

따라서 구 조특법 제9조 제2항 제1호 또는 구 조특법 제4조 제2항 제1호가 적용되는 경우 준비금의 환입액은 각 사업연도 소득금액에 안분하여 익금에 산입하게 되며(법인세법 제14조), 쟁점규정 후문에 의하여 다시 각 사업연도 소득에 가산할 이유는 없다. 이 사건에서 적용되는 규정은 쟁점규정 후문이 아니라 쟁점규정 전단이다. 다만, 같은 항 제2호 단서가 적용되는 경우 세법규정에 따라 일시 환입되는 경우가 발생하므로 쟁점규정 후문이 적용될 여지가 있을 것이다.

3. 구 상증세법 시행령 제56조 제3항의 성격과 조세실무상의 영향

가. 대법원 및 과세관청 등의 입장

(1) 대법원의 입장

원심 판결에서는 쟁점규정 전단이 법인세법 제14조 규정에 의한

---

14) 구 조특법 제9조는 2006. 12. 30. 법률 제8146호 조세특례제한법 개정으로 폐지되었다가, 2008. 12. 26. 법률 제9272호 조세특례제한법의 개정으로 다시 규정되었다.

각 사업연도 소득에 대하여 가감 조정을 거치도록 한 취지는 결국 기업회계상 당기순이익에 따라 주당 순손익액을 산정하겠다는 원칙을 선언한 것으로 보아야 한다면서 쟁점규정 각호를 명시적으로 예시적 규정이라고 판단하였지만, 대법원 판결에서는 예시적 규정 여부에 대하여 명시적으로 판단하지 않고 구 조특법 제4조 및 제9조의 준비금 환입액은 가공의 익금에 불과하며 이를 각 사업연도 소득에 가산하여 1주당 순손익가치 산정의 기초가 되는 순손익액을 산정하는 것은 허용되지 않는다고 판시하였다.

구 조특법 제4조 및 제9조의 준비금 환입액은 각 사업연도 소득 계산시 포함되므로, 이를 순손익가치 산정에서 제외하기 위해서는 다시 각 사업연도 소득에서 공제할 수 있어야 하는데, 쟁점규정 제2호에서는 위 준비금 환입액을 공제항목에 열거하고 있지 아니하다. 그럼에도 대법원은 위 준비금 환입액을 각 사업연도 소득에 가산할 수 없다고 하여 결과적으로 위 준비금 환입액을 각 사업연도 소득에서 공제하여야 한다는 입장을 취한 점, 쟁점규정 전단의 성격을 평가기준일 현재의 주식가치를 보다 정확히 파악하기 위한 것이라고 판시한 점15)과 다른 사안에서 차감항목 열거하고 있지 않은 퇴직급여충당금 과소계상액의 차감을 인정한 점16)에 비추어 쟁점규정 각호를 사실상 예시적 규정으로 이해하고 있다고 보인다.17)18)

---

15) 향후 유사한 사안이 발생하게 되면 쟁점규정 각호에 열거된 것만 고려하는 것이 아니라 해당 수익 또는 지출의 성격과 이를 익금불산입하거나 손금불산입하는 취지 등을 살펴 개별적으로 판단할 것으로 보인다.

16) 구 상증세법 시행령 제56조 제3항이 정한 최근 3년간의 '순손익액'을 산정함에 있어서는 당해 사업연도 말의 퇴직급여추계액을 기준으로 한 퇴직급여충당금 과소계상액을 차감하는 것이 상당하다고 판시한 바 있다(대법원 2007. 11. 29. 선고 2005두15311 판결, 대법원 2011. 7. 14. 선고 2008두4275 판결).

17) 마옥현, 『대법원 판례해설』, 제97호(법원도서관, 2013), 687면.

18) 엄격한 열거적 규정으로 보고 있지 않다는 견해[조윤희·하태흥, "특별법

(2) 과세관청 등의 입장

과세관청은 유권해석을 통하여 상증세법상 주당 순손익가치 산정시 상증세법 시행령 제56조 제3항 제1호 및 제2호의 규정에 의한 금액 외의 금액을 각 사업연도소득에서 차가감하지 않는다고 하거나(재삼46014-1006, 1998.6.2.), 채무면제이익 중 법인세법 제18조 제8호의 규정에 의하여 이월결손금 보전에 충당되어 각 사업연도의 소득금액을 계산할 때 익금에 산입하지 아니한 채무면제이익은 상증세법 시행령 제56조 제3항을 적용할 때 다시 각 사업연도소득에 가산하지는 아니한다고 해석하였다(서면4팀-2559, 2006. 7. 28). 그리고 「조세특례제한법」제30조에 따라 감가상각비 손금산입 특례를 적용받은 후 그 이후 각 사업연도에 추인되어 익금산입한 금액은 「상속세 및 증여세법 시행령」제56조 제3항에 규정된 각 사업연도소득에서 차감하는 금액에 해당하지 아니한다고 하여(재재산-1226, 2010. 12. 21.) 쟁점규정을 열거적 규정으로 이해하고 있다. 기획재정부에서는 순손익가치 계산시 퇴직급여충당금 손금추인액 반영 여부와 관련하여, 열거적 규정으로 해석한 바 있다(재재산-854, 2011. 10.11.).

심지어 최근 유권해석에서는 '「법인세법」제14조에 따른 각 사업연도소득금액을 계산할 때 「조세특례제한법」제9조에 따른 연구·인력개발준비금의 손금산입액과 균등환입(익금산입)액은 제외하지 않는 것이며, 일시 환입되는 경우에는 해당 금액이 환입될 연도를 기준으로 안분한 금액을 환입될 각 사업연도소득에 가산하는 것입니다.'라고 하여 대법원 판례와는 전혀 다르게 해석하고 있다(서면-2015-법령해석재산-22396, 2015. 5. 4.).

조세심판원은 상증세법상 주당순손익 가치 산정시 소득금액에서 가감할 항목들은 단순한 예시규정이 아니라 열거규정으로 해석함이

연구(2013년 조세분야 판례의 동향)", 사법발전재단, 2014, 727면].

타당하고, 조세법규의 엄격해석원칙상 법령에서 규정하지 아니한 금액을 합리적 이유도 없이 소득금액에 가산하거나 차감하는 것은 허용될 수 없다고 하면서도(조심 2009서3511, 2009. 12. 14.), 결산조 정사항인 감가상각비나 대손충당금에 한하여 예외를 인정하고 있 다. 즉, 감가상각비나 대손충당금의 경우 법인세법상의 손금산입한 도액 내에서 과소계상액을 차감하여 순손익액을 산정하여야 한다고 하고 있다(국심 2001서2725, 2002.2.8., 국심 2006서1176, 2007.2.9., 국 심 2005서2606, 2005.11.24.).[19] 퇴직급여충당금의 경우 당초 당해 사 업연도에 발생한 퇴직급여충당금 과소계상액은 법인세법상의 한도 액과 상관없이 그 전부를 차감하여 순손익액을 산정하여야 한다고 하였다가(국심 2007서3974, 2008. 6. 13.), 법인세법상 퇴직급여충당 금 한도액에 미달하는 과소계상액만을 차감할 수 있다는 태도를 보 이고 있다(조심 2009서3511, 2009. 12. 14. 결정). 종합하면, 조세심판 원에서는 대체적으로 조세법해석의 기본원칙인 엄격해석원칙에 따 라 쟁점규정에 대하여 열거적 규정으로 이해하면서도, 결산조정사 항인 감가상각비, 대손충당금, 퇴직급여충당금 등에서 예외를 보이 고 있다.

나. 쟁점규정의 각호의 성격에 따른 조세실무상의 영향

쟁점규정의 각호를 예시적 규정으로 이해하느냐 아니면 열거적 규정으로 이해하느냐에 따라 각 사업연도 소득에서 가감하여야 할 대상이 달라져 순손익가치에 영향을 주게 되고 결국 주식의 시가가 달라지게 된다.

---

19) 구 상증세법 제56조 제3항의 차감항목을 둔 것은 법인세법상의 법인세 과 세표준계산의 손익과는 다르더라도 그 주식의 가치를 좀 더 정확하게 평 가하고자 함에 있다고 판시한바 있다.

그런데, 제3자간의 거래가 없는 상황에서 특수관계인간 비상장주식 거래를 하는 경우 법인세, 증여세 등의 세금이 부과되는 것을 피하기 위해 상증세법상 보충적평가방법에 의한 가격을 주당 거래가액으로 정하는 경우가 많아, 위 쟁점규정 각호의 성격에 따라 특수관계인간의 주식매매가액에 영향을 줄 것으로 보인다. 이외에도 위 쟁점규정 각호의 성격을 어떻게 규명하느냐에 따라 주식 고·저가 양도에 따른 증여세 부과(상속세 및 증여세법 제35조), 소득세법 및 법인세법상 부당행위계산부인 문제(소득세법 제41, 101조, 법인세법 제52조), 출자전환에서의 채무면제이익 발생(법인세법 제17조 제1항 제1호 단서) 등 많은 조세법적 문제가 발생할 수 있다.

본 사안은 쟁점규정 각호를 예시적 규정으로 판단하는 것이 원고(납세자)에게 유리한 사안이었지만, 납세자가 쟁점규정 각호를 열거적 규정으로 이해하고 주식의 시가를 계산하였는데 과세관청에서 쟁점규정 각호를 예시적 규정이라면서 주식의 시가를 달리 계산하여 법인세, 소득세나 증여세(가산세 포함) 등을 부과하는 경우도 얼마든지 생길 수 있다. 특히 실무에서는 많은 경우 쟁점규정에서 정하고 있는 가감규정만을 반영하여 순손익가치를 계산하고 있어 가감해야 할 사항이 있음에도 이를 발견하지 못하는 경우 향후 이로 인하여 과세관청과 충돌할 가능성이 매우 높다. 따라서 대법원 판결과 같이 쟁점규정 각호를 예시적 규정으로 이해하게 되면 실제 비상장주식에 대하여 상증세법상 보충적 평가를 하는 경우 법령에 기재되지 않은 항목에 대하여도 가산되거나 차감될 수 있으므로 더 많은 주의를 기울여 평가하여야 한다. 예를 들어, 상속세 및 증여세법 기본통칙 63-56…9【순손익액에서 차감하는 법인세액 등】제2항에서는 '영 제56조 제3항의 규정에 의하여 순손익액을 계산함에 있어 「국제조세 조정에 관한 법률」 제14조의 규정에 의하여 배당으로 간주된 이자의 손금불산입 금액은 각 사업연도 소득금액에서 차감한다.'고

규정되어 있는데, 쟁점규정 2호에서 국제조세 조정에 관한 법률 제
14조의 규정에 의하여 배당으로 간주된 이자를 차감규정으로 규정
하고 있지 않더라도 차감하여 순손익가치를 계산하여야 한다.[20]

4. 대법원 판결의 의의와 그 문제점

가. 대법원 판결의 의의

　구 상증세법상 규정된 비상장주식의 보충적평가방법이 실제 얼
마나 시가에 근접하는 방법인지 여부에 대하여는 많은 의문을 제기
할 수 있지만, 여러 가지 이유로 보충적 평가방법에 의할 수밖에 없
는 한계가 있다. 그런데 각 사업연도 소득보다는 기업회계기준에 따
른 평가가 기업의 가치를 좀 더 잘 반영한다고 보아야 할 것인바, 대
법원은 1주당 순손익가치 산정시 각 사업연도 소득금액 중 회계상
순손익을 구성하지 아니하는 세무상 손금 및 익금은 가감하여야한
다고 판결함으로써 주식가치를 보다 시가에 부합하게 파악하려는
입장을 취했다는 점에서 의의를 둘 수 있을 것이다.[21] 따라서, 대법
원과 같이 해석하는 것이 시가주의 원칙에는 좀 더 부합하다고 할
수 있을 것이다.[22] 그리고 이 사건의 원고는 가공의 손금 또는 익금
이라고 할 수 있는 구 조특법상의 준비금 환입액을 익금에 반영하여

---

20) 국외지배주주로부터 차입하거나 국외지배주주의 지급보증에 의하여 제3
　　자로부터 차입한 금액이 출자금의 일정 배수를 초과하는 경우 이자를 손
　　금처리하지 못하도록 하고 있지만, 실제로 지급한 이자란 점에서 이를 차
　　감하여 계산하여야 주식의 가치를 좀 더 정확하게 평가할 수 있을 것이다.
21) 각 사업연도 소득에서 가산하거나 빼는 항목(쟁점규정 각호)은 열거적 규
　　정이 아니라 예시적인 규정이라고 보아야 한다는 견해(박훈·채현석, 『상
　　속·증여세 실무 해설』, 개정증보판(삼일인포마인, 2016), 500면).
22) 마옥현, 『대법원 판례해설』, 제97호(법원도서관, 2013), 685면.

순손익가치를 계산하는 것이 기업의 실제 주식가치를 제대로 반영하지 못한다고 판단하여 이 사건 주식을 평가하고 거래를 한 것으로 보이는바, 대법원 판시대로 쟁점규정 각호를 사실상 예시적 규정으로 이해하는 경우 개별사건에서 납세자의 권리구제의 측면에 있어서는 도움이 될 수는 있을 것이다.[23]

하지만 이와 같이 해석하게 되면 아래에서 보는 바와 같이 여러 가지 문제점이 발생하게 된다.

나. 대법원 판결의 문제점

(1) 예시적 규정의 입법방식의 한계

현행 소득세법 제16조(이자소득) 제1항 제12호에서는 '제1호부터 제11호까지의 소득과 유사한 소득으로서 금전사용의 대가로서의 성격이 있는 것'이라고 하여 유형적 포괄주의 형태의 규정을 두고 있다.[24] 따라서 명시적으로 이자소득으로 규정되어 있지 않다고 하더라도 금전사용의 대가로서의 성격이 있다면 이자소득으로 분류할 수 있을 것이다.

반면, 쟁점규정에서는 각 사업연도 소득에서 가감하거나 차감할 항목으로 열거된 것 이외의 사항을 가감하거나 차감할 항목이 있다고 볼 수 있는 규정을 찾아볼 수 없으며, 오히려 가감하거나 차감할 사항들을 규정하면서 그밖에 기획재정부령이 정하는 것을 가감 또

---

23) 대법원은 이 사건에서 정책법원으로서의 기능을 하기보다 개별사건에서 납세자의 권리구제측면에 치우친 면이 있다고 생각된다.

24) 소득세법 제17조(배당소득) 제1항 제9호, 소득세법 제19조(사업소득) 제1항 제20호, 법인세법 시행령 제88조(부당행위계산의 유형) 제1항 제9호와 국세기본법 시행령 제25조의2(후발적 사유) 제5호 등에서도 동일한 방식으로 규정하고 있다.

는 차감항목에 포함되도록 한정하여 규정하고 있다. 시행령에 정하는 것 외 기획재정부령에 가감 또는 차감항목으로 규정될 여지는 있지만 이렇게 가감항목을 시행규칙에 위임하여 정하도록 한 것은 순손익가치를 평가함에 있어서 실무상의 문제점이 발생하는 경우 법률이나 시행령에 비하여 상대적으로 개정이 용이한 시행규칙을 개정하여 문제점을 보완하겠다는 취지라 할 것이다. 그렇다면 납세자는 구 상증세법 시행령에 규정되어 있지 않더라도 적어도 상속세 및 증여세법 시행규칙에 규정되는 사항만을 가감하거나 차감하는 항목으로 이해할 수밖에 없다.

대법원도 공익사업의 범위와 관련하여 "구 상속세법 시행령(1994. 12. 31. 대통령령 제14469호로 개정되기 전의 것) 제3조의2 제2항25) 및 구 상속세법 시행규칙(1995. 4. 1. 총리령 제498호로 개정되기 전의 것) 제3조의2는 그 규정의 형식이나 내용에 비추어 볼 때, 구 상속세법(1996. 12. 30. 법률 제5193호로 전문 개정되기 전의 것) 제8조의2 제1항 제1호가 규정하고 있는 공익사업의 종류를 예시한 것이 아니라 이를 한정한 규정으로 보아야 할 것이므로, 출연재산이 증여세 과세가액에 산입되지 않는 공익사업에 해당하기 위하여는 위 시행령 제3조의2 제2항 각 호 내지 시행규칙 제3조의2 각 호에 규정된 사업이어야 한다"고 판시한바 있다(대법원 1996. 12. 10. 선고 96누7700 판결). 이는 쟁점규정과 같은 형식으로 규정되어 있던 법

---

25) ② 법 제8조의2 제1항 제1호에서 "종교사업·자선사업·학술사업 기타 공익사업"이라 함은 다음 각호의 1에 해당하는 것을 말한다.
   1. 종교의 보급 기타 교화에 현저히 기여하는 사업.
   2. 사회복지사업법에 의하여 설립한 사회복지법인이 운영하는 사업.
   3. 갱생보호법에 의하여 설립한 갱생보호회가 운영하는 사업.
   4. 교육법의 규정에 의한 교육기관을 운영하는 사업.
   〰〰〰
   17. 제1호 내지 제16호와 유사한 사업으로서 재무부령이 정하는 사업.

령을 열거규정으로 이해한 것이라 하겠다.

(2) 조세법 해석원칙 위반 등

대법원 판결은 조세법 해석원칙이나 입법취지에 비추어도 그 한계를 넘고 있는 것으로 보인다.

판례는 과세요건은 물론 비과세요건이나 감면, 면세 요건을 막론하고 법문대로 엄격하게 해석하여야 한다고 하여 엄격해석의 원칙을 고수하고 있다. 다만, 몇몇 판례에서는 조세법규는 합리적 이유 없이 확장해석하거나 유추해석하는 것은 허용되지 않지만, 법규 상호 간의 해석을 통하여 그 의미를 명백히 할 필요가 있는 경우에는 조세법률주의가 지향하는 법적안정성 및 예측가능성을 해치지 않는 범위 내에서 입법 취지 및 목적 등을 고려한 합목적적 해석을 하는 것은 불가피하다고 할 것이라고 판시하고 있다(대법 2008. 2. 15. 선고 2007두4438 판결, 대법 2008. 1. 17. 선고 2007두11139 판결, 대법 2008. 4. 24. 선고 2006두187 판결 등). 그런데 쟁점규정 각호의 가감규정에 명확히 포함되어 있지 않은 것을 포함된 것처럼 해석하는 것은 유추해석이라고 할 것이며 이는 조세법 해석에 있어서 금지된다. 법원은 비상장법인 주식의 시가에 가장 부합하는 계산방법은 쟁점규정 각호규정을 사실상 예시적으로 해석하는 것이라 판단하였지만, 예시적 규정으로 해석하기에는 그 조세법 해석의 한계를 넘는 것이 아닌가 생각된다.

또한 상속 또는 증여재산의 시가를 산정하기 어려운 경우 보충적 평가방법에 따라 산정하도록 한 것은 비상장주식의 평가를 둘러싼 다툼을 줄이기 위해 평가방법을 주관이나 재량에 의한 평가를 배제하여 획일화하고 객관화하기 위한 것이다.[26] 이는 재산을 평가함에

---

26) 현행 상속세 및 증여세법(이하 '상증세법'이라고 한다) 제60조 제1항에서

있어 시가에 부합하게 평가하도록 하되 시가 산정의 어려움을 전제로 시행령에서 정하는 방법대로 정한 가격을 시가로 의제하겠다는 취지라 할 것이다. 하지만 대법원과 같이 쟁점규정 각호를 예시적 규정으로 해석을 하게 되면 순손익가치 계산시 어떠한 항목을 가감하는 것이 시가에 부합하는 것인지 다시 주관적 판단을 할 수밖에 없으므로 보충적 평가방법을 둔 입법취지에도 반하게 될 것이다.

(3) 실무상 운용 방식와의 괴리

쟁점규정은 수차례 개정이 된 바 있다. 수입배당금 익금불산입액을 가산하는 규정은 2004. 12. 31. 추가되었으며, 기부금 이월금액 중 당해연도 공제금액 가산규정은 2008. 2. 22. 추가되었으며, 손금에 산입되지 아니한 외국납부법인세액 차감에 대한 규정 역시 2010. 12. 30. 추가되었으며, 감가상각비 시인부족액에 대한 차감규정도 2014. 2. 21. 추가된 바 있다. 그렇다면 위 쟁점규정을 예시적 규정으로 이해한다면 굳이 이렇게 추가할 필요도 없을 것이므로 열거적 규정으로 보는 것이 타당할 것이다. 실무상으로 이 추가 개정된 규정들은 개정된 이후에만 적용되어 왔으며, 개정 이전의 평가분에 소급하여 적용하지는 않아 위 개정규정을 창설적 규정으로 운영해 왔다.

(4) 순자산가치 평가시 부채의 계산방법과의 비교

비상장주식에 대한 평가시 순자산가치를 산정함에 있어서 구 상증세법 시행령 제55조 제2항에서는 기획재정부령이 정하는 준비금·

는 상속세나 증여세가 부과되는 재산의 가액은 상속개시일 또는 증여일 현재의 시가에 따른다고 하면서도, 같은 조 제3항에서는 시가를 산정하기 어려운 경우에는 해당 재산의 종류, 규모, 거래 상황 등을 고려하여 제61조부터 제65조까지에 규정된 방법으로 평가한 가액을 시가로 본다고 규정하고 있다.

충당금은 이를 부채의 가액에서 각각 차감하거나 가산한다고 규정하고 있으며, 상속세법 및 증여세법 시행규칙(이하 '상증법 시행규칙[27]'이라고 한다) 제17조의2 제4호에서는 충당금 중 평가기준일 현재 비용으로 확정된 것이나(가목) 법인세법의 책임준비금이나 일정한 비상위험준비금 등(나목)을 제외하고는 원칙적으로 충당금과 준비금을 부채에서 차감하여 계산하도록 규정하고 있다.

조세특례제한법상의 준비금은 조세정책상 특정산업에 대한 조세지원을 하기 위하여 일정기간 과세를 유예하는 것으로 평가기준일 현재 확정된 부채가 아니므로 순자산가액 계산시 부채에서 차감하는 것이 자산의 시가에 부합할 것이다(상증세법 시행규칙 제17조의2 제4호). 재무상태표에 계상되어 있는 퇴직급여충당금은 평가기준일 현재 지급의무가 확정되지 않더라도 부채의 가액에서 차감하지 않는 것이 회사의 순자산가치를 제대로 반영할 것이라 하겠지만, 이렇게 하지 않고 평가기준일 현재 재직하는 임원 또는 사용인 전원이 퇴직할 경우에 퇴직급여로 지급되어야 할 금액의 추계액을 부채에 가산하도록 하고 있다(상증세법 시행규칙 제17조의2 제3호 다목 참고).

하지만 하자보수충당금이나 판매보증충당금 등은 상증세법상 평가기준일 현재 비용으로 확정되지 않는 한 부채에서 차감하여 순자산가치를 계산하여야 하는바, 이렇게 계산하게 되면 기업회계상 순자산가치와는 달리 계산된다. 이러한 점을 고려한다면 구 상증세법 하에서 반드시 기업회계기준에 따라 순자산가치와 순손익가치를 산정하겠다는 원칙을 선언하고 있다고 보기는 어려울 것이다.

(5) 구 상증세법 시행령 제56조 제3항 후문의 적용범위 등

대법원은 쟁점규정 후문 규정은 이 사건에서 문제되는 구 조특법

---

27) 이 사건에 적용되는 상증세법 시행규칙 이후 개정된 것이 없다.

제4조 및 제9조의 준비금 환입액과는 달리 그 성질이 가공의 익금에 해당하지 아니하는 충당금 또는 준비금이 일시 환입되는 경우의 특례로 이해하고 있다.[28]

가공의 익금이 아닌 것은 대손충당금이나 보험법상의 준비금, 퇴직급여충당금의 환입액을 의미하는 것인데 일시에 환입하더라도 어떠한 방식으로 안분하여 환입하라는 것인지 알 수 없는 문제점이 발생한다. 즉, 대손충당금의 경우 채권을 전액 회수받아 채권 잔액이 존재하지 않는 등의 일시 환입사유가 발생하더라도 환입사유가 발생한 연도의 익금으로 계산되지 해당금액이 환입될 연도를 기준으로 안분하여 환입되지는 않는다. 책임준비금도 일시 환입을 할 수는 있겠지만(법인세법 제30조 제3항), 연구·인력개발준비금처럼 안분하여 익금산입되는 것을 전제하고 있지 않기 때문에 '환입될 연도를 기준으로 안분한 금액' 이라는 개념이 존재할 수 없다. 따라서 대법원 판시와 같이 쟁점규정 후문을 가공의 익금에 해당하지 아니하는 충당금 또는 준비금이 일시 환입되는 경우의 특례로 이해하는 것은 적용될 수도 없는 사안에 대하여 적용의 여지를 남겨두는 것으로 법문의 의미 한계를 벗어나는 것이라 보인다.

따라서 쟁점규정 후단은 구 조특법상의 중소기업투자준비금이나 연구·인력개발준비금을 환입하는 경우와 같이 안분하여 익금산입하는 과세기간을 정하고 있는 경우에만 적용될 수 있을 것이다.

---

28) 쟁점규정은 후문은 조특법상의 준비금 환입액과 같이 그 성질이 가공의 익금에 해당하지 아니하는 충당금 또는 준비금이 일시 환입되는 경우의 특례만을 규정한 것이라고 축소해석하는 것이 모법의 위임취지에 부합하는 것이라는 견해[마옥현, 『대법원 판례해설』, 제97호(법원도서관, 2013), 689면].

IV. 입법개선방안

현행의 보충적 평가방법은 급변하는 환경 속에 있는 기업의 주식 가치를 평가하는데 그 한계가 있다는 주장이 끊임없이 제기되고 있다.[29] 따라서 비상장주식의 시가를 제대로 반영할 수 있는 여러 가지 평가방법을 입법하는 방안을 고려하여야 할 것이다.

하지만 위와 같이 입법을 하는 것에는 많은 시간이 소요될 수 있어, 우선 쟁점규정 각호를 열거적 규정으로 이해하고 비상장주식의 보충적평가에 따라 순손익가치 계산할 경우 시가를 제대로 반영하지 못하는 문제점이 발생한 사례 위주로 기획재정부령으로 각 사업연도 소득금액에 대한 가감사항을 조속히 개정하여 대처하도록 하여야 할 것이다. 아울러 대법원의 판시와 같이 쟁점규정 전단 규정이 법인세법 제14조 규정에 의한 각 사업연도 소득에 가감 조정을 거치도록 한 취지를 결국 기업회계상 당기순이익에 따라 주당 순손익액을 산정하겠다는 원칙을 선언한 것으로 볼 것이라면, 순손익가치의 계산을 굳이 쟁점 규정과 같이 각 사업연도 소득에서 가감하거나 차감하는 방식으로 입법할 것이 아니라, 오히려 기업회계기준에 따른 당기순이익을 기본으로 하여 일부 가감할 것을 정하는 방식으로 개정하는 방안도 고려해 봄직하다.

---

29) 이중교, "세법상 비상장주식의 평가와 민형사상 책임의 관계", 『조세법연구』, 제20권 제3호(한국세법학회, 2014), 323면, 김완일·고경희, 『상속·증여세 실무편람』, 이택스코리아, 2016, 1380면.

V. 결론

대법원이 원심과는 달리 명시적으로 쟁점규정 각호를 예시적 규정이라고 판단하지 않는 것이 개별사안에 따라 달리 판단할 여지를 남긴 것인지는 알 수 없지만, 위 규정을 열거적 규정으로 이해하고 비상장주식 평가를 한 다음 거래를 한 당사자에게 부당행위계산부인규정을 적용하여 소득세 또는 법인세를 부과하거나 주식의 고저가 양도에 따른 증여세를 부과할 수 있다는 결론이라면 이에 반대한다.

쟁점규정 각호의 규정방식은 예시적 규정의 입법방식의 한계를 벗어날 뿐만 아니라, 쟁점규정 각호를 예시적 규정으로 이해하는 것은 조세법 해석원칙에 위반되며 비상장주식의 평가를 둘러싼 다툼을 줄이기 위해 평가방법을 획일화하고 객관화하기 위하여 도입한 구 상증세법상 보충적 평가방법의 취지에도 반한다.

특히, 실무에서 비상장주식의 시가 평가를 할 때 쟁점규정 각호 규정이 예시적 규정의 입법방식과 사뭇 달라 이를 열거적 규정으로 신뢰하고 평가하는 경우가 대부분인데, 쟁점규정 각호를 예시적 규정이라고 하게 되면 또다른 피해자를 양산하게 될 것이다. 즉, 쟁점규정 각호를 열거적 규정이라고 이해하고 거래한 당사자나 주식평가자에 대하여 법령의 의미를 잘못 이해한 것으로 취급하여 불이익을 주기는 어렵다고 보인다. 따라서 조세심판원과 같이 상증세법상 비상장주식의 보충적 평가방법의 한계를 인정하고 쟁점규정 각호의 의미를 개별사안에 따라 달리 판단하는 방법도 고려해 볼 필요가 있을 것이다.

아울러 비상장주식을 거래하려는 당사자들은 현행 상증세법 시행령 제56조 제4항의 입법개선이 이루어지기 전까지 비상장주식을 평가할 때 위 규정에 대한 대법원의 입장이 어떠한지 정확히 이해하고 의문나는 부분이 있다면 예규질의 등을 통하여 명확히 한 다음 주식을 평가해야 할 필요가 있을 것이다.

참고문헌

임승순, 『조세법』, 2017년도판(박영사, 2017).

이태로·한만수, 『조세법강의』, 신정5판(박영사, 2009).

김완석·황남석, 『법인세법론』, 2017년 개정증보판(삼일인포마인, 2017).

김완일·고경희, 『상속·증여세 실무편람』, 이택스코리아, 2016.

조윤희·하태흥, "특별법연구(2013년 조세분야 판례의 동향)", 사법발전재단, 2014.

마옥현, 『대법원 판례해설』, 제97호(법원도서관, 2013).

박훈·채현석, 『상속·증여세 실무 해설』, 개정증보판(삼일인포마인, 2016).

이중교, "세법상 비상장주식의 평가와 민형사상 책임의 관계", 『조세법연구』, 제20권 제3호(한국세법학회, 2014).

박훈, "상속세 및 증여세 관련 판례의 동향과 전망", 『조세법연구』, 제22권 제3호(한국세법학회, 2016).

상속세 물납규정의 개정방향

손 창 환 세무사

Ⅰ. 서론

2015년 한국 조세재정연구원에서 내놓은 연구자료에 따르면 2015년 기준으로 최근 5년간 수납된 물납세액은 1조 2,910억 원이고, 이중 매각되어 현금화된 자산은 1/3에 해당하는 3,931억 원으로 나머지 2/3에 해당하는 자산은 매각되지 못하고 있다고 한다. 또한, 최근 5년간 물납재산의 매각실태를 보면, 부동산의 경우는 손실율이 21.6%, 비상장주식의 경우는 40.7%에 달해 재정손실이 심각하다고 한다.[1][2]

이는 최근 언론에 보도된 자료를 통해서도 알 수 있는데, 2010년부터 2017년 현재까지 비상장주식으로 수납한 금액은 6,101억 원이

---

1) 이상엽, "물납제도의 운영현황 및 주요국과의 비교연구", 『세법연구』, 제15-1집(한국조세재정연구원, 2015), 7면.
2) 참고로 이 자료들에 나타난 물납된 세액에는 상속세이외 양도소득세, 종합부동산세 등이 포함되어 있으나 최근에는 물납세액의 대부분이 상속세이고(2015년 기준 총 물납세액 2,662억 원 중 상속세 물납세액은 2,437억 원으로 상속세 물납세액의 비중은 약 92%임. 2016년 국세통계월보 세목별 물납현황 참조), 현재는 양도소득세, 증여세 물납과 관련된 규정들이 모두 삭제되었고 물납이 가능한 세목은 상속세와 재산세임(종합부동산세법 2016. 3. 2. 제19조 물납 삭제, 소득세법 2015. 12. 15 제112조의 2 양도소득세의 물납 삭제).

고, 실제 매각가격은 4,244억 원으로 약 1,857억 원의 손실이 발생하였다고 한다(손실율 약 30%).3) 2017년 국정감사에서도 비상장주식의 물납이 편법 증여, 탈세에 악용될 소지가 있어 제도 보완이 필요하다는 의견이 나오고 있다.

상속세 및 증여세법(이하 '상증세법')은 최근까지 물납의 대상은 축소하고, 요건은 엄격하게 하는 방향으로 개정되어 왔다.4) 이러한 개정원인의 일부분은 모 국회의원이 국정감사에서 언급했던 것과 같이 일부 납세자들이 물납제도를 조세회피 수단 등으로 악용하고 있기 때문이라고 생각된다.5) 그리고 언론에 보도되는 내용들을 보게 되면, 물납제도의 악용을 막기 위해 앞으로의 물납규정은 그 요건이 더 엄격하게 개정될 것으로 예상된다.

물납제도의 개정방향을 논함에 있어 물납제도가 조세회피의 수단으로 악용되는 것을 막기 위해 이에 대한 대응방안으로 관련 규정을 보완하자는 주장에는 동의한다. 그러나 최근 언론에서 보도되는 내용과 같이 물납으로 받은 부동산, 비상장주식의 수납가액보다 처분가액이 낮아 손실이 발생하니 국고손실을 막기 위해 물납제도를

---

3) newsis 2017. 10. 20. 국세 물납 비상장주식, 팔고보니 1,857억 원 손실.

4) 상증세법은 2015.12.15 법률 제13557호로 개정되며, 증여를 물납대상에서 제외하였고, 법 제73조 제1항 제3호(상속세 납부세액이 상속재산가액 중 대통령령으로 정하는 금융재산의 가액을 초과할 것)를 신설함.

5) case1) 상속재산가액으로 3천억 정도, 지분 100%를 가진 회사 오너 사망→아들이 835억에 달하는 주식 32%를 물납→6번 유찰, 수의계약실시→570억이라는 헐값에 자사주로 매입, case2) 큰 기업 회장의 아들이 가지고 있는 작은 회사가 있음→큰 기업 회장이 아들의 작은 회사에 일감 몰아주기→아들이 이 회사 지분 일부를 30억에 국세청에 물납→이 작은 회사를 유상증자해서 덩치를 불리고, 그룹계열사 주식을 확보한 다음에 그룹 전체의 지주회사로 올라섬→아들회사 주식 5번 유찰→아들회사가 27억에 자사주로 매입(출처, 국회의원 김태년, 2017국정감사-기획재정부_물납제도 총체적 부실, 개선대책 필요).

폐지하자거나[6] 물납으로 받을 수 있는 대상자산의 범위를 축소하거나, 물납의 요건을 현재보다 더 강화하자는 주장에는 동의할 수 없다.

왜냐하면, 물납재산이 과연 정확하게 평가된 것인지 의문이 들기 때문이다. 물납재산이 과대평가되었다면, 수납가액보다 처분가액이 낮아지는 것은 당연하다. 물납재산의 처분손실을 단순히 팔리지 않는 재산을 현금 대신 받기 때문에 발생하는 수납구조의 문제로 한정하여 보는 것은 문제가 있다고 생각한다.

이하에서는 물납재산이 과대평가될 가능성은 없는지, 만약, 평가 과정에서 부득이하게 과대평가될 경우 물납제도가 어떻게 이 부분을 보완하고 있는지를 살펴보고, 향후 물납제도가 개정되어야 할 방향을 제시해 보고자 한다.

II. 토지, 비상장주식의 상증세법상 시가평가의 한계

우리는 일반적으로 물가가 급격하게 변동하지 않는 한 소비하는 공산품의 시가가 이상하다고 생각하지 않는다. 가까운 마트 등에 가면 수많은 사람들이 제조자가 표시한 가격 또는 판매자인 마트가 정한 가격대로 공산품을 매일같이 구매하여 소비한다. 즉, 다수의 공급자와 수요자가 존재하고 동일 제품에 대해 수많은 거래가 있기 때문에 사람들은 본인이 구매하는 공산품의 시가에 대해 별로 의심하지 않는다.

그러나 본인이 상속, 증여받은 비상장주식 또는 토지가 시장에서

---

6) 한겨레 2017. 11. 16. 주식으로 상속세 납부, 사주일가 '조세회피' 악용.

정확히 얼마의 가격인지, 또는 어떤 가격을 기준으로 상속세 또는 증여세를 부과 받아야 하는지를 질문 받는다면 대부분은 고개를 갸우뚱하게 될 것이다. 토지의 경우 인근 부동산중개업소에서 본인이 소유한 토지와 유사한 토지의 가격을 조회해 볼 수는 있지만 본인의 토지가 그 가격에 매각될지 여부는 알 수 없고, 매매를 시도했던 가액이 있다고 하더라도 판례가 요구하는 객관적인 교환가치라고 볼 요소가 결여된 경우에는 시가로 인정받을 수가 없어 어떠한 가격을 시가로 해야 하는지 정확히 답변을 할 수 없을 것이다. 또한, 비상장주식이 회사 설립 후 한 번도 거래된 적이 없다면, 또는 토지가 강원도 두메산골에 있어서 몇십년 동안 단 한 번의 거래도 없었다면 과연 이러한 비상장주식과 토지의 가치를 얼마로 산정해야 하는지에 대해 의구심을 가질 수밖에 없다. 이런 문제에 대응하기 위해 상증세법은 토지, 비상장주식 등의 평가와 관련하여 보충적 평가방법을 별도로 규정하여 거래되지 않은 비상장주식, 토지 등에 세금을 부과할 수 있는 기준이 되는 가격을 산정하는 방법을 제시하고 있지만, 상증세법상 보충적 평가방법은 시장에서 매매할 때 받을 수 있는 가치를 구하는 방법을 규정한 것이 아니기 때문에, 현실적으로 시장에서 환가할 때의 가격을 기준으로 과대평가되거나 과소평가 될 가능성이 있다. 이하에서는 토지, 비상장주식의 시가평가의 문제, 즉, 판례가 말하는 객관적 교환가치, 토지 개별공시지가, 비상장주식 보충적 평가의 문제점에 대해 차례로 살펴보기로 하겠다.

1. 상증세법 규정

상증세법은 "시가는 불특정 다수인 사이에 자유롭게 거래가 이루어지는 경우에 통상적으로 성립된다고 인정되는 가액으로 수용가격·공매가격 및 감정가격 등 대통령령으로 정하는 바에 따라 시가

로 인정되는 것을 포함한다'라고 규정하고 있고(상증세법 제60조 제
2항), 이 조항의 위임은 받은 같은 법 시행령은 "법 제60조 제2항에
서 "수용가격·공매가격 및 감정가격 등 대통령령으로 정하는 바에
따라 시가로 인정되는 것"이란 평가기준일 전후 6개월(증여재산의
경우에는 3개월로 한다. 이하 이 항에서 "평가기간"이라 한다) 이내
의 기간 중 매매·감정·수용·경매(「민사집행법」에 따른 경매를 말한
다. 이하 이 항에서 같다) 또는 공매(이하 이 조에서 "매매등"이라
한다)가 있는 경우에 다음 각 호의 어느 하나에 따라 확인되는 가액
을 말한다. - 후략- "라고 규정하며(상증세법 시행령 제49조 제1항),
해당 재산에 대한 매매사실이 있는 경우에는 그 거래가액(제1호), 해
당 재산(법 제63조 제1항 제1호에 따른 재산을 제외한다)에 대하여
둘 이상의 기획재정부령이 정하는 공신력 있는 감정기관(이하 "감정
기관"이라 한다)이 평가한 감정가액이 있는 경우에는 그 감정가액의
평균액(제2호), 해당 재산에 대하여 수용·경매 또는 공매사실이 있
는 경우에는 그 보상가액·경매가액 또는 공매가액(제3호) 등을 나열
하고 있다. 또한, 이 시행령은 "제1항을 적용할 때 기획재정부령으
로 정하는 해당 재산과 면적·위치·용도·종목 및 기준시가가 동일하
거나 유사한 다른 재산에 대한 같은 항 각 호의 어느 하나에 해당하
는 가액[법 제67조 또는 제68조에 따라 상속세 또는 증여세 과세표
준을 신고한 경우에는 평가기준일 전 6개월(증여의 경우에는 3개월
로 한다)부터 제1항에 따른 평가기간 이내의 신고일까지의 가액을
말한다]이 있는 경우에는 해당 가액을 법 제60조 제2항에 따른 시가
로 본다"라고 규정하여(상증세법 시행령 제49조 제4항), 동종자산의
매매사례가액 또한 시가로 규정하고 있다.
　또한, 상증세법은 "시가를 산정하기 어려운 경우에는 해당 재산
의 종류, 규모, 거래 상황 등을 고려하여 제61조부터 제65조까지에
규정된 방법으로 평가한 가액을 시가로 본다"라고 규정하여(상증세

법 제60조 제3항), 매매사례가액 등이 없는 경우 상증세법이 정하는 방법, 즉 보충적 평가방법으로 평가하도록 규정하고 있다.

정리하면, 상증세법상 시가는 해당 재산에 대한 매매가액 등이 있는 경우에는 그 가액이 시가이나, 만약 그러한 가액이 없다면 법이 정한 보충적 평가방법에 따라 평가한 가액이 시가이다.

2. 토지 시가 평가의 한계

토지의 시가는 특이하다. 상증세법 규정을 토지에 적용해 보면 토지의 매매가액, 감정가액 평균액, 수용보상가액, 경매가액, 공매가액, 매매사례가액 등이 시가이고 이러한 가액이 없으면, 부동산 가격공시에 관한 법률에 따른 개별공시지가가 시가가 된다. 토지는 개별적이고, 고유한 성격이 강하여, 어떤 토지와 유사한 가치를 가진 토지를 찾기가 쉽지 않다. 가령, 토지가 연접하고 모양이 동일하더라도 어느 토지가 도로에 접근성이 좋은지, 인근에 혐오시설이 있는지, 관련법에 개발이 제한되어 있는지 여부 등에 따라 그 가치는 많은 차이가 있다. 그러므로, 인근 토지의 매매가액이 있다고 하여 이를 곧바로 해당 토지의 시가로 보는 것은 타당하지 않을 수 있다.

또한, 해당 토지에 매매계약이 체결된 사실이 있다고 하더라도 계약조건에 특약사항이 존재한다면(예컨대, 토지에 설정된 가압류 채권의 변제책임을 매수자가 부담하는 경우 등), 이는 거래에 주관적인 요소가 반영된 것으로 법원 등은 시가로 보지 않을 가능성이 높다.[7] 결론적으로, 토지의 경우 인근토지의 거래가액 등 객관적인 요소를 당해 거래에 반영하는 데에는 한계가 있다.

따라서 토지는 실무적으로 대부분 개별공시지가가 상증세법상

---

7) 수원지방법원 2013. 5. 1. 선고 2012구합1052 판결.

시가가 된다 (참고로, 개별공시지가는 국토교통부장관이 표준지8)를
선정하여 지가 조사 등을 한 후에 표준지공시지가를 공시하면, 시장,
군수, 구청장이 표준지공시지가를 기준으로 토지가격비준표를 사용
하여 개별공시지가를 산정한다9)). 그러나 개별공시지가 또한 뒤에서
보는 바와 같이 시가를 적정하게 반영하지 못하는 경우가 많다.

가. 객관적 교환가치의 문제

(1) 사안의 개요

별지 목록 기재 토지(이하 '이 사건 각 토지'라고 한다)의 소유자
였던 정OO은 2008. 4. 26. 김OO, 최OO와 이 사건 각 토지 및 서울
광진구 0000 토지, 같은 동 0000 토지에 관하여 매매대금을 32억 원
으로 하는 매매계약을 체결하였으나, 매수인들이 매매대금을 지급
하지 못하여 매매계약이 해제되었다. 한편, 정OOO이 2008. 6. 21. 사
망하자 정OO의 자녀들인 원고들은 상속재산 중 이 사건 토지를 위
매매대금 0000원으로 평가하여 2008. 2. 22. 상속세신고를 하였다.
피고는 원고들이 주장하는 매매계약은 해지되었고, 매매대금 역

---

8) 부동산 가격공시에 관한 법률 제3조.
　　① 국토교통부장관은 토지이용상황이나 주변 환경, 그 밖의 자연적·사회
　　적 조건이 일반적으로 유사하다고 인정되는 일단의 토지 중에서 선정한
　　표준지에 대하여 매년 공시기준일 현재의 단위면적당 적정가격(이하 "표
　　준지공시지가"라 한다)을 조사·평가하고, 제24조에 따른 중앙부동산가격
　　공시위원회의 심의를 거쳐 이를 공시하여야 한다.
9) 부동산 가격공시에 관한 법률 제10조.
　　④ 시장·군수 또는 구청장이 개별공시지가를 결정·공시하는 경우에는 해
　　당 토지와 유사한 이용가치를 지닌다고 인정되는 하나 또는 둘 이상의 표
　　준지의 공시지가를 기준으로 토지가격비준표를 사용하여 지가를 산정하되,
　　해당 토지의 가격과 표준지공시지가가 균형을 유지하도록 하여야 한다.

시 이 사건 각 토지의 적정한 시가를 반영한 것으로 볼 수 없다는 이유로 2010. 12. 7. 구 상속세 및 증여세법(2007. 12. 31. 법률 제8828호로 개정되기 전의 것, 이하 '상증세법'이라고 한다) 상의 보충적 평가방법에 따라 공시지가로 계산하여 이 사건 각 토지의 시가를 000원(m²당 0000원)으로 평가한 다음 원고들에게 상속세 0000원을 경정·고지하였다(이하 '이 사건 처분'이라고 한다). 원고들은 이에 불복하여 2011. 3. 3. 이의신청을 제기하였으나 2011. 3. 29. 기각결정을 받았고, 2011. 6. 27. 조세심판원에 심판청구를 하였으나 2011. 10. 31. 기각결정을 받았다.

(2) 1심법원의 판단(수원지방법원 2013. 5. 1. 선고, 2012구합1052 판결, 국승)

위 인정사실에서 알 수 있는 다음과 같은 사정, 즉 ①정OO과 김OO 최OO 사이에 체결된 2008. 4. 26.자 매매계약은 이 사건 각 토지에 설정된 근저당권의 피담보채무만 매도인 측이 해결하는 것으로 하고, 나머지 가등기 및 압류에 대하여는 매수인 측이 해결하기로 하면서 매매금액을 0000원으로 정한 것인바, 그 매매금액이 이 사건 각 토지 자체의 객관적 가치를 적정하게 반영한 것으로 보기 어려운 점, ② 피고는 이 사건 각 토지에 대하여 공시지가인 m²당 0000원으로 계산하여 000원을 이 사건 각 토지의 정OO의 사망 당시 시가로 정하였는데, 이 사건 각 토지의 인근에 위치한 서울 광진구 OOOO, 같은 동 0000 토지는 정OO의 사망 무렵에 이 사건 각 토지의 공시지가보다 비싼 m²당 0000원으로 계산 되어 보상금액이 정해졌던 점, ③ 정OO 및 원고들은 이 사건 각 토지를 여러 번에 걸쳐 매도하려 했는바, 그 매매금액은 000원부터 0000원까지 다양했던 점을 종합하여 보면, 이 사건 각 토지의 시가를 000원으로 인정할 수

는 없고, 달리 그 시가를 인정할 만한 자료도 없어 보충적 평가방법
에 따라 그 가액을 산정할 수밖에 없다. 따라서 피고가 상증세법 상
의 보충적 평가방법에 따라 이 사건 각 토지의 시가를 산정한 후 상
속세를 부과한 이 사건 처분은 적법하다.

(3) 원심법원의 판단(서울고등법원 2014. 4. 16. 선고, 2013누14834 판결, 국승)

상증세법 제60조 제1항은 당해 재산의 가액을 평가기준일 현재
의 '시가'에 의하도록 규정하고 있는데, 여기서 말하는 '시가'라 함
은 불특정 다수인 사이에 자유로이 거래가 이루어지는 경우에 통상
성립된다고 인정되는 가액, 즉 정상적인 거래에 의하여 형성된 객관
적 교환가격을 말하고, 상증세법 시행령 제49조 제1항 제1호가 정한
'당해 재산에 대한 매매사실이 있는 경우에는 그 거래가액'에 해당
하며, 그 매매계약이 해제되었다고 하여 달리 볼 것은 아니다(대법
원 2007. 8. 23. 선고, 2005두5574 판결, 대법원 2012. 7. 12. 선고, 2010
두27936 판결 등).

이러한 법리에 비추어 원고들이 주장하는 거래가액을 상증세법
제60조 제1항의 시가로 볼 수 있는지 본다. 앞서 본 대로 정EE, 김
FF, 최GG 사이에 체결된 2008. 4. 26.자 매매계약은 이 사건 각 토지
에 설정된 근저당권의 피담보채무만 매도인 측이 해결하는 것으로
하고, 나머지 가등기 및 압류에 대하여는 매수인 측이 해결하기로
하면서 매매금액을 0000원으로 정한 사실은 인정된다. 그러나 원고
들이 제출한 증거만으로는 그 주장과 같이 가등기 및 압류 관련 채
무액이 0000원에 달할 것으로 인정하기에 부족할 뿐만 아니라 그 채
무액을 추가한 매매금액이 이 사건 각 토지 자체의 객관적 가치를
적정하게 반영한 것으로 보기도 어려운 점(위 매매계약은 이 사건

각 토지 10필지 이외에 OO시 OO구 OO동 143-144, 143-145 임야까지 포함된 총 12개 필지를 매매목적물로 한 것인데, 각 필지별로 매매대금을 나누어 약정한 것으로 볼 수도 없다), 또한 이 사건 각 토지에 인접한 같은 동 143-144, 143-145 임야는 정EE의 사망 무렵에 이 사건 각 토지의 공시지가보다 비싼 ㎡당 0000원으로 계산되어 보상금액이 정해진 점(원고들 주장과 같이 수용된 토지의 자연조건 등 가격형성요인이 이 사건 각 토지에 비하여 현저히 우세한 것으로 단정하기도 어렵다). 정EE 및 원고들은 이 사건 각 토지를 여러 번에 걸쳐 매도하려고 했는데, 정EE과 조HH 사이에 체결된 2005. 8. 9.자 매매가액이 0000원인 것을 포함하여 그 매매가액은 0000원부터 0000원까지 다양했으며, 그 중 위 2005. 8. 9.자 매매가액은 관계법령상 평가기준일 전후 6개월 이내의 기간에 이루어진 매매사실로 볼 수도 없는 점 등을 종합하여 보면, 원고들이 내세우는 매매가액 모드 이 사건 각 토지 자체의 객관적 가치를 적정하게 반영한 것으로 볼 수는 없다. 이 부분 원고들 주장은 받아들일 수 없다.

(4) 대법원의 판단(대법원 2017. 7. 18. 선고 2014두7565 판결, 국승, 이하 '쟁점판결')

원심은 제1심판결 이유를 인용하여 그 판시와 같은 사실을 인정한 다음, 비록 이 사건 각 토지의 소유자였던 망 소외 1(이하 '망인'이라고 한다)이 이 사건 각 토지 및 그에 인접한 서울 광진구 (주소 1 생략) 임야 10,684㎡와 (주소 2 생략) 임야 2,362㎡의 매매가액을 2005. 8. 9. 소외 2와 47억 원으로, 2008. 4. 26. 소외 3 등과 32억 원으로 각 약정한 적은 있으나, 망인의 사망에 따른 상속개시 당시 이 사건 각 토지의 개별공시지가 평균액은 ㎡당 26,493원으로 이를 기준으로 한 이 사건 각 토지의 가액은 위 매매가액보다 훨씬 높은 약

256억 원에 이르는 점, 위 (주소 1 생략), (주소 2 생략) 각 임야는 망인의 사망 직전인 2008. 6. 13. 수용되었는데, 그 보상금액은 이 사건 각 토지의 개별공시지가 평균액보다 높은 m²당 37,050원으로 산정되었던 점 등에 비추어 보면, 원고들이 주장하는 매매가액은 이 사건 각 토지의 객관적 가치를 적정하게 반영한 것으로 볼 수 없고, 달리 이 사건 각 토지의 시가를 인정할 자료도 없으므로, 피고가 이 사건 각 토지의 가액을 상증세법 제61조 제1항 제1호 본문에 따라 개별공시지가로 평가하여 원고들에게 상속세를 부과한 이 사건 처분은 적법하다고 판단하였다.

(5) 이 사건의 쟁점

토지의 상증세법상 시가를 매매가액인 32억 원 또는 47억 원으로 보아야 하는지 개별공시지가인 약 256억 원으로 보아야 하는지에 있다.

(6) 쟁점판결에 대한 검토

1) 시가로서의 매매가액 요건

쟁점판결은 매매가액과 개별공시지가의 차이가 5.4~8배의 차이가 나기 때문에 상속재산의 평가를 무엇으로 하는 가에 따라 상속세액의 차이가 매우 크며 상속인들의 경제적 이해관계에도 중요한 영향을 미치는 판결이었다. 위 사안과 관련하여 대법원 등은 근저당권은 매도인이 부담하고, 가압류 등은 매수인이 해결하는 특약조건이 존재하는 점, 인근 토지가 개별공시지가 이상으로 거래된 사실이 있는 점, 피상속인은 다양한 매매가액으로 상속개시 전에 매매를 시도하려 하였던 점 등을 근거로 매매가액인 32억 원 또는 47억 원은 객관적인 교환가치를 적정하게 반영하고 있지 못하다고 판단하였다.

과거 대법원은 상증세법이 규정하고 있는 '시가'는 불특정 다수인 사이에 자유로이 거래가 이루어지는 경우에 통상 성립된다고 인정되는 객관적인 교환가격이라 일관되게 판시하였고(대법원 2015. 2. 12. 선고 2012두7905 판결 등), 이러한 시가는 '일반적이고 정상적인거래에 의하여 형성된 객관적 교환가격'을 의미하는 것으로(대법원 1994. 12. 22. 선고 93누22333 판결), 시가로 인정받기 위해서는 ① 주관적인 요소가 배제된 객관적인 것이어야 하고, ② 거래에 의하여 형성된 것이어야 하며, ③ 그 거래는 일반적이고 정상적인 것이어야 하고, ④ 그 기준시점의 재산의 구체적인 현황에 따라 평가된 객관적 교환가치를 적정하게 반영하는 것이어야 한다고 일반적으로 이해되고 있다.[10] 즉, 대법원이 말하는 객관적인 교환가치를 쟁점판결에 적용해 보면 거래당사자간의 특수한 사정이 반영되지 않아야 하고, 당사자 아닌 제3자간의 거래한 가격을 감안해야 하는 것으로 이해된다.

  2) 쟁점판결의 문제점

판결문에 나타난 사실관계를 정리하면 피상속인은 토지를 매매하려고 여러 차례 매수희망자들과 계약을 체결한 사실이 있고, 해당토지는 근저당권과 가압류가 되어 있다. 매수자들 입장에서는 해당토지가 근저당권 설정 및 가압류가 되어 있어 이 부분을 가격에 반영하여 매수희망가액을 정하였을 것이고, 매도인인 피상속인은 비특수관계자인 매수인들에게 최대한 높은 가격으로 토지를 매매하려고 하였을 것이다. 두 당사자 사이에 의사가 합치되어 매매계약이 체결되었으나 근저당권 및 가압류 등을 해소하는 과정에서 분쟁이

---

10) 임승순, 『조세법』, 2013년도판(박영사, 2013), 904면.

생겨 매매계약이 해제되었다.

대법원의 판단기준인 객관적 교환가격에서 객관적인 것의 의미는 매매당사자 관계에서는 특수한 사정의 배제, 비특수관계자인 제3자간의 가격이 있는 경우 이러한 가격의 참고로 이해된다. 그러나 이러한 접근은 토지가 가지고 있는 고유한 특성이 반영되지 않을 가능성이 높아 상증세법상 시가에 대한 판단을 왜곡할 수 있다.

토지는 고유한 특성이 큰 재화이기 때문에 당사자는 매매계약에 이를 반영하여 거래하는 경우가 많다. 예컨대, 토지는 다른 재화와 달리 담보가치가 높아 은행에서 저당권을 설정하고 돈을 빌릴 수도 있고, 임대보증금을 받고 임대를 할 수도 있다. 매매당사자들은 이러한 사정을 매매계약에 반영하여 거래를 하게 되는데, 이 경우 이러한 사정이 반영되어 거래된 가액은 쟁점판결과 관련된 법원들의 판단 기준에 따르면 당사자의 주관적 사정을 반영한 것이 되어 판례의 객관적인 요소에 부합하지 않게 되고, 상증세법상 시가로 인정받지 못하게 된다. 그러나 부동산의 경우 가액이 크고 권리관계가 복잡한 경우가 많아 저당권 등이 있는 경우 채무승계를 할 것인지 여부 등에 따라 거래가액에 큰 차이가 발생할 수 있다. 이러한 경우에는 거래의 조건이 되는 특수한 요소를 조정하여 시가를 산정하면 된다. 예컨대 가압류 채권을 양수인이 인수하면 그 채권가액을 거래가액에 포함하여 시가를 산정하면 된다. 매매과정에서 거래당사자간의 형성되는 거래조건 중 거래대상인 토지와 직접적으로 관련되지 않은 조건(앞에서 언급한 가압류채권의 인수 등)이라고 하더라도 그 조건이 금전으로 평가될 수 있는 것이라면 궁금적으로는 거래대금을 모두 매도자에게 지급할 것인지 일부만 매도자에게 지급하고 나머지는 매도인의 채권자에게 지급할 것인지를 결정하는 문제이기 때문에 거래가액의 정산의 문제로 보아야 하지 객관성과 배치되는 주관적인 요소로 보는 것은 타당하지 않다고 생각한다. 따라서, 판례의 태도와 같이 토지의 특성을 반영하여 체결하는 매매당사자간의 거래조건을 주관적인 요소로 보아 거래가액의 시가성을 부인하는 것은 문제가 있다.

또한, 매수희망자가 여러 명일 경우 거래당사자들간의 협상기술 차이가 모두 다르고, 저당권이 설정되어 있거나 가압류가 된 토지를 보는 관점 또한 사람마다 다르기 때문에 매매를 원하는 거래가액에 차이가 발생할 수밖에 없다. 이러한 경우 시가는 다수의 가액이 될 수 있다. 그러나 쟁점판결과 관련된 법원들의 태도는 시가의 다양성을 인정하고 있지 않다.

다른 예로, 토지가 연접하고 입지 조건이 동일하다고 하더라도 어느 토지가 문화재보호구역 등으로 지정되어 있다면 그 가격 차이는 매우 클 수 있다. 따라서, 인근 토지가 매매된 가액이 있다고 하여, 그 가액을 그 옆 토지의 객관적 교환가격을 정하는데 참고하는 것은 오류가 빠질 수 있다. 뒤에서 언급되는 대법원 판례에서는 지역적으로 인접해 있고 공시지가 수준도 유사하나 시가는 3배 이상 차이가 나는 사례도 있다.11) 그러나 쟁점판결은 토지의 고유한 특성에 대한 고려 없이 인근토지의 매매가액이 개별공시지가 이상으로 매매되었다고 하여 단순히 해당 토지도 개별공시지가 이상으로 매각될 수 있다는 판단을 하였는데 이는 잘못된 것이다.

쟁점판결은 토지가 가지는 고유한 특성을 간과하고 객관적인 것에 너무 집중하다 보니 해당 토지가 실제로 교환될 수 가치가 얼마인지는 깊이 있게 따져 보지 않았다. 즉, 객관적인 교환가격에서 객관적인 것과 교환가격에 대한 판단이 균형을 잃은 것으로 보인다.

쟁점판결에서 상속인들이 개별공시지가 이상으로 토지를 매각할 수 있다면 다행이겠지만, 만약 사실관계에서 나타난 바와 같이 32

---

11) 대법원 1994. 2. 22. 선고 93누21750 판결.

억 원에서 47억 원 수준으로 밖에 매매할 수 없다면 상속인들은 현금으로 상속세를 납부할 방법이 없다. 상속세액이 토지 매각가격보다 훨씬 크기 때문이다.

나. 개별공시지가의 문제

(1) 지가 산정의 오류 가능성

대법원 판례에 따르면 ① 당해 토지는 아파트지구에 위치한 주거용 나지임에 대하여 비교표준지는 아파트지구에 있지만 업무용건물의 부지로 이용되고 있어 상업용이므로 적절한 표준지가 되지 못할 뿐만 아니라 당해 토지와 공적 규제면에서 유사하고 이용 상황의 면에서도 아파트부지로서 더욱 유사한 다른 표준지가 있는 경우(대법원 1994. 4. 26. 선고 93누18662 판결), ② 자연녹지지역내에 위치하고 도시계획상 종합의료시설부지로서 현재 건물터파기공사 등이 진행 중이거나 임상보존지 또는 사업미시행의료시설부지인 대상토지의 비교표준지로 일반주거지역내에 위치한 공부상 지목이 대지이고 그 현실 이용상황이 단독주택부지로서 정비된 주택지역에 위치한 지역을 삼은 경우(대법원 1994. 6. 14. 선고 93누22210 판결)에는 표준지 선정에 잘못이 있어 위법하다고 판시한 사례가 있다.

또한, 토지특성의 조사 비교에 잘못이 있는 경우 이를 기초로 하여 결정된 개별공시지가는 비교표준지의 선정 및 토지가격비준표상의 비준율까지 달라지게 되기 때문에 잘못된 개별공시지가가 고시될 가능성을 높이게 된다.[12]

종합하면, 현행 개별공시지가를 산정하는 방식, 즉 표준지공시지

---

12) 조용호, 사법논집 제25집, 680면 ; 이원규, 행정소송실무편람, 218면(출처 : 개별공시지가의 기능과 그에 대한 불복).

가를 정하고 토지가격비준표에 따라 개별공시지가를 산정하는 구
조에서는 표준지의 선정이 잘못되거나, 토지의 개별특성을 적정하
게 반영하지 못하여 잘못된 개별공시지가를 고시하게 될 가능성이
있다.

(2) 개별공시지가가 유사한 수준이더라도 시가차이는 클 가능성의 존재

대법원은 주거지역에 소재한 당해 토지의 시가는 인근상업지역
에 소재한 토지들의 1/3수준밖에 되지 않지만 개별공시지가는 별 차
이가 나지 않은 경우 형평에 반하지 않는다고 판시(대법원 1994. 2.
22. 선고 93누21750 판결)한 사례가 있다.

개별공시지가가 별 차이가 없고 토지가 인접해 있다고 하더라도
토지가 가지는 고유하고 개별적인 특성으로 인해 시가는 큰 차이가
날 수 있다. 즉, 개별공시지가 수준이 유사하다고 하더라도 실제 매
매될 수 있는 가격은 큰 차이가 날 수 있어, 쟁점판결과 같이 지역
적으로 인접해 있고 공시지가이상으로 거래된 토지의 거래가격을
객관적인 교환가격 판단에 참고하는 것은 오류에 빠질 가능성이
있다.

(3) 개별공시지가와 시가와의 관계에 대한 대법원의 태도

대법원은 개별공시지가와 시가와의 관계에 대하여 "개별토지가
격의 적법성 여부는 지가공시 및 토지등의 평가에 관한 법률과 개별
토지가격합동조사지침에 규정된 절차와 방법에 의거하여 이루어진
것인지 여부에 따라 결정될 것이지 당해 토지의 시가와 직접적인 관
련이 있는 것이 아니므로 단지 개별지가가 시가를 초과한다는 사유
만으로 그 가격결정이 위법하다고 단정할 수 없다."라고 판시하고

있다(대법원 1995. 11. 21. 선고 94누15684 판결).

즉, 개별공시지가를 산정하는 절차와 방법이 관련법에 의해 정당하게 이루어졌다면, 개별공시지가가 시가를 초과한다고 하더라도 그 가격결정이 위법하지 않다는 입장이다. 따라서, 개별공시지가가 시가를 반영하는 것에는 한계가 있다.

다. 토지시가 평가의 한계

판례가 제시하는 객관적인 교환가격은 당사자의 주관적인 요소가 배제되어야 하고, 제3자간의 매매가액을 참고하기 때문에 토지가 가지고 있는 고유하고 개별적인 특성을 반영하지 못하여 매매가액의 판단에 오류를 범할 수 있다. 또한, 개별공시지가는 지가산정의 오류, 시가를 반영하지 못할 오류가 발생할 수 있어 상증세법상 토지의 시가는 과대평가될 가능성이 있다.

3. 비상장주식 시가평가의 한계

비상장주식 또한 앞에서 본 토지의 시가와 동일한 문제가 있다. 일반적으로 해당 재산에 대한 거래가 거의 없거나, 거래가 있더라도 판례가 제시하는 기준에 부합하지 않는다면, 상증세법상 보충적 평가방법으로 평가해야 하고, 시장에서 현금화 할 수 있는 시장가치와 상증세법상 시가가 불일치 할 수 있다.

가. 매매사례가액을 부인한 사례들

(1) 대법원 2006. 10. 26. 선고 2005두3714 판결

상속개시일 무렵인 1999. 3. 12. 소외 1이 소외 2에게 신한생명 주식 30,000주를 1주당 3,000원에 매도한 거래는 매매계약체결의 경위, 매매대금의 결정과정 및 매매당사자들의 신한생명 주식의 소유 경위 등을 전혀 알 수 없고, 오히려 상속개시 당시 신한생명은 3년째 수백억 원씩의 당기순손실을 기록하여 자본이 완전히 잠식되고 부채가 자산을 훨씬 초과하는 상태에 있었던 사실을 알 수 있는바, 사정이 그러하다면 위 주식 거래의 1주당 가격 3,000원은 신한생명 주식의 객관적인 교환가치를 적정하게 반영하는 가액이라고 보기 어렵다.

(2) 대법원 2004. 10. 15. 선고 2003두5723 판결

평가기준일로부터 3월 이내에 이루어진 매매거래라도 회사의 경영권을 수반하는 거래이거나, 약 2주라는 짧은 기간 안에 이루어진 거래들 사이에서 큰 가격변동을 보이는 경우, 평가기준일부터 오래되지 않은 시점에 현저하게 차이가 나는 가격으로 거래된 사례가 있는 경우는 그 매매거래가액이 주식의 객관적 교환가치를 적정하게 반영하는 정상적인 거래로 인하여 형성된 가격이라고 보기 어려워 상증법상 보충적 평가방법을 적용하여야 한다.

(3) 대법원 2004. 5. 13. 선고 2004두2271 판결

원고들이 주장하는 매매계약 체결 경위가 상식적으로 납득하기 어렵고, 소외 회사 주식에 대한 1998. 12. 31.의 기준시가는 51,652원으로서 이를 기준으로 한 주식 4,460주의 양도가액은 230,367,920원이 되어 원고들 주장의 매매가격 8천만 원과는 현격한 차이가 나는 점, 소외 회사의 주식에 대한 1999. 12. 31.자 기준시가는 80,216원으로 인상되어 그 가치가 계속 상승하고 있었던 것으로 보이는 점 등에 비추어 보면, 원고들이 주장하는 매매가격은 일반적이고 정상적인 방법에 의하여 이루어진 것이 아니어서 그 거래가격이 객관적 교환가치를 적절하게 반영하고 있다고 보기 어렵다.

나. 비상장주식의 보충적 평가방법

비상장주식 또한 토지와 마찬가지로 매매사례가액이 부인 될 경우 상증세법상 보충적 평가방법으로 평가할 수 밖에 없고, 이 경우 시장에서 현금화할 수 있는 가치보다 상증세법상 시가가 더 클 가능성이 있다. 예컨대, 비상장주식의 순손익가치 평가방법의 기본 가정은 과거 3년간의 가중손익 평균이 미래에도 영구적으로 발생한다는 것인데, 시장상황, 경쟁자, 재화, 용역의 트렌드 등에 대한 현재의 조건은 계속 변화하기 때문에 이러한 가정은 비현실적이다. 즉, 최근 3년간의 이익이 미래의 이익을 보장하는 것은 아니기 때문에 순손익가치가 과대평가될 가능성을 내포하고 있다.

다. 비상장주식 시가평가의 한계

판례는 매매가액이 있더라도 객관성이 결여되어 있다면 시가로 보지 않고 있고, 이 경우 적용되는 보충적 평가방법은 시가를 반영하는데 한계가 있다.

Ⅲ. 물납의 기능과 현행 물납규정의 문제점

1. 물납의 의의

세금의 납부는 현금으로 납부하는 것이 원칙이나, 상속세의 경우 세액이 크고 부동산 등인 상속재산은 처분에 시간이 필요한 경우가 많아 현금으로 납부하는 것을 고수하게 되면 납세자는 납부에 커다란 어려움에 봉착하게 된다. 따라서 상증세법은 이러한 어려움을 덜어 줌과 동시에 원활한 세수의 확보를 위해 물납제도를 채택하고 있다.[13]

2. 물납의 기능

가. 납부편의의 기능

물납의 의의에서 살펴본 바와 같이 물납제도의 가장 중요한 기능은 납부편의의 기능이다. 피상속인이 상속세를 납부할 정도로 충분한 현금을 상속재산으로 물려주거나 상속인이 본인 고유의 재산 중 현금이 많다면 상속세를 납부하는 것에 대해 아무런 문제가 없을 것이다. 그러나 피상속인이 환가가 어려운 부동산이나 비상장주식만을 상속재산으로 물려주고, 상속인 또한 상속세를 납부할 현금이 없는 경우 국가가 현금납부만을 강요한다면 상속인입장에서는 상속재산을 매각해서 납부할 수밖에 없다. 다행이 상속인이 원하는 가격을 제시하는 매수자가 있다면 상속재산인 비상장주식 등을 매각하여 납부하는 것이 가능하나,[14] 만약 그러한 매수자가 없다면 금융기관

---

13) 임승순, 『조세법』, 2017년도판(박영사, 2017), 828면.

에서 대출을 받아 납부하거나 이마저도 여의치 않다면 물납 이외에
는 상속세를 납부할 방법은 없다.

따라서 물납의 가장 중요한 기능은 납세자가 상속받은 재산으로
상속세를 납부할 수 있게 하여 상속인이 상속세부담으로 경제적 어
려움에 처하지 않게 하는데 있다.

나. 상증세법상 시가평가의 한계를 보완하는 기능

(1) 상증세법상 시가의 기능 및 한계

앞에서 쟁점판결은(대법원 2017. 7. 18. 선고 2014두7565 판결)은
쟁점이 되는 토지의 시가를 개별공시지가인 256억 원으로 볼 것인
지, 매매사례가액인 32억 원 또는 47억 원으로 볼 것인지에 대해 상
증세법상 시가는 개별공시지가인 256억 원이라고 판시하였다.

개별공시지가는 표준지 선정 및 토지특성조사의 비교에 오류가
있을 가능성이 있고, 대법원 판례15)에서 보는 바와 같이 개별공시지
가가 유사하더라도 시가는 3배 이상 차이가 발생할 수 있어 과세기
준가격으로 한계가 있으나 실무적으로는 토지의 경우 대부분 개별
공시지가가 상증세법상 시가가 된다.

상증세법이 규정하는 시가는 상속세 및 증여세를 납부해야 할 모
든 납세자에게 일률적으로 적용하기 위해 과세가액을 산정하는 방
법을 규정한 것이고, 이는 납세자간에 과세가액을 산정하는 방법을 달
리하여 적용할 경우 발생할 수 있는 불공평을 방지하는 기능을 한다.

따라서, 상증세법상의 시가를 일률적으로 적용할 경우 납세자간
의 형평성은 어느 정도 확보할 수 있다. 그러나 상증세법상 시가와

---

14) 디지털타임스, "장수기업 가로막는 상속세 손질해야", 2017. 12. 6.
15) 대법원 1994. 2. 22. 선고 93누21750 판결.

시장에서 통용되는 가치와의 괴리가 큰 경우, 구체적으로 상증세법
상 시가가 시장에서 통용되는 가치보다 더 큰 경우 납세자에게 현금
납부의 원칙을 강요한다면 납세자는 상속세를 납부할 수 없는 상황
에 직면할 수 있다.

(2) 물납의 상증세법상 시가평가의 한계를 보완하는 기능

이때에는 상속받은 재산으로 상속세를 납부할 수 있게 하는 것이
합리적이다. 일반적으로 뒤에서 보는 바와 같이 관리, 처분이 부적
당한 재산이 아니면 토지, 비상장주식으로도 물납이 가능하기 때문
에 설령, 토지, 비상장주식이 과대평가되었다고 하더라도 이러한 재
산으로 납부를 하면 과대평가된 부분에서 상속세율이 차지하는 부
분(이하 'A')은 과대평가된 부분의 세액효과를 상쇄하게 되고, 과대
평가된 부분에서 A를 제외한 나머지 부분은 다른 상속재산 중 과대
평가된 부분에 대한 상속세액효과를 상쇄시키거나 다른 상속재산
중 정상평가된 상속재산에 대한 상속세 부담을 줄이게 되어 경우에
따라서는 납세자에게 오히려 유리할 수도 있다.[16]

예컨대, 총 상속재산이 1,000이고[토지①은 납세자가 매각가능하
다고 생각하는 가액은 100, 공시지가 200(매매사례가액은 없음),
토지②는 납세자가 매각가능하다고 생각하는 가액은 150, 공시지
가 200(매매사례가액은 없음), 비상장주식 400, 현금 200], 상속세액
이 300이라고 가정하면 물납할 수 있는 세액은 240(1,000 * 80%)이

---

16) 물납의 한도로 인하여 현금 납부할 부분을 과대평가된 부분이 충당하지
는 못한다.
상증세법 시행령 제73조【물납신청의 범위】① 법 제73조에 따라 물납을
신청할 수 있는 납부세액은 상속재산 중 제74조 제1항에 따라 물납에 충
당할 수 있는 부동산 및 유가증권의 가액에 대한 상속세 납부세액을 초과
할 수 없다.

고, 이 경우 토지①을 물납하면 과대평가된 100에서 세율 30%에 해당하는 30은 토지①의 A에 해당하고, 나머지 70은 토지②의 과대평가되어 초과납부해야 하는 세액 15(50 * 30%)와 비상장주식에 대한 세액으로 구성된다.

물론, 이러한 경우 국가입장에서는 일정부분 국고손실이 발생하고, 다른 납세자와의 관계에서 일부 형평성이 침해될 수 있다. 그러나 국가가 주장하는 시가에 대한 평가위험은 국가가 당연히 부담하는 것이 타당하다. 만약, 납세자 입장에서 과대평가되었다고 생각되는 상속재산의 물납이 불가능하다면, A에 대해서는 납세자가 현금으로 상속세액을 더 부담해야 하는데, 납세자에게 과도한 부담을 지울 가능성이 높다. 또한, 쟁점판결과 같은 경우 과세관청과 납세자 간에는 상속재산의 시가에 대한 평가차이가 5.4~8배가 나는데, 상속세액은 누진세율이라 이보다 더 큰 차이가 발생하고, 상속인들은 해당 토지를 과세관청이 물납으로 받아주지 않는다면 납부할 다른 방법이 없게 된다. 상속, 증여받은 재산가액은 나중에 양도를 할 때 취득가액이 되므로 설령 상속재산이 과대평가되었다고 해도 그 부분이 취득가액이 되어 양도소득세를 줄일 수 있다는 주장을 할 수도 있으나, 앞의 쟁점판결에서 취득가액이 256억 원이 된다하더라도, 나중에 그 가격으로 매각할 수 없다면 의미가 없다.

3. 현행 상속세 물납규정의 문제점

가. 관리처분이 부적당한 재산의 물납 불허

상증세법 시행령 제71조 제1항은 "세무서장은 법 제73조 제1항의 규정에 의하여 물납신청을 받은 재산이 다음 각 호의 1에 해당하는 사유로 관리·처분상 부적당하다고 인정하는 경우에는 그 재산에 대한 물납허가를 하지 아니하거나 관리·처분이 가능한 다른 물납대상 재산으로의 변경을 명할 수 있다"라고 규정하며, "1. 지상권·지역권·전세권·저당권 등 재산권이 설정된 경우, 2. 물납 신청한 토지와 그 지상건물의 소유자가 다른 경우, 3. 토지의 일부에 묘지가 있는 경우, 4. 제1호 내지 제3호와 유사한 사유로서 관리·처분이 부적당하다고 기획재정부령이 정하는 경우"를 나열하고 있다. 제4호의 위임을 받은 상증세법 시행규칙 제19조의4는 "영 제71조 제1항 제4호에서 기획재정부령이 정하는 경우란 다음 각 호의 것을 말한다"라고 규정하며, "1. 건축허가를 받지 아니하고 건축된 건축물 및 그 부수토지, 2. 소유권이 공유로 되어 있는 재산, 3. 자본시장과 금융투자업에 관한 법률에 따라 상장이 폐지된 경우의 해당 주식 등, 4. 제1호 내지 제3호와 유사한 것으로서 국세청장이 인정하는 것"을 나열하고 있다.

상증세법은 관리, 처분이 부적당한 재산의 유형으로 대부분 부동산에 대해 규정하고 있고, 이러한 유형에 해당하는 재산은 물납이 되지 않는다. 국가입장에서는 물납으로 수납한 재산을 매각하여 현금화해야 다른 예산으로 사용할 수 있기 때문에, 가급적이면 관리가 쉽고, 매각이 용이한 자산을 수납하기를 원하게 되고, 이러한 취지에서 관리, 처분이 부적당한 재산은 물납을 허가하지 않는 것으로 이해된다.

그러나 관리처분이 부적당하다고 하여 물납을 거부하게 되면, 납세자는 과대평가된 상속재산에 대한 상속세를 추가 부담하는 것을 넘어 상속세 자체를 납부할 수 없는 상황에 직면할 수 있다. 쟁점판결의 경우 과세관청과 납세자간에는 상속재산 평가에 대한 다툼이 있고, 그 차이는 209억 원을 초과[17]한다. 이 경우 상속인들은 본인들이 예상한 것 이상으로 추가로 부담해야 하는 상속세액은 최소한

100억 원 이상[18])이 된다. 피상속인이 충분한 현금재산을 상속하거나, 상속인들이 현금으로 납부할 자력이 있다면 다행이나 그렇지 않다면, 일반적인 경제수준에서의 상속인들은 이를 모두 현금으로 납부할 수 없다. 그런데, 쟁점판결의 사실관계를 보면 토지에 저당권이 설정되어 있어 상증세법 시행령에서 규정하는 관리처분이 부적당한 재산에 해당하여 물납이 허용되지 않는다.

정리하면, 쟁점판결에서 과세관청은 상속재산으로 약 209억 원이상이 신고된 가액보다 더 증액되어야 하고 상속세액 기준으로 최소한 약 100억 원 이상을 더 부담해야 한다고 주장하고 있고, 납세자는 과세관청이 주장하는 평가액은 시가를 반영한 것이 아니라고 하는 상황인데, 이러한 경우 토지의 시가가 납세자의 신고가액보다 높다고 주장하는 과세관청이 토지를 물납으로 수납하는 것이 합리적이다. 그러나 현행 물납규정에 따르면 해당 토지는 관리, 처분이 부적당한 재산에 해당하여 물납이 허용되지 않는다. 그렇다면, 쟁점판결의 납세자는 어떻게 상속세를 납부해야 하는가?

나. 비상장주식의 후 순위 물납

상증세법 시행령 제74조 제1항은 "법 제73조에 따라 물납에 충당할 수 있는 부동산 및 유가증권은 다음 각 호의 것으로 한다"라고 규정하며, "1. 국내에 소재하는 부동산, 2. 국채·공채·주권 및 내국법인이 발행한 채권 또는 증권과 그 밖에 기획재정부령으로 정하는 유가증권. 다만, 다음 각 목의 어느 하나에 해당하는 유가증권은 제외한다. 가. 거래소에 상장된 것. 다만, 최초로 거래소에 상장되어 물납

---

17) 개별공시지가 256억 원 -(47억 원 또는 32억 원).
18) 209억 원 * 50% (256억 원 - 10억원(배우자, 기본공제) - 30억 원을 초과하여 50%한계세율 적용).

허가통지서 발송일 전일 현재 「자본시장과 금융투자업에 관한 법률」에 따라 처분이 제한된 경우에는 그러하지 아니하다, 나. 거래소에 상장되어 있지 아니한 법인의 주식등. 다만, 상속의 경우로서 그 밖의 다른 상속재산이 없거나 제2항제1호부터 제3호까지의 상속재산으로 상속세 물납에 충당하더라도 부족하면 그러하지 아니하다"를 나열하고 있고, 제2항은 "1항에 따라 물납에 충당하는 재산은 세무서장이 인정하는 정당한 사유가 없는 한 다음 각 호의 순서에 따라 신청 및 허가하여야 한다"라고 규정하며, "1. 국채 및 공채, 2. 제1항 제2호 가목 단서에 해당하는 유가증권(제1호의 재산을 제외한다)으로서 거래소에 상장된 것, 3. 국내에 소재하는 부동산(제6호의 재산을 제외한다), 4. 제1항 제2호에 해당하는 유가증권(제1호, 제2호 및 제5호의 재산은 제외한다), 5. 제1항 제2호 나목 단서에 해당하는 거래소에 상장되어 있지 아니한 법인의 주식 등, 6. 상속개시일 현재 상속인이 거주하는 주택 및 그 부수토지"를 나열하고 있다.

상증세법은 관리처분이 가능한 부동산과 소정의 요건을 충족하는 유가증권은 물납을 허용하고 있는데, 비상장주식의 경우 다른 상속재산 중 부동산이 있는 경우에는 부동산으로 먼저 물납을 한 후 부족한 부분에 대해서만 물납이 가능하다.

예컨대, 정상평가된 부동산과 과대평가된 비상장주식이 상속재산이라고 한다면 물납재산의 납부순위에 따라 비상장주식의 과대평가된 부분에 대한 상속세액은 정상평가된 일부 부동산으로 더 납부해야 하는 문제가 발생한다.

Ⅳ. 상속세 물납규정의 개정방향

상속재산인 토지와 비상장주식의 시가를 납세자가 인정할 수 있을 만큼 정확히 산정하고, 이에 대한 객관적인 근거를 제시하는 것은 매우 어려운 일이다. 과세관청과 납세자간의 시가에 대한 이견으로 납세자가 조세심판원 및 법원에 불복을 제기하는 수많은 사례가 존재하는 이유이기도 하다. 법원 입장에서는 다른 납세자와의 형평성을 침해하지 않기 위해 논리적인 기준으로 시가를 판단할 수밖에 없고 이렇게 판단된 시가는 잠재적인 매수자가 구매를 희망하는 가격과는 큰 차이가 날 가능성이 있다. 상속세 물납제도는 시가평가가 가질 수밖에 없는 한계를 보완하는 기능을 하여 시가평가의 문제를 일부 해소하고 있다.

한편, 과세관청이 상속세액을 상속재산인 토지, 비상장주식으로 수납하는 경우 수납가액 이상으로 매각하는 것은 현실적으로 어렵다. 납세자 입장에서 물납하려는 재산은 시장에서 잘 매각되지 않거나, 본인이 생각하기에 과대평가된 재산일 것이기 때문이다. 따라서 물납재산의 매각결과 처분손실이 발생하고, 현금으로 상속세액을 납부한 다른 납세자와의 형평성 문제가 제기된다.

물납재산의 처분손실을 막기 위해 상속세 물납요건을 엄격하게 할수록 과대평가된 상속재산으로 인하여 과도한 상속세부담으로 고통 받는 납세자가 발생할 가능성이 높아지고, 상속세 물납요건을 완화할수록 현금 납부하는 납세자와 물납하는 납세자와의 형평성은 침해될 가능성이 높아질 것이다.

따라서 물납규정이 현행과 같이 유지되거나 요건이 더 엄격하게 되더라도 상속재산의 시가평가의 한계를 보완하는 물납의 기능은 현재보다 더 개선되어야 할 것으로 생각되고, 이를 위해서는 다음과 같이 상속세물납규정의 개정이 필요하다고 생각된다.

첫째, 과세관청과 납세자간 상속재산인 토지의 시가에 대해 분쟁이 있는 경우, 예컨대 납세자가 주장하는 가액과 과세관청이 주장하는 가액이 존재하고 과세관청이 존재하는 가액이 더 큰 경우, 관리, 처분이 부적당한 재산에 대한 예외규정을 신설하여 물납이 가능하도록 하여야 한다. 과세관청입장에서는 본인이 주장하는 시가로 상속재산을 수납해야 하기 때문에 시가에 대한 주장에 있어 보다 신중해 질 수 밖에 없고, 납세자입장에서는 과대평가된 상속재산으로 인한 상속세부담에서 벗어날 수 있게 된다. 또한, 물납의 형태에서 공유지분을 허용하여 정확히 상속세액만큼 국가가 해당 토지를 소유하되, 다른 공유자인 상속인은 상속재산의 매각에 적극 협조하게 하는 규정을 만든다면 과세관청과 납세자간의 이해관계가 어느 정도 조정이 될 것으로 생각된다.

둘째, 과세관청과 납세자간 상속재산인 비상장주식의 시가에 대한 분쟁이 있는 경우 물납순위의 예외규정을 신설하여 물납이 가능하도록 하여야 한다. 현행 상증세법은 부동산이 있는 경우 비상장주식의 선순위 물납이 불가능하기 때문에 납세자가 과도한 상속세액을 부담할 가능성이 있다. 따라서 과세관청과 납세자간의 시가평가에 대한 분쟁이 있는 경우에는 물납순위를 조정하여 비상장주식을 물납할 수 있게 하여야 한다.

한-EU FTA에서의 원산지증명에 관한 몇 가지 문제[*]

한 위 수 변호사·이 종 현 관세사

Ⅰ. 서론

우리나라와 유럽연합(EU)은 2010. 10. 6. 자유무역협정(이하, "한-EU FTA"라 한다)을 체결하여 2011. 7. 1. 발효되었다.

EU는 지역 총생산이 미국에 버금가는 거대 경제공동체이니만큼 우리나라와의 교역량도 규모가 크고,[1] 한-EU FTA가 발효된 지 상당한 시간이 지나 한-EU FTA를 둘러싼 법률적 쟁점도 많으며, 특혜관세적용을 둘러싼 수입자와 관세당국 간의 분쟁도 많이 발생하고 있다. 이러한 분쟁은 최종적으로 대법원의 판결에 의하여 종국적으로 해결될 것이나, 대법원의 판단이 나올 정도로 사건이 성숙되지 아니한 쟁점도 있으며 사안이나 관련세액이 크지 아니하여 대법원의 판단이 미처 나오지 못하는 상태에서 종결되는 경우도 많을 것이다.

---

[*] 이 글은 한국관세무역개발원에서 간행하는 계간 '관세와무역' 2017년여름호(통권 509호) 50면 이하에 게재된 것을 수정 보완한 것이다.

[1] 2015년의 경우 EU로부터의 수입액은 572억 달러로 총수입액 4,365억 달러의 13.1%를 차지하여 일본(458.5억 달러) 및 미국(440.2억 달러)으로부터의 수입액을 능가하고 있다고 한다(한국무역협회 K-stat 참조).

그러나 이러한 미해결의 쟁점에 대하여 오로지 관세수입을 증대시키는 방향으로만 처리할 수는 없을 것이며, 오히려 관세당국이 합리적으로 판단할 수 있도록 법률적으로 쟁점을 정리하고 적절한 논리구성 및 해결책을 제시할 필요성도 있을 것이다. 이 글은 그러한 시론의 하나로서, 다만 지면관계상 그중에서도 원산지증명에 관련된 쟁점에 대하여서만 다루고자 한다.

이를 위해서 먼저 한-EU FTA에서의 원산지증명제도가 다른 FTA와 비교하여 어떠한 특징이 있는지를 개괄한 다음, 한-EU FTA가 채택하고 있는 원산지증명제도인 이른바 인증수출자의 원산지신고의 효력과 관련하여, 수입자와 계약관계 없는 생산자 내지 선적자가 인증수출자로서 한 원산지신고가 유효한지, 또한 EU 역외 제3국에서 설립된 회사가 EU의 인증수출자로서 한 원산지신고가 유효한지를 검토한다.

나아가, 제3자가 발행한 송품장 등에 한 원산지신고가 유효한지, 제3자 발행의 송품장 등에 인증수출자의 번호만이 있는 원산지신고 문안이 기재된 경우 원산지신고인을 누구로 볼 것인지, 인증수출자의 원산지신고를 제3자가 대리 또는 대행한 경우에도 그 효력이 있는지 여부를 검토한다.

끝으로 수입국 관세당국이 수출국 관세당국에 원산지에 대한 간접검증을 의뢰한 경우 회신결과에도 불구하고 특혜관세대우를 배제할 수 있는지 여부 및 그러한 때에도 특혜관세대우를 배제할 수 없는 '예외적인 경우'가 어떠한 것인지를 차례로 검토한다.

Ⅱ. 한-EU FTA에서의 원산지증명의 특징

1. 원산지증명의 필요성과 의미

먼저, 원산지(country of origin)란 '상품이 생산된 국가' 즉 '상품의 국적'을 의미하는바, 원산지증명이 필요한 이유는 체약국가가 원산지로 인정되는 제품에 대해서만 협정상의 특혜관세가 허용되므로 이를 위해서는 당해물품이 협정에서 규정하는 원산지 요건을 충족하여야 하고 그러한 요건의 충족 여부가 서면으로 증명되어야 하기 때문이다.

수출입제품에 대하여 원산지증명을 첨부하도록 하는 것은 수출국의 입장에서는 원산지확인절차를 간소화하고 불필요한 비용을 제거할 수 있고, 수입국의 입장에서는 원산지를 확인하여 우회수출 등을 방지하고 수입자로서는 특혜관세의 적용을 확인받도록 하여 특혜관세배제의 불안감을 해소할 수 있도록 해준다.

2. 원산지증명의 방식

아래에서 보는 바와 같이, 원산지증명의 방식에는, (1) 수출국의 권한 있는 기관이 원산지증명서를 발급하는 기관발급방식과, (2) 수출자 또는 생산자가 스스로 원산지증명서를 발급하는 자율발급방식, (3) 이 두 가지 방식을 절충한 절충식이 있다.[2]

한-EU FTA는 6,000유로 이하 상품의 수출입에 대하여는 자율발급방식을, 위 액수를 초과하는 상품에 대하여는 당국으로부터 사전인증을 받은 수출자만이 원산지증명서를 발급할 수 있도록 함으로

---

2) 채형복, 『국제원산지제도』(높이깊이, 2011), 41면 이하 참조.

써 절충식을 취하고 있다.

가. 기관발급 원산지증명

법령과 협정이 정하는 방법과 절차에 따라 원산지국가의 세관 그 밖의 발급권한이 있는 기관(상공회의소 등) 등 제3자가 당해물품에 대하여 원산지를 확인하여 원산지증명서를 발급하는 방법을 말하며, 원산지증명서의 공신력이 높아 허위 원산지증명서가 발급될 가능성이 다른 방법에 비해 낮은 것이 특징이다. 아세안, 인도, 중국과의 FTA가 이 방식을 택하고 있다.

나. 자율발급 원산지증명

법령과 협정이 정하는 방법과 절차에 따라 수출자가 자율적으로 당해물품에 대해 원산지를 확인하여 작성·서명한 원산지증명서를 발급하는 방법을 말하며, 수출자 입장에서는 원산지증명서 발급절차가 신속·편리하고 비용도 들지 않지만, 수입자 입장에서는 허위 원산지증명서 발급의 위험성이 있다. 미주지역 및 터키, 뉴질랜드와의 FTA에서 이 방식을 채택하고 있다.

다. 인증방식 원산지증명

수출국 관세당국으로부터 사전에 인증을 받은 수출자에 한하여 원산지자율증명을 허용하는 방식으로 제한적 자율증명제도로 볼 수 있으며, 자율발급의 장점을 살리면서 단점을 보완하는 방식이다. EU 및 유럽자유무역연합(EFTA) 국가(스위스, 노르웨이, 아이슬란드, 리

히텐슈타인)와의 FTA가 이 방식을 택하고 있다.

3. 원산지증명을 할 수 있는 자

원산지증명을 할 수 있는 자는 원칙적으로 기관발급방식에서는 당해 기관이며 자율방식에서는 수출자라고 하겠으나, 생산자나 수입자에게 원산지증명을 할 수 있도록 하는 FTA도 있다. 예컨대, 한-미 FTA에서는 수출자 뿐만 아니라 수입자 또는 생산자가 원산지증명을 할 수 있으며, 한-호주, 한-캐나다, 한-콜롬비아, 한-뉴질랜드 FTA에서는 수출자 외에 생산자도 원산지증명을 할 수 있도록 하고 있다.

한-EU FTA에서는 수출자만 원산지증명을 할 수 있도록 하고 있으나, 수출자의 정의에 대한 규정이 없어 뒤에서 따로 논하는 바와 같이 원산지증명을 할 수 있는 수출자의 범위에 대한 논란이 있다.

[우리나라가 체결한 FTA 협정별 원산지증명방식 비교][3]

구분	한 -칠레	한 -싱가포르	한-EFTA	한 -아세안	한 -베트남	한 -인도	한 -EU	한-미국
발급 방식	자율	기관	인증	기관	기관	기관	인증	자율
발급 주체	수출자	기관	인증 수출자	기관	기관	기관	인증 수출자	수출자 생산자 수입자
서식	표준	표준	문구 기재	표준	표준	표준	문구 기재	없음
유효 기간	2년	1년	1년	1년	1년	12개월	1년	4년

---

3) 이영달, 『FTA 협정 및 법령해설』(세인북스, 2016), 316면 이하 참조.

구분	한-페루	한-터키	한-호주	한-캐나다	한-중국	한-콜롬비아	한-뉴질랜드
발급 방식	기관 or 인증	자율	한:자율 호:자율 or 기관	자율	기관	자율	자율
발급 주체	기관 or 인증 수출자	수출자	한:수출 (생산)자 호:수출 (생산)자, 기관	수출자 생산자	기관	수출자 생산자	수출자 생산자
서식	표준 or 문구 기재	문구 기재	표준	표준	표준	표준	표준
유효 기간	1년	1년	2년	2년	1년	1년	2년

4. 원산지 검증의 방식[4]

수입국 관세당국은 원산지증명서에 근거하여 협정관세를 적용할 것이지만 그 원산지증명서가 100% 정확하다고 할 수는 없다. 그러므로 수입국 관세당국이 원산지증명서류의 진위여부를 확인할 필요가 있을 때에는 원산지 검증을 실시하게 된다. 그런데 원산지증명서는 대부분 수출국에서 발급하게 되므로 관련자료도 수출자가 보관하는 경우가 많아 수입국 관세당국이 수입자를 통한 확인이 곤란하여 수출자 또는 생산자에 대한 검증이 필요하게 되는데 누가 어떤 방식으로 검증하게 할 것인지가 문제된다.

그리하여 원산지검증방식은, (1) 수입국 관세당국이 수출국의 수출자나 생산자를 대상으로 직접 검증을 수행하는 직접검증방식과

---

4) 이영달, 앞의 책, 464면 참조.

(2) 수입국 관세당국이 수출국 관세당국에 원산지검증을 의뢰하는 간접검증방식으로 나눌 수 있다.

직접검증방식은 효율성이나 신빙성의 차원에서는 우수하나 비용이 많이 들고 수출국에 대한 주권침해의 우려가 있으며, 간접검증방식은 주권침해의 우려는 없으나 수출국 관세당국이 자국수출자 보호를 위한 조사결과의 왜곡가능성 등 신빙성의 문제가 있다.

우리나라는 미국, 칠레, 캐나다 등 미주권 국가와의 FTA에서는 직접검증방식을, EFTA, EU, 터키와의 FTA에서는 간접검증방식을 취하고 있으며, 우선 수출국 관세당국에 간접검증방식을 요청하고 그 결과가 미흡한 경우에 직접검증방식을 취하는 절충식(아세안, 베트남, 중국과의 FTA 등)도 있다.

Ⅲ. 한-EU FTA에서의 원산지증명서를 발급할 수 있는 '인증수출자'의 범위

1. 들어가면서

앞서 본 바와 같이 한-EU FTA에서는 원산지증명서를 발급할 수 있는 자에 대하여 6,000유로 이하 상품의 수출입에 대하여는 수출자 자율발급방식을, 위 액수를 초과하는 상품에 대하여는 '인증수출자'만이 원산지증명서를 발급할 수 있는 방식을 택하고 있다.

그러므로 원산지증명을 발급할 수 있는 자는 먼저 '수출자'이어야 하나, 한-EU FTA에서는 수출자의 정의를 규정하지 않고 있어 누가 수출자인지가 문제가 된다. 나아가 EU회원국이 아닌 국가(예컨대 스위스, 노르웨이)에서 설립된 법인도 EU의 인증수출자가 될 수 있는지도 문제가 된다.

아래에서 차례로 본다.

2. 수입자와 계약관계가 없는 생산자나 판매자도 수출자가 될 수 있는가?

가. 문제의 소재

'수출'이란 단순히 자국의 물품을 외국으로 반출하는 행위이므로 '수출자'란 단순히 자국의 물품을 외국으로 보내는 자라는 의미가 될 수도 있다. 그러나 수출자는 수입자에 대응하는 의미가 있으므로 단순히 외국으로 물품을 보내는 자가 아니라 수입자와 계약관계를 가지고 물품을 보내는 자라는 한정된 의미를 가질 수도 있다. 특히 FTA에 따라 생산자나 판매자와 구별하여 수출자만이 원산지증명을 하도록 하는 경우에는 이러한 한정된 의미로 봄이 타당하다는 의견 도 가능하다.

그런데 다른 FTA에서는 수출자의 정의를 규정하기도 하나,[5] 한 -EU FTA에서는 수출자의 정의를 규정하고 있지 아니하다. 결국 그 수출자의 범위는 한국 및 EU의 내부 법령에 기초하여 그 범위를 정 할 수밖에 없다.

---

5) 예컨대, 한-아세안 FTA 부록 I 제1조("수출자라 함은 물품이 수출되는 당 사국의 영역 안에 소재하면서 그 물품을 수출하는 자연인 또는 법인을 말 한다."). 한-칠레 FTA 제5.1조("수출자라 함은 제5.4조에 따라, 상품이 수출 되는 당사국의 영역 내에 소재하면서 그 상품을 수출하고 그 당사국의 영 역 내에서 그 상품의 수출에 대한 기록유지의 의무를 지는 인을 말한다.")

나. 관련 규정

우리 관세법 제2조 제2호는 "'수출'이란 내국물품을 외국으로 반
출하는 것을 말한다."고 규정하고 있으나 수출자에 대한 정의 규정
은 없다. 따라서 수출자란 '수출을 하는 사람'을 의미하며 군이 수입
자와의 직접 계약관계는 없더라도 내국물품을 외국으로 반출하는
자는 수출자에 해당한다고 봄이 타당하다.

한편, 2013. 10. 9. 채택된 EU 관세법(UCC : Union Customs Code)[6]
과 그에 기하여 2015. 7. 28. 채택된 수임법률(DA: Delegated Act)[7] 제
1조 19호[Article 1 (19) UCC DA]는 수출자를, "(a) EU 관세영역 내에
서 설립된(established) 자로서, 수출신고 당시 제3국의 수하인과 계약
을 체결하고 EU 관세영역 외부 목적지로 인도되는 물품의 처분권한
을 가진 자, (b) 자연인의 개인수화물로 수출되는 경우에 그 물품을
휴대하는 자연인, (c) 그 외에, EU 관세영역 내에 설립된 자로서 EU
관세영역 외의 목적지로 인도되는 물품의 처분권한을 가진 자"로
정의하고 있다.[8]

---

6) Regulation (EU) No 952/2013 of the European Parliament and of the Council
of 9 October 2013 laying down the Union Customs Code(recast)(http://eur-lex.
europa.eu/LexUriServ/LexUriServ.do?uri=OJ:L:2013:269:0001:0101:EN:PDF.
2017. 4. 4. 확인).

7) COMMISSION DELEGATED REGULATION (EU) of 28.7.2015 supplementing
Regulation (EU) No 952/2013 of the European Parliament and of the Council
with regard to detailed rules of specifying some of the provisions of the Union
Customs Code(http://ec.europa.eu/transparency/regdoc/rep/3/2015/EN/3-2015-5195-
EN-F1-1.PDF, 2017. 4. 4. 확인).

8) 'exporter' means
  (a) the person established in the customs territory of the Union who, at the time
  when the declaration is accepted, holds the contract with the consignee in the
  third country and has the power for determining that the goods are to be brought

다. 수출자의 범위와 요건

위 정의규정에 의하면, 우선 수출자를 수입자와 계약관계 있는 자에 한정하지 않고 있다. 즉 Article 1 (19) (c) UCC DA는 수입자와의 계약관계 없더라도 수출품에 대한 처분권을 보유하면 수출자가 될 수 있음을 명시하고 있다.

한편, EU 등에서는 대외무역만 전문으로 하는 회사나 거대 다국적 기업 그룹 내에 대외유통만을 담당하는 회사(A)가 따로 설립되어 우리나라의 수입자(B)와 수출계약을 체결하고 그룹 내 당해 물품을 생산하는 별도회사(C)로 하여금 당해물품을 한국으로 바로 수출하게 하는 경우가 많다. 이 경우 생산자에 해당하는 C회사는 당해 상품에 대하여 처분권을 가지므로 위 EU규정상 수출자에 해당하고 따라서 인증수출자로서 당해 상품에 대하여 원산지증명도 할 수 있는 것이다. 결국 한-EU FTA에서는 원산지증명을 할 수 있는 자는 수출자에 한정되나 수입자와 계약관계가 없는 생산자나 중간판매자도 당해 물품에 대한 처분권을 보유하면 수출자로서 원산지증명을 할 수 있다는 결론이 된다.

그리하여 EU집행위원회에서는 2016. 1. 22.경 우리나라 관세청의 질의에 대한 회신에서, (1) A회사가 수입자와 계약을 하고 B회사가 생산하여 선적을 하였으나 수출신고는 A회사가 한 경우, (2) C회사

---

to a destination outside the customs territory of the Union,

(b) the private individual carrying the goods to be exported where these goods are contained in the private individual's personal baggage,

(c) in other cases, the person established in the customs territory of the Union who has the power for determining that the goods are to be brought to a destination outside the customs territory of the Union.

(http://ec.europa.eu/transparency/regdoc/rep/3/2015/EN/3-2015-5195-EN-F1-1.PDF, p.17, 2017. 4. 4. 확인).

가 수입자와 계약을 하고, D회사가 생산 및 수출신고를 한 경우(물품은 D → C(중간기착) → 수입자로 이동), (3) E회사가 수입자와 계약을 하고, F회사가 생산, 선적 및 수출신고를 한 경우, A, B, C, D, E, F회사는 수출신고를 직접 하지 않거나 수입자와의 계약관계가 없다고 하더라도 모두 원산지신고서를 발급할 수 있다는 회신을 한 바 있다.[9] 다만, 해당수출자는 소재한 관세당국으로부터 인증수출자 지위를 부여받아야 하며, 상품의 원산지를 관세당국에 입증하는 데 필요한 모든 서류를 구비하고 있어야 한다.

3. EU회원국이 아닌 국가에서 설립된 회사도 인증수출자가 될 수 있는가?

앞서 본 바와 같이 EU 관세법(UCC : Union Customs Code) 수임법률(DA: Delegated Act) 제1조 19호[Article 1 (19) UCC DA]는 EU 관세법상 수출자가 되기 위해서는 "EU 관세영역에서 설립된 자(the person established in the customs territory of the Union)"일 것이 요구된다.

그런데, 일반적으로 '설립(establish)'이란 용어는 회사의 설립을 의미하기 때문에 'EU 관세영역에서 설립(establish)된 회사'란 '당해 회사의 설립 준거법 국가 즉 설립된 회사의 국적이 EU회원국'이라고 해석될 여지가 없지 않다. 그렇게 해석할 경우 EU회원국이 아닌 국가(예컨대 스위스, 노르웨이 등)에서 설립된 회사는 EU관세법상 수출자가 될 수 없고 그 회사가 인증수출자로서 원산지증명을 하더라도 특혜관세의 적용을 받지 못하게 될 수 있다.

그러나 EU관세법 제5조 31호 및 32호 [Article 5 (31) UCC, Article 5 (32) UCC]는 'EU 관세영역에서 설립(establish)된'이란 의미를 명시

---

9) 2016. 1. 22.자 원산지지원담당관-195 관세청장의 '한-EU 원산지증명서 발행권한 있는 수출자에 대한 EU집행위원회 의견통보'.

적으로 규정하고 있는데, 위와 같이 보고 있지 않다. 즉 EU관세법 제5조 31호는, "EU 관세영역에서 설립된 자(the person established in the customs territory of the Union)"란 '자연인의 경우에는 EU관세영역에 거소(habitual residence)를 가지고 있는 사람'을, '법인이나 단체의 경우에는 EU관세영역에 등록된 사무실, 본점 또는 항구적인 사업체(a permanent business establishment)를 가지고 있는 자'로 정의하며[10], EU관세법 제5조 32호는 '항구적인 사업체(a permanent business establishment)'를 '필요한 인적 및 기술적 자원이 항구적으로 존재하고 그를 통하여 관세관련 활동이 전적으로 또는 부분적으로 수행되는 고정사업장(fixed place of business)'으로 정의하고 있다.[11]

이에 따르면 EU 역내에 본점을 두고 있지 아니한 회사 내지 EU 회원국이 아닌 국가의 법률에 의하여 설립된 회사도 EU 역내에 고정사업장을 가지고 있으면 'EU 관세영역에서 설립(establish)된 회사'가 될 수 있다.

한편, 한-EU FTA 부속서 4[주해] 제9조 다호가 "원산지증명이 이 협정의 비당사자의 수출자에 의해 발행되었을 경우" "특혜대우가

---

10) "person established in the customs territory of the Union" means:
    (a) in the case of a natural person, any person who has his or her habitual residence in the customs territory of the Union;
    (b) in the case of a legal person or an association of persons, any person having its registered office, central headquarters or a permanent business establishment in the customs territory of the Union;
    (http://eur-lex.europa.eu/LexUriServ/LexUriServ.do?uri=OJ:L:2013:269:0001: 0101:EN:PDF p.L269/14. 2017. 4. 4. 확인).

11) "permanent business establishment" means a fixed place of business, where both the necessary human and technical resources are permanently present and through which a person's customs-related operations are wholly or partly carried out; (http://eur-lex.europa.eu/LexUriServ/LexUriServ.do?uri=OJ:L:2013:269:0001: 0101 :EN:PDF p.L269/14, 2017. 4. 4. 확인).

원산지증명의 검증 없이 거절될 수 있다.”고 규정하고 있음을 이유로 EU회원국이 아닌 나라의 회사가 한 원산지신고는 효력이 없다고 주장하는 견해12)가 있다.

　그러나 앞서 본 EU의 법령 등에 비추어보면, 위 규정에서의 “이 협정의 비당사자의 수출자”는 “비당사자 국적의 수출자” 또는 “본점 소재지가 비당사자 국가인 회사”로 보기 어렵고, 이는 어디까지나 “당사자 국가에 소재하지 않는 회사” 내지 “EU 관세영역에서 설립되지 아니한 회사” 즉 “EU회원국이 아닌 나라의 국적을 가지면서 EU회원국 내에 고정사업장을 가지고 있지 아니하는 수출자”의 의미라고 할 것이다.

　따라서 EU회원국이 아닌 노르웨이 국적의 회사라도 EU회원국인 영국의 런던에 고정사업장이 있으면 EU의 인증수출자가 될 수 있으며, EU회원국으로부터 인증수출자의 지위를 부여받았다면 당해국가의 인증수출자로서 당연히 유효한 원산지신고를 할 수 있다고 보아야 한다.

　한편 조세심판원은 노르웨이에 본점이 있는 법인이 영국에서 사업활동을 하면서 영국 관세당국으로부터 인증수출자지위를 부여받아 원산지신고를 한 사안에서 영국 관세당국에 간접검증 등의 방법으로 원산지신고의 진위와 유효성을 재조사하여 그 결과에 따라 처분하도록 결정한 바 있다.13)

---

12) 조심 2015관0341, 2016. 9. 23. 사건에서 과세관청이 그렇게 주장하였다.
13) 조심 2016관0069, 2017. 11. 15.

IV. 제3자 발행의 송장에 한 원산지신고의 유효성

1. 문제의 소재

한-EU FTA 원산지의정서 제15조 제1항은 '원산지신고서'라 지칭되는 신고서에 근거하여 협정상 특혜관세대우를 받으며, "원산지신고는 해당제품이 확인될 수 있도록 충분히 상세하게 그 제품을 기술하는 송품장(invoice), 인도증서(a delivery note), 그 밖의 상업서류(any other commercial document)상에 수출자에 의하여 행해진다."고 규정하고 있고, 같은 의정서 제16조 제4항은 "원산지신고서는 부속서 3에 규정된 언어본 중 하나를 사용하고 수출당사자의 법령에 따라, 송품장, 인도증서 또는 다른 상업서류에 부속서 3에 나타난 문안을 타자로 치거나 스탬프로 찍거나 인쇄함으로써 수출자에 의해 작성된다."고 규정하고 있다.

한편, 부속서 3에 기술된 원산지신고서의 한국어 문안은, "이 서류의 적용대상이 되는 제품의 수출자(세관인증번호...)는 달리 명확하게 표시되는 경우를 제외하고, 이 제품은 ...의 특혜원산지 제품임을 신고한다.(장소) (일시) (서명)"14)이다.

그런데 원산지 신고 문안이 기재되는 송품장 등 상업서류는 원산지신고를 하는 수출자가 작성한 상업서류에만 가능한지, 제3자가 작성한 상업서류에 원산지신고문구를 기재하는 것도 가능한지가 문제된다.

---

14) 영어문안은 "The exporter of the products covered by this document (customs authorization no.) declares that except where otherwise clearly indicated these products of ... preferential origin."이다.

2. 관세청의 입장

관세청은 원칙적으로 수출자 본인이 발행한 상업서류에 원산지 신고문구를 작성할 수 있으며, 다만, 제3자가 발행한 상업서류에 원산지신고를 할 경우 수출자의 이름과 작성일자 및 작성장소가 별도로 기재되어야 한다는 입장으로 보인다. 따라서 제3자가 발행한 상업서류에 오로지 인증수출자의 번호가 포함된 원산지신고문안만이 인쇄되어 있는 경우에는 그 상업서류를 발행한 자가 인증수출자의 번호를 도용하여 원산지신고를 한 것이므로 그 원산지신고는 무효라고 보고 있다.[15)]

이는 아마도 제3자가 발행한 상업서류에 별도로 수출자의 이름이 표시됨이 없이 원산지 신고 문안만이 기재된 경우에는 그 원산지신고는 이름이 명기된 상업서류 발행인이 작성한 것으로 보아야 하기 때문이라고 추측된다.

3. 제3자 발행의 상업서류에 한 원산지신고의 효력

그러나, 다음과 같은 사정에 비추어 수출자는 제3자가 발행한 상업서류에도 원산지신고를 할 수 있다고 할 것이다.

먼저, 협정문 조문상 원산지신고는 '상업서류'에 할 수 있다고만 규정되어 있을 뿐 '자신이 발행한 상업서류'로 한정하고 있지 아니하다. 특히 선적자 내지 송하인은 세관으로부터 인증을 받지 못한

---

15) 예컨대, 제2016-292호 과세전적부심사청구 사건에서의 2017. 1. 12.자 세관장의견서는, A사가 발행한 송품장에 B사의 인증수출자번호만이 기재된 원산지신고문안이 인쇄되어 있는 경우 원산지신고자는 A사이고 A사는 인증수출자가 아니면서 인증수출자인 B사의 인증번호를 도용한 것이므로 그 원산지신고는 효력이 없다고 주장하고 있다.

상태에서 생산자 내지 수출계약자만 세관으로부터 인증을 받은 경우가 허다한데 그 경우에는 선적자 내지 송하인의 작성한 상업서류에 생산자 내지 수출계약자가 인증수출자로서 원산지신고를 하게 될 것인데 그러한 원산지신고의 효력을 부인할 아무런 이유가 없다.

즉 인증수출자번호는 특정 물품(product)이나 특정 서류(document)에 부여되는 것이 아니라 특정 수출자(exporter)에게 부여되는 것이므로, 원산지신고서에 인증수출자번호를 기재하도록 한 취지는 바로 그 인증수출자번호의 보유자를 해당 물품의 수출자(the exporter)로 특정하기 위한 것이라고 보아야 할 것이다. 따라서, 원산지신고의 주체인 수출자는 해당 원산지신고서에 기재된 인증수출자번호의 보유자가 누구인지에 따라 결정되는 것이지, 해당 원산지신고서가 기재된 서류(document)의 명의인이 누구인지에 따라 결정될 수는 없다.

또한, 앞서 본 바와 같이 한-EU FTA 원산지의정서 제15조 제1항에 따르면 원산지신고는 송품장(invoice), 인도증서(a delivery note), 그 밖의 상업서류(any other commercial document)에 행하여지는바, 무역거래에 있어서 위와 같은 서류들은 수출자에 의하여 작성되는 경우가 많기는 하나 반드시 모든 경우에 있어서 수출자에 의하여 작성되는 것은 아니고, 그와 같이 강제하는 규정이 존재하지도 않으므로 위와 같은 서류의 명의인은 반드시 수출자이어야 한다고 판단할 근거도, 당위성도 없다. 따라서 한-EU FTA 원산지신고서에 있어서 위와 같은 서류들이 갖는 의미는 '수출자가 원산지를 증명하고자 하는 물품(the products covered by this document)이 무엇인지(종류, 명칭, 규격, 수량 등)를 특정'하는 것에 불과할 뿐, '해당 물품의 수출자를 특정'하는 것과는 무관하다.

나아가, EU는 제3국인이 발행한 상업서류에 한 원산지신고도 유효함을 명확히 하고 있으므로 제3자가 발행한 상업서류에 한 원산지신고가 유효함은 당연하다. 즉 2011. 12.경 개최된 한-EU FTA 제1

회 관세 위원회 요약보고서의 Annex VI의 item number 14에 따르면, 원산지의 증명은 당사국 수출자의 원산지신고서에 의하도록 되어 있고, 원산지신고서는 인증수출자에 의해서 작성되어야만 하나 비당사국의 제3자가 작성하는 송품장(third party invoicing)이 금지되는 것은 아니라고 밝히고 있고, '제3차 한·EU FTA 관세위원회' 회의에서 양 당사자는 같은 FTA 제16조 제4항의 "다른 상업서류"와 관련하여 선하증권은 포함하지 않으나 제3국 발행 송품장에 원산지신고가 작성된 것은 유효한 것으로 동의하였다고 한다.[16]

한편, 조세심판원도, 제3자가 작성하고 원산지 신고문안이 인쇄되어 있는 송품장을 수출자가 출력하여 하단에 수출자의 명판을 찍은 다음 서명하여 수입자에게 송부한 사안에 대하여, "무역거래 관행상 송품장 등의 상업서류가 비당사국에서 다시 발행되는 경우에도 원산지신고서는 EU역내의 (인증)수출자가 작성한 상업서류만 유효"하다는 처분청의 주장을 배척하고, 그 원산지신고가 유효하다고 판시한 바 있다.[17]

4. 제3자발행의 상업서류에 인증번호만이 기재된 원산지신고의 효력

한편, 인증수출자가 아닌 제3자가 발행한 송품장 등 상업서류에 수출자의 인증번호만 기재되고 장소와 일시, 수출자 서명 또는 기명이 기재되지 아니한 원산지신고 문안이 인쇄되어 있는 경우가 적지 않은데, 이러한 경우에도 인증수출자의 원산지신고로서 유효하다고 볼 수 있는지 논란이 있을 수 있다.

이는 설사 제3자 발행의 상업서류에 원산지신고를 하는 것이 허

---

16) 조심 2014관0311, 2016. 10. 28. 참조.
17) 조심 2014관0311, 2016. 10. 28.

용된다고 하더라도 그 형식이 미비되어 효력이 없다고 볼 여지가 있기 때문이다.[18]

그러나 아래와 같은 사정에 비추어 제3자발행의 상업서류에 한 원산지신고에 수출자의 인증번호가 기재된 경우에는 설사 수출자의 서명 또는 기명과 작성일자, 작성장소가 별도로 기재되지 않더라도 유효한 원산지신고로 보아야 할 것이다.

첫째, 한-EU FTA 원산지의정서 '부속서3'의 원산지신고문안에 대한 각주 (1)은, "원산지신고서가 인증수출자에 의해 작성되는 경우 인증수출자의 인증번호가 이 란에 기재되어야 한다. 원산지신고서가 인증수출자에 의해 작성되지 아니하는 경우 괄호안의 단어는 생략되거나 빈칸으로 남겨둔다."고 규정하고 있는바, 인증번호란이 생략되거나 빈칸으로 남겨져 있지 아니하고 인증번호가 기재되었다면 원산지신고서는 당해 인증번호를 보유하는 인증수출자가 작성한 것으로 추정된다고 할 것이다.

둘째, 한-EU FTA 원산지의정서 '부속서3'의 원산지신고문안에 대한 각주 (3)은 원산지신고서의 작성 일시 장소를 기재하여야 하나 그 정보가 문서 자체에 포함되는 경우 그 표시는 생략될 수 있다고 규정하고 있다. 따라서 원산지 신고 중 일시 장소란이 공란으로 되어 있더라도 그 자체 형식위반으로 무효가 되는 것이 아니라 원산지신고문안이 인쇄된 상업서류(송품장 등)에 일시 장소가 기재되어 있다면 원산지신고의 일시 장소도 그와 동일하다는 취지이므로[19] 원산지신고의 효력이 문제될 수 없다.

---

18) 앞서 본 바와 같이 우리 관세청은 송품장 등에 원산지신고문안이 인쇄된 경우 원산지신고는 송품장등의 발행인이 한 것으로 보고 있고, 원산지 신고서에 별도의 일시, 장소, 인증수출자의 서명이 있어야만 인증수출자의 유효한 원산지신고로 인정하는 입장에 있는 것으로 보인다. 각주 15) 참조.
19) 위 조심 2014관0311, 2016. 10. 28. 참조.

셋째, 한-EU FTA 원산지의정서 제16조 제1항은 "원산지신고서에는 수출자의 원본서명이 수기로 작성된다. 그러나 제17조의 의미상 인증수출자는, 자신임이 확인되는 원산지신고서에 대해 본인에 의해 수기로 서명된 것처럼 모든 책임을 지겠다는 서면약속을 수출당사자의 관세당국에 제공된 경우에 한하여, 그러한 신고서에 서명하도록 요구받지 아니한다."고 규정하고 있다. 한편, 한-EU FTA 원산지의정서 '부속서3'의 원산지신고문안에 대한 각주 (4)는, "수출자의 서명이 요구되지 않는 경우, 서명의 면제는 서명자의 기명이 면제된다는 것을 의미한다."고 규정하고 있다. 결국 원산지신고서에 수출자의 서명 또는 기명이 누락되어 있더라도, 이는 인증번호의 보유자인 수출자가, 당해 원산지신고의 위조를 주장하지 않는 한, 본인에 의해 수기로 서명된 것처럼 모든 책임을 지겠다는 서면약속을 수출당사자의 관세당국에 제공하였고 따라서 그 원산지신고의 효력을 인정하겠다는 취지이므로, 수출자의 서명 또는 기명의 누락을 이유로 원산지신고의 효력을 문제삼을 수 없다는 의미가 될 것이다. 반대로 인증번호보유자가 서명 또는 기명의 누락을 이유로 원산지신고의 효력이 없다고 다툰다면 그 상대방은 한-EU FTA 원산지의정서 제16조 제1항에 따라 그 인증번호보유자가 수기로 서명된 것처럼 모든 책임을 지겠다는 서면약속을 수출당사자의 관세당국에 제공하였다는 입증을 하여야만 그 효력을 인정할 수 있을 것이다.

V. 인증수출자의 원산지신고를 제3자가 대리 또는 대행할 수 있는가?

1. 문제의 소재

인증수출자의 의뢰를 받은 제3자가 인증수출자를 대리하여 원산지 신고를 하거나(즉, 대리관계를 표시하여 대리인의 이름으로 원산지 신고를 하는 경우) 제3자가 인증수출자의 이름으로 원산지신고를 사실상 대행(代行)한 경우가 있을 것인데, 그러한 원산지 신고도 효력을 인정할 것인지 문제될 수 있다. 특히, 앞서 본 바와 같이 거대 다국적기업그룹에서 인증수출자로 등록한 회사와는 별개의 계열회사가 설립되어 인증수출자회사의 수출업무를 전적으로 대리하여 송장발행은 물론 원산지신고까지 대리하는 경우에 심각한 문제가 된다. 또한 제3자가 발행하는 송장에 원산지신고를 할 경우 송장발행인에게 원산지신고문안 기재까지 대행하도록 위탁하는 경우도 있을 것이다.

2. 관련규정 및 관세청의 입장

'자유무역협정의 이행을 위한 관세법의 특례에 관한 법률'(이하, FTA관세특례법) 제9조의2 제1항 제2호는 "협정에서 정하는 방법과 절차에 따라 수출자, 생산자 또는 수입자가 자율적으로 해당물품에 대한 원산지를 확인하여 작성·서명할 것"이라고 규정하고 있고, 한-EU FTA 의정서 제16조 제1항 가목은 인증수출자가 원산지신고서를 작성한다고 규정하고 있을 뿐, 한-EU FTA는 어디에도 대리 또는 대행에 의한 원산지신고를 금지하거나 이를 허용하는 규정이 없으며 대리 또는 대행에 의한 원산지신고의 효력에 대하여 언급하는 명시적인 규정은 존재하지 않는다.

한편, 관세청은 한-EU FTA상 원산지신고서를 작성할 수 있는 자를 한정하고 있고, 한-EFTA FTA에서는 명문으로 원산지 신고의 대리 대행을 허용하는 규정[20]을 두고 있음에 반하여 한-EU FTA에는 그러한 명문의 규정이 없다는 이유로 대리 또는 대행에 의한 원산지신고는 허용되지 아니한다는 입장을 취하고 있다.[21]

3. 대리·대행에 의한 원산지 신고의 효력

한-EU FTA 원산지규정에는 대리·대행를 허용하는 명문의 규정도, 대리·대행을 금지하는 명문의 규정도 두고 있지 않으므로, 대리의 허용 여부는 대리의 일반 법리에 따라 결정하여야 할 것이다.

우리나라에서는 일반적으로, 법률상 특별한 규정이 있거나, 혼인·유언 등 그 성질상 반드시 본인이 하여야 하거나, 본인에게 불리한 결과를 초래할 수 있어 본인의 보호를 위해서는 대리를 금지하여

---

20) 한-EFTA FTA 부속서 1 제15조 제8항("이 조의 목적상 국내법령에 따라 상품의화주로부터 원산지신고서의 작성권한을 서면으로 위임받지 아니하는 한 운송중개인, 관세사 또는 이와 유사한 자는 '수출자'의 개념에 포함되지 아니한다.")을 지칭하는 것으로 보인다.

21) 그리하여, 영국의 인증수출자 지위를 보유하고 있는 Shell Trading International Limited(이하 'STIL사')보부터 원유를 수입하면서, STIL사와 관리계약(management agreement)에 따라 STIL사의 수출업무를 대리하는 Shell International Trading and Shipping Company Limited(이하 'STASCO사') 가 STIL과의 대리관계를 명시하여 발행한 송품장에 STIL사의 인증번호를 사용하여 기재한 원산지신고에 대하여, 관세청은 비인증수출자에 의하여 발행된 원산지신고라는 이유로 협정관세 적용을 배제한 바 있다. 이는 결국 인증수출자의 원산지신고는 제3자가 대리할 수 없다는 입장에 선 것으로 판단된다.

야 할 특별한 사정이 없는 한 법률행위에 대하여는 대리가 허용되고, 의사의 통지나 관념의 통지와 같은 준법률행위에 대하여 의사표시에 관한 규정이 유추되어 역시 대리나 대행이 허용된다고 본다.22)

또한 원산지신고는 수출자의 수입자에 대한 사법상 행위가 아니라 수입국 관세당국에 대한 공법행위(즉 사인의 공법행위)로 볼 여지가 있으나, 설령 이를 사인의 공법행위라고 보더라도, 법률상 금지 규정이 존재하거나 행위의 본질적 성격상 대리가 허용되지 않는 경우(예 : 투표, 선서, 증언 등)가 아닌 한 대리는 당연히 허용된다는 것이 하급심의 판례23)이자 행정법학계의 통설적 견해이다.24)

한편 한-EU FTA 의정서 제16조 제1항 가목에서 인증수출자가 원산지신고서를 작성한다고 규정하고 있는 것은 어디까지나 원산지신고서의 작성 권한이 인증수출자에게 있음을 의미하는 것이지, 원산지신고서를 반드시 인증수출자 본인이 직접 작성하여야 하며 대리나 대행이 허용되지 않음을 의미한다고 할 수는 없고, 한-EU FTA에서의 원산지신고의 성격을 보더라도 본인의 보호를 위하여 반드시 본인이 하여야 하는 행위라고 보기 어려우며 오히려 원산지신고는 인증수출자를 위한 제도이므로 당연히 대리나 대행이 허용된다고 할 것이다(다만, 원산지신고자가 누구인지 확실히 알 수 있도록 하기 위해서는, 대리인은 민법 제114조에 따라 대리인의 자격으로 본인인 인증수출자를 위하여 한다는 표시를 하여야 할 것이며 대리인

---

22) 지원림, 『민법강의』, 제5판(홍문사, 2007년), 228면 참조.
23) 서울고등법원 2009. 12. 16. 선고 2009누5451 판결("납세의무자의 납세신고 행위는 조세채권채무관계를 발생시키는 법률요건으로서 사인의 공법행위에 해당하며, 사인의 공법행위는 법령에 의하여 대리가 허용되지 않는 경우나 성질상 허용되지 않는 경우를 제외하고는 대리가 가능하다 할 것이고 대리에 따른 법률관계는 민법의 일반원칙에 의한다고 할 것이다.")
24) 김동희, 『행정법강의』, 2006년, 126면; 박균성, 『행정법론(상)』, 제12판(박영사, 2013년), 114면; 김중권, 『행정법』, 제2판(법문사, 2016년), 243면.

의 이름만 표시하여서는 아니될 것이다).

나아가, 관세청이 예외적으로 대리를 허용하는 규정이라고 주장하는 한-EFTA FTA 부속서 1 제15조 제8항은 "이 조의 목적상 국내 법령에 따라 상품의 화주로부터 원산지신고서의 작성권한을 서면으로 위임받지 아니하는 한 운송중개인, 관세사 또는 이와 유사한 자는 '수출자'의 개념에 포함되지 아니한다."는 것으로서, 이는 그 문언에 비추어 "원칙적으로 금지되는 대리행위를 예외적으로 허용해주는 규정"이 아니라, "(대리는 당연히 허용되는 것이되) 대리권 수여에 관한 서면증명을 요구하는 규정" 즉, 원산지증명 권한을 위임함에 있어서 구두위임은 허용하지 않고, 서면위임만으로 그 방식을 제한하는 취지라고 보는 것이 합리적인 해석이라고 할 것이며, 이러한 조항이 없는 한-EU FTA는 오히려 서면증명이 없이도 대리권 수여를 허용하는 것으로 봄이 타당하다.

그렇다면 한-EU FTA에 대리 또는 대행에 의한 원산지증명의 효력 유무에 관한 명시적인 규정이 없고, 한-EU FTA 원산지의정서 제16조 제4항은 "원산지신고서는 부속서 3에 규정된 언어본 중 하나를 사용하고 수출당사자의 법령에 따라 ... 작성된다."고 규정하고 있으므로, 결국 수출국의 법령상[25] 대리 또는 대행에 의한 원산지 신고가 허용되는지 여부에 따라서 대리 또는 대행에 의한 원산지 신고의

---

25) 우리 국제사법 제17조 제2항은 행위지법에 의하여 행한 법률행위의 방식은 유효하다고 규정하고, 국제사법 제18조 제2항은 "대리인의 행위로 인하여 본인이 제3자에 대하여 의무를 부담하는지의 여부는 대리인의 영업소가 있는 국가의 법에 의하여, 대리인의 영업소가 없거나 있더라도 제3자가 이를 알 수 없는 경우에는 대리인이 실제로 대리행위를 한 국가의 법에 의한다."고 규정하고 있어, 위 한-EU FTA 원산지의정서 제16조 제4항 규정이 아니라 일반원칙에 의하더라도, 대리에 의한 원산지신고가 허용되는지 여부는 그 원산지신고의 행위지 국가 즉, 수출국의 법령에 의하게 된다.

효력이 결정된다고 하여야 할 것인바,[26] 그 허용여부가 불명확한 경우에는 수출국관세당국에 검증을 요청하는 등으로 이를 확인하여 효력여부를 결정하여야 할 것이다.

한편, 우리 감사원은 한-EU FTA는 아니지만 한-EU FTA와 마찬가지로 원산지신고의 대리 허용여부에 대한 명문의 규정이 없는 한-칠레 FTA 협정관세 적용에 있어 수출자가 아닌 통관대리인인 관세사가 관세사 본인의 이름으로 서명을 한 원산지신고서의 효력이 문제된 사안에서의 심사결정[27]에서, "이 사건 수출자와 통관대리업체가 모두 칠레에 있고, 칠레 소재 수출자가 위 통관대리업체에게 이 사건 원산지증명서 작성 권한을 위임함에 실체적·절차적 하자가 있다고 인정되지 않는 점 및 위 수출자가 언급한 칠레에서의 통관서류 작성 관행 등에 비추어 청구인이 수출자 본인이 아닌 대리인에 의하여 작성·서명된 원산지증명서를 제출하였다는 이유만으로 정당한 사유 없이 관련서류를 허위로 제출하는 등 부정한 방법에 의하여 한-칠레 자유무역협정 협정관세 적용을 신청한 것이라고 단정하기 어렵다."라고 판단하여, 대리인에 의한 원산지증명의 효력을 명시적으로 인정한 바 있다.

또한, 우리 조세심판원은, 선하증권 등에 제3자가 원산지신고문안을 기재한 원산지신고서를 유효하지 않다고 판시한 바 있으나,[28] 한편, 제3자인 판매자가 원산지신고문안을 기재하여 발행한 송품장을 수출자가 출력하여 서명란에 서명한 경우 그 원산지신고는 유효하다고 보았는바[29] 이는 원산지신고문안 기재의 대행을 인정한 취

---

26) 대리제도는 대부분의 국가에서 인정되는 제도이므로 그 나라에 특별한 법률규정이나 사정이 없는 한 대리가 허용될 것으로 보인다.
27) 감사원 2009. 4. 2.자 2009년 감심 제62호 심사결정.
28) 조심 2016관0109, 2016. 11. 28.
29) 조심 2014관0311, 2016. 10. 28. 참조.

지라고 할 것이다.

VI. 수출국 관세당국에 의한 원산지검증의 효력

1. 문제의 소재

원산지검증방식에는 수입국 관세당국이 수출국의 수출자나 생산자를 대상으로 직접 검증을 수행하는 직접검증방식과 수입국관세당국이 수출국 관세당국에 원산지검증을 의뢰하는 간접검증방식이 있으나 한-EU FTA는 간접검증방식을 취하고 있음은 앞서 본 바와 같다.

그런데 수입국 관세당국의 의뢰에 따라 수출국 관세당국이 검증을 하여 그 결과를 통보한 경우 그 효력을 둘러싸고 논란이 있을 수 있다. 즉, 검증을 의뢰한 수입국 관세당국은 수출국 관세당국의 검증결과통보에 기속되는가, 그렇지 않다면 그 이유는 무엇이며 어떠한 범위 내에서 기속되는가가 문제가 된다.

2. 관련규정

한-EU FTA 원산지의정서 제27조는 "원산지증명의 검증"이라는 표제 아래 제4항에서 "검증은 수출당사자의 관세당국에 의해 수행된다. 이러한 목적상, 그 관세당국은 모든 증거를 요구하고 수출자의 계좌에 대한 조사나 적절하다고 판단되는 그 밖의 모든 점검을 수행할 권리를 가진다."고 규정하고, 제6항은 "검증을 요청하는 관세당국은 조사결과 및 사실관계를 포함한 검증결과를 가능한 한 신속하게 통보받는다. 이러한 결과는 서류의 진정성 여부 그리고 해당

제품의 당사자가 원산지인 제품으로 간주될 수 있는지 여부와 이 의
정서의 다른 요건을 충족하는지 여부를 분명히 적시해야 한다."고
규정하고 있다.

　나아가 제7항은 "합리적 의심이 있는 경우 검증요청일로부터 10
개월 이내에 회신이 없거나 그 회신이 해당서류의 진정성 또는 제품
의 진정한 원산지를 결정하기 위한 충분한 정보를 포함하지 아니하
는 경우 요청하는 관세당국은 예외적인 경우를 제외하고 특혜 자격
부여를 거부한다."고 규정하고 있다.

3. 수출국 관세당국이 한 검증결과의 기속력

　한-EU FTA 원산지의정서에 의하면 일응 수출국관세당국이 한
원산지검증결과는 수입국관세당국을 기속하는 것처럼 보인다. 위
원산지의정서 제27조 제4항이 "검증은 수출당사자의 관세당국에 의
해 수행된다."고 규정하고 있기 때문이다.

　그러나 같은 조 제7항은 "합리적 의심이 있는 경우 검증요청일로
부터 10개월 이내에 회신이 없거나30) 그 회신이 해당서류의 진정성
또는 제품의 진정한 원산지를 결정하기 위한 충분한 정보를 포함하
지 아니하는 경우 요청하는 관세당국은 예외적인 경우를 제외하고
특혜 자격 부여를 거부한다."고 규정하고 있으므로, (1) 의심이 있는
데 10개월 이내에 회신이 없는 경우(10개월이 지나서 회신이 있는
경우 포함), (2) 회신에 해당서류의 진정성 또는 제품의 진정한 원산

---

30) 한국어본에는 위와 같이 규정되어 있으나, 영어원문은, "If in cases of
　reasonable doubt there is no reply within 10 months of the date of the
　verification request or if the reply does not contain ..."으로 되어 있어 "합리
　적 의심이 있는 경우"와 "10개월 이내에 회신이 없는 경우"가 각각 병렬
　적인 별도의 요건이라기보다 "합리적인 의심이 있는데도 10개월 이내에
　회신이 없는 경우"라는 취지로 해석하여야 할 것으로 보인다.

지를 결정하기 위한 충분한 정보를 포함하지 아니하는 경우에는 원칙적으로 수출국 관세당국의 원산지 검증결과는 수입국 관세당국을 기속하지 않는다고 할 것이다.

다만, 구체적으로 어떠한 경우가 '해당서류의 진정성 또는 제품의 진정한 원산지를 결정하기 위한 충분한 정보를 포함하지 아니하는 경우'에 해당할 것인지는 사안에 따라 달라질 수 있을 것이다. 예컨대 단순히 서류가 위조되지 않았는지 원산지가 바르게 기재되었는지의 여부만을 확인하여 달라는 간접검증요청에 대하여는 "서류가 위조되지 않았으며 원산지도 올바르게 기재되었음이 확인되었다"는 정도의 회신도 충분한 정보를 포함하는 것으로 볼 수 있을 것이나, 반면 서류가 위조된 것으로 의심되는 정황이나 원산지가 사실과 다르게 기재된 것으로 보이는 정황을 구체적으로 거시하며 검증요청을 한 데 대하여 그러한 정황에 대한 구체적인 해명 없이 단순히 "우리가 확인한 결과 서류가 위조되지 않았으며 원산지도 올바르게 기재되었다"는 회신은 충분한 정보를 포함하였다고 볼 수는 없을 것이다.

우리 법원도, 당초 수출국 관세당국이 원산지 요건을 충족시키지 못하였다고 회신하였다가 나중에 이를 번복하면서 일부는 특정공정으로 인하여 원산지요건을 충족시켰다고 회신한 사안에 대하여, "이러한 상황이라면 OOO 관세당국으로서는 이 사건 최종회신 내용을 지지할 수 있는 상세한 설명과 증빙자료의 제시가 더욱 필요하였는데도 주장 내용을 담은 회신 외에는 어떠한 객관적 자료도 송부하지 아니"한 것은 그 원산지를 판정할 수 있는 충분한 정보를 제공하지 아니한 것으로 판단한 바 있다.[31]

그러나 일응 수출국 관세당국에 원산지에 대한 검증을 의뢰한 이

---

31) 대법원 2016. 8. 24. 선고 2014두5644 판결 참조.

상 수출국 관세당국의 검증결과 회신을 되도록 존중하여야 할 것이
고, 함부로 '해당서류의 진정성 또는 제품의 진정한 원산지를 결정
하기 위한 충분한 정보를 포함하지 아니하는 경우'에 해당한다고 보
아 그 결과를 배척하여서는 아니될 것이다.[32] 이는 수출국 관세당국
을 믿지 못하겠다는 것으로서 외교문제로 번질 우려까지 있기 때문
이다.

4. 검증결과 회신에 문제가 있음에도 특혜관세가 인정되는 "예외적인 경우 (in exceptional circumstances)"

앞서 본 바와 같이, 한-EU FTA 원산지의정서 제27조 제7항은 "합
리적 의심이 있는 경우 검증요청일로부터 10개월 이내에 회신이 없
거나 그 회신이 해당서류의 진정성 또는 제품의 진정한 원산지를 결
정하기 위한 충분한 정보를 포함하지 아니하는 경우 요청하는 관세
당국은 예외적인 경우를 제외하고 특혜 자격 부여를 거부한다."고
규정하고 있다. 즉 간접검증을 의뢰받은 수출국관세당국으로부터 10
개월 내에 회신이 없거나 회신이 있더라도 제품의 진정한 원산지 등

---

32) 우리 조세심판원도, 수출국관세당국이 "원산지 표시, 제조국가 및 무역분
야 전문가의 진술서, 기타 원산지 관련 정보 등 충분한 증거에 의하여 모
든 제품이 원산지 결정기준에 충족하고, 쟁점물품에 대해 중고물품의 특
수성으로 인하여 구체적인 입증서류는 없지만, 수출국 내의 원산지 결정
기준을 입증하는데 필요한 충분한 자료를 구비하고 있고, 만약 한국세관
이 만족하지 못한다면 현지에 와서 확인하라."고 회신하고 있고, 수입자
가 제조국의 제조확인서, 부품리스트 등이 포함된 설계도면 등을 제출하
고 있는 사안에서, 처분청이 쟁점물품에 대한 수출자 관세당국의 회신내
용이 해당 서류의 진정성 또는 제품의 진정한 원산지를 결정하기 위한 충
분한 정보를 포함하지 아니한 것으로 본 것은 잘못이라고 판시한 바 있다
(조심 2014관0266, 2015. 2. 13.).

에 대한 충분한 정보를 포함하지 아니하였지만 특혜관세를 적용해
야 할 예외적인 상황을 예정하고 있다.

그런데 어떠한 경우가 위 "예외적인 경우"에 해당하는지에 대하
여는 한-EU FTA는 침묵하고 있으며, 이를 추측이라도 해볼 수 있는
아무런 단서조차 없다.

다만, 우리 대법원은 한-EFTA FTA에서의 동일한 내용의 조항(협
정 부속서 I 제24조 제2항)에 대하여, "체약상대국 관세당국이 회신
기간 내에 회신을 하지 아니한 데에 '예외적인 경우'에 해당하는지
여부는 이와 같이 간접검증방식에 의한 원산지의 검증은 수출 당사
국의 발급자가 발급한 원산지증명서에 기초하여 이루어지며 그 검
증을 위하여 상당한 기간을 부여하고 있는 사정과 아울러 자유무역
협정 관세법과 이 사건 자유무역협정에서 간접검증방식에 의한 원
산지증명 검증 제도를 둔 취지를 종합하여 그 회신 지연을 정당화할
수 있는 객관적인 사유가 있는지 여부에 의하여 판단한다."고 판시
한 바 있다.[33]

또한, 서울행정법원의 한 판결[34] 역시 위 한-EU FTA 원산지의정
서 제27조 제7항과 같은 취지를 규정하고 있는 한-EFTA FTA 부속
서 I 제24조 제2항에 대하여, " '예외적인 경우'에 관한 구체적인 정
의규정이 없고, 이를 광범위하게 해석할 경우 간접검증 방식의 실효
성을 상실할 우려가 있는바, '예외적인 경우'란 '수출국 관세당국이
검증 내지 회신을 지연하거나 그 내용상의 부실을 정당화할 수 있
는, 물품생산자, 수출자 및 수출국 관세당국이 통제 불가능한 특정
한 상황'이라고 봄이 상당하다."고 판시한 바 있다.[35]

---

33) 대법원 2016. 8. 24. 선고 2014두5644 판결.
34) 서울행정법원 2014. 9. 25. 선고 2014구합54424 판결.
35) 그리하여 스위스 관세당국이 단지 자국법상 서류보관기간 3년이 도과하
    였다는 이유만으로 보관기관 도과분에 대하여 수입국 관세당국이 요청한

한편, 관세청장은 2015. 3. 10. 산하세관장에게, 수출국 관세당국이 ① 중간통보 없이 회신기한을 경과하여 지연 회신한 경우에는 특혜관세 적용을 배제, ② 구체적인 지연사유와 기한을 명시하여 연기요청 할 경우 이를 검토하여 수용 여부를 상대국에 통지할 것, ③ 구체적인 지연사유와 기한을 명시하지 않고 연기 요청할 경우 상대국에 사유와 기한을 명시할 것을 요구한 후 상대국의 재요청 내용을 검토하여 수용 여부를 상대국에 통지, ④ 그 밖의 회신 지연이 있는 경우에는 수출자 및 수출국 관세당국의 통제가 불가능한 상황인지 여부, 수출자와 수출국 관세당국의 귀책사유, 검증대상 물품의 특수성, 중간회신 여부 등 검증사안의 여러 특성을 종합적으로 감안하여 구체적인 사안별로 판단하여 처리할 것을 주요 내용으로 한 "국제 간접검증 회신기한 경과건 처리방안" 지침(원산지지원담당관-568 2015. 3. 10.)을 시달한 바 있다.[36]

그러한 취지에서 보면, 수출국 관세당국의 업무폭주로 인하여 또는 검증요청을 받은 사안에 대하여 검증할 서류 등이 지나치게 많아 회신기한 내에 회신하기 어렵다는 등 구체적인 지연사유와 상당한 기한을 명시하여 수입국관세당국에 미리 연기요청을 한 후 그 상당한 기한 이내에 회신을 한 경우는 위 '예외적인 경우'에 해당한다고 할 수 있을 것이지만,[37] 특별한 사정이 없는데도 아무런 중간통보 없이 회신기한을 경과한 경우[38] 또는 수출자가 수출국관세당국의

원산지 검증을 실시하지 아니하고 기한 내에 회신도 하지 아니한 것은 위 '예외적인 경우'에 해당하지 않는다고 판시하였다.

36) 조심 2015관0328, 2016. 6. 24. 참조.
37) EU측에서 우리측의 회신기한 연장 요구를 수용한 전례가 있어, 상호주의에 입각하여 우리도 2014. 6. 5. 수출 관세당국에 회신기한 내 회신 불가시 그 사유와 연장기한을 명시하여 통보할 경우 적극 수용할 것임을 통보한 바 있다고 한다. 위 "국제간접검증 회신기한 경과건 처리방안" 지침 참조.
38) 조세심판원은, 회신기한이 2014. 1. 26.까지임에도 2014. 4. 1. 검증수행기관의 회신문이 도착했고, 검증수행기관은 2014. 4. 23. 검증결과의 회신이

원산지결정에 불복하여 소송을 제기하자 그 소송의 결과를 보기 위하여 회신기간을 도과한 경우는 위 '예외적인 경우'에 해당한다고 보기는 어려울 것이다.

우리 조세심판원은, 한-ASEAN FTA에서의 원산지검증과 관련하여, 수출자가 폐업하였다는 사정만으로는 예외적으로 협정관세를 적용할 수 있는 경우로 보기 어렵고,[39] 수출자 사무실의 화재로 인하여 원산지 검증을 제대로 할 수 없었다는 사정은 특혜관세를 적용할 수 있는 정당한 사유가 될 수 없다고 판시[40]한 바 있다.

VII. 끝으로

한-EU FTA에서의 원산지증명과 관련하여 앞으로 해결되어야 할 법률적 쟁점이 많으나 아직 본격적으로 연구되고 있지는 아니하며 관련 문헌이나 판례도 풍부하지 아니하다.

이 글에서는 우리나라 및 EU의 법령이나 한-EU FTA 협정문의 취지, EU집행위원회의 회신 등을 종합하여, (1) EU는 제3국에 소재한 수입자와 수출계약을 체결한 자만을 수출자로 보고 있지 아니 하므로, 우리나라 수입자와 직접적 계약관계 없는 생산자 등이 인증수출자로서 한 원산지 신고도 유효하고, (2) EU에서는 제3국인이라도 EU 역내에 고정사무소를 가지고 있으면 인증수출자가 될 수 있으므

지연된 사유에 대하여 '사무실 이전 및 심각한 기술적 문제에 따른 업무 적체로 인한 것으로 예외적인 경우에 해당한다.'는 취지의 해명서를 송부한 사안에 대하여, 이는 검증수행기관 내부의 사정으로 이를 한-EU FTA 원산지의정서 제27조 제7호에서 정한 예외적인 경우로 보기 어렵다고 판시한 바 있다(조심 2014관0424, 2015. 3. 11.).

39) 조심 2015관0239, 2016. 7. 28.

40) 조심 2014관0171, 2014. 8. 21.

로, EU회원국이 아닌 나라에서 설립된 법인이 인증수출자로서 한 원산지신고 역시 유효하며, (3) EU는 제3자 발행의 송장을 허용하므로 제3자가 발행한 송장 등에 인증수출자의 원산지신고가 기재된 경우에도 그 효력이 있으며, 제3자 발행의 송장에 기재된 원산지신고문안에 수출자인증번호만 기재된 경우에도 그 원산지신고를 송장 발행인이 하였다고 볼 것은 아니고, (4) 우리나라나 EU 모두 원산지신고의 대리나 대행을 금지하는 규정을 두고 있지 아니하므로, 인증수출자의 원산지신고를 제3자가 대리 또는 대행한 경우에도 그 효력이 있다고 보았다.

끝으로 수입국 관세당국이 수출국 관세당국에 원산지에 대한 간접검증을 의뢰한 경우 원칙적으로 수출국 관세당국을 기속한다 할 것이나, 회신기간 내에 회신하지 않거나 그 회신이 해당서류의 진정성 또는 제품의 진정한 원산지를 결정하기 위한 충분한 정보를 포함하지 아니하는 경우에는 특혜관세대우를 배제할 수 있으며, 다만, 그 경우에도 '예외적인 경우'에는 특혜관세가 배제되지 않으나 우리 법원은 그 법위를 아주 좁게 보는 입장임을 첨언하였다.

아무쪼록 이러한 쟁점들에 대한 판례가 집적되어 조속히 문제가 해결되기를 기대하며, 이 글이 그러한 문제해결에 조그마한 도움이라도 되기를 소망한다.

국세기본법상 세무조사와
관세법상 관세조사의 비교·검토[*]

주 성 준 변호사

Ⅰ. 서론

국세기본법상 세무조사는 국가의 과세권을 실현하기 위한 행정조사의 일종으로서 국세의 과세표준과 세액을 결정 또는 경정하기 위하여 질문을 하고 장부·서류 그 밖의 물건을 검사·조사하거나 그 제출을 명하는 일체의 행위를 말한다.¹⁾

세무조사는 그 필요성에도 불구하고 조사대상자의 영업의 자유 등 기본권에 대한 침해의 가능성이 적지 않기 때문에 엄격한 절차적 통제가 필요하다. 이러한 이유로 국세기본법은 적법절차 원칙을 실현하기 위해 세무조사의 요건, 절차 등에 관한 여러 규정들을 두고 있다. 국세기본법상 세무조사의 성격, 위법한 세무조사의 효과, 중복조사의 예외적 허용사유 등에 관해서는 오래 전부터 많은 판례와 연구가 집적되어 있어 이미 어느 정도의 법리가 확립되어 있는 것으로

---

* 이 글은 2018. 1. 15. 대법원 특별소송실무연구회 제226차 연구회에서 발표한 글을 수정·편집한 것이다.
1) 대법원 2017. 3. 16. 선고 2014두8360 판결, 국세기본법 제81조의2 제2항 제1호.

보인다.

한편 우리나라의 세법체계는 국세(내국세)와 관세를 엄격하게 구별하고, 별개의 법률에 따라 운영하는 방식을 취하고 있어, 관세법에서도 국세기본법의 세무조사에 대응하는 관세조사를 별도로 규정하고 있다. 관세법상 관세조사에 관한 규정들은 국세기본법상 세무조사에 관한 규정들과 일치하거나 유사한 경우도 있지만 미묘하게 차이가 있는 경우들도 적지 않다. 특히 관세법은 관세의 부과·징수를 위한 세법의 성격 외에 수출입통관절차의 규율이라는 순수한 절차법적 성격도 가지고 있으므로 이러한 성격을 반영하여 국세기본법의 세무조사에 관한 규정들의 의미와는 달리 해석되어야 하는 경우도 있다.

세법의 영역에서 납세자의 권리구제 강화 추세에 비추어 볼 때 관세조사와 관련하여서도 앞으로 세무조사와 같이 많은 이슈가 발생할 것으로 보이고 특히 관세법 규정들을 보면 용어상의 불명확성으로 인하여 논란의 여지가 있는 경우도 적지 않다. 이 글에서는 국세기본법 규정과 관세법 규정의 비교·검토를 기초로 하여 세무조사와 관련한 대법원 판례들 및 여러 법리들의 관세조사에 대한 적용 가능성, 기타 관세법 규정에 대한 해석론 및 입법적 대안 등을 제시해 보고자 한다.

한 가지 밝혀 두고 싶은 점이 있다. 이 글의 초고가 완성될 무렵인 2017. 12. 19. 관세법과 국세기본법이 각각 법률 제15218호와 제15220호로 개정·공포되어 2018. 1. 1.부터(일부 규정은 2018. 4. 1.부터) 시행되었고, 개정 규정들 중에는 관세조사, 세무조사와 관련된 규정들도 다수 포함되어 있다. 그러나 개정 규정들의 소급적용을 허용하지 않아 구법에 따라 이루어진 세무조사나 관세조사의 효력, 적법 여부 등에 관한 분쟁에 대해서는 계속 구법이 적용될 것이므로 구법에 대한 검토는 여전히 의미가 있다고 할 것이다. 따라서 이 글에서는 개정 전 법률 규정들의 내용을 위주로 논의를 진행하겠으며, 특별한 언급 없이 관세법, 국세기본법이라고만 할 경우 2017. 12. 19. 개정 전 법률을 지칭하는 것임을 밝혀 두고자 한다. 2017. 12. 19. 개정 관세법, 국세기본법의 경우 필요한 곳에서 본문이나 각주로 해당 내용을 간략히 설명하도록 하겠다.

Ⅱ. 세무조사와 관세조사의 법령 체계 비교

1. 국세(내국세)와 관세의 구별

조세를 분류하는 방법은 여러 가지가 있으나 과세권의 주체를 기준으로 하면 국가가 부과징수하는 국세와 지방자치단체가 부과징수하는 지방세로 분류할 수 있다. 이러한 기준에 따르면 관세는 국세에 속한다. 그러나 일반적으로는 화물 이동의 국경통관 여부를 기준으로[2] 국세를 다시 내국세와 관세로 구별하고 있으며, 일반적으로 국세라 하면 내국세를 의미하는 것으로 이해되고 있다. 국세기본법 제2조(정의) 제1호 역시 국세의 범위에 관세를 포함시키지 않고 있고, 국세징수법도 국세기본법의 정의를 따르고 있으므로(제3조 제2항, 이하에서도 관세를 제외한 나머지 국세만을 국세로 칭하기로 한다) 관세에 대해서는 국세기본법이나 국세징수법이 적용될 여지가 원칙적으로 없다.

국세의 경우 ① 국세기본법과 국세징수법에서 국세 일반에 모두 적용될 수 있는 총칙적 사항(부과, 징수의 절차, 부과제척기간, 납세의무의 성립과 확정, 심사와 심판, 세무조사 등)을 규정하고 있고, ②

---

2) 사법연수원, 『조세법총론Ⅰ』, 2016년판(사법연수원 출판부, 2016), 5면.

법인세법, 소득세법, 부가가치세법 등 개별 세법에서 과세표준 산정
이나 납세의무 등 개별 세목별로 특유한 사항들을 규정하고 있으며,
③ 조세범 처벌법에서 세법을 위반한 자에 대한 형벌 및 과태료3) 등
에 관한 사항을, ④ 조세범 처벌절차법에서 조세범칙사건의 조사 및
그 처분에 관한 사항을 규정하고 있다.

반면 관세의 경우 "관세법"이라는 단일 법률에서 과세표준의 산
정과 감면 등에 관한 조세실체법적 사항들은 물론 관세의 부과, 징
수,4) 납세의무의 성립과 확정, 심사와 심판 등 조세절차법적 사항,
관세법 위반에 대한 처벌규정 및 그 조사와 처분 절차에 관한 사항,
수출입 통관절차와 보세구역에 관한 순수한 절차법적 사항들까지
관세당국의 업무에 관한 모든 사항을 망라적으로 규정하고 있다.5)
이러한 이유로 관세법은 개별 세법 중 그 조문 수가 가장 많다.

이처럼 현행법상 국세와 관세는 전혀 별개의 법체계 하에서 별도
로 규율되고 있으므로, 당연한 결과로서 국세의 세무조사에 관한 사
항은 국세기본법에서, 관세의 관세조사에 관한 사항은 관세법에서
각각 규정하고 있다.

---

3) "처벌"이란 일반적으로 형사처벌을 의미한다는 점에서 조세범 처벌법에
   과태료에 관한 사항을 함께 규정하고 있는 것은 적절하지 않은 것으로 보
   인다.
4) 징수에 관하여는 국세징수법의 예에 따르도록 하는 규정이 다수 있다(제
   26조, 제210조 등).
5) 물론 관세의 경우에도 「자유무역협정의 이행을 위한 관세법의 특례에 관
   한 법률」, 「수출용 원재료에 대한 관세 등 환급에 관한 특례법」 등 개별법
   이 존재하고 있으나, 이는 관세법에 대한 특별법의 성격을 가지고 있는 것
   이므로 국세의 개별 세법들과는 그 성격이 다르다.

2. 국세의 세무조사 관련 규정

국세기본법 제81조의2부터 제81조의12까지, 국세기본법 시행령 제63조의2부터 제63조의13까지, 국세기본법 시행규칙 제35조부터 제37조까지 그리고 국세청 훈령인 조사사무처리규정에서 세무조사와 관련된 사항들을 규정하고 있다.

3. 관세의 관세조사 관련 규정

기본적으로는 관세법 제110조부터 제115조까지, 관세법 시행령 제135조부터 제141조까지, 관세청 훈령인「기업심사 운영에 관한 훈령」(이하 '기업심사훈령')에서 관세조사에 관한 사항들을 규정하고 있다.

그러나 이외에도 관세청고시인「납세업무 처리에 관한 고시」(이하 '납세업무처리고시')에도 일부 관련 규정이 있고, 더 나아가 관세조사의 진행과 관련된 실무적인 사항들을 전반적으로 이해하려면「자유무역협정의 이행을 위한 관세법의 특례에 관한 법률」, 관세청 고시인「수출입 안전관리 우수업체 공인 및 운영에 관한 고시」, 관세청훈령인「수출입 안전관리 우수업체 공인심사 운영에 관한 훈령」,「종합심사 운영에 관한 훈령」,「자유무역협정에 따른 원산지조사 운영에 관한 훈령」등까지도 함께 보아야만 한다. 지나치게 관련 규정들이 많고, 서로간에 중복되거나 불일치되는 부분도 일부 있어 정비가 필요하다고 본다.

Ⅲ. 세무조사와 관세조사의 개념 및 범위에 대한 검토

1. 세무조사

가. 개념 및 분류

국세기본법 제81조의2 제2항 제1호는 "국세의 과세표준과 세액을 결정 또는 경정하기 위하여 질문을 하거나 해당 장부·서류 또는 그 밖의 물건을 검사·조사하거나 그 제출을 명하는 경우(「조세범 처벌절차법」에 따른 조세범칙조사를 포함한다. 이하 이 장에서 "세무조사"라 한다)"라고 규정하고 있다.

위 규정에 따르면 세무조사는 그 목적에 따라 "국세의 과세표준과 세액을 결정 또는 경정하기 위한 조사"와 "「조세범 처벌절차법」에 따른 조세범칙조사"로 구별되며, 조사사무처리규정은 전자를 일반세무조사라 하여 제2장(제49조 이하)에서, 후자를 조세범칙조사라 하여 제3장(제70조 이하)에서 각 규율하고 있다. 이에 대해서는 조세범칙조사는 기본적으로 형사절차에 해당하므로 조세범칙조사를 국세기본법에 규정하는 것은 문제라는 지적이 있다.[6]

국세기본법 제81조의11은 "세무조사는 특정한 세목만을 조사할 필요가 있는 등 대통령령으로 정하는 경우를 제외하고는 납세자의 사업과 관련하여 세법에 따라 신고·납부의무가 있는 세목을 통합하여 실시하는 것을 원칙으로 한다"라고 하여 통합조사의 원칙을 규정하고 있다.[7] 관세법 역시 관세조사 시 통합조사의 원칙을 규정하

---

6) 이중교, "법원 판결을 통해 살펴본 세무조사의 절차적 통제", 『조세법연구』, 23집 2호(한국세법학회, 2017), 113면.

고 있지만 이는 국세기본법상 세무조사의 통합조사와는 그 의미가
다른바, 이에 관하여는 후술한다.

나. 관련 쟁점 및 대법원 판례

세무조사의 개념과 관련해서 주로 문제가 되어 온 것은 현장확인
이 세무조사의 범위에 포함되는지 여부이다.

현장확인이란 법령상의 용어가 아니며 조사사무처리규정 제3조
제2호[8])에 그 근거를 두고 있을 뿐이다. 조사사무처리규정상의 정의
에 따르면 현장확인은 질문조사권 또는 질문검사권을 행사한다는
점에서 세무조사와 유사하나, 납세자의 영업의 자유 등에 거의 영향
을 미치지 않는 단순한 사실관계의 확인이 필요한 경우 현장확인 절
차를 거쳐 행한다는 점에서 납세자의 영업의 자유 등에 영향을 미치
고 세무조사 절차를 거쳐 행하는 세무조사와 구별된다.[9])

---

7) 2017. 12. 19. 개정 국세기본법은 통합조사의 원칙에 관한 제81조의11을 대
폭 개정하였다. 구체적으로는 통합조사의 원칙을 규정하면서(제1항), 기존
에 시행령에서 규정하고 있던 예외사유들 중 일부를 법률에 반영하였고
(제2항), 새롭게 "부분조사"라는 개념을 도입하면서 부분조사가 허용되는
사유(제3항)와 그 한계(제4항)를 규정하였다. 앞으로 그 해석과 관련하여
많은 논의가 있을 것으로 보이나, 이 글에서는 더 이상의 검토는 생략하기
로 한다.

8) 조사사무처리규정 제3조(정의) 이 규정에서 사용하는 용어의 정의는 다음
과 같다.

  2. "현장확인"이란 각 세법에 규정하는 질문조사권 또는 질문검사권에 따
라 세원관리, 과세자료 처리 또는 세무조사 증거자료 수집 등 다음 각 목
의 어느 하나에서 예시하는 업무 등을 처리하기 위하여 납세자 또는 그
납세자와 거래가 있다고 인정되는 자 등을 상대로 세무조사에 의하지 아
니하고 현장확인 계획에 따라 현장출장하여 사실관계를 확인하는 행위를
말한다.(각 목 생략)

9) 이중교, "법원 판결을 통해 살펴본 세무조사의 절차적 통제", 『조세법연

그러나 조사사무처리규정이 정의 자체에서 "세무조사에 의하지 아니하(는)" 것임을 밝히고 있다고 하더라도, 국세청훈령인 조사사무처리규정은 행정규칙으로서 대외적 구속력이 없는 행정기관의 내부준칙에 불과하다. 따라서 세무공무원의 어떤 행위가 국세기본법상 세무조사에 해당하는지 여부는 국세기본법이 규정하고 있는 세무조사의 요건을 충족하는지 여부를 기준으로 판단하여야 할 것이지, 단순히 조사사무처리규정이 세무조사에서 제외하고 있는 현장확인의 방식으로 이루어졌다고 하여 그에 따라 판단하여야 할 것은 아니라고 본다.10)

대법원은 구 조사사무처리규정에서 정한 '현지확인'11)의 절차에 따라 이루어진 세무공무원의 조사행위가 단순한 사실관계의 확인이나 통상적으로 이에 수반되는 간단한 질문조사에 그치는 것이어서 납세자 등으로서도 손쉽게 응답할 수 있을 것으로 기대되거나 납세자의 영업의 자유 등에도 큰 영향이 없는 경우에는 원칙적으로 재조사가 금지되는 '세무조사'로 보기 어렵지만, 그 조사행위가 실질적으로 과세표준과 세액을 결정 또는 경정하기 위한 것으로서 납세자 등의 사무실·사업장·공장 또는 주소지 등에서 납세자 등을 직접 접촉하여 상당한 시일에 걸쳐 질문하거나 일정한 기간 동안의 장부·서류·물건 등을 검사·조사하는 경우에는 특별한 사정이 없는 한 재조사가 금지되는 '세무조사'로 보아야 한다고 판시하였다.12)

위 판결은 실질적으로 납세자에게 질문검사 등 수인의무가 있는지 여부, 납세자의 영업의 자유를 침해하는지 여부를 기준으로 세무

구』, 23집 2호(한국세법학회, 2017), 115면.

10) 곽태훈, "국세기본법상 중복세무조사금지 규정에 관한 소고", 『세무와 회계 연구』, 통권 제9호(한국조세연구소, 2016), 212면.

11) 현 조사사무처리규정상의 현장확인에 해당.

12) 대법원 2017. 3. 16. 선고 2014두8360 판결.

조사와 현장(현지)확인을 구별해야 한다는 취지로서 타당한 판결이라고 생각된다.

2. 관세조사[13]

가. 개념 및 분류

관세조사에 관한 관세법의 규정 형식을 보면 관세조사의 범위에 관해서는 논란의 여지가 있을 수 있다. 관련 규정을 먼저 살펴보자.

관세법 제110조(납세자권리헌장의 제정 및 교부) ② 세관공무원은 다음 각 호의 어느 하나에 해당하는 경우에는 납세자권리헌장의 내용이 수록된 문서를 납세자에게 내주어야 한다.

　1. 제270조에 따라 관세포탈, 부정감면 또는 부정환급(「수출용원재료에 대한
　　관세 등 환급에 관한 특례법」 제23조제1항에 따른 부정환급을 포함한다)
　　에 대한 범칙사건을 조사하는 경우[14]

---

13) 기업심사훈령 제2조 제1호는 "기업심사란 관세법(이하 '법'이라 한다) 제110조 제2항 제2호에 따른 관세조사를 말하며"라고 하여 관세조사 대신 기업심사라는 용어를 쓰고 있다. 그러나 관세법상 관세조사라는 정식 용어가 있음에도 불구하고 별도로 새로운 용어를 만든 후 "기업심사란 관세조사를 말한다"와 같이 복잡한 형식으로 규정할 필요가 없다. 훈령의 제목 자체도 "관세조사에 관한 훈령"으로 바꾸고, 정의규정에서는 "관세조사란 관세법 제110조 제2항 제2호에 따른 관세조사를 말한다"라고 규정하면 충분하다고 본다.

14) 2017. 12. 19. 개정 관세법은 "제283조에 따른 관세범(「수출용 원재료에 대한 관세 등 환급에 관한 특례법」제23조 제1항부터 제4항까지의 규정에 따른 죄를 포함한다)에 관한 조사를 하는 경우"로 개정하여, <u>관세포탈, 부정감면, 부정환급 외의 관세법에 대하여 범칙조사를 하는 경우까지도 포함</u>시켰다.

　　관세법 제283조(관세범) ① 이 법에서 "관세범"이란 이 법 또는 이 법에

326 조세법의 쟁점 III

2. 관세의 과세표준과 세액의 결정 또는 경정을 위하여 납세자를 방문 또는 서면으로 조사(제110조의2에 따른 통합조사를 포함한다. 이하 이 절에서 "관세조사"라 한다)하는 경우
3. 그 밖에 대통령령으로 정하는 경우15)

제110조의2(통합조사의 원칙) 세관공무원은 특정한 분야만을 조사할 필요가 있는 등 대통령령으로 정하는 경우를 제외하고는 <u>신고납부세액과 이 법 및 다른 법령에서 정하는 수출입 관련 의무 이행과 관련하여 그 권한에 속하는 사항</u>을 통합하여 조사하는 것을 원칙으로 한다.

관세조사에 관한 정의규정이라고 할 수 있는 관세법 제110조 제2항 제2호는 제110조의2에 따른 통합조사를 관세조사에 포함시키도록 하고 있다. 또 관세법 제110조 제2항은 납세자권리헌장 교부 대상에 관하여 관세조사(제2호)와 별도로 일부 범칙사건에 대한 조사(제1호)를 규정하고 있다. 국세기본법 제81조의2 제2항 제1호와 달리 복잡한 규정 형식을 취하고 있기 때문에 위 세 규정의 관계와 통합조사의 의미를 어떻게 해석하는지에 따라 관세조사의 개념 또는 범위가 달리 정해질 것이다.

논의의 핵심은 결국 통합조사의 원칙의 내용을 어떻게 이해하는가에 있다고 본다. 관세법 제110조의2의 내용 중 "신고납부세액"의 조사는 제110조 제2항 제2호의 "과세표준과 세액의 결정 또는 경정"을 위한 조사와 같은 의미로 이해하면 될 것이다. 그러나 관세법 제110조의2의 내용 중 "수출입 관련 의무 이행과 관련"한 조사는 법률 규정의 문언만으로는 그 의미나 범위를 명확히 알 수 없어 해석상

따른 명령을 위반하는 행위로서 이 법에 따라 <u>형사처벌되거나 통고처분되는 것</u>을 말한다.
15) 관세법 시행령 제135조는 징수권의 확보를 위하여 압류를 하는 경우(제1호), 보세판매장에 대한 조사를 하는 경우(제2호)를 규정하고 있다.

논란의 여지가 있을 수 있다. 이에 관해서는 아직까지 특별한 논의가 없는 것으로 보이나, 이는 통합조사의 원칙의 내용 더 나아가 관세조사의 범위와도 직결되는 문제이므로 검토가 필요하다고 본다. 생각컨대 의무 이행과 관련한 사항의 조사는 결국 의무 이행 여부를 확인하여 불이행 사실이 확인될 경우 제재를 하기 위한 것이므로, 관세법 및 기타 법령상 수출입 관련 의무 위반에 대한 효과로서 형사상 및 행정상 제재(형사처벌, 과태료, 과징금, 가산세 등)를 규정하고 있는 사항에 대한 조사를 의미하는 것으로 이해해야 될 것이다.

국세기본법상 세무조사는 조세범칙조사를 포함하나 조세범칙조사는 「조세범 처벌법」 제3조부터 제14조까지의 죄에 해당하는 행위, 즉 형사처벌의 대상이 되는 행위에 대한 조사만을 포함하고 있고 과태료의 부과대상이 되는 행위(제15조, 제17조)에 대한 조사는 포함하고 있지 않음이 규정상 명백하다(조세범 처벌절차법 제2조 제1호).16)

---

16) 조세범 처벌절차법 제2조(정의) 이 법에서 사용하는 용어의 뜻은 다음과 같다.
  1. "조세범칙행위"란 「조세범 처벌법」 제3조부터 제14조까지의 죄에 해당하는 위반행위를 말한다.
  2. "조세범칙사건"이란 조세범칙행위의 혐의가 있는 사건을 말한다.
  3. "조세범칙조사"란 세무공무원이 조세범칙행위 등을 확정하기 위하여 조세범칙사건에 대하여 행하는 조사활동을 말한다.
  그리고 조세범 처벌법 제3조부터 제14조까지의 죄는 조세포탈 등(제3조), 면세유의 부정 유통(제4조), 면세유류 구입카드 등의 부정 발급(제4조의2), 가짜 석유제품의 제조 또는 판매(제5조), 무면허 주류의 제조 및 판매(제6조), 체납처분 면탈(제7조), 장부의 소각·파기 등(제8조), 성실신고 방해행위(제9조), 세금계산서의 발급의무 위반 등(제10조), 명의대여행위 등(제11조), 납세증명표지의 불법사용 등(제12조), 원천징수의무자의 처벌(제13조), 거짓으로 기재한 근로소득 원천징수영수증의 발급 등(제14조)이다. 형사처벌이 아니라 과태료 부과대상에 불과한 현금영수증 발급의무의 위반(제15조), 명령사항위반(제17조) 행위에 대한 조사는 조세범칙조사가 아니고 따라서 세무조사의 범위에도 포함되지 않는다.

그러나 관세법 제110조의2는 국세기본법과 달리 "관세범에 대한 범칙조사"라고 규정하지 않고, "수출입 관련 의무 이행과 관련하여 그 권한에 속하는 사항"이라고 포괄적으로 규정하고 있다. 따라서 비단 형사처벌의 대상이 되는 행위(범칙행위) 뿐만 아니라 과태료, 과징금, 가산세 등의 부과 대상이 되는 행정상 의무위반 행위에 대한 조사까지도 관세조사의 범위에 포함된다고 해석할 수 있는 것이다.

관세법은 관세의 과세표준과 세액의 결정, 관세의 부과·징수를 위한 조세법적 사항 외에 수출입 통관절차에 관한 순수한 절차법적 사항들을 다수 규정하고 있다. 그리고 그 위반행위에 대해서는 형사처벌을 규정하고 있는 경우들도 있지만(제269조 이하), 그 외에 과태료(제277조), 반입정지·업무정지 및 이에 갈음하는 과징금(제178조, 제224조 등), 가산세(제92조 제4항, 제241조 제4항, 제5항, 제253조 제4항 등) 등 행정상 제재들을 규정하고 있는 경우가 훨씬 더 많다. 그리고 이는 비단 관세법만이 아니라 수출입 관련 사항을 규정하고 있는 대외무역법, 외국환거래법의 경우에도 마찬가지다.

관세법이 국세기본법과 달리 "관세범에 대한 범칙조사를 포함한다"와 같은 규정 형식을 취하지 않고, 현행 규정과 같은 형식을 취한 것은 위와 같은 관세법 및 수출입 관련 법령의 특성을 고려한 것이 아닌가 생각되며, 타당한 입법이라고 본다.

다만 이러한 해석에 따를 경우, 관세법 제110조 제2항 제1호는 불필요한 사족(蛇足)과도 같은 규정이라는 결과가 된다. 관세포탈, 부정감면, 부정환급에 대한 범칙조사도 수출입 관련 의무 위반에 대한 조사이므로 통합조사의 원칙에 따라 당연히 관세조사의 범위에 포함될 것이기 때문이다.

이는 아마도 관세법의 개정 과정에서 관련 조문의 정비가 이루어지지 않은 데 그 원인이 있지 않은가 생각된다. 납세자권리헌장에 관한 관세법 제110조는 2000. 12. 29. 관세법 전부개정(법률 제6305

호) 시 도입되었던바, 당시 규정은 아래와 같으며 통합조사에 관한 관세법 제110조의2는 아직 도입되지 않은 상태였다.

〈구 관세법(2000. 12. 29. 법률 제6305호로 개정된 것)〉
제110조(납세자권리헌장의 제정 및 교부) ② 세관공무원은 다음 각호의 1에 해당하는 때에는 제1항의 규정에 의한 납세자권리헌장의 내용이 수록된 문서를 납세자에게 교부하여야 한다.
1. 제270조의 규정에 의하여 관세포탈, 부정감면 또는 부정환급(수출용원재료에대한관세등환급에관한특례법 제23조 제1항의 규정에 의한 부정환급을 포함한다)에 대한 범칙사건을 조사하는 경우
2. 관세의 결정 또는 경정을 위한 조사 등 부과처분을 위하여 납세자를 방문하여 조사하는 경우(이하 이 절에서 "관세조사"라 한다)
3. (생략)

위 규정에 따르면 관세조사는 오직 관세의 결정 또는 경정을 위한 조사 즉, 관세법상 '과세처분'을 위한 조사만으로 한정되었고, 법률 위반행위에 대한 '제재'를 목적으로 한 조사는 관세조사의 범위에서 제외되어 있었다. 따라서 납세자권리보호를 위해 납세자권리헌장의 교부에 관한 내용을 규정하면서도 관세조사에 관한 제2호 외에 특정한 범칙사건 조사에 관한 제1호를 별도로 둘 필요가 있었던 것이다. 납세자권리헌장을 관세포탈, 부정감면, 부정환급에 대한 범칙조사의 경우에만 교부하고 다른 의무위반 행위에 대한 조사의 경우에는 교부하지 않아도 되도록 한 입법이 타당한지 여부는 별론으로 하더라도, 어쨌든 당시 "관세조사"의 정의에 비추어 볼 때 위와 같은 입법형식은 불가피한 측면이 있었던 것이다.

그런데 이후 2011. 12. 31. 관세법 개정(법률 제11121호) 시에 통합조사의 원칙에 관한 제110조의2가 신설되고, 통합조사를 관세조사에 포함하도록 제110조 제2항 제2호가 개정되면서 관세법 및 다

른 법령에서 정하는 수출입 관련 의무 위반행위에 대한 조사도 당연히 관세조사의 범위에 포함될 수 있게 되었다. 따라서 더 이상 불필요하게 된 관세법 제110조 제2항 제1호는 위 개정 시에 삭제되었어야 할 것이다. 입법 과정에서의 착오라고 생각되며 지금이라도 정비가 필요하다고 본다.

결론적으로, 관세법에 따르면 관세조사는 그 목적에 따라 ① 관세의 과세표준과 세액의 결정 또는 경정을 위한 조사(신고납부세액의 적정성 조사)와 ② 관세법 및 다른 법령에서 정하는 수출입 관련 의무 이행 여부 확인을 위한 조사로 나눌 수 있고, 조사방식에 따라 방문조사와 서면조사로 나눌 수 있다.[17)]

[2017. 12. 19. 개정 관세법]

2017. 12. 19. 개정 관세법은 제110조 제2항의 내용을 아래와 같이 개정하였다.

개정 전	개정 후
제110조(납세자권리헌장의 제정 및 교부) ② 세관공무원은 다음 각 호의 어느 하나에 해당하는 경우에는 납세자권리헌장의 내용이 수록된 문서를 납세자에게 내주어야 한다. 1.제270조에 따라 관세포탈, 부정감면 또는 부정환급(「수출용원재료에 대한 관세 등 환급에 관한 특례법」 제23조 제1항에 따른 부정환급을 포함한다)에 대한 범칙사건을 조사하는 경우 2.관세의 과세표준과 세액의 결정 또는 경정을 위하여 납세자를 방문 또는 서면으로	제110조(납세자권리헌장의 제정 및 교부) ② 세관공무원은 다음 각 호의 어느 하나에 해당하는 경우에는 납세자권리헌장의 내용이 수록된 문서를 납세자에게 내주어야 한다. 1.제283조[18)]에 따른 관세범(「수출용원재료에 대한 관세 등 환급에 관한 특례법」 제23조 제1항부터 제4항까지의 규정에 따른 죄[19)]를 포함한다)에 관한 조사를 하는 경우 2.관세의 과세표준과 세액의 결정 또는 경정을 위하여 납세자를 방문 또는

---

17) 기업심사훈령 제2조는 방문조사를 실지심사로(제5호), 서면조사를 서면심사로(제6호) 각 규정하고 있다. 특별한 사정이 없는 한 하위법령이나 행정규칙에서는 상위법령의 용어를 그대로 사용하는 것이 바람직하므로 방문조사, 서면조사로 바꿀 필요가 있다고 본다.

조사(제110조의2에 따른 통합조사를 포함한다. 이하 이 절에서 "관세조사"라 한다)하는 경우	서면으로 조사(제110조의2에 따른 통합조사를 포함한다. 이하 이 절에서 "관세조사"라 한다)하는 경우

　납세자권리헌장의 교부 대상에 관세포탈, 부정감면, 부정환급 외에 다른 관세법 위반 범칙사건에 대한 조사의 경우까지도 명시적으로 포함시키고자 한 것이다. 그러나 앞서 본 바와 같이 통합조사의 원칙에 따라 굳이 제1호가 없더라도 관세법 및 다른 법령에서 정하는 수출입 관련 의무 이행과 관련한 조사(범칙조사 포함)도 당연히 관세조사의 범위에 포함될 수 있고, 따라서 제2호에 의해서 납세자권리헌장의 교부 대상이 될 수 있다. 관세법 제283조에 따른 관세범은 "관세법 또는 관세법에 따른 명령을 위반하는 행위로서 관세법에 따라 형사처벌되거나 통고처분되는 것"을 의미하므로, 개정된 제110조 제2항 제1호에 따르더라도 대외무역법 위반 행위(원산지표시 의무 위반 등), 외국환거래법 위반 행위(지급·수령의 방법 위반 등) 등 관세범 외의 다른 수출입 관련 의무 위반 행위에 대한 범칙조사는 여전히 납세자권리헌장 교부 대상에서 제외되어 권리보호의 공백지대에 남게 된다. 제110조 제2항 제1호는 동항 제2호와의 관계에 비추어 볼 때 여전히 불필요한 규정이며, 이번 관세법 개정 시에 제110조 제2항 제1호를 위와 같이 개정할 것이 아니라 아예 삭제하는 것이 옳지 않았을까 생각된다.

---

18) 관세법 제283조(관세범) ① 이 법에서 "관세범"이란 이 법 또는 이 법에 따른 명령을 위반하는 행위로서 이 법에 따라 형사처벌되거나 통고처분되는 것을 말한다.
19) 부정한 방법으로 환급을 받는 경우, 소요량계산서를 거짓으로 작성하는 경우 등.

나. 자유무역협정에 따른 특혜관세 적용을 위한 원산지조사(이하 'FTA 원산지조사')와의 관계

우리나라가 다른 나라들과 체결한 자유무역협정(FTA)에 따라 수입자가 특혜관세의 적용을 받으려면 해당 수입물품이 자유무역협정상의 원산지요건을 충족하여야 하고, 그 외에도 원산지증명서의 제출 등 개별 자유무역협정과 「자유무역협정의 이행을 위한 관세법의 특례에 관한 법률」(이하 'FTA 관세법')이 정한 여러 가지 실체적·절차적 요건을 갖추어야만 하며, 그러한 요건을 갖추지 못할 경우 특혜관세의 적용을 받을 수 없다.

특혜관세 적용 요건의 구비 여부 즉, 원산지요건 충족 여부는 세액의 결정과 직결되므로 그에 대한 조사 즉, 원산지조사는 관세법 제110조 제2항 제2호가 규정한 관세조사의 범위에 원칙적으로 당연히 포함되어야 할 것이다. 그런데 FTA 관세법은 제3조[20]에서 FTA 관세법을 관세법에 우선하여 적용한다고 규정하면서 제4장(원산지조사) 제17조 내지 제21조에서 원산지조사에 관한 여러 규정을 두고 있는 반면에 또 한편으로 기업심사훈령 제9조(심사분야) 제1항 제7호는 "원산지 또는 협정관세 적용 및 증명서류에 관한 사항"을 여전히 관세조사의 범위에 포함시키고 있어 FTA 원산지조사와 관세조사의 관계가 문제된다.

이는 현실적으로는 중복조사 금지의 원칙의 적용과 관련하여 문제가 될 것이다. 만일 FTA 원산지조사와 관세조사는 별개의 제도라

---

20) FTA 관세법 제3조(다른 법률과의 관계) ① 이 법은 「관세법」에 우선하여 적용한다. 다만, 이 법에서 정하지 아니한 사항에 대해서는 「관세법」에서 정하는 바에 따른다.
② 이 법 또는 「관세법」이 협정과 상충되는 경우에는 협정을 우선하여 적용한다.

고 보게 된다면, 특정 수입자가 수입한 특정 물품에 대하여 과세표
준의 적정성이나 수입통관 요건의 구비 여부 등에 관한 관세조사를
마친 후에 또다시 동일 수입자가 수입한 동일 물품에 대하여 FTA
원산지조사를 실시하거나 혹은 그 반대의 경우에도 중복조사 금지
의 원칙은 적용되지 않는다는 결과가 될 것이다.

　FTA 관세법은 관세법에 대한 특별법이고,「자유무역협정에 따른
원산지조사 운영에 관한 훈령」(이하 'FTA 원산지조사 훈령') 제5조
는 "이 훈령에서 정한 원산지조사에 관한 사항은 관세청장이 정하
는 다른 훈령에도 불구하고 이 훈령을 우선하여 적용한다"라고 규
정하고 있으므로 FTA 원산지조사는 관세법과 기업심사훈령에 따른
제도(관세조사)가 아니라 FTA 관세법과 FTA 원산지조사 훈령에 따
른 별개의 제도라고 보아야 할 것이다. 그리고 실제로 관세조사 시
조사대상자에게 교부하는 기업심사 통지서의 심사범위(분야)란을
보면 명시적으로 'FTA 원산지조사 제외'라는 취지를 기재하는 경우
가 많다. 따라서 FTA 원산지조사와 관세조사 간에는 원칙적으로 중
복조사의 문제가 발생하지 않는다고 보아야 한다.

　다만, FTA 원산지조사 훈령 제18조(통합조사) 제1항은 "세관장은
원산지조사와 관세조사, 범칙조사 또는 외환조사를 병행하여 수행
하는 것이 효율적이라고 인정되는 경우 관세청장의 승인을 받아 통
합하여 조사할 수 있다"라고 하여 예외적으로 FTA 원산지조사를 관
세조사에 포함(통합)시켜 실시할 수 있는 경우를 규정하고 있는바,
기업심사훈령 제9조 제1항 제7호는 그와 같은 경우를 전제로 한 규
정이 아닌가 생각된다. 그리고 그와 같이 통합조사가 이루어진 후에
다시 FTA 원산지조사를 별도로 실시하거나 혹은 그 반대의 경우에
는, FTA 원산지조사는 비록 관세법 제111조 제2항에 따른 중복조사
금지 원칙의 적용대상인 '관세조사'에는 해당되지 않지만 중복조사
금지의 원칙의 취지상 이 역시 중복조사에 해당되는 것으로 보아야

할 것이다. 입법적으로는 FTA 관세법에도 FTA 원산지조사에 관한 중복조사 금지 원칙을 명문으로 규정할 필요가 있다.

다. 서면조사의 포함 여부 등

구 관세법(2011. 12. 31. 법률 제11121호로 개정되기 전의 것) 제 110조 제2항 제2호는 관세조사를 방문조사만으로 한정하고 서면조사를 제외하고 있었기 때문에,[21] 실무상 주로 문제가 되었던 것은 서면조사가 관세조사의 범위에 포함되어 중복조사 금지의 원칙이 적용되는가 하는 것이었다.

당시 조세심판원(구 국세심판원 포함)은 관세법상 관세조사는 방문조사만을 의미하므로 서면조사에는 중복조사 금지의 원칙이 적용되지 않는다는 일관된 입장을 취하였고,[22] 위 결정 이후 청구인들이 행정소송을 제기하였는지 여부는 확인되지 않는다.

서면조사를 관세조사의 범위에서 제외한 법률 규정의 타당성 여부를 떠나 규정의 문언 자체가 "방문하여 조사하는 경우"로 명확한 이상 서면조사를 관세조사의 범위에 포함시키는 해석은 무리가 있었을 것으로 보이며, 이후 입법적으로 해결이 되어 현재는 더 이상 문제될 여지가 없어졌다.

---

21) 구 관세법 제110조(납세자권리헌장의 제정 및 교부) ② 세관공무원은 다음 각 호의 어느 하나에 해당하는 경우에는 납세자권리헌장의 내용이 수록된 문서를 납세자에게 내주어야 한다.
   2. 관세의 결정 또는 경정을 위한 조사 등 부과처분을 하기 위하여 납세자를 방문하여 조사하는 경우(이하 이 절에서 "관세조사"라 한다).
22) 국심2006관0180(2007. 9. 2.) 결정, 조심2011관0051(2011. 6. 28.) 결정.

Ⅳ. 조사의 사전통지

1. 국세기본법

국세기본법 제81조의7(세무조사의 사전통지와 연기신청) 제1항에 따르면 세무공무원은 세무조사(조세범칙조사는 제외한다)를 하는 경우에는 조사를 받을 납세자 또는 납세관리인에게, 조사를 시작하기 10일 전23)에 조사대상 세목, 조사기간 및 조사사유, 그 밖에 대통령령으로 정하는 사항을 통지하여야 한다. 세무조사 사전통지는 조사사무처리규정 별지 제1호 서식을 작성하여 송달하는 방식으로 한다(조사사무처리규정 제21조 제1항). 다만 사전에 통지하면 증거인멸 등으로 조사 목적을 달성할 수 없다고 인정되는 경우에는 통지를 생략할 수 있다.

2. 관세법

가. 규정

관세법 제114조(관세조사의 사전통지와 연기신청) 제1항 본문에 따르면 세관공무원은 <u>제110조 제2항 각 호의 어느 하나에 해당하는 조사를 하기 위하여</u> 해당 장부, 서류, 전산처리장치 또는 그 밖의 물품 등을 조사하는 경우에는 조사를 받게 될 납세자에게 조사 시작 10일 전24)에 조사 대상, 조사 사유 그 밖에 대통령령으로 정하는 사항을 통지하여야 한다. 다만 단서에서 범칙사건에 대하여 조사하는

---

23) 2017. 12. 19. 개정 국세기본법에 따르면 15일 전.
24) 2017. 12. 19. 개정 관세법에 따르면 15일 전.

경우(제1호)나 사전에 통지하면 증거인멸 등으로 조사 목적을 달성할
수 없는 경우(제2호)에는 통지를 생략할 수 있도록 규정하고 있다.

나. 용어 및 해석상의 문제점

관세법 제110조 제2항은 제1호, 제2호를 별도로 규정하고, 제2호
를 "관세조사"로 규정하는 형식을 취하고 있음은 앞서 본 바와 같
다. 이러한 형식을 중시하면 제1호의 조사는 관세조사와는 별개의
조사라고 보아야 할 것임에도 불구하고 관세법 제114조 제1항은 "관
세조사"의 사전통지라는 제목 하에 제110조 제2항 제1호의 경우도
사전통지의 대상에 포함시키고 있다. 통합조사의 원칙에 따라 관세
포탈, 부정감면, 부정환급을 포함한 모든 수출입 관련 의무 위반에
대한 조사도 관세조사의 범위에 포함될 수 있으므로, 제110조 제2항
제1호는 삭제하고 제114조 제1항도 "관세조사를 하기 위하여"로 개
정하는 것이 옳다고 본다.

또다른 문제는 관세법 제114조 제1항 단서 제1호는 "<u>범칙사건</u>에
대하여 조사하는 경우"에는 사전통지를 생략할 수 있도록 하고 있
는데, 같은 항 각호 외의 부분 본문에서는 제110조 제2항 제1호(관세
포탈, 부정감면, 부정환급에 대한 <u>범칙사건 조사</u>)[25]의 경우에도 사
전통지를 하도록 하여 모순된 내용을 규정하고 있다는 점이다. 위
두 규정의 관계를 어떻게 해석해야 할까?

먼저 각호 외의 부분 본문에 따라 관세포탈 등에 대한 범칙조사
도 원칙적으로 사전통지의 대상이 되지만 단서 제1호에 따라 다시
대상에서 제외된다고 해석해 볼 수 있을 것이다. 그러나 입법자의

---

25) 2017. 12. 19. 개정 관세법에 따르면 관세법과 「수출용 원재료에 대한 관세
 등 환급에 관한 특례법」 위반 행위에 대한 범칙조사.

의도가 그러한 것이었다면 애초에 각호 외의 부분 본문에서 제110
조 제2항 "각 호"라고 규정하지 않고 "제2호"라고만 규정하였으면
충분했을 것이다. 또한 본문과 단서의 입법형식을 취하는 경우들을
보면, 본문의 규율대상이 더 넓고, 그 중 일부에 대한 예외를 단서에
서 규정하는 것이 일반적이다. 그런데 위 경우에는 본문의 규율대상
(관세포탈, 부정감면, 부정환급에 대한 범칙조사)보다 단서의 규율대
상(범칙조사 일반)이 더 넓다. 즉, 정상적인 본문-단서의 관계로 보
기 어려운 것이다.

또다른 해석 방법은, 각호 외의 부분 본문에 따라 관세법 기타 법
률이 정하고 있는 수출입 관련 의무 위반에 대한 범칙사건들 중 관
세포탈, 부정감면, 부정환급에 대한 조사를 하는 경우에는 사전통지
를 해야만 하지만, 단서에 따라 그 외의 범칙사건에 대한 조사를 하
는 경우에는 사전통지를 생략할 수 있다는 것이다. 그러나 이는 관
세포탈, 부정감면, 부정환급은 수출입 관련 의무 위반에 대한 범칙
사건들 중에서도 죄질이 중한 편에 속한다는 점을 감안하면 상식적
으로 납득하기 어려운 결과이며, 그와 같이 해야만 할 특별한 정책
상의 필요가 있는지도 알 수 없다.

두 가지 해석 모두 문제가 있다고 보이며, 이는 앞서 이미 검토한
바와 같이 근본적으로 불필요한 규정인 관세법 제110조 제2항 제1
호가 존재하기 때문이라고 생각한다. 국세기본법이 조세범칙조사를
사전통지의 대상에서 제외하고 있는 것과의 균형을 생각하면 관세
조사의 경우에도 범칙조사는 사전통지의 대상에서 제외하는 것이
옳다고 본다. 관세법 제110조 제2항 제1호를 삭제하고 관세법 제114
조 제1항의 내용을 "관세조사를 하기 위하여"로 개정하면, 전체 관
세조사의 범위 중 '관세의 과세표준과 세액의 결정을 위한 조사'와
'수출입 관련 의무위반 행위 중 형사처벌 대상이 아닌 행위에 대한
조사'는 사전통지를 하고(본문), '수출입 관련 의무위반 행위 중 형

사처벌 대상인 행위에 대한 조사(범칙조사)'의 경우에는 사전통지를 하지 않는 것으로(단서 제1호) 정리가 될 수 있을 것이다.

다. 세무조사에 관한 법리의 적용 – 사전통지의 처분성, 소의 이익

관세조사와 세무조사의 규정 형식에 일부 차이는 있으나, 사전통지에 관한 기본적인 내용과 법리는 달리 취급할 필요가 없을 것이다. 관세조사 사전통지에 관해서는 별도의 대법원 판례를 발견하기 어려우나 세무조사 사전통지에 관해서는 의미 있는 대법원 판례들이 존재하며, 해당 법리는 관세조사의 경우에도 동일하게 적용될 수 있을 것으로 보이므로 이하에서 검토하고자 한다.

(1) 세무조사 사전통지의 처분성

대법원 2011. 3. 10. 선고 2009두23617, 23624 판결은 세무조사결정26)은 납세의무자의 권리·의무에 직접 영향을 미치는 공권력의 행사에 따른 행정작용으로서 항고소송의 대상이 된다고 판시하며 세무조사 사전통지의 처분성을 명시적으로 인정하였다. 그리고 그 근거로는 ① 세무조사결정이 있는 경우 납세의무자는 세무공무원의 과세자료 수집을 위한 질문에 대답하고 검사를 수인하여야 할 법적

---

26) 대법원은 "세무조사 사전통지"라는 법률상 용어 대신 "세무조사결정"이라는 용어를 사용하고 있다. 이는 대법원이 세무조사 사전통지와 세무조사의 관계에 관하여 양자를 분리해서 이해하는 입장(분리설)이 아니라 양자를 합체해서 이해하는 입장(일체설)을 취하고 있기 때문이라는 견해가 있다(이동식, "세무조사 결정통지의 처분성", 『행정판례연구』, 17집 1호(박영사, 2012), 164면). 양자의 관계를 어떻게 이해하는 것이 옳은지에 관하여는 논란의 여지가 있겠으나, 그 관계를 어떻게 파악하든 관계 없이 대법원 판결에서는 법률 규정에 따라 "세무조사 사전통지"라는 용어를 사용하는 것이 바람직하지 않았을까 생각된다.

의무를 부담하게 되는 점, ② 세무조사는 기본적으로 적정하고 공평
한 과세의 실현을 위하여 필요한 최소한의 범위 안에서 행하여져야
하고, ③ 더욱이 동일한 세목 및 과세기간에 대한 재조사는 납세자
의 영업의 자유 등 권익을 심각하게 침해할 뿐만 아니라 과세관청에
의한 자의적인 세무조사의 위험마저 있으므로 조세공평의 원칙에
현저히 반하는 예외적인 경우를 제외하고는 금지할 필요가 있는 점,
④ 납세의무자로 하여금 개개의 과태료 부과처분이나 과세처분에
대하여만 다툴 수 있도록 하는 것 보다는 그에 앞서 세무조사결정에
대하여 다툴 수 있게 한다면 분쟁을 조기에 근본적으로 해결할 수
있다는 점을 들고 있다.

납세의무자의 권리보호 강화라는 측면에서 지극히 타당한 판결
이라고 생각된다. 다만, 위와 같이 세무조사 사전통지의 처분성을
인정하여 항고소송으로 다툴 수 있다고 하더라도 행정소송법 제23
조 제1항이 집행부정지 원칙을 채택하고 있는 이상 위와 같은 결론
이 납세의무자의 권리구제와 관련하여 실제적인 의미를 갖기 위해
서는 행정소송법상의 집행정지 제도를 적극적으로 활용할 수밖에
없을 것이다.27)

조세소송에는 필요적 전치주의가 적용되는데 전심절차(조세심판
원 심판청구, 국세청 심사청구, 감사원 심사청구)에는 집행정지에
관한 규정이 없다. 그러므로 실무적으로는 세무조사 사전통지에 대
하여 다투면서 그 집행을 정지시키고자 하는 납세의무자는 심판청
구 또는 심사청구와 동시에 법원에 행정소송을 제기하면서 집행정
지를 함께 신청하는 방법을 취할 수밖에 없을 것이다. 판례는 필요

---

27) 곽태훈, "국세기본법상 중복세무조사금지 규정에 관한 소고", 「세무와 회
계 연구」, 통권 제9호(한국조세연구소, 2016), 241면; 이중교, "법원 판결을
통해 살펴본 세무조사의 절차적 통제", 「조세법연구」, 23집 2호(한국세법
학회, 2017), 134-135면.

적 전치 요건의 충족 여부를 판단하는 기준 시점을 소제기시가 아닌 사실심변론종결시로 보아 사실심변론종결시까지 전치요건을 갖추면 그 흠결의 하자가 치유되는 것으로 보고 있다.[28]

(2) 소의 이익

세무조사 사전통지는 세무조사를 시작하기 10일 전에 하여야 하므로, 일단 세무조사사전통지가 있게 되면 전항에서 본 바와 같이 그 직후 행정심판 청구, 행정소송 제기 및 집행정지 신청을 하여 법원으로부터 집행정지결정을 받지 않는 이상 사전통지에 명시된 시기에 세무조사가 시작될 것이다. 그렇다면 세무조사가 종료된 후, 더 나아가 과세처분까지 모두 이루어진 후에도 세무조사 사전통지 자체의 취소를 구하는 소송에 대하여 소의 이익을 인정할 수 있을까? 세무조사가 이미 종료된 후에는 세무조사 사전통지 처분이 취소된다고 하더라도 그 취소의 목적(즉, 세무조사를 받지 않는 것)을 달성할 수 없으므로 굳이 소의 이익을 인정할 필요가 없다는 견해도 있을 수 있다.

이에 대해서 서울고등법원 2014. 8. 20. 선고 2013누20921 판결은, 세무조사가 완료되었어도 (그에 기한 과세처분이 이루어졌는지에 상관없이) 세무조사대상에 대하여 과세처분을 할 수 있는 부과제척기간이 경과하지 않은 이상 세무조사결정처분(세무조사 사전통지)의 취소를 구할 법률상 이익이 있다고 판단하였다. 위 사건의 상고심인 대법원 2015. 2. 26. 선고 2014두12062 판결에서는 위 쟁점이 상고이유에 포함되지는 않았으나 소의 적법 여부는 법원의 직권조사사항임에도 불구하고 대법원에서 별도의 명시적인 판단을 하지 않

---

28) 서울행정법원 조세소송실무연구회, 『조세소송실무』, 개정판(사법발전재단, 2016), 61면; 대법원 1987. 4. 28. 선고 86누29 판결 등.

고 바로 본안 판단을 한 것을 보면 대법원 역시 동일한 입장을 취한 것이라고 보여진다.

행정처분의 취소를 구하는 소는 그 처분에 의하여 발생한 위법상태를 배제하여 원상으로 회복시키고 그 처분으로 침해되거나 방해받은 권리와 이익을 보호·구제하고자 하는 소송이므로, 비록 처분을 취소한다 하더라도 원상회복이 불가능한 경우에는 그 처분의 취소를 구할 이익이 없는 것이 원칙이지만, 원상회복이 불가능하다고 보이는 경우라 하더라도, 동일한 소송 당사자 사이에서 그 행정처분과 동일한 사유로 위법한 처분이 반복될 위험성이 있어 행정처분의 위법성 확인 내지 불분명한 법률문제에 대한 해명이 필요하다고 판단되는 경우 등에는 행정의 적법성 확보와 그에 대한 사법통제, 국민의 권리구제의 확대 등의 측면에서 여전히 그 처분의 취소를 구할 이익이 있다고 보아야 한다.[29]

세무조사가 완료된 후에도 동일한 사유로 위법한 세무조사가 반복되는 위험성을 제거할 필요가 있고, 세무조사 완료 후 과세처분이 이루어졌다고 하더라도 세무조사 범위보다 과세처분의 범위가 좁을 경우에는 부과제척기간이 경과하기 전까지는 추가로 과세처분이 이루어질 수 있으므로 세무조사의 위법성을 확인할 실익이 있으며, 세무조사 범위와 과세처분의 범위가 동일하더라도 세무조사결정 취소소송에서 결정의 위법성을 판결로써 확인받으면 기판력에 의해 과세처분 취소소송에서 피고는 절차적 위법성을 더 이상 다툴 수 없다.[30] 따라서 부과제척기간이 경과하기 전까지는 세무조사결정처분의 취소를 구할 소의 이익이 있다고 보는 것이 타당하다.

29) 대법원 2008. 2. 14. 선고 2007두13203 판결.
30) 김성환, "부분조사의 중복세무조사 해당 여부 및 세무조사 완료 후 세무조사결정처분의 취소를 구할 소의 이익 유무", 『대법원 판례해설』, 제104호(법원도서관, 2015), 47면.

V. 조사대상의 선정

1. 국세기본법

가. 규정

국세기본법 제81조의6은 세무조사 대상의 선정방법으로 정기선정(제2항)과 수시선정(제3항)³¹⁾을 구분하고 있다. 정기선정 사유는 국세청장이 납세자의 신고 내용에 대하여 정기적으로 성실도를 분석한 결과 불성실 혐의가 있다고 인정하는 경우(제1호), 최근 4과세기간 이상 같은 세목의 세무조사를 받지 아니한 납세자에 대하여 업종, 규모, 경제력 집중 등을 고려하여 대통령령으로 정하는 바에 따라 신고 내용이 적정한지를 검증할 필요가 있는 경우(제2호), 무작위 추출방식으로 표본조사를 하는 경우(제3호)이고, 수시선정 사유는 납세자가 세법에서 정하는 신고 등 납세협력의무를 이행하지 아니한 경우(제1호), 무자료거래, 위장 및 가공거래 등 거래 내용이 사실과 다른 혐의가 있는 경우(제2호), 납세자에 대한 구체적인 탈세 제보가 있는 경우(제3호), 신고 내용에 탈루나 오류의 혐의를 인정할 만한 명백한 자료가 있는 경우(제4호), 납세자가 세무공무원에게 직무와 관련하여 금품을 제공하거나 금품제공을 알선한 경우(제5호)이다.

국세기본법 제81조의3(납세자의 성실성 추정)은, 세무공무원은 납세자가 제81조의6 제3항 각 호의 어느 하나에 해당하는 경우 즉,

---

31) 법률상의 용어는 아니다. 법률에는 "정기선정에 의한 조사 외에 다음 각 호의 어느 하나에 해당하는 경우에는 세무조사를 할 수 있다"라고만 되어 있다.

수시선정 사유가 존재하는 경우를 제외하고는 납세자가 성실하며
납세자가 제출한 신고서 등이 진실한 것으로 추정하여야 한다고 규
정하고 있다. 따라서 위 규정과의 관계에 비추어 보면 정기선정은
납세자가 제출한 신고서 등의 진실성이 추정되는 경우이지만 세무
당국이 신고의 적정성을 정기적으로 검증하기 위한 차원에서 실시
하는 세무조사인 반면에, 수시선정은 납세자가 제출한 신고서 등의
진실성이 법률상 추정되지 않는 경우로서 진실한 거래내용 등을 파
악하기 위하여 실시하는 세무조사라고 할 수 있다.[32]

나. 수시선정 사유와 중복조사 허용 사유의 구별

국세기본법 제81조의6 제3항의 수시선정 사유 중 "신고 내용에
탈루나 오류의 혐의를 인정할 만한 명백한 자료가 있는 경우(제4
호)"와 국세기본법 제81조의4 제2항의 중복조사가 허용되는 사유 중
"조세탈루의 혐의를 인정할 만한 명백한 자료가 있는 경우"(제1호)
는 표현상의 차이는 있지만 실질적인 내용은 큰 차이가 없는 것으로
도 볼 수 있고, 특히 동일하게 "명백한 자료"라는 표현을 사용하고
있어 양자의 차이가 무엇인지 검토해 볼 필요가 있다.

이에 대해서는 자료의 명백성의 정도를 ① 객관적인 자료에 의하
여 조세의 탈루나 오류 사실이 확인될 가능성이 뒷받침되는 경우(1
단계), ② 조세의 탈루 사실이 확인될 상당한 정도의 개연성이 객관
성과 합리성이 뒷받침되는 자료에 의하여 인정되는 경우(2단계), ③
조세 탈루를 확인할 수 있는 직접적인 과세자료가 있는 경우 즉, 조
세의 탈루 사실이 확실한 경우(3단계)로 나누고, 수시선정 사유로서

---

[32] 이동식, "세무조사 결정통지의 처분성", 『행정판례연구』, 17집 1호(박영사,
2012), 153면.

의 "명백한 자료"는 1단계, 중복조사 허용 사유로서의 "명백한 자료"
는 2단계에 해당하며, 3단계의 명백성 정도는 그 자체로 곧바로 누
락된 세액을 부과할 수 있고 세무조사를 할 필요가 없다는 결론에
도달하게 되어 세무조사 개시사유로는 타당하지 않으며 조세범칙사
건에서 고려될 수 있을 것이라는 견해가 있다.[33]

대법원은 납세자의 성실성 추정이 배제되어 우선적 세무조사[34]
의 대상이 되는 경우인 "신고내용에 탈루나 오류의 혐의를 인정할
만한 명백한 자료가 있는 경우" 등 보다는 재조사가 예외적으로 허
용되는 경우를 엄격히 제한하여 해석하는 것이 규정체계상 합리적
인 점 등에 비추어 보면 예외적 재조사 허용 사유인 "조세탈루의 혐
의를 인정할 만한 명백한 자료가 있는 경우"라 함은 조세탈루 사실
이 확인될 상당한 정도의 개연성이 객관성과 합리성이 뒷받침되는
자료에 의하여 인정되는 경우로 엄격히 제한되어야 하며, 객관성과
합리성이 뒷받침되지 않는 한 탈세제보가 구체적이라는 사정만으로
는 여기에 해당하지 않는다고 판시[35]하여, 중복조사가 허용될 수 있
는 "명백한 자료"는 2단계의 명백성에 해당된다는 입장을 밝힌 바
있다.

나아가 위 판결은, 탈세제보자인 소외인은 원고 회사가 탈세를
하였다고 하는 기간 중에 원고 회사의 법인등기부상 대표이사로 등

---

33) 이예슬, "우선적 세무조사 대상자 선정에 관한 구 국세기본법(2006. 12.
   30. 법률 제8139호로 개정되기 전의 것) 제81조의5 제2항의 해석", 『대법
   원 판례해설』, 제100호(법원도서관, 2014), 15면.
34) 구 국세기본법(2006. 12. 30. 법률 제8139호로 개정되기 전의 것) 제81조의
   5 제2항은 현행 국세기본법 제81조의6 제3항과는 달리 "세무공무원은 다
   음 각 호의 1에 해당하는 경우에는 우선적으로 세무조사대상으로 선정하
   여 납세자가 제출한 신고서 등의 내용에 관하여 세무조사를 할 수 있다"
   라고 규정하였다.
35) 대법원 2010. 12. 23. 선고 2008두10461 판결.

재되어 있었던 점, 탈세제보에 허위세금계산서를 수취한 방법과 여기에 사용된 통장사본 및 계좌번호가 구체적으로 적시되어 있고, 관련 서류도 첨부되어 있는 점, 실제 위 탈세제보에 의하여 이 사건 부과처분의 과세자료가 된 세금계산서가 허위임이 적발되었고, 조사 결과 상당 부분 제보내용이 사실로 확인된 점 등에 비추어 보면 이는 중복조사가 허용될 수 있는 "명백한 자료"가 존재하는 경우로 볼 수 있다고 판시하였다.

수시선정 사유보다 중복조사 허용사유가 더 엄격히 인정되어야 한다는 점에서, "명백한 자료"라는 동일한 표현을 단계별로 나누어 해석·적용하는 견해는 일응 타당하다고 판단된다. 그러나 위 대법원 판결이 자료의 명백성 여부를 판단하면서 실제 탈세제보에 의하여 세금계산서가 허위임이 적발되었고, 조사 결과 상당 부분 제보 내용이 사실로 확인되었다는 사후적인 사정을 근거로 든 것은 의문이다. 자료의 명백성은 조사 개시의 단초가 된 자료의 내용 그 자체, 자료 취득의 경위, 다른 자료들과의 관계 등을 기준으로 판단하여야 할 것이지, 그러한 자료를 기초로 이루어진 조사의 결과를 기준으로 판단할 것이 아니다. 실제 탈세사실이 확인되는지 여부는 자료의 내용 외에도 조사담당자들의 역량이나 납세의무자의 대응 등 사후적이고 우연적인 여러 가지 다른 요소들에 의해서도 영향을 받을 수 있기 때문이다. 따라서 특정한 자료에 의하여 개시된 조사의 결과를 기준으로 그 자료의 명백성 여부를 소급하여 판단하는 것은 논리적으로 다소 문제가 있지 않은가 생각된다.

2. 관세법

가. 규정

관세법 제110조의3은 관세조사 대상의 선정방법으로 정기선정 (제1항)과 수시선정36)(제2항)을 구분하고 있다.37) 정기선정 사유는 관세청장이 수출입업자의 신고 내용에 대하여 정기적으로 성실도를 분석한 결과 불성실 혐의가 있다고 인정하는 경우(제1호), 최근 4년 이상 조사를 받지 아니한 납세자에 대하여 업종, 규모 등을 고려하여 대통령령으로 정하는 바에 따라 신고 내용이 적정한지를 검증할 필요가 있는 경우(제2호), 무작위추출방식으로 표본조사를 하는 경우(제3호)이고, 수시선정 사유는 납세자가 관세법에서 정하는 신고 신청, 과세가격결정자료의 제출 등의 납세협력의무를 이행하지 아니한 경우(제1호), 수출입업자에 대한 구체적인 탈세제보 등이 있는 경우(제2호), 신고내용에 탈세나 오류의 혐의를 인정할 만한 자료가 있는 경우(제3호)이다.

---

36) 국세기본법과 마찬가지로 법률상의 용어는 아니다. "정기선정에 의한 조사 외에 다음 각 호의 어느 하나에 해당하는 경우에는 조사를 할 수 있다"라고만 되어 있다.

37) 기업심사 훈령 제2조는 정기선정에 따른 조사를 "법인심사"로(제3호), 수시선정에 따른 조사를 "기획심사"로(제4호) 각 규정하고 있으나, "정기조사", "비정기조사(또는 수시조사)"라고 개정하여 법률의 내용과 일치시키는 것이 좋다. 또한 문언 자체를 보더라도 "법인"은 조사의 대상을, "기획"은 조사 대상 선정의 방법을 말하는 것으로서 애초에 논의의 평면이 다른 용어인데 두 용어를 동일선상에서 대비되는 개념으로 설정한 것도 적절치 않다. 그리고 법인 외에 개인기업에 대해서도 조사의 필요성이 있을 수 있는데 굳이 "법인"심사로 한정한 것도 잘못되었다고 본다.

나. 관세조사의 대상에 관한 관세법상 용어의 문제

(1) 관세조사의 대상은 납세자인가 수출입업자인가

국세기본법은 세무조사의 대상을 납세자로 통일하고 있다.[38] 법인세법, 소득세법, 부가가치세법 등 개별 세법은 모두 납세의무자, 과세표준, 세율, 세액의 계산 등 납세자의 납세의무에 관한 내용을 주로 다룬 조세실체법이라고 할 수 있고, 세무조사도 기본적으로 국세의 과세표준과 세액을 결정 또는 경정하기 위한 조사이다. 조세범칙조사 역시 조세의 감소를 초래하였거나 또는 그 감소와 직접 관련이 있는 행위, 혹은 조세의 감소를 초래하지는 아니하나 세법상의 각종 의무 규정을 위반한 행위[39]에 대한 조사이기 때문에 납세의무 기타 세법상 의무를 부담하는 주체인 납세자를 세무조사의 대상으로 규정한 것은 특별한 문제가 없다고 보인다.

그런데 관세법은 관세조사의 대상에 관하여 납세자[40]와 수출입업자[41]라는 표현을 혼용하고 있다. 수시선정 사유로서 "수출입업자에 대한 구체적인 탈세제보 등이 있는 경우"를 규정하고 있고(관세법 제110조의3 제2항 제2호), 납세자의 성실성 추정 배제 사유로서 "납세자에 대한 구체적인 탈세정보가 있는 경우"를 규정하고 있는 것(관세법 시행령 제138조 제1항 제2호)을 보면 양자를 동일한 의미로 받아들여야 하는 것이 아닌가 생각되기도 한다.[42] 특히 "수출입

---

38) 제81조의2 제2항 본문, 제3항, 제81조의4 제2항 제5호, 제81조의6 제1항, 제2항 제1호, 제2호, 제3항 제1호, 제3호, 제5호, 제81조의7 제1항, 제81조의12 등.

39) 안대희, 『조세형사법』, 최신개정판(도서출판 평안, 2015), 128면.

40) 제110조 제2항 제2호, 제110조의3 제1항 제2호, 제2항 제1호, 제114조 제1항, 제115조.

41) 제110조의3 제1항 제1호, 제2항 제2호, 관세법 시행령 제135조의2 제1호, 제135조의3 등.

업자"라는 표현을 사용하는 관세법 및 관세법 시행령 규정과 그에
대응하는 국세기본법 및 국세기본법 시행령 규정의 내용이 사실상
동일한 것을 감안하면 더욱 그러하다.[43]

　　그러나 납세자와 수출입업자라는 엄연한 별개의 용어를 당연하
게 동일한 의미로 받아들일 수 있는지 의문이다. 양자가 전혀 다른
의미를 가지고 있음은 명백하다. 예를 들어 우리나라는 수출관세가
없기 때문에 수출업자는 납세자가 아니라는 점만 봐도 양자를 동일
한 의미로 받아들일 수는 없는 것이다. 관세법 제19조 제1항 각 호
에 규정된 납세의무자들을 보더라도 수출입업자가 아닌 경우가 다
수 존재한다.

---

42) 국세기본법 제81조의3(납세자의 성실성 추정)은, 세무공무원은 납세자가
　　제81조의6 제3항 각 호의 어느 하나에 해당하는 경우 즉, 수시선정 사유
　　가 존재하는 경우를 제외하고는 납세자가 성실하며 납세자가 제출한 신
　　고서 등이 진실한 것으로 추정하여야 한다고 규정하여 수시선정 사유와
　　납세자의 성실성 추정 배제사유를 일치시키고 있다.
43) 〈국세기본법 및 시행령과 관세법 및 시행령 비교〉

국세기본법	관세법
제81조의6(세무조사 관할 및 대상자 선정) 제2항 제1호 : 국세청장이 납세자의 신고 내용에 대하여 정기적으로 성실도를 분석한 결과 불성실 혐의가 있다고 인정하는 경우	제110조의3(관세조사 대상자 선정) 제1항 제1호 : 관세청장이 수출입업자의 신고 내용에 대하여 정기적으로 성실도를 분석한 결과 불성실 혐의가 있다고 인정하는 경우
제81조의6 제3항 제3호 : 납세자에 대한 구체적인 탈세 제보가 있는 경우	제110조의3 제2항 제2호 : 수출입업자에 대한 구체적인 탈세제보 등이 있는 경우
시행령 제63조의4(장기 미조사자에 대한 세무조사 기준) : 법 제81조의6 제2항 제2호에 따라 실시하는 세무조사는 납세자의 이력이나 세무 정보 등을 고려하여 국세 청장이 정하는 기준에 따른다.	시행령 제135조의3(장기 미조사자에 대한 관세조사 기준) 법 제110조의3 제1항 제2호에 따라 실시하는 조사는 수출입업자 등의 업종, 규모, 이력 등을 고려하여 관세처장이 정하는 기준에 따른다.

왜 이런 용어상의 혼란이 발생하였을까? 국세기본법에 납세자의 권리에 관한 장(章)은 1996. 12. 31. 국세기본법 개정(법률 제5189호) 시 처음 도입되었고, 관세법에 납세자의 권리에 관한 절(節)은 2000. 12. 29. 관세법 개정(법률 제6035호) 시 처음 도입되었다. 관세법의 규정을 만듦에 있어서 국세기본법 규정들을 상당부분 참고하였을 것으로 짐작되나, 국회 심사자료 등을 찾아 보아도 굳이 국세기본법에 납세자라고 되어 있는 표현들 중 일부는 수출입업자로 바꾸면서 또 한편으로는 관세법의 다른 규정들에서는 여전히 납세자라는 표현들을 유지하고 있는 이유에 대해서는 별다른 설명을 찾아볼 수 없었다. 규정의 정비가 필요하다고 보이는 대목이며, 더 큰 문제는 "납세자"와 "수출입업자" 모두 관세조사의 대상을 전부 포괄하기 위한 용어로서는 부족하다는 점이다. 이하 항을 바꾸어 좀 더 자세히 살펴보기로 한다.

(2) 관세조사의 대상은 "납세자"로 한정되는가

납세자는 실제 납세를 한 자가 아니라 납세의무자로 이해해야 할 것이다. 관세법 제19조 제1항은 제1호부터 제12호까지 관세의 납세의무자에 관한 규정을 두고 있는바, 관세의 과세물건은 수입물품이므로(관세법 제14조) 기본적으로 물품의 수입을 전제로 하지 않고는 납세자 또는 납세의무자라는 개념이 존재할 수 없다. 즉, 수출의 경우에는 납세자라는 개념이 존재할 수 없는 것이므로, 관세조사의 대상을 납세자로 한정하게 되면 수출자는 관세조사의 대상이 될 수 없다는 결론이 된다.

그러나 수출자의 경우에도 관세조사의 필요성은 존재한다. 관세조사에는 관세의 과세표준과 세액의 결정 또는 경정을 위한 조사(신고납부세액의 조사) 외에 관세법 및 다른 법령에서 정하는 수출입

관련 의무 이행과 관련한 사항의 조사도 포함되기 때문에(관세법 제
110조 제2항 제2호, 제110조의2), 예를 들어 수출자가 수출금지물품
을 수출하였거나 혹은 수출신고를 하지 아니하고 수출을 하였거나
(밀수출) 혹은 사실과 다른 내용으로 수출신고를 한 경우에는 관세
법 제269조(밀수출입죄) 위반의 혐의가 있으므로 관세조사를 하여야
하나, 이는 납세자에 대한 조사 혹은 납세의무를 전제로 한 조사는
아님이 명백하다.

마찬가지로 수출자가 해외의 거래상대방으로부터 수출대금을 수
령함에 있어서 기획재정부장관에게 신고하지 않고 해당 거래의 당
사자가 아닌 자로부터 수령을 하는 경우는 외국환거래법 제16조(지
급 또는 수령의 방법의 신고) 제3호 위반의 혐의가 있으므로 관세조
사를 하여야 하나, 이 또한 납세자에 대한 조사 혹은 납세의무를 전
제로 한 조사는 아닌 것이다.

결국 관세조사의 대상을 납세자로 한정한다면 수입을 전혀 하지
않고 수출만을 하는 자에 대해서는 관세조사를 할 수 없다는 결과가
되므로, "납세자"라는 표현은 실제 관세조사가 필요한 대상의 범위
를 전부 포괄하지 못하는 반쪽짜리 용어라고밖에 볼 수 없다. 이는
관세법이 내국세에 관한 개별 세법들과는 달리 과세표준과 세액의
결정 등에 관한 조세실체법의 성격 외에 수출입통관절차 등에 관한
순수한 절차법의 성격도 함께 가지고 있고, 관세조사의 범위 역시
양자를 모두 포괄하여야 한다는 점을 간과한데 따른 결과라고 생각
된다.

(3) 관세조사의 대상은 "수출입업자"로 한정되는가

수출입업자란 수출업자와 수입업자를 포괄한 개념이다. 그러나
관세법은 제2조 제1호, 제2호에서 수출과 수입에 관한 정의규정은

두고 있으나, 수출업(자)나 수입업(자)에 관한 정의 규정은 따로 두고 있지 않아 용어의 일상적인 뜻과 다른 법률 규정의 해석을 통해 그 의미를 유추할 수밖에 없다. 용어의 일상적인 의미에 따른다면 수출(입)업이란 수출(입)을 업(業)으로 하는 것을 말한다고 보아야 할 것이다.44) 그러면 업(業)으로 한다는 의미는 무엇일까? 이 역시 관세법에 아무런 언급이 없으나, 일상적인 용어의 사용례에 비추어 보면 영업 또는 사업의 의미로 해석해야 할 것이다.

기본적 상행위의 요건인 영업성에 관한 상법 제46조,45) 사업소득의 범위에 관한 소득세법 제19조 제1항 제20호46), 사업자의 정의에 관한 부가가치세법 제2조 제3호47) 등에 대한 해석론에 비추어 보면 사업이든 영업이든 그 공통적인 요소는 계속·반복성이다. 그렇다면 계속·반복의 의사가 없이 수출입을 한 자는 수출입업자가 아니므로 관세조사의 대상이 될 수 없다는 결과가 될 것이다. 그러나 수출입을 '업'으로 하는 자가 아니라고 하여 관세조사의 대상에서 제외하여야 할 이유는 없다. 예를 들어 단 한 번의 수입을 하였거나 혹은 계속·반복의 의사 없이 우연한 기회에 여러 차례의 수입을 한 자라고 하더라도 관세의 과세표준이나 세액을 결정할 필요가 있거나 탈세나 기타 법률위반의 혐의가 있다면 당연히 관세조사를 해야 한다. 그러나 수시조사 선정사유인 관세법 제110조의3 제2항 제2호는 "수출입업자"에 대한 구체적인 탈세제보 등이 있는 경우만을 규정하고

---

44) 「수출입 안전관리 우수업체 공인 및 운영에 관한 고시」 제3조 제1항은 수출 또는 반송을 업으로 하는 자를 수출업체로, 수입을 업으로 하는 자를 수입업체로 규정하고 있다.

45) 손주찬·정동윤 편집대표, 『주석상법[총칙·상행위(1)]』, 2003년판(한국사법행정학회, 2003), 371면; 이철송, 『상법총칙·상행위』, 제14판(박영사, 2016), 82면.

46) 임승순, 『조세법』, 2017년도판(박영사, 2017), 405면.

47) 대법원 1999. 9. 17. 선고 98두16705 판결.

있기 때문에, 문언을 엄격하게 해석하면 수출입을 "업으로" 하지 않는 자에 대해서는 탈세제보가 있더라도 관세조사를 할 수 없는 것이다.

위와 같은 결과가 부당함은 굳이 많은 설명을 필요로 하지 않으며, 당연히 실무상으로도 그와 같이 제도가 운용되고 있지는 않은 것으로 알고 있다. 근본적인 문제는 관세법의 다른 어느 규정에서도 사용되지 않고,48) 별도의 정의규정도 없는 "수출입업자"라는 표현을 굳이 관세조사에 관한 부분에서만 사용하는 데에 있다고 보며 역시 정비가 필요하다고 생각된다.

(4) 소결 : 용어의 문제에 대한 정리

이상의 논의를 요약하자면 현행 관세법은, i) 관세조사의 대상에 관하여 납세자라는 용어와 수출입업자라는 서로 다른 용어를 혼용하고 있으며, ii) 납세자라는 용어와 수출입업자라는 용어 모두 관세조사가 필요한 대상 전부를 포괄하지 못하는 문제가 있다. '납세자 또는 수출자'49)로 통일하는 것이 더 합리적이라고 생각된다.

다. 수출입 안전관리 우수 공인업체와 관세조사

관세법상 관세조사는 정기선정에 의한 조사와 수시선정에 의한 조사로 구분된다. 그리고 기업심사훈령에서는 정기선정에 의한 조사를 법인심사로, 수시선정에 의한 조사를 기획심사로 표현하고 있음은 앞서 본 바와 같다. 그런데 기업심사훈령과 납세업무처리고시

---

48) 수출자, 수입자라는 표현만이 사용되고 있다.
49) 관세법상 납세(의무)자와 수입자는 동일한 개념이 아니고, 납세(의무)자가 수입자보다 더 넓은 개념으로 이해되므로(관세법 제19조), '수입자 또는 수출자'라는 표현은 적절하지 않다고 본다.

는 관세법 제255조의2[50])에 따른 수출입 안전관리 우수 공인업체는 관세조사(법인심사, 기획심사)의 대상에서 제외하는 내용의 여러 규정들을 두고 있어, 그 해석이 문제된다.

(1) 수출입 안전관리 우수 공인업체의 의의

AEO(Authorized Economic Operater) 제도는 세관당국이 수출입업체 등 물류공급망상의 기업을 법규준수도, 안전관리, 내부통제, 재무건전성 등 세관당국이 정한 기준에 따라 심사하여 인증하고, 공인된 기업(이하 'AEO업체')에 대해 통관절차상의 신속통관, 세관검사 면제 등의 혜택을 부여하는 제도이다.[51]

관세청장은 다른 국가의 AEO업체에 대해서도 상호 조건에 따라 통관절차상의 혜택을 부여할 수 있고(관세법 제255조의2 제4항), 우리나라의 AEO업체 역시 우리나라와 상호인정협정을 체결한 국가에서는 통관절차상의 혜택을 제공받을 수 있다.

(2) AEO업체는 법인심사 대상에서 제외

관세조사에 관한 관세법 규정들은 AEO업체에 대한 관세조사에 관하여 별도로 특별한 언급을 하고 있지 않다. 그러나 기업심사훈령에 따르면, 관세청장은 수출입업체의 수출입규모 등을 기준으로 일정 기준에 해당하는 업체를 법인심사(정기선정) 대상군으로 지정할

---

50) 관세법 제255조의2(수출입 안전관리 우수 공인업체 등) ① 관세청장은 수출입물품의 제조·운송·보관 또는 통관 등 무역과 관련된 자가 시설, 서류관리, 직원 교육 등에서 이 법 또는 「자유무역협정의 이행을 위한 관세법의 특례에 관한 법률」 등 수출입에 관련된 법령에 따른 의무 또는 절차와 재무 건전성 등 대통령령으로 정하는 안전관리 기준을 충족하는 경우 수출입 안전관리 우수업체로 공인할 수 있다.
51) 이종익·최천식·박병목, 「2017 관세법 해설」, 2017년판(한국관세무역개발원, 2017), 637면.

수 있는데, AEO업체는 법인심사 대상군에 포함하지 아니하고(제17조 제1항 단서), 세관장은 기획심사(수시선정) 대상을 선정하는 때에는 AEO업체 해당 여부, 법인심사 대상군 해당 여부를 고려하여야 하며(제24조 제2항 제1호, 제2호), 법인심사 대상군에 속한 업체에 대한 기업심사는 법인심사(정기선정)로 실시하는 것을 원칙으로 한다(제25조 제1항 본문). 위 규정들에 따라 AEO업체, 법인심사(정기선정) 대상업체, 기획심사(수시선정) 대상업체는 아래와 같이 구별되는 것으로 보는 견해가 있다.[52]

〈사후심사체계〉

		기업단위 심사	
	AEO	非AEO	
		법인심사	기획심사
대상	AEO업체	법인심사후보군(1,202업체) 연평균 수입액 3천만 불	AEO/법인심사후보군 外 (약 15만 개 업체)

AEO업체와 법인심사 대상업체가 구별되는 것은 옳다고 할 것이나, AEO업체나 법인심사 대상업체의 경우에도 구체적인 탈세제보 등 수시선정 사유가 발견되면 당연히 관세조사를 할 수 있다고 보아야 하므로,[53] 기획심사 대상업체의 구별은 절대적인 것은 아니라고 할 것이다.

AEO업체가 관세조사 대상에서 제외된다면 AEO업체에 대한 통관적법성 등의 사후통제는 어떻게 하는 것일까?

관세청 고시인 「수출입 안전관리 우수업체 공인 및 운영에 관한

---

52) 이종익·최천식·박병목, 「2017 관세법 해설」, 2017년판(한국관세무역개발원, 2017), 381면.

53) 기업심사훈령 제25조 제2항 단서 역시 기획심사 사유가 존재하는 경우에는 법인심사 대상군에 대하여도 기획심사를 실시할 수 있다고 명시적으로 규정하고 있으며, AEO업체라고 하여 달리 볼 이유가 없다.

고시」(이하 'AEO고시') 제18조(정기 자체평가의 실시) 제1항에 따르
면 AEO업체는 공인 후 매년 공인받은 달에 공인기준에 대한 수출입
관리현황을 자체평가하고 익월 15일까지 정기 자체평가서를 관세청
장에게 제출하여야 한다. 자체평가서의 항목은 1. 법규준수, 2. 내부
통제시스템, 3. 재무건전성, 4. 안전관리[54]로 구성되어 있다. 이외에
도 수출입부문의 경우 자체평가의 대상에 통관적법성 분야를 포함
하도록 되어 있는데, 통관적법성이란 신고납부세액과 관세법 기타
법령에서 정하는 수출입 관련 의무이행의 적법 여부를 말한다(기업
심사훈령 제2조 제2호). '신고납부세액과 관세법 기타 법령에서 정
하는 수출입 관련 의무이행에 관한 사항'은 관세법 제110조 제2항
제2호, 제110조의2(통합조사의 원칙)가 규정하고 있는 관세조사의
범위와 일치하므로, 결국 AEO업체는 관세조사의 범위 전부(신고납
부세액의 적정성과 관세법 기타 법령상 수출입관련 의무이행 사항)
에 대하여 매년 관세당국의 조사에 갈음하여 자체평가를 한다고 볼
수 있는 것이다.

그리고 AEO공인의 유효기간은 5년이며(관세법 제255조의2 제8
항), 공인을 갱신하고자 하는 AEO업체는 유효기간 만료 6개월 전까
지 재공인을 위한 종합심사[55]신청서를 제출하여야 한다. 이에 대한
관세청장의 종합심사 범위는 최초 공인 시의 공인기준(법규준수, 내
부통제시스템, 재무건전성, 안전관리)과 함께, 수출입업체의 경우 통
관적법성 확인대상 분야(법규준수도와 관련된 과세가격, 품목분류,
원산지, 환급, 감면, 외환, 지식재산권 및 통관요건에 대한 세관장 확

---

54) 안전관리 항목은 다시 거래업체 관리, 운송수단 등 관리, 출입통제 관리,
   인사 관리, 취급절차 관리, 시설 및 장비 관리, 정보기술 관리, 교육과 훈
   련 등 세부항목으로 나뉜다.
55) AEO업체의 재공인을 위하여 공인 유효기간 만료 전에 공인기준의 충족
   여부 등을 심사하는 것을 말한다(AEO고시 제2조 제7호).

인업무 등 8개 분야)를 포함하도록 되어 있다(AEO고시 제19조 제4
항). 결국 AEO업체는 매년 실시하는 자체평가 외에도 5년에 한 번
씩 관세조사와 동일한 수준에서 관세청장의 종합심사를 받게 되는
것이므로, 굳이 관세조사(정기선정) 대상에 중복하여 포함시킬 실익
이 없는 것이다.

라. 정기선정 사유

정기선정의 사유는 관세법 제110조의3 제1항에 규정되어 있는바,
관세청장이 수출입업자의 신고 내용에 대하여 정기적으로 성실도를
분석한 결과 불성실 혐의가 있다고 인정하는 경우(제1호), 최근 4년
이상 조사를 받지 아니한 납세자에 대하여 업종, 규모 등을 고려하
여 대통령령으로 정하는 바에 따라 신고 내용이 적정한지를 검증할
필요가 있는 경우(제2호), 무작위추출방식으로 표본조사를 하는 경
우(제3호)이다.

국세기본법 제81조의6 제2항의 정기선정 사유를 그대로 차용한
것으로 보이나, 국세기본법에는 동일하게 "납세자"로 되어 있는 표
현을 어떤 경우에는 수출입업자로, 어떤 경우에는 납세자로 규정한
것은 일관성이 없을 뿐만 아니라, 두 용어 모두 관세조사가 필요한
대상을 포괄하지 못한다는 문제가 있음은 앞서 본 바와 같다.

마. 수시선정 사유

수시선정의 사유는 관세법 제110조의3 제2항에 규정되어 있는바,
납세자가 이 법에서 정하는 신고·신청, 과세가격결정자료의 제출 등
의 납세협력의무를 이행하지 아니한 경우(제1호), 수출입업자에 대

한 구체적인 탈세제보 등이 있는 경우(제2호), 신고내용에 탈세나 오류의 혐의를 인정할 만한 자료가 있는 경우(제3호)이다.

국세기본법은 제81조의6 제3항에서 수시선정 사유를 규정하고, 제81조의3에서 수시선정 사유가 존재하는 경우를 제외하고는 납세자의 성실성이 추정된다고 하여 수시선정 사유와 납세자의 성실성 추정 배제 사유를 일치시키고 있다. 반면에 관세법은 수시선정 사유와 납세자의 성실성 추정 배제 사유를 따로 규정하여 양자 간에는 차이가 존재한다.

〈관세법상 수시선정 사유와 납세자의 성실성 추정 배제 사유 비교〉

관세법 제110조의3(관세조사 대상자 선정) ② 세관장은 정기선정에 의한 조사 외에 다음 각 호의 어느 하나에 해당하는 경우에는 조사를 할 수 있다. 1. 납세자가 이 법에서 정하는 신고·신청, 과세가격결정자료의 제출 등의 납세협력의무를 이행하지 아니한 경우 2. 수출입업자에 대한 구체적인 탈세제보 등이 있는 경우 3. 신고내용에 탈세나 오류의 혐의를 인정할 만한 자료가 있는 경우	관세법 시행령 제138조(납세자의 성실성 추정 등의 배제 사유) ① 법 제113조 제1항에서 "대통령령으로 정하는 경우"란 다음 각 호의 어느 하나에 해당하는 경우를 말한다. 1. 납세자가 법에서 정하는 신고 및 신청, 과세자료의 제출 등의 납세협력의무를 이행하지 아니한 경우 2. 납세자에 대한 구체적인 탈세정보가 있는 경우 3. 신고내용에 탈루나 오류의 혐의를 인정할 만한 명백한 자료가 있는 경우 4. 납세자의 신고내용이 관세청장이 정한 기준과 비교하여 불성실하다고 인정되는 경우

우선 관세법 제113조, 관세법 시행령 제138조에서 "납세자"의 성실성 추정이라는 표현을 사용하고 있는 것은 문제이다. 앞서 본 바와 같이 관세법은 과세표준과 세액의 결정 등에 관한 사항을 규율하는 조세실체법적 성격 외에 수출입 통관절차에 관한 사항을 규율하는 순수한 절차법적 성격도 함께 가지고 있고, 관세조사의 범위 역

시 양자를 모두 포괄해야만 한다. 따라서 "납세자"의 성실성만이 아니라 "수출자"의 성실성도 마찬가지로 문제된다. 위 규정의 "납세자"라는 표현은 "납세자 또는 수출자"로 바꾸는 것이 타당하고, "납세협력의무" 역시 "이 법 및 다른 법령에서 정하는 수출입 관련 의무"로 바꾸는 것이 타당하다.

다음으로 각 호의 내용에 관하여 보자. 관세법 제110조의3 제2항 제1호와 관세법 시행령 제138조 제1항 제1호는 경미한 표현상의 차이는 있지만 실질적인 내용은 동일한 것으로 이해된다. 위 각 규정 제2호의 경우 탈세제보 또는 탈세정보의 대상을 법에서는 "수출입업자"로, 시행령에서는 "납세자"로 다르게 표현하고 있다. 납세자 즉 수입자가 아닌 수출자의 경우에는 탈세라는 개념이 어차피 존재할 수 없으므로 시행령 제2호에서 탈세정보의 대상을 납세자로만 표현한 것은 문제가 없다. 그러나 법 제2호의 경우 수출자의 경우에는 탈세라는 개념이 존재할 수 없음에도 불구하고 탈세제보의 대상에 "수출"업자도 포함시킨 것은 잘못이다. 물론 수출자도 내국세를 탈세할 수는 있겠지만, 이는 국세청 등 내국세 당국이 관여할 사항이지 관세당국의 관세조사 사유로는 삼을 수 없다. 그리고 법 제2호에서 수출입 "업자"라고 표현한 것도, "업자"가 아닌 단순 수입자를 관세조사의 대상에 포함시킬 수 없는 문제가 있음은 앞서 지적한 바와 같다. 시행령 제2호와 같이 "납세자"로 바꾸는 것이 타당하다.

제3호의 경우에도 문제가 있다. 시행령 제3호의 경우 "명백한 자료"라고 하여 자료의 명백성을 요구하고 있는 반면에 법 제3호의 경우 단순히 "자료"라고만 하여 자료의 명백성을 요건으로 하고 있지 않다. 앞서 국세기본법의 수시선정 사유(= 납세자의 성실성 추정 배제 사유)에 관한 논의를 따른다면 시행령 제3호의 "명백한 자료"가 있는 경우란 객관적인 자료에 의하여 조세의 탈루나 오류 사실이 확인될 가능성이 뒷받침되는 경우(1단계의 명백성)를 의미한다고 할 것이다. 따라서 이러한 '명백한' 자료가 아닌 '단순한' 자료만 존재하는 경우에는 여전히 납세자의 성실성은 추정된다고 보아야 한다. 그런데 법 제3호에 따르면 '단순한' 자료만 존재하는 경우에도 관세조사의 대상으로 선정하여 조사를 개시할 수 있는바, 그렇다면 결국 신고내용에 탈루나 오류의 혐의를 인정할 만한 '단순한' 자료가 존재하는 경우에는 납세자의 성실성은 추정되지만, 그럼에도 불구하고 관세조사는 할 수 있다는 결과가 된다.

납세자의 성실성 추정 배제 사유와 세무조사 또는 관세조사의 수시선정 사유가 반드시 일치해야 한다는 법적 당위성은 없다. 그러나 상식적으로 볼 때 양자는 일치하는 것이 바람직하다. 조사대상자의 성실성이 추정되면 그러한 추정을 깰 만한 특별한 사유가 존재하지 않는 한 굳이 조사를 할 필요가 없는 것이고, 조사대상자로 선정하여 조사를 시작한다는 것은 이미 성실성을 의심할 만한 사유가 생겼다는 의미이기 때문이다. 국세기본법과의 균형을 고려하면 법 제3호에도 "명백한"이라는 표현을 추가하는 것이 바람직하다.

시행령에 규정된 성실성 추정이 배제되는 마지막 사유인 "납세자의 신고내용이 관세청장이 정한 기준과 비교하여 불성실하다고 인정되는 경우"(제4호)에는 관세조사의 필요성이 있다고 할 것이므로 위 규정은 관세법 제110조의3 제2항에 반영하는 것이 좋겠다. 물론 "납세자"는 "납세자 또는 수출자"로 바꾸어야 한다.

이상의 논의를 종합하면, 관세법 제110조의3과 관세법 시행령 제138조는 아래와 같이 일부 표현들을 수정하고 양자를 일치시키거나 혹은 국세기본법과 같이 어느 한 규정에서 다른 규정을 인용하는 방식으로 개정할 필요가 있다고 본다.

〈수시선정 사유와 납세자의 성실성 추정 배제 사유의 개정 방향〉

관세법 제110조의3(관세조사 대상자 선정) ② 세관장은 정기선정에 의한 조사 외에 다음 각 호의 어느 하나에 해당하는 경우에는 조사를 할 수 있다. 1. 납세자 또는 수출자가 이 법에서 정하는 신고·신청, 과세 가격 결정 자료의 제출 등의 이 법 및 다른 법령에서 정하는 수출입 관련 의무를 이행하지 아니한 경우 2. 수입자에 대한 구체적인 탈세제보 등이 있는 경우 3. 신고내용에 탈세나 오류의 혐의를 인정할 만한 명백한 자료가 있는 경우 4. 납세자 또는 수출자의 신고내용이 관세청장이 정한 기준과 비교하여 불성실하다고 인정되는 경우	관세법 시행령 제138조(납세자 또는 수출자의 성실성 추정 등의 배제 사유) ① 법 제113조 제1항에서 "대통령령으로 정하는 경우"란 다음 각 호의 어느 하나에 해당하는 경우를 말한다. 1. 납세자 또는 수출자가 법에서 정하는 신고 및 신청, 과세자료의 제출 등의 이 법 및 다른 법령에서 정하는 수출입 관련 의무를 이행하지 아니한 경우 2. 수입자에 대한 구체적인 탈세정보가 있는 경우 3. 신고내용에 탈루나 오류의 혐의를 인정할 만한 명백한 자료가 있는 경우 4. 납세자 또는 수출자의 신고내용이 관세청장이 정한 기준과 비교하여 불성실하다고 인정되는 경우

[2017. 12. 19. 개정 관세법]

2017. 12. 19. 개정 관세법은 위와 같은 방향으로 개정이 이루어지지 않았고, 다만 수시선정 사유로 "납세자가 세관공무원에게 직무와 관련하여 금품을 제공하거나 금품제공을 알선한 경우"를 추가하였을 뿐이다(제4호). 국세기본법 제81조의6 제3항 제5호의 수시선정 사유(납세자가 세무공무원에게 직무와 관련하여 금품을 제공하거나 금품제공을 알선한 경우)를 그대로 반영한 것이다. 그러나 위와 같은 경우는 형법상 뇌물죄로 처벌하면 충분한 것이지 굳이 관세조사의 사유로 삼을 필요는 없다. 물론 세관공무원에게 뇌물을 제공하여 관세를 탈루한 혐의가 있다면 당연히 관세조사가 필요하겠지만, 이는 기존의 제2호나 제3호에 의하여 어차피 수시선정 사유에 해당할 것이다. 제4호의 신설이 반드시 필요하였는지 의문이다.

바. 세무조사에 관한 법리의 적용 – 조사대상 선정사유가 없는 조사의 효과

국세기본법 제81조의6은 세무조사 대상으로 선정할 수 있는 사유를 엄격하게 제한하고 있다. 그런데 국세기본법 제81조의6 외에 개별 세법에서도 질문·조사에 관한 규정들을 두고 있는 경우가 많다.56) 이러한 규정들은 그 발동 요건을 "직무 수행상 필요한 경우", "업무에 필요한 경우" 등으로 포괄적·추상적으로 규정하고 있는바, 국세기본법상 세무조사대상 선정사유가 없는 경우에도 개별 세법상의 질문·조사권에 근거하여 세무조사를 할 수 있는지 여부가 문제될 수 있다.

이에 관해서 대법원은 세무조사대상 선정에 관한 국세기본법 규정은 납세자의 권익 향상과 세정의 선진화를 위하여 개별 세법상의 질문·조사권에 관한 규정들보다 나중에 도입된 것으로서, 국세기본법 규정이 마련된 이후에는 개별 세법이 정한 질문·조사권은 국세기본법이 정한 요건과 한계 내에서만 허용된다고 보아야 하고, 국세기본법이 정한 세무조사대상 선정사유가 없음에도 세무조사대상으로 선정하여 과세자료를 수집하고 그에 기하여 과세처분을 한 것은 헌법상 적법절차 원칙과 국세기본법을 위반한 것으로서 특별한 사정이 없는 한 그 과세처분은 위법하다고 판시하였다.57)

위 사건은 세무조사결과에 따르면 원고가 세금을 탈루한 것이 명백한 사안이었는데도 세무조사대상 선정 사유의 부존재라는 절차적 위법을 이유로 과세처분 자체를 위법하다고 판단한 것이다.58) 중복

---

56) 소득세법 제170조, 법인세법 제122조, 부가가치세법 제74조, 상속세 및 증여세법 제84조 등.
57) 대법원 2014. 6. 26. 선고 2012두911 판결.
58) 전영준, "조사대상 선정사유 없이 이루어진 세무조사에 근거한 과세처분

조사 금지의 원칙에 위반하여 이루어진 세무조사와 그에 따른 과세처분은 위법하다고 보는 대법원 판례의 태도와 궤를 같이 하는 것으로 보이며, 적법절차의 원칙에 부합하는 타당한 판단이라고 생각된다. 위법한 세무조사와 그에 기초하여 이루어진 과세처분의 관계에 관해서는 중복조사 부분에서 좀 더 자세히 살펴보기로 한다.

국세의 개별 세법과 마찬가지로 관세법도 제266조(장부 또는 자료의 제출 등) 제1항에서 "세관공무원은 이 법에 따른 직무를 집행하기 위하여 필요하다고 인정될 때에는 수출입업자·판매업자 또는 그 밖의 관계자에 대하여 질문하거나 문서화·전산화된 장부, 서류 등 관계 자료 또는 물품을 조사하거나, 그 제시 또는 제출을 요구할 수 있다"라는 규정을 두고, 제276조 제4항 제8호에서는 세관공무원의 장부 또는 자료의 제시요구 또는 제출요구를 거부한 자는 1천만원 이하의 벌금에 처하도록 규정하고 있는바, 국세기본법에 관한 대법원 판례의 법리는 관세법의 경우에도 동일하게 적용되어야 할 것이다. 따라서 관세법 제266조에 따른 질문조사·자료제출요구 역시 단순히 직무집행의 필요가 있다는 사유만으로 허용된다고 볼 수는 없고, 관세조사대상 선정사유가 있는 경우에만 허용된다고 할 것이며, 선정사유가 없음에도 불구하고 이루어진 조사와 그에 기하여 이루어진 과세처분은 실체적인 과세 사유가 존재하는지 여부에 관계없이 위법을 면할 수 없다고 보아야 할 것이다.

VI. 중복조사 금지의 원칙

세무조사에 있어서 실무적으로 가장 문제가 많이 되었고, 그에

의 위법성", 「변호사」, 제47집(서울지방변호사회, 2015), 94면.

따라 가장 많은 판례와 연구가 집적되어 있는 분야는 바로 중복조사 금지의 원칙에 관한 분야가 아닐까 한다. 이하에서는 국세기본법상 중복조사 금지의 원칙에 관한 규정과 쟁점, 판례 등을 먼저 검토한 후 관세법상 중복조사 금지의 원칙에 관하여 살펴보기로 한다.

1. 국세기본법

가. 규정

국세기본법 제81조의4(세무조사권 남용 금지) 제2항은 제1호 내지 제5호에서 같은 세목 및 같은 과세기간에 대하여 재조사를 할 수 있는 5개 사유를 규정하고 있고, 같은 항 제6호[59]의 위임에 따라 국세기본법 시행령 제63조의2에서 3개의 사유를 더 규정하고 있다. 결국 위 각 규정에 명시된 8개 사유가 있는 경우 외에는 같은 세목과 같은 과세기간에 대한 중복된 세무조사는 허용되지 않는 것이다.

나. 중복조사 금지의 원칙은 실지조사에 한정되는지 또는 간접조사, 사무실조사도 포함되는지 여부

국세기본법은 세무조사의 유형을 세분하고 있지 않으나, 조사사무처리규정 제3조는 세무조사를 실지조사(제22호),[60] 간접조사(제23호), 사무실조사(제30호) 등으로 구분하고 있다. 이와 관련하여 중복조사 금지의 원칙이 적용되는 세무조사는 실지조사에 한정되는지

---

59) 2017. 12. 19. 개정 시 1개 사유를 추가하고, 제6호를 제7호로 하였다.
60) 납세자의 사무실·사업장·공장 또는 주소지 등에 출장하여 직접 해당 납세자 또는 관련인을 상대로 실시하는 세무조사.

또는 간접조사나 사무실조사도 포함되는지 여부가 논의되고 있다.

우선 세무공무원이 납세자와 직접 접촉함이 없이 조사관서 사무실에서 납세자의 회계서류 및 증빙자료 등을 제출받아 실시하는 사무실조사는 제외되는 것으로 보아야 한다는 견해가 있고,61) 대법원 2017. 3. 16. 선고 2014두8360 판결이 "그 조사행위가 실질적으로 과세표준과 세액을 결정 또는 경정하기 위한 것으로서 납세자 등의 사무실·사업장·공장 또는 주소지 등에서 납세자 등을 직접 접촉하여 상당한 시일에 걸쳐 질문하거나 일정한 기간 동안의 장부·서류·물건 등을 검사·조사하는 경우에는 특별한 사정이 없는 한 재조사가 금지되는 '세무조사'로 보아야 할 것이다"라고 판시한 것을 보면, 대법원의 입장도 이에 가까운 것으로 보는 견해도 있다.62)

그러나 국세기본법은 단순히 세무조사라는 표현만을 사용하고 있고, 중복조사 금지의 원칙 역시 세무조사에 대하여 규정63)하고 있을 뿐이므로 법률상 존재하지 않는 개념인 실지조사, 간접조사, 사무실조사를 기준으로 중복조사 금지 원칙의 적용 여부를 달리 판단하는 것은 법률상 근거가 부족하지 않은가 생각된다. 그리고 중복조사 금지의 원칙의 근본취지는 납세자의 권익보호라고 할 것인바, 간접조사나 사무실조사가 실지조사에 비하여 납세자에 대한 권익침해의 정도가 반드시 경미하다고 단정할 수도 없다. 방대한 양의 자료를 요청하거나 수시로 납세자에게 서면질문을 하여 서면답변을 요구하는 경우 등을 상정하면 간접조사나 사무실조사 역시 실지조사

---

61) 심규찬, "감사 과정에서의 질문 조사와 중복세무조사금지 원칙", 『대법원 판례해설』, 제104호(법원도서관, 2015), 67면.

62) 이중교, "법원 판결을 통해 살펴본 세무조사의 절차적 통제", 『조세법연구』, 23집 2호(한국세법학회, 2017), 124면.

63) 국세기본법 제81조의4 제2항 본문은 단순히 "재조사를 할 수 없다"라고 규정하고 있으나, 동 규정의 제목이 "세무조사권 남용 금지"이므로 재조사란 세무조사를 다시 하는 것을 말한다.

와 마찬가지로 납세자에 대한 중대한 권익침해의 위험이 있을 수 있는 것이다.

따라서 조사사무처리규정상의 개념에 불과한 간접조사, 사무실조사 등을 기준으로 중복조사 금지의 원칙 적용 여부를 달리 판단할 이유는 없으며, 국세기본법상 세무조사(국세의 과세표준과 세액을 결정 또는 경정하기 위하여 질문을 하거나 해당 장부·서류 또는 그 밖의 물건을 검사·조사하거나 그 제출을 명하는 경우, 조세범칙조사 포함)에 해당하기만 하면 당연히 중복조사 금지의 원칙이 적용된다고 보는 견해가 좀 더 타당하다고 생각한다.

다. 중복조사가 허용되는 사유들에 대한 검토

이하에서는 중복조사가 허용되는 개별 사유들에 대하여, 유의미한 대법원 판례가 있거나 관세법과의 비교가 필요한 부분들 위주로 검토해 보기로 한다.

(1) 조세탈루의 혐의를 인정할 만한 명백한 자료가 있는 경우(국세기본법 제81조의4 제2항 제1호)

조세탈루란 조세포탈의 성립 여부와 관계없이 신고내용의 오류 또는 누락 등에 의하여 조세의 납부의무를 면하는 모든 행위, 즉 고의 또는 과실의 유무, 부정행위의 개입 여부와 관계없이 조세의 납부의무를 면하는 모든 행위를 총괄하여 말하며, 조세탈루의 결과가 납세의무자 또는 행위자의 고의와 부정행위에 의하여 발생하였을 때에는 조세포탈이 성립한다.[64]

명백한 자료가 있는 경우란 조세의 탈루사실이 확인될 상당한 정

---

64) 안대희, 『조세형사법』, 최신개정판(도서출판 평안, 2015), 215면 이하.

도의 개연성이 객관성과 합리성이 뒷받침되는 자료에 의하여 인정
되는 경우로서, 객관성과 합리성이 뒷받침되지 않는 한 탈세제보가
구체적이라는 사정만으로는 여기에 해당한다고 보기 어렵다.65) 그
리고 위 규정에서 "명백한 자료"가 있는 경우는 수시선정의 사유로
서 "신고 내용에 탈루나 오류의 혐의를 인정할 만한 명백한 자료가
있는 경우"와는 구별됨은 앞서 본 바와 같다. 수시선정 사유로서의
자료의 명백성은 객관적인 자료에 의하여 조세의 탈루나 오류 사실
이 확인될 가능성이 뒷받침되는 경우를 의미한다.

대법원 판례에 따르면 종전 세무조사에서 이미 조사된 자료는 중
복조사를 할 수 있는 명백한 자료에 해당되지 않는다.66) 또한 명백
한 자료는 중복조사 실시 전에 이미 존재하고 있어야 하므로 중복조
사 과정에서 비로소 조세탈루 혐의를 인정할 만한 명백한 자료를 확
보한 경우에는 예외사유 제1호에 해당되지 않는다.67)

(2) 거래상대방에 대한 조사가 필요한 경우(국세기본법 제81조의 4 제2항 제2호)

거래상대방에 대한 조사가 필요한 경우의 의미에 대해서는, ①
납세자 본인에게 세금을 부과하기 위하여 거래상대방에 대한 세무
조사가 필요한 경우 본인에 대한 중복세무조사를 할 수 있다고 보는
견해, ② 거래상대방에게 세금을 부과하기 위하여 본인에 대한 세무
조사가 필요한 경우 본인에 대한 중복세무조사를 할 수 있다고 보는
견해가 있을 수 있다. 문언상으로는 어느 견해든 가능할 것으로 보
이나, 첫 번째 견해에 따를 경우 거래상대방을 조사할 필요가 있음

---

65) 대법원 2010. 12. 23. 선고 2008두10461 판결.
66) 대법원 2011. 1. 27. 선고 2010두6083 판결.
67) 심규찬, "감사 과정에서의 질문 조사와 중복세무조사금지 원칙", 『대법원
    판례해설』, 제104호(법원도서관, 2015), 70면.

을 내세워 본인에 대한 중복조사를 하는 것을 통제할 수 없으므로 세무조사권 남용 방지의 취지를 고려한 두 번째 견해가 일반적인 것으로 보인다.[68]

이와 관련한 명시적인 대법원 판결은 없으나 광주고등법원 2015. 11. 5. 선고 2015누5329 판결은 국세기본법 제81조의4 제2항 제2호의 취지를, 거래상대방에 대한 세무조사에 있어서 본인의 협력의무를 이유로 본인에 대한 중복세무조사가 허용된다는 것인 점에 있다고 판시하여 두 번째 견해와 같은 입장을 취한 바 있다.

(3) 기타 사유

이외에도 국세기본법 제81조의4 제2항, 국세기본법 시행령 제63조의2는 중복조사가 허용되는 여러 가지 사유를 규정하고 있다. 위 사유들은 관세법상 중복조사 사유로는 규정되어 있지 않거나 혹은 별다른 법적 쟁점이 없으므로 이 글의 목적상 최대한 간단히 살펴보기로 한다.

세무공무원에게 금품을 제공한 경우 중복세무조사를 할 수 있도록 한 국세기본법 제81조의4 제2항 제5호는 문제가 있다. 세무공무원에 대한 금품제공은 형법상 뇌물죄 등으로 처벌하면 충분하다. 물론 뇌물을 제공하여 그 대가로 조세탈루 등의 결과가 발생하였다면 당연히 세무조사를 하여야 할 것이나 이는 굳이 제5호가 없더라도 같은 항 제1호(조세탈루의 혐의를 인정할 만한 명백한 자료가 있는 경우)에 따라 어차피 재조사가 가능한 경우이다. 그리고 뇌물을 제공하였음에도 불구하고 조세탈루 등의 결과가 발생한 바 없다면 이

---

68) 이중교, "법원 판결을 통해 살펴본 세무조사의 절차적 통제", 『조세법연구』, 23집 2호(한국세법학회, 2017), 129면; 곽태훈, "국세기본법상 중복세무조사금지 규정에 관한 소고", 『세무와 회계 연구』, 통권 제9호(한국조세연구소, 2016), 229면.

는 형사처벌만으로 끝낼 일이지 세법이 관여할 문제가 아니다. 조세 탈루 등의 혐의가 없음에도 뇌물을 제공하였다는 이유만으로 세무 공무원을 동원하여 세무조사를 하겠다는 것은 소위 "괘씸죄"를 적 용하겠다는 것에 다름 아니다. 삭제하는 것이 바람직하다고 본다.[69]

2개 이상의 과세기간과 관련하여 잘못이 있는 경우의 의미에 관 하여 대법원은 '2개 이상의 사업연도와 관련하여 잘못이 있는 경우' 란 하나의 원인으로 인하여 2개 이상의 사업연도에 걸쳐 과세표준 및 세액의 산정에 관한 오류 또는 누락이 발생한 경우를 의미하는 것이므로, 다른 사업연도에 발생된 것과 같은 종류의 잘못이 해당 사업연도에도 단순히 되풀이되는 때에는 이러한 재조사의 예외적인 허용사유에 해당한다고 볼 수 없다고 판시하였다.[70]

각종 과세자료의 처리를 위한 재조사(국세기본법 시행령 제63조 의2 제2호)의 의미에 관하여 대법원은, '각종 과세자료'란 세무조사 권을 남용하거나 자의적으로 행사할 우려가 없는 과세관청 외의 기 관이 그 직무상 목적을 위하여 작성하거나 취득하여 과세관청에 제 공한 자료로서 국세의 부과·징수와 납세의 관리에 필요한 자료를 의미하고, 이러한 자료에는 과세관청이 종전 세무조사에서 작성하 거나 취득한 과세자료는 포함되지 않는 것이므로, 지방국세청이 피 고(세무서장)에 대한 정기 업무종합감사를 실시하면서 기존 세무조 사 당시 피고가 작성 또는 취득한 과세자료에 근거하여 피고에게 과 세 요구를 하고, 이에 따라 이루어진 과세처분은 위법하다고 판시하 였다.[71]

---

69) 곽태훈, "국세기본법상 중복세무조사금지 규정에 관한 소고", 『세무와 회 계 연구』, 통권 제9호(한국조세연구소, 2016), 234면.
70) 대법원 2017. 4. 27. 선고 2014두6562 판결.
71) 대법원 2015. 5. 28. 선고 2014두43257 판결.

라. 중복조사 판단의 기준 – 같은 세목 및 같은 과세기간

중복조사 금지의 원칙과 관련하여 실무적으로 가장 문제가 되는 것은 중복조사 여부 판단의 기준과 허용한계일 것이다. 국세기본법 제81조의4 제2항은 "같은 세목 및 같은 과세기간"에 대하여 재조사를 할 수 없다고 규정하여, 중복조사의 기준으로 "세목"과 "과세기간"을 제시하고 있다.

대법원은 세무공무원이 어느 세목의 특정 과세기간에 대하여 모든 항목에 걸쳐 세무조사를 한 경우는 물론 그 과세기간의 특정 항목에 대하여만 세무조사를 한 경우에도 다시 그 세목의 같은 과세기간에 대하여 세무조사를 하는 것은 국세기본법에서 금지하는 재조사에 해당하고, 세무공무원이 당초 세무조사를 한 특정 항목을 제외한 다른 항목에 대하여만 세무조사를 함으로써 세무조사의 내용이 중첩되지 아니하였다고 하여 달리 볼 것은 아니라고 하면서, 다만 당초의 세무조사가 다른 세목이나 다른 과세기간에 대한 세무조사 도중에 해당 세목이나 과세기간에도 동일한 잘못이나 세금탈루 혐의가 있다고 인정되어 관련 항목에 대하여 세무조사 범위가 확대됨에 따라 부분적으로만 이루어진 경우와 같이 당초 세무조사 당시 모든 항목에 걸쳐 세무조사를 하는 것이 무리였다는 등의 특별한 사정이 있는 경우에는 당초 세무조사를 한 항목을 제외한 나머지 항목에 대하여 향후 다시 세무조사를 하는 것은 국세기본법에서 금지하는 재조사에 해당하지 아니한다고 판시하였다.[72] 대법원 판례의 취지를 종합하여 정리하면 아래 표와 같다.

---

72) 대법원 2015. 2. 26. 선고 2014두12062 판결, 대법원 2015. 3. 26. 선고 2012두14224 판결, 대법원 2015. 9. 10. 선고 2013두6206 판결.

〈금지되는 중복조사의 범위(예시)〉

	세목 X	세목 Y	세목 Z
2014년	항목 a, d, e, f	항목 a, b, c	
2015년		항목 a, b, c	
2016년		항목 a, b, c	

중복조사가 금지되는 세무조사의 단위는 세목과 과세기간으로 특정되므로, 예를 들어 "2014년 세목 Y 중 항목 a"에 대하여만 조사를 한 후, "2014년 세목 Y 중 항목 b"나 "2014년 세목 Y 중 항목 c"에 대하여만 조사를 하는 것도 세목과 과세기간이 동일한 중복조사로서 원칙적으로 허용되지 않을 것이다. 다만, "2014년 세목 X"나 "2014년 세목 Y"에 대한 조사를 하던 중 a항목에 대한 잘못이 발견되어 동일한 잘못이 있는 "2015년 세목 Y 중 a항목", "2016년 세목 Y 중 a항목"에 대하여 조사가 확대된 것이라면, 이후 a항목을 제외한 "2015년 세목 Y 중 b, c항목", "2016년 세목 Y 중 b, c항목"에 대한 세무조사는 비록 종전의 세무조사와 세목과 과세기간이 동일하더라도 금지되는 중복조사가 아닌 것이다.

대법원의 입장에 수긍이 되는 측면도 있지만, 중복조사의 기준을 "세목"과 "과세기간"으로 명시하고 있는 법률 문언의 한계를 넘는 해석이라는 지적도 가능할 것이다. 특히 대법원이 "무리였다는 '등'의 특별한 사정이 있는 경우에는"이라는 표현을 사용함으로써 세목과 과세기간이 동일함에도 중복조사가 허용될 수 있는 또다른 특별한 사정들이 더 있을 수 있음을 암시한 대목은 법적 안정성의 측면에서 볼 때 문제가 있다고 보인다. 중복조사는 납세자의 영업의 자유와 법적 안정성 등을 고려할 때 최대한 좁은 범위에서 또한 명확한 기준 하에 인정하는 것이 타당하므로 차라리 대법원 판결이 예로 든 것과 같이 예외적으로 중복조사가 필요한 경우들을 유형화하여 국세기본법 시행령 제63조의2에 각 호로 추가하도록 하고, 해석을 통한 예외 인정은 신중을 기할 필요가 있지 않은가 생각된다.

[2017. 12. 19. 개정 국세기본법]

2017. 12. 19. 개정 국세기본법은 통합조사의 원칙의 예외로서, 부분조사에 관한 규정을 신설하고,[73] 부분조사를 실시한 후 해당 조사에 포함되지 아니한 부분에 대하여 조사하는 경우를 중복조사의 예외적 허용사유로 추가하였다(제81조의4 제2항 제6호). 따라서 개정 국세기본법에 따르면 "2014년 세목 Y 중 항목 a"에 대하여만 (부분)조사를 한 후, "2014년 세목 Y 중 항목 b"나 "2014년 세목 Y 중 항목 c"에 대하여만 조사를 하는 것은 비록 세목과 과세기간이 동일한 조사로서 중복조사에 해당되지만 예외규정에 따라 허용될 수 있게 되었다.

---

73) 제81조의11(통합조사의 원칙) ③ 제1항 및 제2항에도 불구하고 다음 각 호의 어느 하나에 해당하는 경우에는 해당 호의 사항에 대한 <u>확인을 위하여 필요한 부분에 한정한 조사</u>(이하 "부분조사"라 한다)를 실시할 수 있다.
  1. 제45조의2 제3항에 따른 경정 등의 청구에 대한 처리 또는 제51조 제1항에 따른 국세환급금의 결정을 위하여 확인이 필요한 경우
  2. 제65조 제1항 제3호 단서(제66조 제6항 및 제81조에서 준용하는 경우를 포함한다) 또는 제81조의15 제4항 제2호 단서에 따른 재조사 결정에 따라 사실관계의 확인 등이 필요한 경우
  3. 거래상대방에 대한 세무조사 중에 거래 일부의 확인이 필요한 경우
  4. 납세자에 대한 구체적인 탈세 제보가 있는 경우로서 해당 탈세 혐의에 대한 확인이 필요한 경우
  5. 명의위장, 차명계좌의 이용을 통하여 세금을 탈루한 혐의에 대한 확인이 필요한 경우
  6. 그 밖에 세무조사의 효율성 및 납세자의 편의 등을 고려하여 특정 사업장, 특정 항목 또는 특정 거래에 대한 확인이 필요한 경우로서 대통령령으로 정하는 경우
  ④ 제3항 제3호부터 제6호까지에 해당하는 사유로 인한 부분조사는 같은 세목 및 같은 과세기간에 대하여 2회를 초과하여 실시할 수 없다.

2. 관세법

가. 규정

관세법 제111조(관세조사권 남용 금지) 제2항은 관세포탈 등의 혐의를 인정할 만한 명백한 자료가 있는 경우(제1호), 이미 조사받은 자의 거래상대방을 조사할 필요가 있는 경우(제2호), 이의신청·심사청구·심판청구의 재조사결정에 따라 조사하는 경우(제3호), 밀수출입, 부정·불공정무역 등 경제질서 교란 등을 통한 탈세혐의가 있는 자에 대하여 일제조사를 하는 경우(제4호, 시행령 제136조)를 제외하고는 해당 사안에 대하여 이미 조사받은 자를 다시 조사할 수 없다고 규정하고 있다.

국세기본법 및 같은 법 시행령이 정하고 있는 중복세무조사 허용사유(8개)[74]보다는 그 범위가 많이 좁으며, 특히 공무원에게 직무와 관련하여 금품을 제공한 경우를 중복조사 허용 사유로 인정하지 않은 것은 지극히 타당한 입법이다. 관세법상 중복조사 허용 사유 중제3호, 제4호의 경우에는 특별히 검토할 만한 내용은 없는 것으로 보이므로 이하에서는 제1호, 제2호의 사유에 대하여 검토해 보기로 한다.

[2017. 12. 19. 개정 관세법]

2017. 12. 19. 개정 관세법은 중복조사 허용 사유로서 "납세자가 세관공무원에게 직무와 관련하여 금품을 제공하거나 금품제공을 알선한 경우"를 추가하고(제4호), 종전의 제4호를 제5호로 하였다. 그러나 국세기본법에 대한 논의에서 본 바와 같이 위와 같은 사유는

---

74) 2017. 12. 19. 개정 이후는 9개.

형법상 뇌물죄로 다스릴 사안이고, 또한 그로써 충분한 것이지 중복조사 허용 사유로까지 삼을 이유는 없지 않은가 생각된다. 세관공무원에게 금품을 제공하여 관세를 탈루하였다면 어차피 제1호에 의하여 중복조사가 가능할 것이다.

나. 제1호 : 관세포탈 등의 혐의를 인정할 만한 명백한 자료가 있는 경우

(1) 관세포탈 "등"의 의미

관세법 제111조 제2항 제1호는 "관세포탈 등"이라고만 규정하고 있고, "등"의 범위에 어떤 행위가 포함되는지에 대해서는 아무런 언급도 하고 있지 않으므로 해석을 통하여 결정할 수밖에 없다.

우선 관세법 제270조의 제목이 "관세포탈죄 등"이므로, 동조에 규정된 모든 행위는 중복조사가 허용되는 "관세포탈 등"에 포함된다고 보는 견해(제1설)가 있을 수 있다. 관세법 제270조의 내용은 아래와 같다.

> 제270조(관세포탈죄 등) ① 제241조 제1항·제2항 또는 제244조 제1항에 따른 수입신고를 한 자 중 다음 각 호의 어느 하나에 해당하는 자는 3년 이하의 징역 또는 포탈한 관세액의 5배와 물품원가 중 높은 금액 이하에 상당하는 벌금에 처한다. 이 경우 제1호의 물품원가는 전체 물품 중 포탈한 세액의 전체 세액에 대한 비율에 해당하는 물품만의 원가로 한다.
> 1. 세액결정에 영향을 미치기 위하여 과세가격 또는 관세율 등을 거짓으로 신고하거나 신고하지 아니하고 수입한 자
> 2. 세액결정에 영향을 미치기 위하여 거짓으로 서류를 갖추어 제86조 제1항·제3항에 따른 사전심사·재심사 및 제87조 제3항에 따른 재심사를 신청한 자

3. 법령에 따라 수입이 제한된 사항을 회피할 목적으로 부분품으로 수입하거나 주요 특성을 갖춘 미완성·불완전한 물품이나 완제품을 부분품으로 분할하여 수입한 자

② 제241조 제1항·제2항 또는 제244조 제1항에 따른 수입신고를 한 자 중 법령에 따라 수입에 필요한 허가·승인·추천·증명 또는 그 밖의 조건을 갖추지 아니하거나 부정한 방법으로 갖추어 수입한 자는 3년 이하의 징역 또는 3천만원 이하의 벌금에 처한다.

③ 제241조 제1항 및 제2항에 따른 수출신고를 한 자 중 법령에 따라 수출에 필요한 허가·승인·추천·증명 또는 그 밖의 조건을 갖추지 아니하거나 부정한 방법으로 갖추어 수출한 자는 1년 이하의 징역 또는 2천만 원 이하의 벌금에 처한다.

④ 부정한 방법으로 관세를 감면받거나 관세를 감면받은 물품에 대한 관세의 징수를 면탈한 자는 3년 이하의 징역에 처하거나, 감면받거나 면탈한 관세액의 5배 이하에 상당하는 벌금에 처한다.

⑤ 부정한 방법으로 관세를 환급받은 자는 3년 이하의 징역 또는 환급받은 세액의 5배 이하에 상당하는 벌금에 처한다. 이 경우 세관장은 부정한 방법으로 환급받은 세액을 즉시 징수한다.

이러한 견해에 따르면 일반적으로 논의되는 전형적인 "포탈" 범죄, 즉 고의와 부정행위에 의하여 조세탈루의 결과가 발생하는 경우[75](제1항 제1호, 제4항, 제5항) 외에 조세탈루의 결과와는 무관한 통관절차 위반 범죄(제1항 제2호,[76] 제3호, 제2항, 제3항)까지도 관세포탈 "등"에 포함되어 중복조사가 허용되는 범위가 매우 넓어지게 된다.

---

[75] 안대희, 『조세형사법』, 최신개정판(도서출판 평안, 2015), 216면.

[76] 제2호는 비록 세액결정에 영향을 미치기 위한 행위이기는 하나, 실제 수입신고, 감면, 환급과는 무관하게 품목분류 사전심사·재심사를 신청한 행위 자체를 구성요건으로 하고 그 자체만으로 기수가 되므로 조세탈루라는 결과 발생과는 무관한 형식범으로 보아야 할 것이다.

이와는 달리, 관세법 제110조 제2항은 납세자권리헌장이 수록된 문서를 교부해야 하는 경우를 규정하면서 제1호에서 "제270조에 따라 관세포탈, 부정감면 또는 부정환급에 대한 범칙사건을 조사하는 경우"만을 따로 규정하여, 전형적인 포탈 범죄를 다른 관세법 위반 범죄와 구별하여 특별히 취급하고 있고, 특히 국세에 관한 조세범처벌법 제3조가 "조세 포탈 등"이라는 제목으로 제1항에서 사기나 그 밖의 부정한 행위로써 조세를 포탈하거나 조세의 환급·공제를 받은 경우(전형적인 포탈범죄)만을 규정하고 있는 것과의 형평을 생각하면 "관세포탈 등" 역시 전형적인 포탈 범죄만으로 한정하여야 한다는 견해(제2설)도 있을 수 있다.

관세법 개정 연혁을 보면 1996. 12. 30. 법률 제5194호로 개정되기 전까지는 제180조에서 "관세포탈죄"라는 제목으로 포탈, 부정감면, 부정환급만을 규정하고 있었고,77) 제181조의2에서 수출입통관절차 위반에 관한 "부정수출입죄"를 별도로 규정하고 있었다.78) 그 후 1996. 12. 30. 개정 시 부정수출입죄에 관한 내용을 제180조에 통합

---

77) 제180조 (관세포탈죄) ① 사위 기타 부정한 방법으로 관세의 전부 또는 일부를 포탈한 자는 1년이상 10년이하의 징역 또는 그 포탈한 세액의 2배 이상 10배 이하에 상당한 벌금에 처한다. 다만, 제186조의3의 규정에 의한 경우에는 그러하지 아니하다.
② 사위 기타 부정한 방법으로 관세의 감면을 받거나 관세의 감면을 받은 물품에 대한 관세의 징수를 면탈한 자도 또한 제1항과 같다.
③ 사위 기타 부정한 방법으로 관세의 환급을 받은 자도 제1항과 같다. 이 경우 세관장은 사위 기타 부정한 방법으로 환급받은 세액을 즉시 징수한다.
78) 제181조의2 (부정수출입죄) 다음 각호의 1에 해당하는 자는 3년이하의 징역 또는 물품원가 이하에 상당하는 벌금에 처한다.
1. 법령이 정하는 허가·승인·추천·원산지증명 기타 조건을 사위 기타 부정한 방법으로 구비하여 제137조 또는 제138조의2의 신고를 한 자
2. 법령에 의하여 수입이 제한된 사항을 회피할 목적으로 부분품을 수입하거나 완제품을 부분품으로 분할하여 수입한 자

하여 규정하였으나 제목은 그대로 "관세포탈죄"였다가, 1998. 12. 28. 법률 제5583호로 개정되면서 비로소 제목이 "관세포탈죄 등"으로 바뀌었고, 2000. 12. 29. 관세법 전부개정(법률 제6305호) 시에 조문의 위치가 제270조로 바뀌어 현재에 이르고 있다. 이러한 연혁으로 인하여 지금도 관세법 제270조의 내용을 관세포탈죄와 부정수출입죄로 나누어 설명하는 것이 일반적이다.[79]

개정 연혁에 비추어 보면 "관세포탈" 자체가 (협의의)관세포탈(제1항 제1호), 부정감면(제4항), 부정환급(제5항)을 포괄하는 개념[80]이므로 "관세포탈 등"이라고 하면 관세포탈죄(광의의 관세포탈=협의의 관세포탈+부정감면+부정환급) 외에 통관절차 위반 범죄들까지도 포함되는 것이 맞다고 본다. 그리고 국세와의 형평성 문제가 제기될 수 있으나, 국세에 관한 법률이 주로 국세의 과세표준과 세액

---

[79] 김기인·신태욱, 『한국관세법』, 재개정판(한국관세무역개발원, 2015), 812면; 정재완, 『관세법』, 2016년 개정판(도서출판 청람, 2016), 499면.

[80] 대법원 2017. 9. 21. 선고 2016두34417 판결도 수입업자가 추천기관에 추천을 신청하면서 추천기관 등이 요구하는 추천 자격에 관하여 허위의 소명자료를 제출함으로써 추천기관을 기망하여 추천을 받은 경우에는 부정한 방법으로 추천을 받은 것으로서 적법한 추천 절차를 거쳐 할당관세를 적용받았다 할 수 없으므로, 관세법 제270조 제4항에서 정한 관세포탈 행위에 해당한다고 하여, 제4항(부정감면) 역시 (광의의)포탈에 해당된다는 취지로 판시하였다.

그러나 위 판결이 부정감면도 (광의의)포탈의 일종으로 본 것은 옳으나, 부정한 방법으로 '할당관세 추천을 받은 행위'를 부정한 방법으로 '관세를 감면받은 행위'로 본 것은 문제가 있다. 할당관세는 관세법이 정하고 있는 세율의 일종으로서 관세의 감면과는 근본적으로 다른 제도이기 때문이다. 조문 자체도 할당관세는 제3장(세율 및 품목분류) 제2절(세율의 조정) 제7관에 규정되어 있는 반면에 감면제도는 제4장(감면·환급 및 분할납부)에 별도로 규정되어 있다. 위와 같은 행위가 (광의의)관세포탈로 처벌되어야 함에는 이론의 여지가 없겠으나, 이론구성은 감면(제4항)이 아닌 (협의의)포탈(제1항 제1호) 쪽으로 하는 것이 더 옳지 않았을까 생각된다. 대법원의 입장에 따르면 (협의의)포탈과 부정감면의 경계가 모호해진다.

의 결정을 목적으로 하는 조세실체법의 성격을 갖고 있고, 일부 절차적인 사항을 규율하고 있더라도 조세와 관련된 사항에 한정되는 반면에 관세법은 조세실체법적 성격 외에 수출입 통관절차에 관한 (조세와는 무관한) 순수한 절차법적 성격도 가지고 있으므로 통관절차 위반 범죄 역시 관세포탈죄와 동일한 취급을 받는 것이 오히려 관세법의 성격에 더 부합한다고 할 것이다. 제1설이 타당하다고 본다.

(2) "명백한 자료"의 의미

앞서 검토한 바와 같이, 국세의 경우 세무조사와 관련한 국세기본법 규정들에서 언급되고 있는 자료의 "명백성"의 정도를 단계별로 나누는 견해가 있다. 즉, ① 객관적인 자료에 의하여 조세의 탈루나 오류 사실이 확인될 가능성이 뒷받침되는 경우(1단계), ② 조세의 탈루 사실이 확인될 상당한 정도의 개연성이 객관성과 합리성이 뒷받침되는 자료에 의하여 인정되는 경우(2단계), ③ 조세 탈루를 확인할 수 있는 직접적인 과세자료가 있는 경우 즉, 조세의 탈루 사실이 확실한 경우(3단계)로 나누고, 수시선정 사유로서의 "명백한 자료"는 1단계, 중복조사 허용 사유로서의 "명백한 자료"는 2단계에 해당하며, 3단계의 명백성 정도는 그 자체로 곧바로 누락된 세액을 부과할 수 있고 세무조사를 할 필요가 없다는 결론에 도달하게 되어 세무조사 개시사유로는 타당하지 않으며 조세범칙사건에서 고려될 수 있다는 것이다. 대법원은 중복조사가 허용될 수 있는 "명백한 자료"는 2단계의 명백성에 해당된다는 입장을 밝힌 바 있다.[81]

그러나 관세의 경우 위와 같은 논의는 아직까지 없는 것으로 보이고, 실제로 논의의 실익도 없는 것으로 보인다. 국세기본법의 경우 세무조사 수시선정 사유의 경우에도 "명백한 자료"를(제81조의6

---

81) 대법원 2010. 12. 23. 선고 2008두10461 판결.

제3항 제4호), 중복조사 허용 사유의 경우에도 "명백한 자료"를(제81조의4 제2항 제1호) 동일하게 요구하여 양자를 이론적으로 구별할 필요가 있다. 반면에 관세법의 경우 수시선정 사유의 경우에는 "자료"라고만 규정하여 자료의 명백성을 요구하지 않고(제110조의3 제2항 제3호) 중복조사 허용 사유의 경우에만 "명백한 자료"를 요구하고 있어(제111조 제2항 제1호) 문언상 차이가 있다. 또한 자료의 내용 자체도 수시선정 사유의 경우 "신고내용에 탈세나 오류의 혐의를 인정할 만한" 자료임에 반하여 중복조사 허용 사유의 경우 "관세포탈 등의 혐의를 인정할 만한" 자료로서 법률 규정의 문언 자체로 명확하게 구별이 되기 때문이다.

다만, 국세기본법상 수시선정 사유와의 균형 및 납세자의 성실성 추정 배제 사유와의 일치 필요성을 고려하여 수시선정 사유에 관한 관세법 제110조의3 제2항 제3호에도 "명백한"이라는 표현을 추가하는 것이 바람직하는 앞서의 결론에 따라 관세법 개정이 이루어진다면, 명백성의 정도에 관한 국세기본법의 논의가 그대로 적용된다고 보아도 무방할 것이다.

(3) 국세기본법과의 근본적 차이

관세법상 중복조사 허용 사유로서 "관세포탈 등의 혐의를 인정할 만한 명백한 자료가 있는 경우"의 구체적인 내용에 대해서는 위에서 설명한 바와 같으나, 관세법과 국세기본법의 근본적인 차이는, 국세기본법의 경우 "조세포탈"이 아닌 "조세탈루"의 혐의를 인정할 만한 명백한 자료가 있는 경우를 중복조사 허용 사유로 규정하고 있다는 점이다(제81조의4 제2항 제1호).

조세탈루란 조세포탈의 성립 여부와 관계없이 신고내용의 오류 또는 누락 등에 의하여 조세의 납부의무를 면하는 모든 행위, 즉 고

의 또는 과실의 유무, 부정행위의 개입 여부와 관계없이 조세의 납
부의무를 면하는 모든 행위를 총괄하여 말하며, 조세탈루의 결과가
납세의무자 또는 행위자의 고의와 부정행위에 의하여 발생하였을
때에는 조세포탈이 성립하는 것이므로,[82] 탈루의 범위는 포탈의 범
위보다는 훨씬 넓을 수밖에 없다.

관세법이 중복조사 허용 사유로 "관세탈루"가 아닌 "관세포탈
등"에 대한 명백한 자료를 요구한 것이 국민의 권익 보호를 위하여
중복조사를 최대한 엄격한 요건 하에서만 허용하려는 입법적 결단
이었는지 혹은 입법상의 과오인지는 확인할 길이 없으나, 어찌 되었
든 현행법의 문언에 충실하게 해석한다면 관세법 제111조 제2항 제1
호의 중복조사 허용 사유는 국세기본법 제81조의4 제2항 제1호의 중
복조사 허용 사유보다는 훨씬 좁은 범위에서 인정되어야 할 것이다.

다. 제2호 : 이미 조사받은 자의 거래상대방을 조사할 필요가 있는 경우

이미 조사받은 자의 거래상대방을 조사할 필요가 있는 경우란,
국세기본법에서의 논의와 마찬가지로 거래상대방에 대한 조사를 위
하여 본인에 대한 조사가 필요한 경우 본인에 대한 중복조사를 할
수 있다는 의미로 이해하면 될 것이다.

다만, 우리나라와 외국 간의 물품 수출입거래를 주로 규율하는
관세법의 특성상 위 규정에 따라 중복조사가 필요한 경우란 실제로
어떤 경우일지 한 번 생각해 볼 필요가 있다. 관세법 제110조의3은
관세조사의 대상을 "수출입업자" 또는 "납세자(=수입자)"[83]로 규정

---

82) 안대희, 『조세형사법』, 최신개정판(도서출판 평안, 2015), 215면 이하.
83) 물론 관세법 제19조의 납세의무자에는 수입자가 아닌 경우들도 포함되지
   만, 실제에 있어서는 납세자와 수입자가 일치하는 경우가 대부분일 것이다.

하고 있으므로, 최소한 수입자이거나 수출자여야 한다. 관세조사의
대상자를 편의상 B라고 칭하면 B를 기준으로 한 거래관계는 아래와
같은 경우가 일반적일 것이다.

〈관세조사 대상자(B)를 기준으로 한 거래관계〉

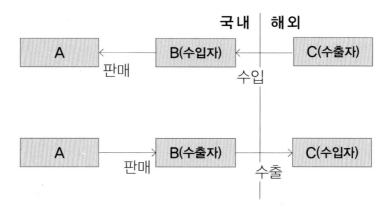

거래상대방에 대한 조사를 위하여 본인에 대한 조사가 필요한 경
우란, 위 그림에서 A 또는 C에 대한 조사를 하는 과정에서 B에 대한
조사가 필요한 경우를 의미한다. 그러나 C는 외국인 또는 외국법인
으로서 우리나라의 과세고권이 미치지 않으므로 우리나라 관세당국
이 C를 대상으로 관세조사를 실시할 수는 없다. 따라서 C에 대한 조
사를 위하여 B에 대한 조사가 필요한 경우란 상정하기 어렵다.

반면에 A는 B의 '국내거래'의 상대방으로서 수입자도 수출자도
아니므로 마찬가지로 관세조사의 대상이 될 수 없다. 물론 A가 B와
의 관계에서는 단순한 국내거래의 당사자이지만, 그와 별개로 스스
로 수출자나 수입자가 되어 해외거래를 할 수도 있고 그 경우에는
당연히 관세조사의 대상이 될 수 있을 것이다. 그러나 그러한 경우
A의 해외거래는 B와는 아무런 관련이 없는 거래이므로 A에 대한

조사를 위하여 B에 대한 조사가 필요한 경우란 역시 상정하기 어렵다.

그러면 아래와 같이 원재료 수입 후 국내 거래 및 제조를 거쳐 완제품 수출이 이루어지는 경우는 어떨까?

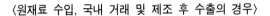

〈원재료 수입, 국내 거래 및 제조 후 수출의 경우〉

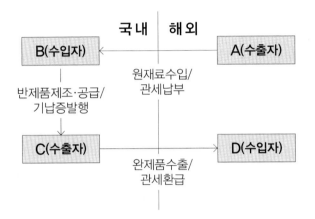

위와 같은 경우에는 B, C는 서로간에 거래상대방의 지위에 있고, 수출자 또는 수입자의 지위에도 있을 뿐만 아니라, 해당 수출입거래가 각 상대방과도 관련이 있으므로, B에 대한 조사를 위하여 C에 대한 조사가 필요하거나 혹은 C에 대한 조사를 위하여 B에 대한 조사가 필요한 경우도 충분히 가능할 것으로 보인다. 실제로는 C의 관세환급의 적절성을 조사하기 위하여 (이미 과거에 조사받은) B에 대한 중복조사가 필요한 경우가 대부분일 것이다.

라. 중복조사 판단의 기준 : 해당 사안

국세기본법 제81조의4 제2항은 "같은 세목 및 같은 과세기간"에 대하여 재조사를 할 수 없다고 규정하여, 중복조사의 기준으로 "세목"과 "과세기간"을 제시하고 있는 반면에, 관세법 제111조 제2항은 "해당 사안"에 대하여 이미 조사받은 자를 다시 조사할 수 없다고만 규정하고 있어서 중복조사 판단의 기준이 무엇인지 문제된다.

우선 국세의 경우 중복조사 판단의 기준인 "세목"은 기준이 될 수 없다. 관세법이 다루고 있는 세목은 원칙적으로 관세뿐이고, 비록 세관장이 수입물품에 대하여 관세 외에도 부가가치세, 개별소비세 등 관세 외의 조세를 부과·징수하긴 하지만(관세법 제4조) 이는 어디까지나 관세 부과·징수의 기회에 관세와 함께 부과·징수하는 것으로서 관세조사 시에도 관세와 위 개별 세목들을 당연히 함께 조사하지, 이들을 따로 분리하여 조사하는 경우는 실제로 없기 때문이다.

다음으로 국세의 경우 중복조사 판단의 한 기준인 "과세기간"이 기간과세에 있어서 과세표준 산정의 기초가 되는 단위라는 점을 감안하면, 관세의 경우에도 과세표준 산정의 기초가 되는 단위를 기준으로 중복조사 여부를 판단하여야 한다는 견해가 있을 수 있다.

그러나 관세의 과세표준은 '수입물품'의 가격 또는 수량으로서(관세법 제15조), 과세표준 산정의 기초가 되는 단위는 '개별 수입물품'이므로, 이러한 견해에 따른다면 중복조사의 범위가 지나치게 협소하게 되는 문제가 있다. 예를 들어 동일한 종류의 물품이 오랜 기간 동안 반복적으로 대량 수입되는 경우라고 하더라도 관세의 납부의무는 개별 수입물품별로 따로 따로 성립하고, 과세표준 역시 개별 수입물품별로 확정되는 것이 원칙이므로 특정 물품(A)을 샘플링하여 과세가격의 적정성이나 수입요건 구비 여부 등에 대한 관세조사를 마치고 난 후에도 바로 다음 날이라도 전날 조사했던 해당 물품(A)을 제외한 다른 물품(A')을 샘플링하여 조사를 하고 그 조사 내용을 토대로 나머지 물품 전체(A', A'', A'''…)에 대한 과세를 하더라도 중복조사 금지의 원칙에 위배되지 않는 것이다. 이러한 결과는 조사대상자의 법적 안정성을 심각하게 위협하는 것으로서 부당하다.

관세법이 명확한 기준을 제시하지 않기는 하였지만 "해당 사안" 이라는 표현은 '기존 조사 당시 조사 대상 또는 범위에 포함되었던 사항' 정도로 이해하고, 조사 대상 또는 범위에 포함되었는지 여부는 관세조사에 앞서 교부하는 기업심사 통지서(기업심사훈령 별지 제4호 서식)를 기준으로 판단하면 되지 않을까 생각된다.

기업심사 통지서에는 제6항에 심사사유를, 제7항에 심사범위(분야)를, 제8항에 심사대상기간을 각 기재하도록 되어 있다. 실제 관세조사 당시 교부된 기업심사 통지서들을 보면 심사사유란에는 '2017년 기업심사', '2016년 4분기 정기 법인심사' 등과 같은 내용이 기재되어 있어, 이것만으로는 중복조사의 기준으로 삼기에 부족하다. 그러나 심사범위(분야)란에는 '과세가격, 외환, 환급 등 통합심사(FTA 원산지심사 제외)', '수출입물품의 통관적법성(과세가격 적정, 외환거래 등)', '중국산 OO의 과세가격 적정성 심사' 등과 같이 구체적인 내용이 기재되므로 심사범위(분야)와 심사대상기간을 기준으로 삼으면 이후에 이루어지는 조사가 중복조사에 해당되는지 여부를 판단할 수 있을 것으로 보인다.

한편 실무적으로는 심사범위(분야)를 명확히 특정하지 않거나 일부 항목들만을 예시한 후 단순히 '통관적법성 심사', '…등 통합심사'와 같이 포괄적인 표현을 사용하는 경우가 있다. '통관적법성'이란, 신고납부세액과 관세법 및 다른 법령에서 정하는 수출입관련 의무이행의 적법 여부를 말하는 것으로서,[84] 사실상 관세법 제110조

---

[84] 기업심사훈령 제2조(정의) 이 훈령에서 사용하는 용어의 뜻은 다음과 같다.
　　2. "통관적법성"이란 신고납부세액과 법 및 다른 법령에서 정하는 수출입 관련 의무이행의 적법 여부를 말한다.
　　제9조(심사분야) ① 심사대상자에 대한 통관적법성 심사분야는 다음과 같다.
　　1. 과세가격 및 세율에 관한 사항
　　2. 수출입에 관한 허가·승인·추천 등의 요건의 구비 여부에 관한 사항
　　3. 수출입 신고물품에 대한 품명·규격·수량·중량 등 수출입신고의 적정

제2항 제2호, 제110조의2(통합조사의 원칙)가 정하고 있는 관세조사의 범위 전부를 포함한다. 따라서 위와 같은 경우에는 실제 특정 항목에 대한 조사가 이루어졌는지 여부에 관계없이 해당 심사대상 기간의 모든 관세조사 대상 항목에 대한 조사가 이루어진 것으로 간주하여 이후에는 동일한 심사대상 기간에 대한 조사는 원칙적으로 중복조사에 해당되는 것으로 보아야 할 것이다. 심사범위(분야)를 명확히 특정하지 못한데 따른 책임은 과세관청이 부담하여야 하는 것이지 이를 조사대상자에게 전가하는 것은 부당하기 때문이다.

마. 세무조사에 관한 법리의 적용 – 위법한 중복조사의 효과

위법한 중복조사 즉 국세기본법 제81조의4 제2항 각호, 국세기본법 시행령 제63조의2 각호의 사유가 존재하지 않음에도 같은 세목 및 같은 과세기간에 대하여 실시된 위법한 중복조사에 기초하여 이루어진 과세처분은 위법하다는 것이 대법원의 확립된 판례이며,[85] 이는 과세관청이 그러한 중복조사로 얻은 과세자료를 과세처분의 근거로 삼지 않았다거나 이를 배제하고서도 동일한 과세처분이 가능한 경우라고 하여 달리 볼 것이 아니다.[86]

성에 관한 사항
4. 관세환급(소요량 계산을 포함한다)에 관한 사항
5. 관세감면 및 사후관리에 관한 사항
6. 개별소비세 등 내국세에 대한 신고 및 납부에 관한 사항
7. 원산지 또는 협정관세 적용 및 증명서류에 관한 사항
8. 지식재산권 침해 및 원산지표시에 관한 사항
9. 보세구역 관련 업무수행의 적법성 여부에 관한 사항
10. 그 밖에 통관, 외환거래 및 수출입 물품과 관련한 관련법령 위반 사항

85) 대법원 2006. 6. 2. 선고 2004두12070 판결, 대법원 2015. 9. 10. 선고 2013두6206 판결 등.
86) 대법원 2017. 12. 13. 선고 2016두55421 판결.

그리고 앞서 검토한 바와 같이 세무조사 사전통지(대법원 판례는 "세무조사결정"이라고 표현)도 처분성이 인정되므로,[87] 중복조사의 예외적 허용사유가 존재하지 않는 한 같은 세목 및 같은 과세기간에 대하여 세무조사를 하겠다는 내용의 세무조사 사전통지 자체도 위법한 처분으로서 항고소송의 대상이 된다.[88]

세무조사의 위법을 이유로 그에 기초하여 이루어진 과세처분을 취소할 수 있다는 대법원 판례의 입장은 선행 행정행위(세무조사)의 하자가 후행 행정행위(과세처분)에 승계된다는 의미로 이해할 수 있을 것이다.[89] 이에 대해서는 세무조사와 과세처분은 서로 독립하여 각각 별개의 법률효과를 목적으로 하는 행정행위이므로, 일반적인 행정행위의 하자승계 논의에 따를 경우 세무조사의 위법을 이유로 과세처분을 취소할 수는 없는 것 즉, 하자의 승계가 부정되어야 하는 것 아닌가 하는 의문을 제기하는 견해도 있다.[90] 그러나 세무조사의 목적은 과세표준과 세액을 결정 또는 경정하기 위한 것으로서 (국세기본법 제81조의2 제2항 제1호) 애초부터 과세처분을 당연한 전제로 하여 그 기초자료를 수집하기 위한 행위임이 명백하므로 세무조사와 과세처분은 서로 독립하여 별개의 법률효과를 목적으로 하는 관계라기보다는 동일 목적을 이루기 위하여 단계적으로 행하여지는 관계이고, 따라서 선행 행위의 하자 역시 후행 행위에 승계된다고 보는 견해[91]가 더 타당한 것으로 보인다.

---

87) 대법원 2011. 3. 10. 선고 2009두23617, 23624 판결.
88) 대법원 2015. 2. 26. 선고 2014두12062 판결.
89) 대법원은 이에 관하여 명시적인 언급은 하고 있지 않다.
90) 곽태훈, "국세기본법상 중복세무조사금지 규정에 관한 소고", 『세무와 회계 연구』, 통권 제9호(한국조세연구소, 2016), 244면; 조윤희·하태흥, "2014년 조세분야 판례의 동향", 『특별법연구』, 제12권(사법발전재단, 2015), 573면.
91) 이중교, "법원 판결을 통해 살펴본 세무조사의 절차적 통제", 『조세법연구』, 23집 2호(한국세법학회, 2017), 139면.

위법한 중복조사의 효과에 관한 국세기본법의 논의는 관세조사의 경우에도 그대로 적용될 수 있을 것이다. 따라서 중복조사 허용사유가 존재하지 않음에도 중복조사를 실시하겠다는 내용의 관세조사 사전통지는 그 자체로 위법한 처분으로서 불복의 대상이 될 뿐만 아니라, 그러한 위법한 중복조사에 기초하여 이루어진 과세처분 또한 위법하게 된다.

위법한 중복조사로 취득한 자료를 범칙사건의 형사재판에서 증거로 사용할 수 있을까? 납세자권리헌장을 교부하지 않고 이루어진 관세조사에서 발견된 자료에 대해서는 증거능력을 부정하여야 한다는 견해92)에 따르면 위법한 중복조사에서 취득한 자료의 증거능력 역시 부정하여야 할 것이다.

이는 형사소송법상 위법수집증거배제법칙의 적용 여부에 관한 문제인바, 형사소송법 제308조의2는 "적법한 절차에 따르지 아니하고 수집한 증거는 증거로 사용할 수 없다"라고 하여 비단 헌법이나 형사소송법의 절차 위반에 한정하지 않고 있으므로,93) 관세법의 절차 위반 역시 "적법한 절차에 따르지 아니한" 경우라고 할 수 있을 것이다.94) 따라서 위법한 중복조사로 취득한 자료는 형사재판의 증거로 사용할 수 없다고 보아야 한다.

만일 이와 달리 해석한다면, 위법한 중복조사에 기초하여 수집한

---

92) 김기인·신태욱, 『한국관세법』, 재개정판(한국관세무역개발원, 2015), 588면.
93) 형사소송법 제308조의2가 신설되기 전의 사건에 관한 판례이긴 하나, 대법원은 "헌법과 형사소송법이 정한 절차에 따르지 아니하고 수집된 증거는 기본적 인권 보장을 위해 마련된 적법한 절차에 따르지 않은 것으로서 원칙적으로 유죄 인정의 증거로 삼을 수 없다"라고 판시한 바 있다(대법원 2007. 11. 15. 선고 2007도3061 전원합의체 판결). 이러한 판시에 따르면 헌법과 형사소송법 외의 법률이 정한 절차에 위반한 경우는 유죄 인정의 증거로 삼을 수 있는 것이 아닌가 하는 의문이 있을 수 있다.
94) 안대희, 『조세형사법』, 최신개정판(도서출판 평안, 2015), 1006면.

자료를 가지고 과세처분은 할 수 없지만 그보다 개인에 대한 법익침해의 정도가 훨씬 더 중한 형사처벌은 할 수 있다는 이상한 결론이 되고 말 것이다. 특히 형사재판에서 탈루세액보다 높은 금액의 벌금형을 선고하거나 몰수·추징을 선고할 경우 사실상 위법한 중복조사에 기초한 과세처분을 허용하는 것과 마찬가지의 결과가 된다.

VII. 조사결과의 통지

1. 국세기본법

세무공무원은 세무조사를 마쳤을 때에는 납세자가 폐업한 경우, 납세관리인을 정하지 아니하고 국내에 주소 또는 거소를 두지 아니한 경우, 이의신청·심사청구·심판청구의 재조사 결정에 따른 조사를 마친 경우를 제외하고는 그 조사결과를 서면으로 납세자에게 통지하여야 한다(국세기본법 제81조의12, 국세기본법 시행령 제63조의13).[95] 세무조사 결과통지는 국세기본법 시행규칙 별지 제56호 서식을 사용한다.

2. 관세법

세관공무원은 관세조사를 종료하였을 때에는 납세자에게 통고처분을 하는 경우, 범칙사건을 고발하는 경우, 폐업한 경우, 납세자의 주소 및 거소가 불명하거나 그 밖의 사유로 통지를 하기 곤란하다고

---

95) 2017. 12. 19. 개정 국세기본법은 조사 종료 후 "20일[(제11조 제1항 각호의 사유(공시송달 사유)가 존재하는 경우에는 40일]이내에" 조사결과를 통지하도록 명시하였다.

인정되는 경우를 제외하고는 조사 결과를 서면으로 납세자에게 통지하여야 한다(관세법 제115조, 관세법 시행령 제141조).[96] 조사결과의 통지는 기업심사훈령 제54조 제1항 별지 제26호 서식의 기업심사 결과통지서를 사용한다.

관세조사 결과통지의 경우 중복조사와 관련하여 한 가지 살펴볼 문제가 있다. 기업심사훈령 제54조 제2항은 "세관장이 기업심사 결과통지를 할 때, 처분내용이 모두 확정되지 않은 경우에는 처분내용이 확정된 사안에 대하여 부분통지를 할 수 있으며, 처분 내용이 확정되지 않은 사안은 기업심사 결과통지서에 명시하고, 처분내용이 확정된 때 그 내용에 대하여 통지하여야 한다"라고 규정하고 있다.[97]

세관장이 특정 업체에 대한 관세조사를 마친 후 결과통지를 하면서 "A, B, C항목에 대하여 과세처분, D항목은 미확정"이라는 취지의 부분통지를 한 경우를 생각해 보자. 이후 D항목에 대한 처분내용이 확정된 때 그 내용에 대하여 나머지 통지를 하는 것에는 아무런 문제가 없다. 그런데 부분통지 후 D항목에 대한 처분내용을 확정하기 위하여 D항목에 대한 추가적인 자료를 요구한다거나 조사대상 업체를 방문하여 조사한다면 이는 중복조사라고 보아야 할 것인가?

D항목에 대해서는 아직 조사가 종료된 것이 아니므로, 즉 계속조사가 진행 중인 상황이므로 추가적인 자료 요구나 방문조사 역시 기존 조사의 연장일 뿐 새로운 중복조사가 아니라고 보는 견해도 있을 수 있다. 그러나 부분통지는 법률이 아닌 기업심사훈령에 근거를 둔 제도로서 이를 과세관청에 유리하게 해석하는 것은 부당한 점, 기업심사훈령의 규정 자체도 부분통지에서 제외된 부분에 대하여 그 확정만을 유보할 수 있다는 취지이지 계속적인 조사를 허용하는

---

96) 2017. 12. 19. 개정 관세법은 조사 종료 후 "20일 이내에" 조사결과를 통지하도록 명시하였다.
97) 국세의 경우 조사사무처리규정에는 이와 같은 규정이 없다.

취지라고까지 보기는 어려운 점, 중복조사 여부는 과세관청의 의사를 기준으로 판단할 것이 아니라 조사대상자의 영업의 자유, 법적안정성에 대한 침해 가능성을 기준으로 판단하는 것이 타당하다는 점 등을 고려하면, 부분통지에서 제외된 항목에 대해서도 과세관청 내부적인 검토의 수준을 넘어 조사대상자에 대한 추가적인 조사를 실시하는 것은 위법한 중복조사로서 허용되지 않는다고 보아야 할 것이다.

VIII. 결론

이상 국세기본법과 관세법 규정의 비교를 중심으로 국세기본법상 세무조사에 관한 판례 및 법리의 관세조사에 대한 적용 가능성, 관세조사 관련 규정의 해석론 및 입법론 등을 검토하였다. 관세조사에 관한 연구에 있어서는 무엇보다도 관세법이 관세의 과세표준과 세액의 결정, 관세의 부과·징수에 관한 조세법적 사항들 외에 수출입 통관절차에 관한 순수한 절차법적 사항들도 함께 규율하는 법률이라는 점을 유의하여야 할 것이다. 이 글에서는 이러한 관세법의 특수성에 비추어 볼 때 관세조사 관련 규정들의 체계나 용어상의 문제점을 많이 지적하였으나, 이에 관한 실제 분쟁 사례나 다른 분들의 선행 연구가 거의 없는 상황임을 감안하면 필자의 문제제기가 단순한 이론적 기우에 그칠 가능성도 적지 않다고 본다. 그러나 아직까지 실제로 문제가 된 일이 없다고 하더라도 관세조사 관련 규정들에 대한 전반적인 타당성 검토 및 정비는 한번쯤 필요하다고 생각한다. 이 글이 앞으로 그러한 움직임에 조금이나마 보탬이 될 수 있었으면 하는 바램이다.

참고문헌

김기인·신태욱, 『한국관세법』, 재개정판(한국관세무역개발원, 2015).

사법연수원, 『조세법총론 I 』, 2016년판(사법연수원 출판부, 2016).

서울행정법원 조세소송실무연구회, 『조세소송실무』, 개정판(사법발전재단, 2016).

손주찬·정동윤 편집대표, 『주석상법[총칙·상행위(1)]』, 2003년판(한국사법행
　　정학회, 2003).

안대희, 『조세형사법』, 최신개정판(도서출판 평안, 2015).

이종익·최천식·박병목, 『2017 관세법 해설』, 2017년판(한국관세무역개발원, 2017).

이철송, 『상법총칙·상행위』, 제14판(박영사, 2016).

임승순, 『조세법』, 2017년도판(박영사, 2017).

정재완, 『관세법』, 2016년 개정판(도서출판 청람, 2016).

곽태훈, "국세기본법상 중복세무조사금지 규정에 관한 소고", 『세무와 회계
　　연구』, 통권 제9호(한국조세연구소, 2016).

김성환, "부분조사의 중복세무조사 해당 여부 및 세무조사 완료 후 세무조
　　사결정처분의 취소를 구할 소의 이익 유무", 『대법원 판례해설』, 제104
　　호(법원도서관, 2015).

심규찬, "감사 과정에서의 질문 조사와 중복세무조사금지 원칙", 『대법원판
　　례해설』, 제104호(법원도서관, 2015).

이동식, "세무조사 결정통지의 처분성", 『행정판례연구』, 17집 1호(박영사, 2012).

이예슬, "우선적 세무조사 대상자 선정에 관한 구 국세기본법(2006. 12. 30.
　　법률 제8139호로 개정되기 전의 것) 제81조의5 제2항의 해석", 『대법원
　　판례해설』, 제100호(법원도서관, 2014).

이중교, "법원 판결을 통해 살펴본 세무조사의 절차적 통제", 『조세법연구』,
　　23집 2호(한국세법학회, 2017).

전영준, "조사대상 선정사유 없이 이루어진 세무조사에 근거한 과세처분의
　　위법성", 『변호사』, 제47집(서울지방변호사회, 2015).

조윤희·하태흥, "2014년 조세분야 판례의 동향", 『특별법연구』, 제12권(사법
발전재단, 2015).

2016년도 지방세 판례회고[*]

유 철 형 변호사

I. 들어가며

2016년도 중에 대법원은 지방세법 및 지방세관계법과 관련한 쟁점들에 대해 다수의 판결을 선고하였다.

그 중 선례적 의미가 있거나 법령의 개정을 가져온 주요 판결로는 지방세 우선권과 관련한 대법원 2016. 11. 24. 선고 2014두4085 판결, 취득시기를 판단함에 있어서 계약해제 사실의 입증방법과 관련한 대법원 2016. 1. 28. 선고 2015두52012 판결, 명의신탁 주식의 과점주주 판단과 관련한 대법원 2016. 3. 10. 선고 2011두26046 판결, 사실혼 해소를 이유로 한 재산분할시 부동산 취득세율을 법률혼 해소시와 동일하게 볼 것인지에 관한 대법원 2016. 8. 30. 선고 2016두36864 판결, 수용재결에 따른 부동산 취득을 원시취득으로 볼 수 있는지에 관한 대법원 2016. 6. 23. 선고 2016두34783 판결이 있다. 이하에서는 위 판결들을 중심으로 검토하였다.

---

[*] 이 글은 2017. 5. 「지방세 논집」 제4권 제1호에 게재된 글을 수정·편집한 것이다.

II. 개별 판결 분석

1. 지방세 우선권

【대상판결】 대법원 2016. 11. 24. 선고 2014두4085 판결

【사실관계】

가. 피고 보조참가인(검사)은 2008. 6. 17. 김OO이 추징금 약 17조 9,235억 원을 체납하였다는 이유로 김OO 소유의 주식회사 OO리드 리미티드 코리아 발행주식 7,767,470주(이하 '이 사건 주식'이라 한다)를 압류하고, 2009. 1. 15. 피고(한국자산관리공사)에게 그 공매와 그에 따른 권리이전 및 매각대금 배분을 대행하게 하였다.

나. 피고는 2009. 12. 30. 이 사건 주식의 공매를 공고하고, 2012. 8. 6. OO수산에게 매각결정을 하였으며, 매수인인 OO수산은 2012. 9. 13.까지 매각대금을 모두 납부하였다.

다. 이후 원고(OO구)는 2012. 9. 21. 김OO에 대하여 이 사건 주식의 위와 같은 공매에 따른 양도를 이유로 납부기한을 2012. 9. 26.로 하는 2012년 귀속 지방소득세 2,124,673,110원의 수시부과결정을 하였고, 2012. 10. 2. 위와 같이 수시부과결정을 한 지방세채권 및 가산금 합계 2,188,413,300원(이하 '이 사건 지방세채권'이라 한다) 등에 기초하여 피고에게 이 사건 주식의 매각대금에 대한 교부청구서를 송달하는 방법으로 배분요구를 하였다.

라. 피고는 2012. 10. 5. 이 사건 주식의 매각대금 및 그 예치이자 합계 92,330,061,130원에 관하여 배분계산서를 작성하면서, 이 사건 지방세채권에 대하여 매각대금을 배분하지 아니하고 그와 같이 배분하지 않는 금액을 피고 보조참가인의 추징금채권에 배분하는 이 사건 처분을 하였다.

【쟁점】

매각대금 완납 이후에 성립된 조세채권이 배분대상에 포함되는지

【판결요지】

가. 구 국세징수법(2011. 4. 4. 법률 제10527호로 개정되기 전의 것, 이하 같다) 제83조 제1항 후문은 '배분대상자는 세무서장이 배분계산서를 작성하기 전까지 배분요구를 하여야 한다.'라고 규정하고 있으나, 이는 배분계산서를 작성할 때까지 배분요구를 하지 아니한 배분대상자를 배분에서 제외하는 취지의 규정이 아니라 그 때까지 배분대상자가 배분요구를 할 수 있다는 취지의 주의적 규정에 불과하고(대법원 2006. 1. 27. 선고 2005다27935 판결 참조), 다른 한편 배분계산서를 작성하기 전까지 배분요구를 한 모든 채권이 구 국세징수법 제81조 제1항에서 정한 배분대상이 되는 것이 아니라 배분받을 수 있는 적격이 있는 채권만이 배분대상이 된다고 할 것이다.

나. 한편 구 국세징수법에 의한 체납처분 절차에서 압류는 원칙적으로 체납자 소유의 재산에 대해서만 할 수 있는 점, 공매대상인 체납자 소유의 재산은 매각대금이 납부되면 매수인에게 그 소유권이 이전되고 매각대금 자체는 기존에 진행되는 체납처분절차에 따

른 배분의 목적물이 될 뿐인 점, 매각대금 납부 이후에 성립·확정된 조세채권에 기초하여서는 체납자의 다른 재산에 관하여만 체납처분이 가능하다고 할 것인 점 등을 고려하면, 매각대금이 완납되어 압류재산이 매수인에게 이전된 후에 성립·확정된 조세채권은 배분요구의 효력이 있는 교부청구가 있더라도 그 공매절차에서 배분대상이 되지 않는다고 봄이 타당하다.

이와 달리 매각대금이 완납된 후에 성립·확정된 조세채권도 배분계산서가 작성되기 전까지 교부청구가 있기만 하면 매각대금의 배분대상에 포함될 수 있다고 볼 경우에는, 구 국세징수법상 별도의 규정이 없고 세무서장의 임의에 맡겨져 있는 배분계산서의 작성시점에 따라 매각대금이 완납된 후 성립·확정된 조세채권의 배분대상 포함 여부가 좌우되는 불합리한 결과가 발생할 수 있다.

이러한 점들을 종합하여 보면, 구 국세징수법에서 비록 세무서장 등이 언제까지 성립·확정된 조세채권에 관하여 배분요구를 하여야만 압류재산의 매각대금 등의 배분대상이 될 수 있는지에 관하여 명시적인 규정을 두고 있지 아니하지만, 세무서장 등은 늦어도 매각대금이 완납되어 압류재산이 매수인에게 이전되기 전까지 성립·확정된 조세채권에 관해서만 교부청구를 할 수 있고, 그 이후에 성립·확정된 조세채권은 설령 배분계산서 작성 전까지 교부청구를 하였더라도 압류재산 매각대금 등의 배분대상에 포함될 수 없다고 보아야 할 것이다.

다. 위 사실관계를 앞서 본 법리에 따라 살펴보면, 형사소송법 제477조 제4항에 의하여 검사가 김○○에 대한 추징금을 집행하기 위하여 국세체납처분의 예에 따라 피고에게 이 사건 주식의 공매대행을 의뢰하여 진행된 이 사건 공매절차에서, 이 사건 지방세채권은 이 사건 주식의 매각대금 완납 후에 비로소 성립·확정된 조세채권에 불과하므로 구 국세징수법 제81조 제1항 제2호에서 정한 배분대상에 해당될 수 없다고 할 것이다.

【평석】

가. 조세채권 우선의 원칙

조세채권 우선의 원칙[2])이란 조세채권이 모든 경우에 다른 공과금과 일반 채권에 우선하여 징수된다는 의미가 아니고, 납세자의 재산이 강제집행, 경매, 체납처분 등의 절차에서 강제환가되어 그 배당의 우선순위를 놓고 공과금 기타의 채권과 조세채권이 경합하는 경우 그 성립의 전후에 관계없이 조세채권이 공과금 기타 다른 채권에 우선하여 변제받을 수 있다는 의미이다.[3]) 따라서 위 원칙은 매매 등 임의처분시에는 적용되지 아니한다.

한편, 납세자의 재산에 대하여 강제환가절차가 행하여진 경우 과세관청이 조세우선권을 주장하기 위해서는 경락기일까지 교부청구를 하여야 한다.[4]) 현행 민사집행법에서는 부동산의 경우 첫 매각기일 이전으로서 집행법원이 정한 배당요구의 종기까지 교부청구를 하여야 한다.[5]) 그러나 체납처분절차에 의한 압류등기가 마쳐진 경우에는 교부청구가 없더라도 우선 배당하여야 한다. 따라서 압류등기도 없이 경락기일까지 교부청구를 하지 않아 경매법원이 후순위채권자에게 배당을 한 경우에는 후순위채권자를 상대로 부당이득반

---

2) 국세기본법 제35조~제37조, 지방세기본법 제99조~제102조.
3) 대법원 1996. 10. 15. 선고 96다17424 판결.
4) 대법원 1993. 3. 26. 선고 92다52733 판결.
5) 민사집행법 제84조.

환청구를 할 수 없다.[6]

나. 민사집행절차와 체납처분절차의 관계 및 매수인의 소유권 취득 시기

현행법상 체납처분절차와 민사집행절차는 별개의 절차이고 두 절차 상호 간의 관계를 조정하는 법률의 규정이 없으므로, 한쪽의 절차가 다른 쪽의 절차에 간섭할 수 없는 반면, 쌍방 절차에서 각 채권자는 서로 다른 절차에 정한 방법으로 다른 절차에 참여하게 된다는 것이 대법원의 확립된 판례이다.[7] 이에 따라 체납처분에 따라 압류된 채권에 대하여도 민사집행법에 따라 압류 및 추심명령을 할 수 있고, 민사집행절차에서 압류 및 추심명령을 받은 채권자는 제3채무자를 상대로 추심의 소를 제기할 수 있다. 또한 제3채무자는 압류 및 추심명령에 선행하는 체납처분에 의한 압류가 있어 서로 경합된다는 사정만을 내세워 민사집행절차에서 압류 및 추심명령을 받은 채권자의 추심청구를 거절할 수 없고, 또한 민사집행절차에 따른 압류가 근로기준법에 따라 우선변제권을 가지는 임금 등 채권에 기한 것이라는 등의 사정을 내세워 체납처분에 의한 압류채권자의 추심청구를 거절할 수도 없다.

한편, 제3채무자는 체납처분에 따른 압류채권자와 민사집행절차에서 압류 및 추심명령을 받은 채권자 중 어느 한쪽의 청구에 응하여 그에게 채무를 변제하고 변제 부분에 대한 채무의 소멸을 주장할 수 있으며, 또한 민사집행법 제248조 제1항에 따른 집행공탁을 하여 면책될 수도 있다. 그리고 체납처분에 의한 압류채권자가 제3채무자

---

6) 대법원 1996. 12. 20. 선고 95다28304 판결.
7) 대법원 2015. 7. 9. 선고 2013다60982 판결 등.

에게서 압류채권을 추심하면 국세징수법에 따른 배분절차를 진행하는 것과 마찬가지로, 민사집행절차에서 압류 및 추심명령을 받은 채권자가 제3채무자에게서 압류채권을 추심한 경우에는 민사집행법 제236조 제2항에 따라 추심한 금액을 바로 공탁하고 사유를 신고하여야 한다.

민사집행절차와 체납처분절차에 있어서 매수인의 매각대상 물건에 대한 소유권 취득시기는 법률에 규정되어 있다. 즉, 민사집행절차의 경우 민사집행법 제135조는 "매수인은 매각대금을 다 낸 때에 매각의 목적인 권리를 취득한다"라고 규정하고 있고, 체납처분절차의 경우 국세징수법 제77조 제1항은 "매수인은 매수대금을 납부한 때에 매각재산을 취득한다"라고 규정하고 있다. 이와 같이 민사집행절차와 체납처분절차에서 대금을 완납함으로써 소유권을 취득하는 것은 법률의 규정에 의한 취득이어서 등기 등을 요하지 아니한다.[8]

다. 대상 판결의 의의

대상 판결은 조세채권 우선의 원칙은 매각절차에서 대금이 완납되기 전까지 성립·확정된 조세채권에 대하여 교부청구를 한 경우에 있어서 적용된다는 점, 따라서 당해 매각대상 물건의 양도를 원인으로 하여 발생한 이 사건 지방세채권과 같이 대금의 완납으로 매각대상 물건의 소유권이 매수인에게 이전된 이후에 성립·확정된 조세채권은 당해 공매절차에서 배분대상이 되지 않는다는 점을 확인해 준 판결이다.

---

8) 민법 제187조.

2. 취득시기

【대상판결】 대법원 2016. 1. 28. 선고 2015두52012 판결

【사실관계】

가. 원고는 2014. 4. 11. 이 사건 부동산 지분을 남편으로부터 증여받았다.

나. 그런데 원고와 그 남편은 그에 관한 등기가 되지 않은 상태에서 2014. 4. 14.자로 증여계약을 해제한다는 내용의 해제계약서를 작성하고, 2014. 7. 23. 공증인가 법무법인 ○○에서 '위 해제계약서의 기명날인이 본인의 것임을 확인한다'는 내용의 사서증서 인증을 받았다.

다. 원고는 위 사서증서를 근거로 피고에게 원고가 이 사건 지분을 취득한 것으로 보아서는 아니 된다고 주장하였으나, 피고는 원고가 이 사건 지분을 취득한 것으로 보아 원고에게 취득세, 지방교육세 등을 부과하였다.

【쟁점】

계약해제 사실의 입증방법(지방세법상 취득시기)

【판결요지】

가. 지방세법 제10조 제7항의 위임에 따라 취득세 과세물건의 취득시기 등을 정하고 있는 구 지방세법 시행령(2014. 8. 12. 대통령령 제25545호로 개정되기 전의 것, 이하 같다) 제20조 제1항(이하 '이 사건 시행령 규정'이라 한다)은 "무상승계취득의 경우에는 그 계약일(상속 또는 유증으로 인한 취득의 경우에는 상속 또는 유증 개시일을 말한다)에 취득한 것으로 본다. 다만, 해당 취득물건을 등기·등록하지 아니하고 취득일부터 60일 이내에 계약이 해제된 사실이 화해조서·인낙조서·공정증서 등으로 입증되는 경우에는 취득한 것으로 보지 아니한다."고 규정하고 있다.

한편 2014. 8. 12. 대통령령 제25545호로 개정된 지방세법 시행령 제20조 제1항 단서는, 무상승계취득의 경우에 해당 취득물건을 등기·등록하지 아니하고 각 호에서 정한 서류에 의하여 취득일부터 60일 이내에 계약이 해제된 사실이 입증되는 경우에는 취득한 것으로 보지 아니한다고 규정하고, 그 증명 서류가 '화해조서·인낙조서'인 경우에는 이 사건 시행령 규정과 마찬가지로 그 작성시기를 제한하지 아니한 반면(제1호), 그 증명 서류가 공정증서인 경우에는 '취득일부터 60일 이내에 작성된 공정증서'로 제한하였다(제2호).

그리고 공증인이 인증한 사서증서는 특별한 사정이 없는 한 이 사건 시행령 규정 단서에서 정한 '화해조서·인낙조서·공정증서 등'에 포함된다(대법원 2008. 12. 24. 선고 2008두17806 판결 참조).

조세법률주의의 요청에 의하여 조세법령의 해석과 적용은 엄격하게 하여야 하고 유추적용이나 확대해석이 허용되지 아니함이 원칙이므로(대법원 1983. 12. 27. 선고 83누213 판결 등 참조), 이에 비추어 이 사건 시행령 규정 단서의 문언과 그 개정 경위 및 공정증서 등의 범위에 관한 법리를 종합하여 보면, 무상승계취득의 경우에 그 취득일부터 60일 이내에 계약이 해제되고 그 사실이 화해조서·인낙조서·공정증서 및 공증인이 인증한 사서증서에 의하여 증명되는 때에는 이 사건 시행령 규정 단서에 해당하여 해당물건을 취득한 것으로 보지 아니한다고 해석함이 타당하며, 그 화해조서·인낙조서·공정증서의 작성 및 위 사서증서에 대한 공증인의 인증이 그 취득일부터 60일이 지난 후에 이루어졌다는 사유만으로 달리 볼 것은 아니다.

나. 이러한 사실관계를 앞에서 본 법리에 비추어 살펴보면, 비록 위 증여계약일부터 60일이 지난 후에 위 해제계약서를 인증받았다 하더라도, 그 해제계약서 인증 서류에 의하여 위 증여계약일부터 60일 이내에 증여계약이 해제된 사실이 증명된다고 인정되는 경우에는, 이 사건 시행령 규정 단서에 의하여 원고가 이 사건 부동산 지분을 취득하지 아니한 것으로 볼 수 있다.

【평석】

가. 관련 규정의 개정 연혁

- 2014. 8. 12. 대통령령 제25545호로 개정되기 전의 구 지방세법 시행령 제20조
① 무상승계취득의 경우에는 그 계약일(상속 또는 유증으로 인한 취득의 경우에는 상속 또는 유증 개시일을 말한다)에 취득한 것으로 본다. 다만, 해당 취득물건을 등기·등록하지 아니하고 취득일부터 60일 이내에 계약이 해제된 사실이 화해조서·인낙조서·공정증서 등으로 입증되는 경우에는 취득한 것으로 보지 아니한다.

- 2016. 12. 30. 대통령령 제27710호로 개정된 구 지방세법 시행령 제20조

① 무상승계취득의 경우에는 그 계약일(상속 또는 유증으로 인한 취득의 경우에는 상속 또는 유증 개시일을 말한다)에 취득한 것으로 본다. 다만, 해당 취득물건을 등기·등록하지 아니하고 다음 각 호의 어느 하나에 해당하는 서류에 의하여 계약이 해제된 사실이 입증되는 경우에는 취득한 것으로 보지 아니한다. [개정 2014. 8. 12., 2015. 7. 24., 2015. 12. 31., 2016. 12. 30.]

  1. 화해조서·인낙조서(해당 조서에서 취득일부터 60일 이내에 계약이 해제된 사실이 입증되는 경우만 해당한다)
  2. 공정증서(공증인이 인증한 사서증서를 포함하되, 취득일부터 60일 이내에 공증받은 것만 해당한다)
  3. 행정자치부령으로 정하는 계약해제신고서(취득일부터 60일 이내에 제출된 것만 해당한다)

위 개정 연혁을 보면, 대상판결에 적용되는 2014. 8. 12. 대통령령 제25545호로 개정되기 전의 구 지방세법 시행령 제20조 제1항은 그 서류가 작성된 시기가 언제이든지 관계 없이 화해조서 등 관련서류에 의하여 취득일부터 60일 이내에 계약이 해제된 사실이 입증되는 경우에는 취득으로 보지 아니하는 것으로 규정하였다.

그런데, 2014. 8. 12. 대통령령 제25545호로 개정되면서부터 그 이후 수차례 개정된 지방세법 시행령 제20조 제1항은 화해조서·인낙조서의 경우에는 작성 시기에 대한 제한이 없으나, 공정증서와 계약해제신고서의 경우에는 취득일부터 60일 이내에 작성·제출된 서류로 규정함으로써 입증방법을 제한하고 있다.

나. 개정 법령에 대하여

증여로 부동산을 무상승계취득한 후 취득일부터 60일 이내에 증여계약을 해제한 사실이 관련 증거에 의하여 명백하게 입증됨에도 불구하고 개정 시행령과 같이 해제 사실에 대한 공증을 받은 시기나 계약해제신고서의 제출시기를 기준으로 취득 여부를 달리 취급하는 개정 시행령이 법리상으로나 입법론상 타당한지 의문이다.

먼저 법리적인 측면에서 보면, 계약해제의 법리상 계약의 해제에는 소급효가 있어 계약이 해제되면 당초부터 계약의 효력이 없었던 것으로 된다. 취득세가 거래세로서 형식적인 취득에 대해 과세하는 세목이라고 하더라도 해제로 인하여 애초부터 효력이 없는 거래에 대해서까지 취득세를 과세하는 것은 과잉금지 원칙에 위반되는 입법이라고 할 수 있다. 따라서 해제에 기간 제한을 둔다고 하더라도 그 해제사실의 입증방법에 대해서는 제한을 두지 아니하고 객관적인 증거에 의하여 취득일부터 60일 이내에 계약이 해제된 사실이 입증된다면, 취득으로 보지 아니하는 것이 법리상 타당하다.

또한 위임입법의 법리에서 볼 때에도 개정 시행령에는 문제가 있다. 헌법 제75조는 "대통령은 법률에서 구체적으로 범위를 정하여 위임받은 사항과 법률을 집행하기 위하여 필요한 사항에 관하여 대통령령을 발할 수 있다."고 규정하여 위임입법의 근거와 아울러 그 범위와 한계를 제시하고 있다. 행정권에 의한 자의적인 법률의 해석과 집행을 방지하고 법치주의의 원칙을 달성하고자 하는 헌법 제75조의 입법취지에 비추어 볼 때 '구체적으로 범위를 정하여'라 함은 하위법규에 규정될 내용 및 범위의 기본사항이 법률에 가능한 한 구체적이고도 명확하게 규정되어 있어서 누구라도 당해 법률 자체로부터 하위법규에 규정될 내용의 대강을 예측할 수 있어야 함을 의미한다는 것이 헌법재판소의 확립된 입장이다.[9] 여기에서 위임의 구체성 내지 예측가능성의 유무는 당해 특정조항 하나만을 가지고 판단할 것이 아니라 관련 법조항 전체를 유기적·체계적으로 종합하여 판단하여야 하고, 위임된 사항의 성질에 따라 구체적·개별적으로 검토하여야 하는바, 특히 그 규율대상이 지극히 다양하거나 수시로 변화하는 성질의 것일 때에는 위임의 구체성 또는 예측가능성의 요건이 완화된다는 것이 헌법재판소의 입장이다.[10]

그런데, 취득시기를 대통령령에 위임한 지방세법 제10조 제7항이 계약해제의 입증방법을 제한하는 사항도 위임한 것으로 볼 수 있는지 의문이다. 지방세법 제10조 제7항은 "제1항부터 제6항까지의 규정에 따른 취득세의 과세표준이 되는 가액, 가격 또는 연부금액의 범위 및 그 적용과 취득시기에 관하여는 대통령령으로 정한다."고 규정하고 있고, 같은 법 시행령 제20조는 위 규정에 위임근거를 두고 취득시기를 규정하고 있다. 모법인 지방세법 제10조 제7항에서 취득시기의 입증방법에 관하여 아무런 제한을 두고 있지 않음에도 불구하고 그 하위규정인 시행령에서 취득시기의 입증방법에 대한 제한을 규정하는 것은 위임입법의 범위를 벗어난 것으로 보아야 한다.

한편, 입법론에서 볼 때 계약해제의 입증방법을 개정 시행령과 같이 제한할 이유는 없다. 실제로는 취득일부터 60일 이내에 계약을 해제하였고, 그러한 사실이 관련 증거로 충분히 입증됨에도 불구하고 단지 지방세법 시행령 제20조 제1항 각호에 규정하는 형식의 서류를 일정기간 내에 제출하지 아니하였다는 이유로 취득으로 간주

---

9) 헌법재판소 2015. 7. 30.자 2013헌바204 결정, 헌법재판소 2008. 7. 31.자 2006헌바95 결정, 헌법재판소 2006. 2. 23.자 2004헌바32 결정 등.
10) 헌법재판소 2015. 7. 30.자 2013헌바204 결정, 헌법재판소 2015. 2. 26. 2012 헌바355 결정, 헌법재판소 2006. 7. 27. 2006헌바18 결정 등.

하여 취득세를 과세하는 것은 지나치게 과세관청의 편의만을 고려한 입법이라는 비난을 면할 수 없다. 다른 입법례를 보더라도 개정 시행령과 같이 입증방법을 제한하는 예는 찾아보기 어렵다. 상속세 및 증여세법은 일정 기간 내에 증여재산을 증여자에게 반환한 사실만 인정되면 증여세 과세대상에서 제외하는 것으로 규정하고 있을 뿐, 입증방법에 대해서는 아무런 제한을 두고 있지 않다. 즉, 상속세 및 증여세법 제4조 제4항은 "수증자가 증여재산(금전은 제외한다)을 당사자 간의 합의에 따라 제68조에 따른 증여세 과세표준 신고기한 이내에 증여자에게 반환하는 경우(반환하기 전에 제76조에 따라 과세표준과 세액을 결정받은 경우는 제외한다)에는 처음부터 증여가 없었던 것으로 보며, 제68조에 따른 증여세 과세표준 신고기한이 지난 후 3개월 이내에 증여자에게 반환하거나 증여자에게 다시 증여하는 경우에는 그 반환하거나 다시 증여하는 것에 대해서는 증여세를 부과하지 아니한다."고 규정함으로써 입증방법에 관계없이 증여재산의 반환사실이 입증되면 증여세 과세대상에서 제외하고 있다. 이러한 입법례도 참고할 필요가 있다.

또한 개정 시행령 제20조 제1항은 입증방법에 있어서 제1호의 화해조서·인낙조서를 제2호의 공정증서, 제3호의 계약해제신고서와 다르게 규정하고 있다. 즉, 화해조서·인낙조서는 언제 작성된 것이든 취득일부터 60일 이내에 계약이 해제된 사실이 입증되면 족하나, 공정증서는 취득일부터 60일 이내에 공증받은 것으로, 계약해제신고서는 취득일부터 60일 이내에 제출된 것에 한하여 취득에서 제외되는 것으로 규정하고 있다. 그러나 공정증서와 계약해제신고서를 화해조서·인낙조서와 다르게 취급할 합리적인 근거는 없다. 중요한 것은 취득일부터 60일 이내에 계약이 해제된 사실이 객관적인 증거에 의하여 증명되었는지 여부이다.

계약해제 여부는 당사자의 입증에 따른 사실인정의 문제이다. 따라서 입법론으로는 정책적으로 필요한 경우 개정 시행령과 같이 계약해제의 기간에 제한을 둘 필요는 있으나, 취득일부터 60일 이내에 계약이 해제된 경우에는 취득에서 제외하되, 그와 같은 계약해제 사실의 입증방법에 대해서는 아무런 제한을 둘 필요가 없다. 60일 이내에 계약이 해제되었는지 여부는 입증책임 문제로 해결하면 족하다. 이런 점에서 개정 시행령 제20조 제1항 제2호와 제3호의 경우에도 같은 항 제1호와 동일한 내용으로 개정할 필요가 있다. 어떤 입증방법으로든 취득일부터 60일 이내에 계약이 해제된 사실이 증명되었다면 계약해제의 법리상 그 매매계약의 효력은 소급적으로 소멸하여 매수인의 취득이 인정될 수 없기 때문이다.

또한 지방세법령의 경우 대법원 판결의 취지에 반대되는 내용으로 입법적 대응을 하는 경우가 종종 있다.[11] 이와 같은 대법원 판결

---

11) 대법원 2014. 9. 4. 선고 2014두36266 판결과 대법원 2015. 1. 15. 선고 2011 두28714 판결에서 어느 법인(위탁자)의 부동산이 신탁법에 의한 신탁으로 수탁자에게 부동산의 소유권이 이전된 후 그 법인의 과점주주가 되거나 그 법인의 주식 또는 지분 비율이 증가된 경우에는 특별한 사정이 없는 한 신탁 부동산을 그 법인(위탁자)의 부동산으로 보아 간주취득세를 부과할 수 없다고 판시하자, 과세당국은 2015. 12. 29. 지방세법을 개정하여 신탁된 부동산도 간주취득세 과세대상인 위탁자의 부동산이라고 명시하였다(지방세법 제7조 제5항). 그런데, 지방세법은 그 이전인 2014. 1. 1. 법률 제12153호로 개정시 신탁재산의 재산세 납세의무자를 위탁자에서 수탁자로 변경하였다(지방세법 제107조 제1항 제3호). 취득세와 재산세는 모두 재산의 소유자에게 부과되는 조세인데(지방세법 제7조 제1항, 제107조 제1항), 위와 같은 개정으로 인하여 신탁재산의 간주취득세 납세의무자와 재산세 납세의무자가 서로 반대가 되었다. 이와 같이 동일한 재산에 대하여 세목에 따라 납세의무자를 서로 다르게 규정하는 모순이 발생함으로써 납세의무자에게 많은 혼란을 초래하고 있다. 이러한 입법의 불일치는 사전에 관련 규정에 대한 충분한 검토를 하였다면 쉽게 예방할 수 있는 것이다. 위와 같은 개정은 과세당국의 성급한 입법대응으로 인하여 납세의무자의 법적 안정성과 예측가능성을 침해한 대표적인 사례라고 할 수 있다.

에 대한 과세당국의 입법적 대응은 시간적 여유를 갖고 입법의 정책적 필요성과 타당성, 긴급성 등에 대한 충분한 검토를 한 이후에 이루어지는 것이 바람직하고 즉각적인 법령개정으로 대응하는 것은 법리적으로나 다른 법률과의 관계에서 문제가 발생할 수 있고, 대법원을 통한 사법적 판단을 경시하는 풍조를 초래할 가능성이 있으므로 자제할 필요가 있다.

3. 과점주주 간주취득세

【대상판결】 대법원 2016. 3. 10. 선고 2011두26046 판결

【사실관계】

가. 원고 1은 2004. 1. 6. 주식회사 OO건설(이하 'OO건설'이라 한다)의 발행주식총수인 60,000주에 대한 주식인수대금 전액을 납입하고, 소외 1 및 매형으로서 원고 1과 특수관계에 있는 원고 2와 사이에, 소외 1 및 원고 2는 원고 1의 의사에 따라 의결권을 행사하고, 원고 1의 요청이 있는 경우 즉시 주식을 반환한 후 명의개서절차를 이행하여야 한다는 내용의 각 주식명의신탁약정을 체결하였다.

나. OO건설 설립 당시인 2004. 1. 6. OO건설의 주주명부에는 대표이사인 원고 1이 30,000주(50%), 원고 2가 27,000주(45%), 소외 1이 3,000주(5%, 이하 '이 사건 주식'이라 한다)를 각 소유하고 있는 것으로 기재되어 있다.

또한 대상판결 및 아래 4.항의 [대상판결 1] 대법원 2016. 6. 23. 선고 2016두34783 판결에 대한 과세당국의 입법적 대응도 위와 유사한 사례라고 할 수 있다.

다. 소외 2, 소외 3이 2004. 3. 2.경 원고 1명의의 5,400주와 원고 2 명의의 21,600주 및 소외 1 명의의 이 사건 주식 3,000주 등 합계 30,000주(50%)의 OO건설 주식을 양수하였다가 2007. 3. 30.경 그 전부를 다시 원고 1에게 양도하였다.

라. 피고는, OO건설 설립 당시 그 소유주식의 합계가 발행주식총수의 95%가 되어 과점주주로 되었던 원고들(원고 1, 2)이 그 소유주식의 양도로 인하여 과점주주에 해당되지 아니하는 주주가 되었다가 그로부터 5년 이내에 그 소유주식의 합계가 발행주식총수의 100%인 과점주주가 됨으로써 소유주식의 비율이 5% 증가되었다는 이유로, 구 지방세법(2007. 12. 31. 법률 제8835호로 개정되기 전의 것, 이하 같다) 제105조 제6항 및 구 지방세법 시행령(2010. 1. 1. 대통령령 제21975호로 개정되기 전의 것, 이하 같다) 제78조 제3항을 적용하여 2009. 7. 6. 원고들에게 가산세를 포함하여 취득세 63,711,430원과 농어촌특별세 6,371,130원을 부과하는 처분(이하 '이 사건 처분'이라 한다)을 하였다.

【쟁점】

간주취득세 납세의무를 지는 과점주주에 해당되는지 여부의 판단기준인 지분율에 명의신탁 주식도 포함되는지(주식명의신탁의 유효 여부)

【원심판결의 요지】 대전고등법원 2011. 9. 22. 선고 2011 누585 판결

원고 1과 소외 1의 위 주식명의신탁약정은 무효이고, 이 사건 주식의 주주는 명의대여자인 소외 1이므로, 원고들 소유주식의 합계는 OO건설 설립 당시 발행주식총수의 95%였고, 그로부터 5년 이내에 원고 1이 다시 소외 2, 소외 3으로부터 이 사건 주식을 포함한 OO건설 주식을 취득함으로써 발행주식총수의 100%가 되어 과점주주로서 주식 소유 비율이 이전보다 5% 증가되었으므로, 피고가 원고들에게 구 지방세법 제105조 제6항, 구 지방세법 시행령 제78조 제3항을 적용하여 한 이 사건 처분은 적법하다.

【대법원 판결요지】

가. 구 지방세법 제105조 제6항 본문은 간주취득세 납세의무에 관하여 '법인의 주식을 취득함으로써 과점주주가 된 때에는 그 과점주주는 당해 법인의 부동산 등을 취득한 것으로 본다.'고 규정하고 있는데, 여기서 과점주주란 구 지방세법 제22조 제2호에 정한 바와 같이 주주 1인과 그와 대통령령이 정하는 친족 기타 특수관계에 있는 자들의 소유주식의 합계가 당해 법인의 발행주식총수의 100분의 51 이상인 자들을 말한다.

한편 구 지방세법 시행령 제78조는 제2항에서 이미 과점주주가 된 주주가 당해 법인의 주식을 취득함으로써 그가 가진 주식의 비율이 증가된 경우에는 그 증가된 분을 취득으로 보아 취득세를 부과하도록 규정하면서, 제3항에서는 과점주주이었다가 주식의 양도 등으로 과점주주에 해당하지 아니하게 된 자가 그로부터 5년 이내에 다시 당해 법인의 주식을 취득하여 과점주주가 된 경우에는 다시 과점주주가 된 당시의 주식의 비율이 그 이전에 과점주주가 된 당시의 주식의 비율보다 증가된 경우에 한하여 그 증가된 분만을 취득으로 보아 취득세를 부과하도록 규정하고 있다.

나. 실질과세의 원칙 중 구 국세기본법(2007. 12. 31. 법률 제8830호로 개정되기 전의 것) 제14조 제1항이 규정하고 있는 실질귀속자 과세의 원칙은 소득이나 수익, 재산, 거래 등의 과세대상에 관하여 귀속 명의와 달리 실질적으로 귀속되는 자가 따로 있는 경우에는 형식이나 외관을 이유로 귀속 명의자를 납세의무자로 삼을 것이 아니라 실질적으로 귀속되는 자를 납세의무자로 삼겠다는 것이고, 이러한 원칙은 구 지방세법 제82조에 의하여 지방세에 관한 법률관계에도 준용된다(대법원 2012. 1. 19. 선고 2008두8499 전원합의체 판결 참조). 그리고 구 지방세법 제105조 제6항 본문이 법인의 과점주주에 대하여 그 법인의 재산을 취득한 것으로 보아 취득세를 부과하는 것은 과점주주가 되면 해당 법인의 재산을 사실상 임의처분하거나 관리운용할 수 있는 지위에 서게 되어 실질적으로 그 재산을 직접 소유하는 것과 크게 다를 바 없다는 점에서 담세력이 있다고 보기 때문이므로(대법원 2014. 9. 4. 선고 2014두36266 판결 등 참조), 위 조항에 의하여 취득세의 납세의무를 부담하는 과점주주에 해당하는지 여부는 주주명부상의 주주 명의가 아니라 그 주식에 관하여 의결권 등을 통하여 주주권을 실질적으로 행사하여 법인의 운영을 지배하는지 여부를 기준으로 판단하여야 한다.

따라서 구 지방세법 제105조 제6항 본문, 구 지방세법 시행령 제78조 제3항, 제2항에 의하여 과점주주의 주식의 비율이 증가되었는지 여부 역시 주주권을 실질적으로 행사하는 주식을 기준으로 판단하여야 한다.

다. 원심이 확정한 사실관계를 앞서 본 법리에 비추어 살펴보면, 소외 1은 이 사건 주식의 인수과정에서 명의를 대여해 준 자에 불과하고, 이 사건 주식에 관한 권리를 실질적으로 행사하는 지위에 있었던 것은 원고 1이라 할 것이므로, OO건설 설립 당시인 2004. 1. 6.

과점주주이었던 원고들의 주식 소유 비율과 2007. 3. 30.경 원고들이 다시 OO건설 주식을 취득하여 과점주주가 된 때의 주식 소유 비율은 모두 100%로 동일하여, 이는 구 지방세법 시행령 제78조 제3항에서 말하는 '다시 과점주주가 된 당시의 주식의 비율이 그 이전에 과점주주가 된 당시의 주식의 비율보다 증가된 경우'에 해당한다고 할 수 없다.

【평석】

가. 과점주주 간주취득세 관련규정의 개정 내용

(1) 과점주주의 지분 변동에 따른 간주취득세 납세의무의 부담 범위에 관한 규정은 아래와 같이 개정되었다.

• 구 지방세법 시행령(2015. 12. 31. 대통령령 제26836호로 개정되기 전의 것) 제11조

② 이미 과점주주가 된 주주 또는 유한책임사원이 해당 법인의 주식등을 취득하여 해당 법인의 주식등의 총액에 대한 과점주주가 가진 주식등의 비율(이하 이 조에서 "주식등의 비율"이라 한다)이 증가된 경우에는 그 증가분을 취득으로 보아 법 제7조 제5항에 따라 취득세를 부과한다. 다만, 증가된 후의 주식등의 비율이 그 증가된 날을 기준으로 그 이전 5년 이내에 해당 과점주주가 가지고 있던 주식등의 최고비율보다 증가되지 아니한 경우에는 취득세를 부과하지 아니한다.

③ 과점주주였으나 주식등의 양도, 해당 법인의 증자 등으로 과점주주에 해당하지 아니하게 되었다가 해당 법인의 주식등을

취득하여 다시 과점주주가 된 경우에는 다시 과점주주가 된 당시의 주식등의 비율이 그 이전에 과점주주가 된 당시의 주식등의 비율보다 증가된 경우에만 그 증가분만을 취득으로 보아 제2항의 예에 따라 취득세를 부과한다.

- 현행 지방세법 시행령(2015. 12. 31. 대통령령 제26836호로 개정된 것) 제11조

② 이미 과점주주가 된 주주 또는 유한책임사원이 해당 법인의 주식등을 취득하여 해당 법인의 주식등의 총액에 대한 과점주주가 가진 주식등의 비율(이하 이 조에서 "주식등의 비율"이라 한다)이 증가된 경우에는 그 증가분을 취득으로 보아 법 제7조 제5항에 따라 취득세를 부과한다. 다만, 증가된 후의 주식등의 비율이 해당 과점주주가 이전에 가지고 있던 주식등의 최고비율보다 증가되지 아니한 경우에는 취득세를 부과하지 아니한다.

③ 과점주주였으나 주식등의 양도, 해당 법인의 증자 등으로 과점주주에 해당하지 아니하게 되었다가 해당 법인의 주식등을 취득하여 다시 과점주주가 된 경우에는 다시 과점주주가 된 당시의 주식등의 비율이 그 이전에 과점주주가 된 당시의 주식등의 비율보다 증가된 경우에만 그 증가분만을 취득으로 보아 제2항의 예에 따라 취득세를 부과한다.

(2) 과점주주 지분 변동에 관한 지방세법 시행령 개정의 의의

2015. 12. 31. 대통령령 제26836호로 지방세법 시행령 제11조 제2항과 제3항이 개정되면서 종전과 달라진 점은 구 시행령에서는 지분 변동기간을 5년으로 제한하였으나, 현행 시행령은 그 기간 제한

을 두지 않았다는 점이다. 즉, 구 시행령하에서는 과점주주가 직전 5년을 기준으로 보유하였던 최고 지분율을 초과하여 취득한 경우에 그 초과 취득분에 대한 간주취득세를 부담하였다. 그런데, 현행 시행령하에서는 직전 5년이 아니라 보유 기간에 제한 없이 그 이전까지 전체 보유 기간을 기준으로 과점주주가 보유하였던 최고지분율보다 증가한 경우에 한하여 그 증가분에 대한 간주취득세를 부과할 수 있도록 한 것이다. 위와 같은 개정은 과점주주의 지분율 변동과 관련한 간주취득세 부담이 줄어드는 결과를 가져왔다.

예를 들면, 과점주주가 2010. 1. 10. 80%의 지분을 보유하였다가 2010. 8. 7. 20%의 지분을 처분하였고(60% 보유), 2013. 5. 4. 10%의 지분을 추가 취득(70% 보유), 그 후인 2014. 2. 20. 20%를 처분(50% 보유), 2016. 4. 30. 다시 30%를 추가 취득한 경우(80% 보유), 구 시행령에 따르면 과거 5년을 기준으로 하므로 2016. 4. 30.으로부터 5년 이내인 2011. 4. 30. 이후 최고 지분율인 70%(2013. 5. 4. 지분율 10% 추가 취득 당시)를 기준으로 지분율이 10%가 증가하므로 그에 대한 간주취득세를 부담하였다. 그러나 현행 시행령에 따르면, 5년 이전인 2010. 1. 10. 보유하였던 80%가 최고지분율이 되고, 2016. 4. 30. 추가 취득으로 다시 80%의 지분을 보유하게 되었으므로 증가한 지분율이 없어서 간주취득세 과세대상이 되지 않는 것이다.

나. 간주취득세 납세의무를 지는 과점주주의 판단에 있어서 명의신탁 주식의 소유자(주식명의신탁의 유효 여부)

주주명부상 주식의 소유 명의를 차용하여 등재하였다가 실질 주주 명의로 개서한 경우, 주주명부상 주식의 소유명의자로 기재되어 있던 명의수탁자는 명의상의 주주에 불과하므로 주식의 실질주주가 주주명부상의 명의를 회복한 것에 불과하여 구 지방세법 제105조 제6항에서 정한 주식을 취득한 경우에 해당하지 않으며, 같은 항에서의 '주식의 취득행위'는 그 자체가 취득세의 과세대상이 되는 것이 아니어서 취득세의 과세대상이 되는 취득행위와 동일선상에서 그 개념을 파악할 수 없다.[12]

즉, 구 지방세법의 개정[13]취지는 종래 '주주 또는 사원으로부터' 주식을 취득한 경우에 한하여 과점주주를 인정하였으나, '유상증자' 등을 통하여 주식을 취득하고 이로써 과점주주가 된 경우까지 포함시키기 위한 데 있고, 명의신탁해지를 통하여 주주명의를 회복함으로써 과점주주가 된 경우까지 포함시키기 위한 것이라 볼 수 없을 뿐 아니라, 구 지방세법에서 명의신탁해지를 취득세 과세대상으로 하지 않은 것은 주식을 '주주로부터' 취득하지 않은 경우에 해당되기 때문이 아니라 명의신탁해지는 실질주주가 원래의 명의를 회복한 것으로 그 본질상 '취득'이라고 볼 수 없기 때문이다. 명의신탁해지에 의하여 주주명의를 개서하는 것은 실질주주가 주주명부상의 명의를 회복한 것에 불과하므로 과점주주 간주취득세의 과세대상이 되지 아니한다는 것이 대법원의 입장이다.[14]

행정자치부와 감사원은 대법원과 달리, 주식을 명의신탁하면 상속세 및 증여세법에 따라 수탁자가 이를 증여받은 것으로 간주되고,

---

12) 대법원 2008. 3. 27. 선고 2008두2989 판결, 대법원 1999. 12. 28. 선고 98두7619 판결.
13) 과점주주 간주취득세의 대상이 1997. 8. 30. 법률 제5406호로 개정 전의 구 지방세법에서는 "법인의 주식 또는 지분을 주주 또는 사원으로부터 취득함으로써 과점주주가 된 때에는"으로 규정되어 있었으나, 위 개정시 "법인의 주식 또는 지분을 취득함으로써 과점주주가 된 때에는"으로 되어 "주주 또는 사원으로부터" 부분이 삭제되었다.
14) 대법원 2008. 3. 27. 선고 2008두2989 판결, 대법원 1999. 12. 28. 선고 98두7619 판결.

따라서 명의신탁을 해지하여 실질주주 명의로 전환하면 다시 소유
권이 변동되는 것이므로, 명의신탁해지로 과점주주가 되는 경우에
도 납세의무가 있다는 입장이었으나,15) 현재는 대법원과 동일한 입
장으로 변경하였다.16)

명의신탁 주식의 환원은 간주취득세 과세대상이 되지 아니한다
는 대법원의 입장이 타당하다. 과세관청과 같이 해석하면 설립당시
자신의 명의로만 취득하면 간주취득세 납세의무를 지지 아니하는
데, 명의신탁을 하였다가 그 후 이를 반환받은 경우에는 납세의무가
성립한다는 결론이 된다. 그러나 실질과세 원칙에 따르면 명의신탁
주식은 실제 소유자의 소유이고, 따라서 설립당시나 명의신탁해지
시나 실질주주의 소유주식수에는 아무런 변동이 없음에도 불구하고
단지 형식적으로 명의변경이 있었다고 하여 납세의무를 지우는 것
이어서 부당하다.

이와 같이 명의신탁 주식의 소유자는 명의상 소유자가 아니라 실
제 소유자라고 할 것이고, 간주취득세 납세의무자가 되는 과점주주
의 판단에 있어서도 이와 동일하게 판단하여야 할 것이다.

대상 판결의 원심은 원고 1과 소외 1의 주식명의신탁약정이 무효
이고, 따라서 이 사건 주식의 소유자는 소외 1이므로 원고의 지분율
이 5% 증가하였다고 판단하였으나, 「부동산 실권리자명의 등기에
관한 법률」에서 부동산 명의신탁을 무효로 규정한 이외에 다른 법
률에서 주식명의신탁을 무효로 규정한 사례는 없다는 점에서 주식
명의신탁을 무효로 보기는 어렵다.

---

15) 세정-2924, 2006. 7. 12., 감심 제2006-18호, 2006. 2. 9.
16) 행안부 지방세운영과-3127, 2010. 7. 22.

다. 대상 판결의 의의

대상 판결이 선고되기 이전까지 위 사건에서 대법원이 주식 명의신탁의 유효성에 대하여 과거와 달리 판단할 수도 있을 것이라는 예상이 있었다. 그런데, 대상 판결은 주식 명의신탁이 부동산 명의신탁과 달리 현재도 여전히 유효하다고 전제하고 실질과세원칙 중 실질귀속자 과세원칙(국세기본법 제14조 제1항)을 적용하여 과점주주의 지분율 증가 여부를 판단하였다. 이는 주식 명의신탁이 유효하다는 종전 대법원의 입장을 그대로 유지한 것이다. 이에 따라 명의신탁주식의 실제 소유자는 주주명부상의 주주가 아니라, 실질귀속자 과세원칙에 따라 주주권을 실질적으로 행사하는 자(명의신탁자)로 보아야 한다고 함으로써 명의신탁주식이 당초부터 원고의 소유였고, 따라서 지분율이 증가한 것이 없다고 판단한 것이다. 대상 판결은 주식 명의신탁이 유효하다는 점을 확인해 주었다는 점에서 의의가 있다.

4. 취득세율

【대상판결 1】 대법원 2016. 6. 23. 선고 2016두34783 판결

【사실관계】

가. 원고는 OO택지개발사업(이하 '이 사건 사업'이라 한다)의 사업시행자로서 「공익사업을 위한 토지 등의 취득 및 보상에 관한 법률」(이하 '공익사업법'이라 한다)에 따라 중앙토지수용위원회의 2013. 5. 23.자(제1차), 2013. 6. 20.자(제2차) 및 2013. 7. 18.자(제3차)

각 수용재결을 통하여 이 사건 사업의 사업지구에 편입된 토지 및 건물(이하 '이 사건 각 부동산'이라 한다)을 취득하였다.

나. 원고는, 원고가 이 사건 각 부동산을 승계취득하였음을 전제로 지방세법 제11조 제1항 제7호에 규정된 취득세율 3% 및 4%를 적용하여 2013. 8. 1.부터 같은 해 10. 8.까지 사이에 이 사건 각 부동산에 대한 취득세, 지방교육세, 농어촌특별세(이하 '취득세 등'이라 한다)를 총 3,584,550,970원으로 계산한 후 이를 신고납부하였다.

다. 그 후 원고는, 원고가 이 사건 각 부동산을 원시취득하였으므로 지방세법 제11조 제1항 제3호에 규정된 취득세율인 2.8%를 적용하여야 함에도 취득세율을 3% 및 4%로 잘못 적용하여 취득세 등을 신고납부하였다고 주장하면서 2013. 8. 28., 2013. 10. 4. 및 2013. 10. 8. 피고에게 취득세 등의 경정청구를 하였다.

라. 피고는, 원고가 이 사건 각 부동산을 승계취득한 것으로 보아야 한다는 이유로 2013. 10. 2. 및 2013. 10. 8. 원고의 위 경정청구를 모두 거부(이하 '이 사건 처분'이라 한다)하였다.

【쟁점】

수용재결에 따른 사업시행자의 취득이 승계취득인지 아니면 원시취득인지

【판결요지】

지방세법 제6조 제1호는 취득세에서의 '취득'을 '매매, 교환, 상속, 증여, 기부, 법인에 대한 현물출자, 건축, 개수(改修), 공유수면의

매립, 간척에 의한 토지의 조성 등과 그 밖에 이와 유사한 취득으로서 원시취득, 승계취득 또는 유상·무상의 모든 취득'으로 정의하고 있고, 제11조 제1항 제3호(이하 '이 사건 조항'이라고 한다)에서 부동산을 원시취득하는 경우 취득세의 표준세율을 '1천분의 28'로 정하고 있다.

「공익사업을 위한 토지 등의 취득 및 보상에 관한 법률」에 따른 수용재결의 효과로서 수용에 의한 사업시행자의 소유권 취득은 토지 등 소유자와 사업시행자와의 법률행위에 의한 승계취득이 아니라 법률의 규정에 의한 원시취득에 해당하는 점(대법원 2001. 1. 16. 선고 98다58511 판결 등 참조), 지방세법은 이 사건 조항의 원시취득에서 수용재결에 의한 부동산의 취득을 제외하는 규정을 따로 두고 있지 않은 점 등을 종합하면, 이 사건 각 부동산의 취득은 이 사건 조항에서 정한 원시취득에 해당하므로 '1천분의 28'의 표준세율이 적용되어야 하고, 수용에 따른 등기가 소유권보존등기가 아닌 소유권이전등기의 형식으로 경료된다거나 종전 소유자가 양도소득세를 부담한다는 사정만으로는 달리 볼 수 없다. 따라서 이 사건 조항의 '원시취득'을 공유수면의 매립과 같이 부동산이 원시적으로 생성된 경우의 부동산 취득만을 의미한다는 이유로 이루어진 이 사건 처분은 위법하다.

【평석】

가. 수용재결로 인한 취득의 법적 성격

「공익사업을 위한 토지 등의 취득 및 보상에 관한 법률」[17]에 근

---

17) 2002. 2. 4. 법률 제6656호로 제정되면서 그 부칙 제2조에서 「토지수용법」

거하여 공익사업을 수행하는 사업시행자가 수용재결을 통하여 사업에 필요한 토지를 취득하는 경우 그 취득의 성격이 원시취득인지 승계취득인지 여부에 관하여 대법원은 일관되게 원시취득이라고 판시해 오고 있다.

즉, 대법원은 구 토지수용법 제67조 제1항[18])과 관련하여, 기업자는 토지를 수용한 날에 그 소유권을 취득하며 그 토지에 관한 다른 권리는 소멸하는 것이므로, 수용되는 토지에 대하여 가압류가 집행되어 있어도 토지의 수용으로 기업자가 그 소유권을 원시취득함으로써 가압류의 효력은 소멸되는 것이라고 일관되게 판시해 왔다.[19])

또한 대법원은 구 토지수용법의 폐지와 함께 제정된 공익사업법 제45조 제1항[20])과 관련하여서도, 토지 수용의 경우 사업시행자는 수용의 개시일에 토지의 소유권을 취득하고 그 토지에 관한 다른 권리는 소멸하는 것이므로, 수용되는 토지에 대하여 가압류가 집행되어 있더라도 토지 수용으로 사업시행자가 그 소유권을 원시취득하게 됨에 따라 그 토지 가압류의 효력은 절대적으로 소멸하는 것이라고 하여 구 토지수용법에서와 동일하게 해석해 오고 있다.[21])

나. 관련 규정의 개정

대상판결이 선고되자, 행정안전부는 2016. 12. 27. 법률 제14475호

및 「공공용지의 취득 및 손실보상에 관한 특례법」을 폐지하였다.
18) ① 기업자는 토지 또는 물건을 수용한 날에 그 소유권을 취득하며 그 토지나 물건에 관한 다른 권리는 소멸한다.
19) 대법원 2004. 4. 16. 선고 2003다64206 판결, 대법원 2003. 7. 11. 선고 2001다83777 판결, 대법원 2000. 7. 4. 선고 98다62961 판결 등.
20) ① 사업시행자는 수용의 개시일에 토지나 물건의 소유권을 취득하며, 그 토지나 물건에 관한 다른 권리는 이와 동시에 소멸한다.
21) 대법원 2009. 9. 10. 선고 2006다61536 판결.

로 지방세법을 개정하면서 지방세법 제6조 제1호의 "취득" 정의규정에서 "원시취득"을 "원시취득(수용재결로 취득한 경우 등 과세대상이 이미 존재하는 상태에서 취득하는 경우는 제외한다)"으로 개정하여 수용재결로 인한 취득을 원시취득에서 명시적으로 제외하였다. 이는 대상판결이 판결이유에서 밝힌 사유를 그대로 따른 것이다.[22] 그러나 토지수용 근거법률인 공익사업법에서 수용재결로 인한 토지취득의 법적 성격을 승계취득이 아니라 원시취득으로 취급하고 있음에도 불구하고 지방세법상 큰 차이가 없는 취득세율(원시취득은 2.8%, 승계취득은 3% 또는 4%)을 적용하기 위하여 그 법적 성격에 반하여 위와 같이 개정할 필요가 있는지 의문이다.

【대상판결 2】 대법원 2016. 8. 30. 선고 2016두36864 판결

【사실관계】

가. 원고는 1984. 9. 12. 소외인과 혼인하였으나 소외인이 원고를 상대로 제기한 이혼소송에서 2002. 12. 8. 화해권고결정이 확정되어 이혼하였다.

나. 원고와 소외인은 이혼 후에도 재산관계 정산 없이 사실혼 관계를 유지하였으나 2011년경 사실상 파탄 상태에 이르게 되었고, 원고는 소외인을 상대로 사실혼 해소에 따른 위자료 및 재산분할 청구소송을 제기하여 2013. 10. 22. 소외인이 원고에게 재산분할로서 금

---

22) 대상판결은 이 사건 처분이 위법하다는 이유 중의 하나로 "지방세법은 이 사건 조항의 원시취득에서 수용재결에 의한 부동산의 취득을 제외하는 규정을 따로 두고 있지 않은 점"을 들고 있는데, 행정안전부는 위 부분을 개정 이유로 삼은 것이다.

전을 지급할 것을 명하는 판결을 선고받았으며, 그 판결은 2013. 11. 19. 확정되었다.

다. 원고와 소외인은 위 판결 이후 재차 재산분할을 협의하여 이 사건 각 부동산에 관한 소유권을 원고에게 이전하기로 하는 이 사건 합의가 이루어졌다.

라. 원고는 2013. 12. 24. 이 사건 합의에 따라 이 사건 각 부동산에 관한 소유권이전등기를 마치고, 구 지방세법 제11조 제1항 제2호의 표준세율에 따른 취득세 등을 신고·납부하였다.

마. 이후 원고는 피고에게 이 사건 법률조항에 따른 특례세율을 적용하여 취득세 등을 감액하여 달라는 취지의 경정청구를 하였으나 피고가 이를 거부하였다(이하 '이 사건 거부처분'이라고 한다).

【쟁점】

사실혼 해소를 이유로 한 재산분할에 따른 부동산 취득세율을 법률혼 해소시와 동일하게 보아 특례세율을 적용할 것인지

【판결요지】

구 지방세법(2015. 7. 24. 법률 제13427호로 개정되기 전의 것) 제15조 제1항 제6호('이하 '이 사건 법률조항'이라고 한다)는 '민법 제834조 및 제839조의2에 따른 재산분할로 인한 취득'에 대하여 같은 법 제11조 등에 따른 표준세율에서 중과기준세율인 1000분의 20을 뺀 세율을 적용하도록 규정하고 있다. 이는 부부가 혼인 중 공동의

노력으로 이룩한 재산을 부부관계 해소에 따라 분할하는 것에 대하여 통상보다 낮은 취득세율을 적용함으로써 실질적 부부공동재산의 청산으로서의 성격을 반영하는 취지이다.

그리고 이 사건 법률조항에서의 민법 제834조 및 제839조의2는 협의상 이혼시 재산분할에 관한 규정이지만, 민법 제839조의2는 민법 제843조에 따라 재판상 이혼시 준용되고 있고, 혼인 취소는 물론 사실혼 해소의 경우에도 해석상 준용되거나 유추적용되는데, 이는 부부공동재산의 청산의 의미를 갖는 재산분할은 부부의 생활공동체라는 실질에 비추어 인정되는 것이라는 점에 근거한다(대법원 1995. 3. 10. 선고 94므1379 판결 등 참조).

위 각 법률조항의 내용 및 체계, 입법 취지, 사실혼 해소의 경우에도 민법상 재산분할에 관한 규정이 준용되는 점, 법률혼과 사실혼이 혼재된 경우 재산분할은 특별한 사정이 없는 한 전체 기간 중에 쌍방의 협력에 의하여 이룩한 재산을 모두 청산 대상으로 하는 점(대법원 2000. 8. 18. 선고 99므1855 판결 등 참조), 실질적으로 부부의 생활공동체로 인정되는 경우에는 혼인신고의 유무와 상관없이 재산분할에 관하여 단일한 법리가 적용됨에도 불구하고 세법을 적용함에 있어서는 혼인신고의 유무에 따라 다르게 과세하는 것은 합리적이라고 보기 어려운 점, 사실혼 여부에 관하여 과세관청으로서는 이를 쉽게 파악하기 어렵다 하더라도 객관적 자료에 의해 이를 증명한 사람에 대해서는 그에 따른 법률효과를 부여함이 상당한 점 등을 더하여 보면, 이 사건 법률조항은 사실혼 해소시 재산분할로 인한 취득에 대해서도 적용된다고 보는 것이 옳다.

【평석】

가. 민법상 법률혼과 사실혼의 취급

민법은 혼인의 실질적 요건으로 ① 만 18세 이상일 것(혼인 적령),[23] ② 미성년자나 피성년후견인은 부모나 성년후견인의 동의가 있을 것,[24] ③ 8촌 이내의 혈족이나 6촌 이내의 인척이 아닐 것,[25] ④ 중혼이 아닐 것(배우자가 있는 자가 아닐 것),[26] ⑤ 혼인의사의 합치[27]를 요구하고 있다. 또한 민법은 신고혼주의를 채택하고 있어서 형식적 요건으로「가족관계의 등록 등에 관한 법률」에 정한 바에 따른 신고를 하여야 혼인의 효력이 생긴다. 이와 같은 실질적 요건과 형식적 요건을 모두 갖춘 혼인을 법률혼이라고 한다.

위와 같은 법률혼에 대비하여 혼인의 요건 중 부부공동체로서의 실체는 모두 갖추었으나 형식적 요건인 혼인신고를 하지 아니한 채 살아가는 남녀관계를 사실혼이라고 한다. 즉, 사실혼이란 혼인신고는 하지 않았지만, 당사자 사이에 주관적으로 혼인의 의사가 있고, 객관적으로도 사회관념상 가족질서적인 면에서 부부공동생활을 인정할 만한 혼인생활의 실체가 있는 경우를 말한다.[28]

혼인의 효과 중에서 신고를 전제로 하는 것은 사실혼에 적용될

---

23) 민법 제807조.
24) 민법 제808조.
25) 민법 제809조.
26) 민법 제810조.
27) 민법 제815조 제1호. 당사자간에 혼인의 합의가 없는 때에는 혼인무효사유가 된다.
28) 대법원 2010. 3. 25. 선고 2009다84141 판결, 대법원 2001. 4. 13. 선고 2000다52943 판결 등.

수 없으나, 그 외에 부부공동생활을 전제로 하는 혼인의 효과는 사실혼관계에서도 모두 인정되는 것으로 해석하고 있다. 예를 들면, 동거, 부양, 협조,29) 정조의 의무나 생활비용 공동부담30) 등이 있다. 일상가사에 관한 상호대리권31)도 인정되고,32) 부부재산의 공유추정33)도 적용된다.34) 사실혼관계를 부당하게 파기한 자는 상대방에게 재산적 손해는 물론 정신적 손해(위자료)를 배상할 책임이 있다.35)

그러나 사실혼에는 혼인신고를 전제로 하는 친족관계나 성년의제,36) 상속권 등은 인정되지 않는다.

나. 사실혼 해소시 재산분할청구권의 인정 여부

재산분할청구권은 이혼시 일방 배우자가 상대방에 대하여 혼인 중 취득한 재산의 분할을 청구할 수 있는 권리를 말한다. 민법은 협의이혼에 관한 민법 제839조의2에 규정하고 있고, 민법 제843조에서 재판상 이혼에 준용하고 있다.

재산분할청구권이 사실혼 해소의 경우에도 적용되는지 여부에 관하여 대법원은 이를 긍정하고 있다. 대법원은, '사실혼이라 함은 당사자사이에 혼인의 의사가 있고, 객관적으로 사회관념상 가족 질서적인 면에서 부부공동생활을 인정할 만한 혼인생활의 실체가 있는 경우이므로 법률혼에 대한 민법의 규정 중 혼인신고를 전제로 하

---

29) 민법 제826조.
30) 민법 제833조.
31) 민법 제827조.
32) 대법원 1980. 12. 23. 선고 80다2077 판결.
33) 민법 제830조.
34) 대법원 1994. 12. 22. 선고 93다52068 판결.
35) 대법원 1989. 2. 14. 선고 88므146 판결.
36) 민법 제826조의2.

는 규정은 유추적용할 수 없다고 할 것이나, 부부재산의 청산의 의
미를 갖는 재산분할에 관한 규정은 부부의 생활공동체라는 실질에
비추어 인정되는 것이므로 사실혼관계에도 준용 또는 유추적용할
수 있다.'라고 판시하였다.[37]

다. 재산분할에 대한 조세상 취급

이혼시 재산분할과 관련하여서는 주로 양도소득세와 증여세가
문제된다.

먼저 이혼시 재산분할을 원인으로 이전되는 부동산이 양도소득
세 과세대상이 되는지 여부와 관련하여 대법원은, '민법 제839조의2
에 규정된 재산분할제도는 그 법적 성격, 분할대상 및 범위 등에 비
추어 볼 때 실질적으로는 공유물분할에 해당하는 것이어서 공유물
분할에 관한 법리가 준용되어야 할 것인바, 공유물의 분할은 법률상
으로는 공유자 상호간의 지분의 교환 또는 매매라고 볼 것이나 실질
적으로는 공유물에 대하여 관념적으로 그 지분에 상당하는 비율에
따라 제한적으로 행사되던 권리, 즉 지분권을 분할로 인하여 취득하
는 특정 부분에 집중시켜 그 특정 부분에만 존속시키는 것으로 소유
형태가 변경된 것뿐이어서 이를 자산의 유상양도라고 할 수 없으며,
이러한 법리는 이혼시 재산분할의 방법으로 부부 일방의 소유명의
로 되어 있던 부동산을 상대방에게 이전한 경우에도 마찬가지라고
할 것'이라고 하여 양도소득세 과세대상으로 볼 수 없다는 입장이
다.[38] 재산분할은 그 본질이 청산이라는 점에서 판례의 입장을 긍정

---

37) 대법원 2006. 3. 24. 선고 2005두15595 판결, 1993. 11. 23. 선고 93므560 판
   결, 대법원 1993. 8. 27. 선고 93므447, 454 판결 등.
38) 대법원 2003. 11. 14. 선고 2002두6422 판결, 대법원 1998. 2. 13. 선고 96누
   14401 판결 등.

하는 것이 다수의 견해이다.[39)]

그리고 이혼시 재산분할로 이전받는 부동산이 증여세 과세대상이 되는지 여부와 관련하여 헌법재판소는, '구 상속세법(1994. 12. 22. 법률 제4805호로 개정되기 전의 것) 제29조의2 제1항 제1호 중 "이혼한 자의 일방이 민법 제839조의2 또는 동법 제843조의 규정에 의하여 다른 일방으로부터 재산분할을 청구하여 제11조 제1항 제1호의 규정에 의한 금액을 초과하는 재산을 취득한 경우로서 그 초과부분의 취득을 포함한다."는 부분은 재산분할에 따라 취득하는 재산에 대한 증여세 납세의무를 규정한 것이나, 이는 증여라는 과세원인 없음에도 불구하고 증여세를 부과하는 것이어서 현저히 불합리하고 자의적이며 재산권보장의 헌법이념에 부합하지 않으므로 실질적 조세법률주의에 위배된다'는 이유로 위헌 결정을 하였다.[40)] 이에 따라 대법원도 재산분할에 따라 이전받은 재산은 증여세 과세대상이 되지 않는다고 판시하였다.[41)]

한편, 이혼시 재산분할과 달리 위자료로 지급하는 부동산의 경우에는 양도소득세 과세대상이 된다는 것이 판례이다. 즉, 대법원은, '부부가 이혼을 하게 되어 남편이 아내에 대한 위자료를 지급하기 위한 방법으로 자신의 소유인 주택의 소유권을 이전하는 것은 아내에 대한 위자료채무의 이행에 갈음한 것으로서 그 주택을 양도한 대가로 위자료를 지급할 채무가 소멸하는 경제적 이익을 얻게 되는 것이므로, 그 주택의 양도는 양도소득세의 부과대상이 되는 유상양도에 해당한다.'라고 판시하였다.[42)]

39) 김두형, "공유재산분할의 세법적 관견", 「민사법연구」, 대한민사법학회(2005), 18면~20면 ; 박훈, "이혼과 세법", 「조세법연구」 제5-2집, 한국세법학회(2004. 11.), 482-484면.
40) 헌법재판소 1997. 10. 30.자 96헌바14 결정.
41) 대법원 1997. 11. 28. 선고 96누4725 판결.
42) 대법원 1995. 11. 24. 선고 95누4599 판결, 대법원 1993. 9. 14. 선고 92누

이와 같이 지급원인이 위자료냐 재산분할이냐에 따라 과세 여부가 달라지게 되므로, 이혼당사자 입장에서는 가능하면 재산분할을 원인으로 하여 재산을 이전하려는 유인이 생긴다. 여기에서 위자료와 재산분할을 구분할 필요가 있다.[43]

이혼시 위자료 부분과 재산분할 부분이 특정되지 아니한 채 자산이 이전된 경우, 양도소득세의 과세대상이 되는 위자료 부분의 입증책임은 과세요건의 존재에 대한 입증책임을 지는 처분청에게 있다. 다만, 입증정도와 관련하여 대법원은, '이혼을 하면서 위자료와 재산분할, 자녀양육비 등의 각각의 액수를 구체적으로 정하지 아니한 채 자산을 이전한 경우 그 자산 중 양도소득세의 과세대상이 되는 유상양도에 해당하는 위자료 및 자녀양육비의 액수까지 구체적으로 주장·입증할 필요는 없고, 단지 그 액수를 정할 수 있는 자료를 법원에 제출하는 것으로 충분하며, 이에 대하여 법원은 이와 같은 자료를 토대로 혼인기간, 파탄의 원인 및 당사자의 귀책사유, 재산정도 및 직업, 당해 양도자산의 가액 등 여러 사정을 참작하여 직권으로 위자료나 자녀양육비의 액수를 정하여야 한다.'고 판시하였다.[44]

라. 이혼시 재산분할과 취득세

(1) 관련 규정의 연혁

지방세법상 공유물 분할 및 이혼시 재산분할로 인한 취득에 대한 취득세 관련 규정은 아래와 같이 개정되어 왔다.

18191 판결 등.
43) 박훈, 앞의 논문, 465-466면, 485면.
44) 대법원 2002. 6. 14. 선고 2001두4573 판결.

- 2007. 12. 31. 법률 제8835호로 개정되기 전의 구 지방세법 제110조 (형식적인 소유권의 취득 등에 대한 비과세)
  4. 법인의 합병 또는 공유권의 분할로 인한 취득

- 2010. 3. 31. 법률 제10221호로 전면 개정되기 전의 구 지방세법 제110조 (형식적인 소유권의 취득 등에 대한 비과세)
  4. 법인의 합병 또는 공유권의 분할로 인한 취득
  6. 「민법」 제839조의2에 따른 재산분할로 인한 취득

- 2010. 3. 31. 법률 제10221호로 전면 개정된 후의 구 지방세법 제11조 (부동산 취득의 세율)
① 부동산에 대한 취득세는 제10조의 과세표준에 다음 각 호에 해당하는 표준세율을 적용하여 계산한 금액을 그 세액으로 한다.
  2. 증여, 유증, 그 밖의 무상취득: 1천분의 35
  5. 공유물·합유물 및 총유물의 분할로 인한 취득: 1천분의 23

제15조 (세율의 특례)
① 다음 각 호의 어느 하나에 해당하는 취득에 대한 취득세는 제11조 및 제12조에 따른 세율에서 중과기준세율을 뺀 세율로 산출한 금액을 그 세액으로 한다. 다만, 취득물건이 제13조 제2항에 해당하는 경우에는 이 항 각 호 외의 부분 본문의 계산 방법으로 산출한 세율의 100분의 300을 적용한다.
  3. 법인의 합병 또는 공유권의 분할로 인한 취득. 다만, 법인의 합병으로 인하여 취득한 과세물건이 합병 후에 제16조에 따른 과세물건에 해당하게 되는 경우는 그러하지 아니하다.
  5. 「민법」 제834조 및 제839조의2에 따른 재산분할로 인한 취득

2007. 12. 31. 법률 제8835호로 개정되기 전의 구 지방세법은 공유권의 분할로 인한 취득을 취득세 비과세대상으로 규정하고 있었는데, 2007. 12. 31. 개정시 이혼시 재산분할로 인한 취득도 취득세 비과세대상으로 신설되었다. 이와 같이 취득세 비과세대상으로 규정되었던 공유물 분할과 이혼시 재산분할로 인한 취득은 2010. 3. 31. 법률 제10221호로 지방세법이 전면 개정되면서 모두 취득세 비과세대상에서 과세대상으로 전환되었다. 그런데, 위 전면 개정시 공유물 분할에 대해서는 세율을 규정하였으나, 이혼시 재산분할로 인한 취득에 대해서는 명시적으로 세율을 규정하지 아니한 채 현재에 이르고 있다.

(2) 이혼시 재산분할로 인한 취득에 대한 세율 적용

이혼시 재산분할의 법적 성격은 실질적으로 공유물 분할에 해당한다는 것이 판례이다.45) 이러한 판례의 취지에 따른다면 이혼시 재산분할로 취득하는 부동산에 대해서는 공유물 분할에 관한 지방세법 제11조 제1항 제5호의 세율, 즉, 1천분의 23이 적용되어야 한다. 여기에 다시 지방세법 제15조 제1항 제6호의 이혼시 재산분할로 인한 취득에 대한 특례세율이 적용되어야 할 것이다. 결과적으로 표준세율에서 중과기준세율46)인 1천분의 20을 뺀 세율인 1천분의 3을 적용하게 될 것이다.

그런데, 대법원은, '구 지방세법(2002. 12. 30. 법률 제6838호로 개정되기 전의 것) 제105조 제1항의 '부동산의 취득'이란 실질적인 소유권의 취득 여부에 관계없이 소유권 이전의 형식으로 이루어지는 부동산 취득의 모든 경우를 말하고(대법원 1988. 4. 25. 선고 88누919

---

45) 대법원 2003. 11. 14. 선고 2002두6422 판결, 대법원 1998. 2. 13. 선고 96누14401 판결 등.
46) 지방세법 제13조 제1항.

판결, 대법원 2002. 6. 28. 선고 2000두7896 판결 등 참조), 조세법률
주의의 원칙상 조세법규는 과세요건이거나 비과세요건을 가리지 아
니하고 특별한 사정이 없는 한 법률의 문언대로 해석하여야 하고 합
리적 이유 없이 확장해석하거나 유추해석하는 것은 허용되지 아니
한다는 이유로 민법 제839조의2의 재산분할에 따른 부동산 소유권
의 이전은 구 지방세법 제105조 제1항의 '부동산의 취득'에 해당되
고, 취득세 비과세대상을 한정적으로 규정한 구 지방세법 제110조
제4호(공유권의 분할로 인한 취득)에 해당하지 아니한다'고 판시하
였다.47)48) 대법원이 이혼시 재산분할의 본질을 공유물 분할이라고
하면서 구 지방세법상 비과세대상인 "공유권의 분할로 인한 취득"
에는 해당되지 않는다고 하는 것은 모순이다.49)

　　대상판결은 이혼시 재산분할에 관한 민법 제839조의2가 사실혼
에도 동일하게 적용되므로 세법의 적용에 있어서도 법률혼과 사실
혼을 차별취급할 이유가 없다는 점에서 법률혼 해소시와 동일하게
특례세율을 적용하여야 한다고 판단하였고, 이는 타당하다.50) 다만,
대상판결의 사안에서는 표준세율의 적용과 관련하여 공유물 분할에
관한 지방세법 제11조 제1항 제5호의 적용 여부가 쟁점이 되지 않았
는데, 이혼시 재산분할의 본질을 공유물 분할로 보는 이상 표준세율

---

47) 대법원 2003. 8. 19. 선고 2003두4331 판결.
48) 2002. 12. 30. 법률 제6838호로 개정되기 전의 구 지방세법은 '공유물의 분
　　할'을 취득세 비과세대상으로 규정하고 있었고, 이혼시 재산분할로 인한
　　취득에 대해서는 아무런 규정을 두지 않았다.
49) 박훈, 앞의 논문, 478-480면.
50) 이동식·박경찬, "사실혼해소에 따른 재산분할과 취득세",「지방세논집」제
　　3권 제2호, 한국지방세학회(2016. 11.), 104면~105면에서는 대상판결이 타
　　당하다고 하면서도 그와 같이 하는 경우 실무상 지방세 담당공무원들이
　　사안마다 사실혼관계 여부를 확인하기 어려우므로 사실혼관계를 주장하
　　는 자가 그 사실을 입증하도록 하고 입증의 정도나 방법에 대하여 법령에
　　명확한 규정을 둘 것을 제안하고 있다.

의 적용에 있어서도 무상취득에 관한 지방세법 제11조 제1항 제2호
가 아니라 같은 항 제5호를 적용함이 타당하다.

5. 재산세 납세의무자

【대상판결】 대법원 2016. 12. 29. 선고 2014두2980,2997
(병합) 판결

【사실관계】

가. 구 주택건설촉진법(2003. 5. 29. 법률 제6916호 주택법으로 전
부 개정되기 전의 것)에 의하여 설립된 재건축조합인 원고는 2007.
3. 8. 서울 강남구 (주소 생략) 외 2필지 지상에 지하 2층, 지상 10 내
지 OO아파트 8개 동 275세대 및 지하 1층, 지상 5층인 부대복리시설
1개 동 규모의 공동주택(이하 '이 사건 공동주택'이라 한다)을 재건
축하여 피고로부터 준공인가 전 사용허가를 받았다.

나. 그 무렵 원고와 조합원인 피고 보조참가인들 사이에 위 공동
주택의 동·호수 추첨절차와 관련된 분쟁이 발생하여 추첨이 무효라
는 취지의 확정판결이 있었는데도, 원고는 2007. 4. 2.경 당초의 추첨
결과에 따른 집합건축물대장 작성절차를 강행하면서 피고 보조참가
인들에게 배정된 동·호수에 관하여 분양계약을 체결하지 않으면 금
전청산절차를 진행할 것이라고 통보하였다.

다. 이에 피고 보조참가인들은 2007. 8. 29. 법원으로부터 '피고
보조참가인들이 일정 금액을 지급하는 것을 조건으로 기존의 동·호
수 추첨 결과에 따라 배정된 주택에 잠정적으로 입주하는 것을 허용

하되, 이로 인하여 입주한 동·호수를 분양받은 것으로 의제하는 것은 아니다'라는 취지의 가처분결정(이하 '이 사건 가처분결정'이라 한다)을 받았고, 2007. 9. 22.경부터 2008. 3. 13.경까지 당초 추첨 결과에 따라 배정되었거나 또는 그와 별도로 원고와 합의한 동·○○아파트(이하 '이 ○○아파트'라 한다)에 관한 분양대금을 모두 납부하고 이 ○○아파트에 입주하였으며, 2012. 12. 14.까지 피고 보조참가인 5를 제외하고 모두 소유권보존등기절차를 마쳤다.

라. 피고는 당초 피고 보조참가인들에게 이 ○○아파트에 관한 2007년부터 2009년분까지의 재산세 등을 부과하였다가, '피고 보조참가인들은 그 명의로 소유권보존등기를 마치기 전까지 이 사건 가처분결정에 따라 임시로 입주한 것이어서 이 ○○아파트의 사실상 소유자라고 할 수 없고 사용자라고도 할 수 없다'는 이유로 재산세 등 부과처분을 취소하는 판결이 확정되자, 행정안전부에 질의를 한 후 그 회신을 받아 사용승인 이후부터 피고 보조참가인들이 소유권보존등기를 마치기 전까지 기간 동안 원고가 이 ○○아파트의 사실상 소유자라고 보아 원고에게 2007년분부터 2012년분까지의 재산세를 부과하는 이 사건 처분을 하였다.

【쟁점】

주택조합이 조합원용 주택에 관한 재산세 납세의무자인 '사실상 소유자'에 해당하는지

【판결요지】

가. 구 지방세법(2014. 1. 1. 법률 제12153호로 개정되기 전의 것)

제107조 제1항은 '재산세 과세기준일 현재 재산을 사실상 소유하고 있는 자는 재산세를 납부할 의무가 있다'고 규정하고 있는데(2010. 3. 31. 법률 제10221호로 전부 개정되기 전의 구 지방세법 제183조 제1항도 같은 취지이다), 여기에 정한 재산세 납세의무자인 '사실상 소유자'라 함은 공부상 소유자로 등재한 여부를 불문하고 해당 재산에 대한 실질적인 소유권을 가진 자를 말한다(대법원 2006. 3. 23. 선고 2005두15045 판결 등 참조).

주택조합은 조합규약 등에 의하여 조합원용 주택을 배정받은 조합원으로 하여금 그 소유권을 취득하도록 할 의무를 부담하므로 원칙적으로 이를 조합원의 의사에 반하여 처분하거나 사용·수익할 수 없고, 조합원용 주택이 신축되어 그 건축물대장이 작성된 후에는 부동산등기법 제65조 제1호에 의하여 건축물대장에 최초 소유자로 등록된 조합원이 소유권보존등기를 신청할 수 있으며 주택조합이 이를 막을 수 없다. 한편 취득세에 관하여 대법원은 지역조합, 직장조합, 재건축조합 등을 포함한 주택조합의 조합원용 주택이 신축되는 경우에 주택조합이 아니라 그 조합원이 취득세 납세의무자에 해당한다고 보아 왔고(대법원 1994. 6. 24. 선고 93누18839 판결 등 참조), 이러한 취지에 따라 1997. 8. 30. 개정된 구 지방세법 제105조 제10항은 '주택조합이 그 조합원용으로 취득하는 조합주택용 부동산(공동주택과 부대·복리시설 및 그 부속토지를 말한다)은 그 조합원이 취득한 것으로 본다'고 함으로써 주택조합을 취득세 납세의무자인 '사실상 취득자'에서 제외하도록 명시적으로 규정하였다(2010. 3. 31. 법률 제10221호로 전부 개정된 지방세법 제7조 제8항도 같은 취지이다). 이러한 점들에다 재산세의 수익세적 성격을 보태어 보면, 주택조합은 특별한 사정이 없는 한 조합원용 주택에 관한 재산세 납세의무자인 '사실상 소유자'에 해당하지 아니한다고 봄이 타당하다.

나. 구 지방세법(2014. 1. 1. 법률 제12153호로 개정되기 전의 것) 제107조 제3항은 '재산세 과세기준일 현재 소유권의 귀속이 분명하지 아니하여 사실상의 소유자를 확인할 수 없는 경우에는 그 사용자가 재산세를 납부할 의무가 있다'고 정하고 있는데(2010. 3. 31. 법률 제10221호로 전부 개정되기 전의 구 지방세법 제183조 제3항도 같은 취지이다. 이하 2014. 1. 1. 개정 전 법률을 기준으로 하여 '구 지방세법'이라 한다), 해당 재산을 일시 관리하는 자는 여기의 '사용자'에 해당하지 아니한다(대법원 1996. 4. 18. 선고 93누1022 전원합의체 판결 등 참조).

원심은 제1심판결 이유를 인용하여 피고 보조참가인들이 기존 동·호수 추첨 결과에 따라 배정되어 있던 이 OO아파트에 관하여 이 사건 가처분결정을 받아 2007. 9. 27.부터 2008. 2. 22.까지 그 분양대금을 모두 납부하고 그 무렵 입주한 사실 등을 인정한 다음, 재건축조합인 원고는 피고 보조참가인들이 이 OO아파트를 분양받기로 확정될 때까지 잠정적으로 이를 관리하고 있을 따름이어서, 구 지방세법 제107조 제3항이 정한 '사용자'에 해당하지 않는다고 판단하였다.

다. 과세처분이 당연무효라고 하기 위하여는 처분의 하자가 법규의 중요한 부분을 위반한 중대한 것으로서 객관적으로 명백한 것이어야 하며, 하자가 중대하고도 명백한지 여부를 판별할 때에는 그 법규의 목적, 의미, 기능 등을 목적론적으로 고찰함과 동시에 구체적 사안 자체의 특수성에 관하여도 합리적으로 고찰하여야 한다(대법원 2001. 7. 10. 선고 2000다24986 판결 등 참조).

원심은 제1심판결 이유를 인용하여 판시와 같은 사실을 인정한 다음, 이 사건 처분은 납세의무자가 아닌 자에게 한 과세처분으로 그 하자가 중대할 뿐만 아니라, ① 구 지방세법 제7조 제8항에 따라 주택재건축조합이 그 조합원용으로 취득하는 조합원용 부동산에 관하여는 조합원이 취득세 납세의무자가 될 뿐 조합은 취득세 납세의무자인 '사실상 소유자'에 해당하지 아니하는바, 피고는 조합원인 피고 보조참가인들에게 배정된 이 OO아파트에 관하여 원고로부터 조합원분으로 통지를 받아 그에 따라 건축물관리대장을 작성하였으므로 이 OO아파트가 조합원용임을 이미 알고 있었던 점, ② 피고 보조참가인들이 피고를 상대로 이 OO아파트에 관하여 취득세와 재산세 등 부과처분의 취소소송을 제기하기도 하여, 피고로서는 이 OO아파트가 조합원분으로 귀속될 것이고 다만 그중 어떤 동·호수가 어느 조합원에게 최종적으로 귀속될 것인지만 확정되지 않은 임시적인 상태임을 알고 있었던 점, ③ 피고 보조참가인들은 피고가 작성한 건축물관리대장에 따라 스스로 소유권보존등기를 할 수 있는 상황이었고 그 이후 실제로 소유권보존등기가 이루어져 장래 처분권을 행사하는 데 장애가 없는 상태임은 피고도 잘 알고 있었던 점, ④ 피고가 비록 행정안전부에 재건축조합인 원고와 조합원인 피고 보조참가인들 가운데 누구를 재산세 납세의무자로 보아야 하는지를 질의한 후 그 답변에 따라 이 사건 처분을 하였으나, 위 답변은 법령 해석에 관한 하나의 의견에 불과하므로 이로써 원고를 납세의무자로 오인할 만한 객관적 사정이 생겼다고 볼 수 없는 점 등을 종합하면, 원고가 이 OO아파트의 재산세 납세의무자가 아님은 객관적으로 명백하다고 봄이 타당하므로, 피고가 재산세 과세기준일 현재 납세의무자가 아닌 원고에게 한 이 사건 처분은 그 하자가 중대하고 명백하여 당연무효라고 보아야 한다고 판단하였다.

【평석】

가. 관련 판결

보유세인 재산세의 납세의무자는 소유자이고,[51] 그 전제로서 소유권의 취득 여부가 문제되는데, 이하에서 주택조합의 부동산 취득과 관련한 주요 판결을 간략히 본다.

대법원은 조합주택의 신축시 취득세 납세의무자에 관하여, '주택조합은 그 소유자금으로 조합원의 건물을 신축·분양하는 것이 아니라 공정에 따라 조합원으로부터 각자 부담할 건축자금을 제공받아 조합원의 자금으로 건축하는 것이므로 특단의 사정이 없는 한 건축절차의 편의상 조합명의로 그 건축허가와 준공검사를 받았다고 하더라도 이때부터 건물의 소유권(다만 조합주택 중 일반인에게 분양되는 경우의 그 부분 및 복리시설은 별론으로 하여야 한다)은 건축자금의 제공자인 조합원들이 원시취득한 것으로 보아야 하므로 조합주택 신축취득으로 인한 취득세의 납세의무자는 조합원들'이라고 판시하였다.[52]

한편, 대법원은 재건축조합이 조합원에게서 신탁에 의해 취득한 조합주택용 토지 중 조합원용이 아닌 부분에 대하여 취득세를 부과할 수 있는지 여부와 관련하여, '취득세 비과세 대상에 관한 구 지방세법(1997. 8. 30. 법률 제5406호로 개정되기 전의 것) 제110조 제1호의 개정 취지 및 내용, 위 개정으로 인해 신설된 같은 법 제105조 제10항의 내용, 신탁의 법리 등에 비추어 볼 때, 개정 후 지방세법 제110조 제1호 단서는 수탁자인 주택조합과 위탁자인 조합원 사이에

---

51) 지방세법 제107조 제1항.
52) 대법원 1994. 9. 9. 선고 93누16369 판결 등.

이루어지는 신탁재산에 관한 형식적인 소유권 이전을 종래 취득세의 비과세대상으로부터 과세대상으로 전환할 목적으로 신설된 것이 아니라, 그와 함께 신설된 제105조 제10항에 의하여 주택조합이 당해 조합원용으로 취득하는 조합주택용 부동산은 신탁의 방법에 의해 취득하는 경우에도 그 조합원이 취득한 것으로 간주되기 때문에 그 부분에 대하여는 더 이상 제110조 제1호 본문이 적용될 여지가 없게 되어 그러한 취지를 나타내기 위해 신설된 것으로 보이므로, 그 단서 규정의 '주택조합과 조합원 간의 신탁재산의 취득'이라 함은 주택조합과 조합원 간의 '모든' 신탁재산의 이전을 의미하는 것이 아니라 '제105조 제10항에 의해 조합원이 취득하는 것으로 간주되는 신탁재산의 이전'만을 의미하는 것으로 해석하여야 한다. 따라서 주택조합이 조합원 소유의 토지를 조합주택용 부동산으로 신탁에 의해 취득하면서 신탁등기를 병행하는 경우, 그 중 조합원용에 해당하는 부분은 개정 후 지방세법 제105조 제10항에 의해 그 조합원이 취득하는 것으로 간주되므로 주택조합에 대하여는 취득세를 부과할 수 없고, 조합원용이 아닌 부분은 제105조 제10항 및 제110조 제1호 단서에 해당하지 않아 제110조 제1호 본문이 적용되므로 취득세 부과대상이 되지 않는다'고 판시하였다.[53]

위와 같이 대법원은 주택조합이 취득하는 조합원용 부동산 뿐만 아니라 비조합원용 부동산도 취득세 비과세대상으로 해석하였다. 그러나 위 대법원 2006두9320 판결이 선고된 이후인 2008. 12. 31. 법률 제9302호로 구 지방세법이 개정되면서 구 지방세법 제110조 제1호 단서에서 '주택조합 등의 비조합원용 부동산 취득'은 취득세 비과세대상에서 제외됨으로써 이후로는 주택조합이 취득하는 비조합원용 부동산은 과세대상으로 전환되었다.

---

53) 대법원 2008. 2. 14. 선고 2006두9320 판결.

나. 대상판결의 의의

대상판결은 주택조합이 신축하는 주택의 재산세 납세의무자와 관련하여 '사실상의 소유자'와 '사용자'의 의미를 확인해 준 판결이다. 대상판결에 따르면 이 OO아파트의 사실상 소유자 또는 사용자는 원고의 조합원들인 피고 보조참가인들이라 할 것이다. 그렇다면, 피고가 당초 피고 보조참가인들에게 부과하였던 처분은 적법한 것이고, 이를 취소한 판결은 판단을 그르친 판결이다. 결국 종전의 잘못된 판결과 대상판결로 인하여 과세관청은 이 OO아파트에 대한 해당 기간의 재산세를 부과할 수 없게 되었다.

Ⅲ. 결어

지금까지 2016년도에 대법원에서 선고된 판결들 중 지방세법 및 지방세 관계법과 관련된 중요한 쟁점들에 관한 판결들을 검토해 보았다.

대법원 2016. 11. 24. 선고 2014두4085 판결은, 매각대금이 완납되어 압류재산이 매수인에게 이전된 후에 성립·확정된 조세채권은 배분요구의 효력이 있는 교부청구가 있더라도 그 공매절차에서 배분대상이 되지 않는다고 판시하였다. 또한 계약해제 사실의 입증방법과 관련하여 대법원 2016. 1. 28. 선고 2015두52012 판결은, 무상승계취득의 경우 취득일부터 60일 이내에 계약이 해제된 사실이 공정증서 등에 의하여 증명되는 때에는 그 공정증서 등이 취득일부터 60일 이후에 인증된 것이라고 하더라도 해당 물건을 취득한 것으로 보지 아니한다고 판시하였다. 위 판결이 선고된 이후 행정안전부는 2016.

12. 30. 지방세법 시행령을 개정하여 취득일부터 60일 이내에 공증 받은 공정증서로 계약해제 사실이 증명된 경우에만 취득으로 보지 아니한다는 내용으로 취득에서 제외되는 경우를 제한하였다.

한편, 과점주주 해당 여부를 판단함에 있어서 명의신탁주식을 누구의 소유로 할 것인지와 관련하여 대법원 2016. 3. 10. 선고 2011두 26046 판결은, 실질과세의 원칙상 과점주주 해당 여부는 주주명부상의 주주 명의가 아니라 주주권을 실질적으로 행사하여 법인의 운영을 지배하는지 여부를 기준으로 판단하여야 한다고 판시하였다. 이 판결은 주식명의신탁이 지금도 여전히 유효하다는 점을 확인해 준 중요한 판결이다. 사실혼 해소시 재산분할로 취득한 부동산의 취득세율을 법률혼 해소시와 동일하게 보아 특례세율을 적용할 것인지와 관련하여 대법원 2016. 8. 30. 선고 2016두36864 판결은, 민법상 재산분할에 관한 규정은 법률혼 뿐만 아니라 사실혼에도 동일하게 적용되는 점, 실질적으로 부부공동체로 인정되는 사실혼을 혼인신고 유무에 따라 세법을 달리 적용하는 것은 합리적이지 않다는 점 등을 근거로 사실혼 해소시 재산분할로 인한 취득에 대해서도 법률혼 해소시에 적용되는 특례세율이 동일하게 적용된다고 판시하였다.

대법원 2016. 6. 23. 선고 2016두34783 판결에서 수용재결에 따른 사업시행자의 부동산 취득을 원시취득이라고 판시하자, 행정안전부는 2016. 12. 27. 수용재결에 의한 취득을 원시취득에서 제외되는 것으로 지방세법 제6조 제1호를 개정하였다. 위 2015두52012 판결과 2016두34783 판결에 대한 과세당국의 대응에서 보는 바와 같이 행정안전부는 과세당국의 입장과 반대되는 대법원 판결이 선고되는 경우 선고일로부터 6개월 내지 1년 정도의 단기간 내에 관련 세법을 개정하는 방식으로 대응하였다. 그러나 이와 같이 대법원 판결과 반대되는 입법을 할 것인지 여부는 시간적 여유를 갖고 정책적 필요성, 타당성과 긴급성 등에 대해 검토한 후에 신중하게 판단해야 할 것이다. 과세당국의 위와 같은 즉각적인 입법대응은 관련 법률간 충돌이나 모순 등으로 납세의무자에게 혼란을 초래할 수 있다는 점에서도 자제할 필요가 있다.

참고문헌

김두형, "공유재산분할의 세법적 관견", 「민사법연구」, 대한민사법학회(2005).

박훈, "이혼과 세법", 「조세법연구」제5-2집, 한국세법학회(2004. 11.).

이동식·박경찬, "사실혼해소에 따른 재산분할과 취득세", 「지방세논집」제3
    권 제2호, 한국지방세학회(2016. 11.).

분양보증회사가 주택분양보증 이행으로
수분양자들에게 분양대금을 환급해 준 경우
취득세 납세의무가 성립하는지 여부*

조 무 연 변호사

Ⅰ. 서론

최근 대법원은 신탁부동산의 처분 등과 관련하여 1건의 전원합의체 판결을 비롯하여 수 개의 의미있는 판결을 선고하였다.

우선, 국세와 관련하여 대법원 2017. 5. 18. 선고 2012두22485 전원합의체 판결은 담보신탁된 부동산이 우선수익자에게 처분된 사안에서 신탁부동산의 처분에 따른 부가가치세 납세의무자를 수탁자라고 판시하였고, 같은 취지의 후속 판결이 이어졌다. 이는 신탁이익의 실질적 귀속을 기준으로 부가가치세 납세의무자를 판단한 기존의 대법원 판례와 과세관청의 견해를 변경한 것이다.

위 전원합의체 판결 선고 이후 대법원 2017. 6. 8. 선고 2015두49696 판결은 분양보증회사가 주택분양보증을 위하여 위탁자와 신탁계약을 체결하고 이를 원인으로 위탁자로부터 신탁재산인 토지를 이전받았다면 부동산 취득에 해당하고 그 후 주택분양보증의 이행으로 수분양자들에게 분양대금을 환급해 주었다고 하더라도 이미 취득한 토지를 다시 취득한 것으로 볼 수 없다는 취지로 판시하였는

---

* 본고는 2017. 10. 18. 지방세 콜로키움에서 발표된 것이다.

데, 이 판결이 위 전원합의체 판결을 원용하지는 아니하였으나 그 논리에 따른 것으로 이해된다.

이하에서는 신탁의 개념을 간략히 살펴본 후 신탁부동산의 처분 등과 관련된 대법원의 판례 변경의 의미를 검토하고자 한다.

II. 신탁의 법률관계

1. 부동산 신탁의 의미

신탁이란 신탁을 설정하는 자(위탁자)와 신탁을 인수하는 자(수탁자) 간의 신임관계에 기하여 위탁자가 수탁자에게 특정의 재산을 이전하거나 담보권의 설정 또는 그 밖의 처분을 하고 수탁자로 하여금 일정한 자(수익자)의 이익 또는 특정의 목적을 위하여 그 재산의 관리, 처분, 운용, 개발, 그 밖에 신탁 목적의 달성을 위하여 필요한 행위를 하게 하는 법률관계를 말한다(신탁법 제2조).

수탁자가 위탁자와의 신임관계에 기하여 수익자를 위하여 신탁 재산의 관리, 처분, 운용, 개발 등 필요한 행위를 한다는 점에서 민법상의 대리, 임치나 상법상의 위탁매매 등과 유사한 재산관리제도라고 볼 수 있으나,1) 소유권의 귀속 관계 등 그 법률효과는 서로 다르다.

신탁의 분류방법은 그 기준에 따라 다양한데, 신탁의 목적물이 부동산인 경우를 부동산 신탁이라고 하고, 신탁계약상 위탁자가 스스로 수익자가 되는 것을 자익신탁,2) 신탁계약에 있어서 위탁자 이

---

1) 광장신탁법연구회, 『주석 신탁법』, 제2판(박영사, 2016), 10-11면.
2) 대법원 2016. 3. 10. 선고 2012다25616 판결.

외의 수익자가 지정되어 신탁의 수익이 우선적으로 수익자에게 귀
속하게 되어 있는 것을 타익신탁3)이라고 분류한다.

2. 신탁재산의 소유권 귀속

신탁법상의 신탁은 위탁자가 수탁자에게 특정의 재산권을 이전
하거나 기타의 처분을 하여 수탁자로 하여금 신탁 목적을 위하여 그
재산권을 관리·처분하게 하는 것이므로, 부동산의 신탁에 있어서 수
탁자 앞으로 소유권이전등기를 마치게 되면 대내외적으로 소유권이
수탁자에게 완전히 이전되고, 위탁자와의 내부관계에 있어서 소유
권이 위탁자에게 유보되어 있는 것은 아니라 할 것이다. 그리고 수
탁자는 신탁의 목적 범위 내에서 신탁계약에 정하여진 바에 따라 신
탁재산을 관리하여야 하는 제한을 부담함에 불과하다4).

이러한 점에서 신탁법상의 신탁은 당사자 간의 신탁에 관한 채권
계약에 의하여 신탁자가 실질적으로는 그의 소유에 속하는 부동산
의 등기명의를 실체적인 거래관계가 없는 수탁자에게 매매 등의 형
식으로 이전하여 두는 명의신탁과 구분된다.5) 명의신탁자는 수탁자
에 대한 관계에 있어서 등기 없이 그 부동산에 대한 실질적인 소유
권을 내세울 수 있다.

3. 신탁재산의 특수성(독립성)

신탁재산의 소유권이 수탁자에게 완전히 이전된다고 하여 수탁
자의 일반재산(고유재산)과 동일한 것은 아니고, 신탁법에 의한 제

---

3) 대법원 2003. 4. 25. 선고 99다59290 판결.
4) 대법원 2002. 4. 12. 선고 2000다70460 판결.
5) 대법원 1993. 11. 9. 선고 92다31699 판결.

한이 따른다.

우선, 신탁재산은 위탁자와의 관계에서 독립성을 가진다. 신탁재산의 소유권이 수탁자에게 완전히 이전된다는 점에서 당연한 결론이다. 판례는 위탁자에 대한 조세채권에 기한 신탁재산에 대한 압류는 무효라고 보았다6).

신탁재산은 수탁자의 고유재산과도 구분되는데, 등기 또는 등록할 수 있는 재산권에 관하여는 신탁의 등기 또는 등록을 함으로써 그 재산이 신탁재산에 속한 것임을 제3자에게 대항할 수 있고, 등기 또는 등록할 수 없는 재산권에 관하여는 다른 재산과 분별하여 관리하는 등의 방법으로 신탁재산임을 표시함으로써 그 재산이 신탁재산에 속한 것임을 제3자에게 대항할 수 있다(신탁법 제4조 제1항, 제2항).

신탁재산에 대하여는 원칙적으로 강제집행, 담보권 실행 등을 위한 경매, 보전처분 또는 국세 등 체납처분을 할 수 없고(신탁법 제22조), 신탁재산은 수탁자의 상속재산 또는 이혼 시 재산분할의 대상이 되지 아니하며(제23조), 수탁자가 파산하더라도 채무자의 재산이나 개인회생재단을 구성하지 아니한다(제24조).

또한, 신탁재산에 속하는 채권과 신탁재산에 속하지 아니하는 채무는 상계(相計)하지 못하고(신탁법 제25조), 1. 동일한 물건에 대한 소유권과 그 밖의 물권이 각각 신탁재산과 고유재산 또는 서로 다른 신탁재산에 귀속하는 경우, 2. 소유권 외의 물권과 이를 목적으로 하는 권리가 각각 신탁재산과 고유재산 또는 서로 다른 신탁재산에 귀속하는 경우, 3. 신탁재산에 대한 채무가 수탁자에게 귀속하거나 수탁자에 대한 채권이 신탁재산에 귀속하는 경우에도 혼동(混同)으로 인하여 권리가 소멸하지 아니한다(제26조).

---

6) 대법원 2012. 4. 12. 선고 2010두4612 판결.

4. 신탁종료 후의 신탁재산의 귀속

신탁의 종료란 특정의 신탁 및 그 수탁자를 비롯한 신탁당사자들의 신탁관계가 더 이상 계속되지 않는 것을 말하는데[7], 신탁법상 종료사유에 의한 신탁의 종료(제98조), 합의에 의한 신탁의 종료(제99조), 법원의 명령에 의한 신탁의 종료(제100조) 등이 있다.

신탁법 제98조가 정한 종료사유로는 1. 신탁의 목적을 달성하였거나 달성할 수 없게 된 경우, 2. 신탁이 합병된 경우, 3. 제138조에 따라 유한책임신탁에서 신탁재산에 대한 파산선고가 있는 경우, 4. 수탁자의 임무가 종료된 후 신수탁자가 취임하지 아니한 상태가 1년간 계속된 경우, 5. 목적신탁에서 신탁관리인이 취임하지 아니한 상태가 1년간 계속된 경우, 6. 신탁행위로 정한 종료사유가 발생한 경우 등이 있다.

신탁이 합병되거나 유한책임신탁에서 신탁재산에 대한 파산선고가 있는 경우를 제외하고는 신탁이 종료된 경우 신탁재산은 수익자(잔여재산수익자를 정한 경우에는 그 잔여재산수익자)에게 귀속하고, 다만 신탁행위로 신탁재산의 잔여재산이 귀속될 자를 정한 경우에는 그 귀속권리자에게 귀속한다(신탁법 제101조 제1항). 신탁이 종료된 경우 신탁재산이 귀속될 자에게 이전될 때까지 그 신탁은 존속하는 것으로 본다(제4항).

---

7) 광장신탁법연구회, 앞의 책, 380면.

III. 부가가치세 관련 문제

1. 견해의 대립

신탁재산이 수탁자 앞으로 이전되면, 수탁자는 신탁재산에 대한 완전한 소유권을 취득하게 되는 결과 대내외적으로 신탁재산에 대한 관리·처분권을 갖는 것이므로, 수탁자가 신탁재산을 처분하는 경우 수탁자 자신의 명의로 신탁재산의 처분계약 등을 체결하게 되는 바, 이와 같은 신탁업무처리와 관련하여 부가가치세법상의 사업자 즉, 부가가치세 납세의무자를 누구로 볼 것인지가 문제된다.

즉, ① 법적 실질에 따라 자신의 명의와 책임 하에 신탁업무를 처리하는 수탁자를 부가가치세 납세의무자로 볼 것인지, 아니면 ② 경제적 실질에 따라 신탁재산의 실질적인 소유자로서 신탁과 관련한 이익 및 비용의 최종적인 귀속권자인 위탁자를 사업자로 보아 부가가치세를 부과할 것인지, 또는 ③ 신탁수익의 귀속권자인 수익자(타익신탁의 경우)를 부가가치세 납세의무자로 할 것인지의 문제이다.[8]

2. 종전 판례 및 과세실무

가. 종전 판례의 입장

종래 대법원은 ① 수탁자가 신탁재산을 관리·처분함에 있어 재화 또는 용역을 공급하거나 공급받게 되는 경우 수탁자 자신이 계약당사자가 되어 신탁업무를 처리하게 되는 것이나 그 신탁재산의 관리·

---

8) 조철호, "부동산신탁에 있어서 신탁부동산의 처분에 대한 부가가치세 납세의무자", 『재판자료』, 108집(법원행정처, 2005), 387면.

처분 등으로 발생한 이익과 비용은 최종적으로 위탁자에게 귀속하
게 되어 실질적으로는 위탁자의 계산에 의한 것이라고 할 것이므로,
신탁재산의 관리·처분 등 신탁업무를 처리함에 있어서의 사업자 및
이에 따른 부가가치세 납세의무자는 원칙적으로 위탁자라고 봄이
상당하고, 다만 ② 타익신탁의 경우에는 그 우선수익권이 미치는 범
위 내에서는 신탁재산의 관리·처분 등으로 발생한 이익과 비용도
최종적으로 수익자에게 귀속되어 실질적으로는 수익자의 계산에 의
한 것으로 되므로, 이 경우 사업자 및 이에 따른 부가가치세 납세의
무자는 위탁자가 아닌 수익자라고 판시하였다.9)

　같은 취지에서 대법원은, 수탁자가 신탁부동산을 처분하면서 매
수인으로부터 거래징수한 부가가치세 상당액은 매매대금과 일체로
되어 사업자의 소유로 귀속되는 것으로서 신탁재산에 속하는 것이
지만,10) 부가가치세 환급청구권의 귀속권자는 부가가치세 납세의무
자인 위탁자이므로, 부가가치세 환급청구권은 신탁법상의 신탁재산
에 속한다고 볼 수 없다고 판단하였다.11)

　종래 판례의 견해에 따르면, 신탁재산의 소유명의가 「① 위탁자
→ ② 수탁자 → ③ 매수자」로 순차로 이전되더라도 부가가치세법상
「② 수탁자 → ③ 매수자」의 공급거래는 존재하지 아니하고 「① 위탁
자 → ③ 매수자」의 공급거래만 있게 된다. 따라서 논리적으로는 「①
위탁자 → ② 수탁자」 사이의 명의이전은 부가가치세법상 의미가 없
게 된다.

　한편, 타익신탁의 경우에는 「① 위탁자 → ② 수탁자」의 명의이전
이 부가가치세 과세대상이 아니라는 것 이상의 논리가 필요하다. 즉
타익신탁의 경우에도 소유명의는 「① 위탁자 → ② 수탁자 → ③ 매

---

9) 대법원 2003. 4. 25. 선고 99다59290 판결.
10) 위 대법원 99다59290 판결.
11) 대법원 2003. 4. 25. 선고 2000다33034 판결.

수자」로 순차로 이전되지만, 신탁재산 처분 시의 부가가치세법상 과세대상은 「①-1 수익자 → ③ 매수자」 사이의 거래가 되는데, 전단계 세액공제 방식을 취하는 우리 부가가치세법의 구조에서는 「① 위탁자 → ①-1 수익자」 사이의 거래 역시 부가가치세법상 과세대상으로 보는 것이 논리적이다. 이에 관한 명시적이 대법원 판례는 없었던 것으로 보인다. 다만, 그 소유명의가 공시되는 부동산에 있어서 위탁자와 수익자 사이의 채권거래(일반적으로 위탁자와 수익자 사이의 거래는 소유명의 이전, 즉 종국적인 소유권 이전을 전제로 하지 않는다)만으로 재화의 공급(재화를 인도하거나 양도하는 것12))이 있다고 볼 수 있는지 여부에 대해서는 논란이 있을 수 있다.

나. 과세당국의 유권해석

과세당국 또한 종전 대법원 판결과 동일한 입장을 취하면서13), 앞서 본 「① 위탁자 → ①-1 수익자」 사이의 거래도 부가가치세 과세대상이 될 수 있다는 점을 분명히 하였다.

즉, 과세당국은 타익신탁의 경우에는 위탁자가 부동산에 대한 실질적 통제권을 우선수익자에게 이전하는 시점에 우선수익권이 미치는 범위 내에서 위탁자에서 우선수익자에게로의 재화의 공급이 있는 것으로 보고,14) 이와 같이 실질적 통제권이 우선수익자로 이전된 상태에서 신탁된 부동산이 제3자에게 양도된 경우에는, 우선수익자가 우선수익권이 미치는 범위15) 내에서 부가가치세의 납세의무자가

---

12) 부가가치세법 제9조 제1항.
13) 부가 46015-536, 2001. 3. 21., 재소비 46015-172, 1997. 6. 3.
14) 서면3팀-2134, 2007. 7. 30.
15) 서면3팀-76, 2008. 1. 9.의 경우, '타익신탁에 있어 위탁자에서 우선수익자로 신탁재산의 실질적 통제권이 이전된 후 수탁자가 신탁재산을 임대 및 양도하는 경우 납세의무자는 우선수익자가 되며, 1순위 및 2순위 우선수

된다고 해석하였다.[16]

과세당국이 「① 위탁자 → ①-1 수익자」 사이의 거래도 부가가치
세 과세대상으로 본 것은 앞서 본 바와 같이 전단계 세액공제 방식
의 구조에 따른 것으로 이해된다. 과세당국은 재화의 공급이 있었는
지 여부에 관하여 '실질적 통제권'의 이전을 판단기준으로 제시하고
있으나, 그 개념이 명확하지는 않다.

3. 전원합의체 판결 및 후속 판결

가. 대법원 2017. 5. 18. 선고 2012두22485 전원합의체 판결

(1) 사실관계

원고(위탁자)는 이 사건 건물의 매수자금에 사용하기 위하여 피
고보조참가인(저축은행)으로부터 42억 원을 대출받고, 대출금 채무
를 담보하기 위하여 케이비부동산신탁(수탁자)과 사이에 우선수익
자를 피고보조참가인으로 정하여 부동산 담보신탁계약을 체결하면
서 이 사건 건물에 관하여 신탁을 원인으로 한 소유권이전등기를 마
쳤다. 원고가 위 대출금채무를 변제하지 못하여 피고보조참가인은
신탁회사에게 건물의 환가를 요청하였으나 공개매각이 수차례 유찰
되었고, 이에 피고보조참가인이 수의계약으로 이 사건 건물의 소유
권을 취득하였다.

피고는 원고가 피고보조참가인에게 위 건물을 공급함에 따라 부가
가치세의 납세의무가 발생하였다고 보아 부가가치세를 부과하였다.

익자 각자가 신탁재산에 대한 실질적 통제권을 이전받은 경우에는 우선
순위에 따라 우선수익권이 미치는 금액의 범위 내에서 납세의무를 지는
것'이라고 해석한 바 있다.
16) 법규부가 2013-231, 2013. 9. 5., 법규부가 2012-347, 2013. 3. 13.

(2) 판결요지

부가가치세법은 부가가치 창출을 위한 '재화 또는 용역의 공급'이라는 거래 그 자체를 과세대상으로 하고 있을 뿐 그 거래에서 얻은 소득이나 부가가치를 직접적인 과세대상으로 삼고 있지 않다. 이와 같이 우리나라의 부가가치세는 거래의 외형에 대하여 부과하는 거래세의 형태를 띠고 있으므로, 부가가치세법상 납세의무자에 해당하는지 여부 역시 원칙적으로 그 거래에서 발생한 이익이나 비용의 귀속이 아니라 재화 또는 용역의 공급이라는 거래행위를 기준으로 판단하여야 한다.

부가가치세의 과세원인이 되는 재화의 공급으로서의 인도 또는 양도는 재화를 사용·소비할 수 있도록 소유권을 이전하는 행위를 전제로 하므로, 재화를 공급하는 자는 위탁매매나 대리와 같이 부가가치세법에서 별도의 규정을 두고 있지 않는 한 계약상 또는 법률상의 원인에 의하여 그 재화를 사용·소비할 수 있는 권한을 이전하는 행위를 한 자를 의미한다.

신탁법상의 신탁은 위탁자가 수탁자에게 특정한 재산권을 이전하거나 기타의 처분을 하여 수탁자로 하여금 신탁 목적을 위하여 그 재산권을 관리·처분하게 하는 것이다. 따라서 수탁자가 위탁자로부터 이전받은 신탁재산을 관리·처분하면서 재화를 공급하는 경우 수탁자 자신이 신탁재산에 대한 권리와 의무의 귀속주체로서 계약당사자가 되어 신탁업무를 처리한 것이므로, 이 때의 부가가치세 납세의무자는 재화의 공급이라는 거래행위를 통하여 그 재화를 사용·소비할 수 있는 권한을 거래상대방에게 이전한 수탁자로 보아야 한다.

나. 대법원 2017. 6. 15. 선고 2014두13393 판결

(1) 사실관계

원고는 대한주택보증과 주상복합아파트를 신축·분양하는 사업과 관련하여 대한주택보증을 수익자 겸 수탁자로 하는 주택분양신탁을 체결하였는데, 시공사의 부도로 인하여 공사가 중단됨으로써 원고가 분양계약을 이행할 수 없게 된 보증사고가 발생하자, 대한주택보증은 분양계약자들에게 계약금과 중도금을 환급한 후 원고에게 보증채무이행금액 및 지연손해금의 상환을 청구하였다.

피고는, 대한주택보증이 분양계약자들에게 환급책임의 이행을 완료하고 원고에게 보증채무이행금 상환청구를 함으로써 신축 중인 주상복합아파트의 실질적 통제권이 원고로부터 대한주택보증에게로 이전되었고, 이는 부가가치세법상의 재화의 공급에 해당한다고 보아 원고에게 부가가치세를 부과하였다.

(2) 판결요지

주택분양보증을 위하여 위탁자인 사업주체가 수익자 겸 수탁자인 분양보증회사에 주택분양신탁계약을 원인으로 부동산의 소유권을 이전하는 주택분양신탁의 경우, 분양보증회사는 사업주체로부터 신탁계약에 따라 신탁재산의 소유권을 이전받고 이를 전제로 신탁재산을 관리·처분하면서 재화를 공급하는 것이므로, 분양보증회사가 주택분양보증계약에 기초하여 분양계약자들에게 분양대금을 환급하였다는 사정만으로는 당초 신탁재산의 이전과 구별되는 별도의 재화의 공급이 존재한다고 볼 수 없고, 수탁자의 지위에서 신탁재산을 처분할 때 비로소 재화를 사용·소비할 수 있는 권한을 거래상대방에게 이전하는 재화의 공급이 있다고 할 것이다.

다. 대법원 2017. 6. 15. 선고 2014두6111 판결

(1) 사실관계

시행사인 원고(위탁자)는 롯데건설과 사이에 주상복합건물 신축을 위한 공사도급계약을 체결하였고, 건설회사는 위 도급계약에 따른 신축공사를 마쳤으나 원고(위탁자)로부터 공사대금을 받지 못하였다. 이에 원고는 코람코자산신탁(수탁자)과 위 주상복합건물 중 미분양부동산에 관하여 부동산 처분신탁계약을 체결하면서 위 롯데건설을 우선수익자로 지정하였다. 한편 원고와 롯데건설은 위 부동산처분신탁계약을 통하여 원고의 건설회사에 대한 공사대금 채무가 모두 변제되는 것으로 약정하였다.

피고는, 원고가 부동산 처분신탁계약을 체결하면서 롯데건설을 우선수익자로 지정한 것이 부가가치세법상 재화의 공급에 해당한다고 보아 부가가치세를 부과하였다.

(2) 판결요지

수탁자는 위탁자로부터 재산권을 이전받고 이를 전제로 신탁재산을 관리·처분하면서 재화를 공급하는 것이므로, 채무자인 위탁자가 기존 채무의 이행에 갈음하여 수탁자에게 재산을 신탁하면서 채권자를 수익자로 지정하였더라도, 그러한 수익권은 신탁계약에 의하여 원시적으로 채권자에게 귀속되는 것이어서 위 지정으로 인하여 당초 신탁재산의 이전과 구별되는 위탁자의 수익자에 대한 별도의 재화의 공급이 존재한다고 볼 수 없다.

4. 검토

종래 대법원 판결과 과세관청의 견해는 신탁과 관련된 이익 등의 귀속이 누구에게 있는지에 따라 부가가치세 납세의무자를 판단하였으나 그 기준이 명확하다고 보기는 어렵다. 특히 타익신탁의 경우 실질적 통제권이 이전되는지에 따라 납세의무자가 결정되는데, 거래 당사자들이 이를 스스로 판단할 근거도 부족하여 거래안전을 해칠 우려가 있다.

앞서 본 전원합의체 판결 등은 모두 부가가치세가 거래의 외형에 대해 부과되는 거래세라는 점을 강조하면서, 부가가치세법하에서 다른 예외규정이 없는 한 신탁재산의 처분으로 재화를 공급하는 자인 납세의무자는 사법상 재화의 소유자인 수탁자라는 점을 명확하게 밝혔다는 데에 의의가 있다.[17]

Ⅳ. 취득세의 문제

1. 취득의 범위와 신탁의 취급

가. 취득의 개념

취득세는 부동산, 차량, 기계장비, 항공기, 선박, 입목, 광업권, 어업권, 골프회원권, 승마회원권, 콘도미니엄 회원권, 종합체육시설 이

---

17) 전원합의체 판결 선고 후 2017. 12. 19. 개정된 현행 부가가치세법에 따르면, 담보신탁의 환가처분을 제외하고는 위탁자를 부가가치세 납세의무로 보고 있다. 이는 현실적으로 수탁자가 소유명의만을 관리하면서 계약의 실질에 관여하지 못한다는 현실적 문제점을 반영한 것이다.

용회원권 또는 요트회원권을 취득한 자에게 부과하는 조세로서(지방세법 제7조 제1항), 여기서 취득이란 매매, 교환, 상속, 증여, 기부, 법인에 대한 현물출자, 건축, 개수, 공유수면의 매립, 간척에 의한 토지의 조성 등과 그 밖에 이와 유사한 취득으로서 원시취득, 승계취득 또는 유상·무상의 모든 취득을 말한다(제6조 제1호).

   이러한 취득의 개념에 대하여는 '소유권 취득설'과 '실질적 가치 취득설'이 대립하는데, 대법원은 부동산취득세는 재화의 이전이라는 사실 자체를 포착하여 거기에 담세력을 인정하고 부과하는 유통세의 일종으로서 부동산의 취득자가 그 부동산을 사용·수익·처분함으로써 얻어질 이익을 포착하여 부과하는 것이 아니므로, 구 지방세법 제105조 제1항의 '부동산취득'이란 부동산 취득자가 실질적으로 완전한 내용의 소유권을 취득하는지 여부와 관계없이 소유권이전의 형식에 의한 부동산취득의 모든 경우를 포함하는 것으로 해석된다고 하여 기본적으로 소유권 취득설의 입장으로 이해된다.[18]

   이에 따라 판례는 금원을 대여하고 그 채권에 대한 양도담보조로 부동산의 소유권이전등기를 경료받은 양도담보 목적의 승계취득도 취득세 과세대상이 되는 부동산 취득으로 보아야 하고,[19] 채무자가 채권자에게 부동산을 양도담보로 제공하여 채권자 명의로 매매를 원인으로 한 소유권이전등기를 경료하였다가 그 후 차용금을 변제하고 채권자로부터 소유권이전등기의 말소등기를 경료받은 것은 구 지방세법 제105조에 규정된 취득세 과세대상이 되는 부동산 취득에 해당한다고 한다.[20]

---

18) 임승순, 『조세법』, 2017년도판(박영사, 2017), 1028면.
19) 대법원 1980. 1. 29. 선고 79누305 판결.
20) 대법원 1999. 10. 8. 선고 98두11496 판결.

나. 사실상 취득

부동산등의 취득은 「민법」, 「자동차관리법」, 「건설기계관리법」, 「항공안전법」, 「선박법」, 「입목에 관한 법률」, 「광업법」 또는 「수산업법」 등 관계 법령에 따른 등기·등록 등을 하지 아니한 경우라도 사실상 취득하면 각각 취득한 것으로 보고 해당 취득물건의 소유자 또는 양수인을 각각 취득자로 한다(지방세법 제7조 제2항). 취득의 개념을 사실상 취득으로 확대한 것이다.

사실상 취득의 개념이 지방세법에 명확히 규정된 것은 아니다. 판례는 사실상 취득한 자라 함은 소유권 취득의 형식적 요건(등기·등록)을 갖추지 못하였으나 소유권 취득의 실질적 요건을 갖추고 있는 자를 뜻한다고 보고 있다.[21]

다. 신탁의 취급

부동산의 신탁에 있어서 수탁자 앞으로 소유권이전등기를 마치게 되면 대내외적으로 소유권이 수탁자에게 완전히 이전되고, 위탁자와의 내부관계에 있어서 소유권이 위탁자에게 유보되어 있는 것은 아니라는 것이므로 지방세법의 해석상 신탁등기에 따른 소유권이전을 취득세 과세대상에서 제외할 근거는 약하다. 다만, 신탁이 설정되더라도 신탁계약에 따라 수탁자는 소유명의만 보유하고 신탁재산은 수탁자의 고유재산과 구분되기도 하는 등 그 소유권이전을 온전한 소유권 이전이라고 보기도 어렵다.

지방세법은 이러한 신탁관계의 특수성을 고려하여 1. 위탁자로부터 수탁자에게 신탁재산을 이전하는 경우, 2. 신탁의 종료로 인하여

---

21) 대법원 1993. 9. 28. 선고 92누16843 판결.

수탁자로부터 위탁자에게 신탁재산을 이전하는 경우, 3. 수탁자가 변경되어 신수탁자에게 신탁재산을 이전하는 경우의 신탁재산 취득은 비과세로 규정하고 있다(제9조 제3항).

한편, 신탁재산의 위탁자 지위의 이전이 있는 경우에는 새로운 위탁자가 해당 신탁재산을 취득한 것으로 본다. 다만, 위탁자 지위의 이전에도 불구하고 신탁재산에 대한 실질적인 소유권 변동이 있다고 보기 어려운 경우로서 대통령령22)으로 정하는 경우에는 그러하지 아니하다(지방세법 제7조 제15항).

2. 보증채무를 이행한 분양보증회사의 취득세 납세의무 성립 여부

가. 문제의 소재

취득세는 '재화의 이전이라는 사실 자체'를 포착하여 거기에 담세력을 인정하고 부과하는 것이라는 점에서 '재화 또는 용역의 공급이라는 거래 그 자체'를 과세대상으로 하는 부가가치세와 유사하다. 재화를 공급하는 자는 부가가치세의 납세의무가 있고, 그 결과 재화를 공급받아 취득하는 자도 취득세를 납부하는 것이라고 여기는 것이 수월한 해석이다.

앞서 본 바와 같이, 부가가치세법은 신탁재산과 관련된 별도의 규정을 두지 않아 해석에 따라 공급 여부를 판단하여야 하는데, 전

---

22) 지방세법 시행령 제11조의2는 '1. 「자본시장과 금융투자업에 관한 법률」에 따른 부동산집합투자기구의 집합투자업자가 그 위탁자의 지위를 다른 집합투자업자에게 이전하는 경우 및 2. 제1호에 준하는 경우로서 위탁자 지위를 이전하였음에도 불구하고 신탁재산에 대한 실질적인 소유권의 변동이 없는 경우'를 규정하고 있다.

원합의체 판결을 전후하여 과세실무가 다를 수밖에 없었다.

반면, 지방세법은 종래부터 신탁재산의 소유명의 변경에 대한 특별한 규정을 두고 있었다. 지방세법은 위탁자와 수탁자 사이의 소유명의 이전과 수탁자 변경에 따른 소유명의 변경을 비과세로 규정하고 있는데, 형식적인 소유명의 이전도 취득의 범주에는 포함된다는 전제에 선 것이다. 이러한 점에서 지방세법상 취득의 범위는 부가가치세법상의 공급 관계보다 명확한 부분이 있다.

그런데 위탁자가 소유명의를 다시 회복하지 못할 것이 분명한 경우, 예컨대 분양사고가 발생하여 분양보증회사가 분양대금을 대신 갚아 신탁부동산에 대한 실질적 처분권을 행사하는 경우에도 동일하게 보아야 하는지에 대해서는 견해의 대립이 가능하다.

나. 가능한 견해

우선 위탁자가 부도 등의 이유로 분양의무를 이행하지 못하여 수탁자인 분양보증회사가 보증채무를 이행하는 경우 수탁자가 신탁부동산을 새로 취득한 것으로 보아야 한다는 견해가 가능하다. 수탁자가 분양보증을 이행하는 경우 신탁된 부동산에 대해서는 위탁자의 통제권이 없고 오로지 수탁자에게 신탁부동산의 처분권이 있으므로 더 이상 '형식적인 소유명의의 이전'으로는 볼 수 없기 때문이다. 특히, 지방세법은 '사실상 취득'이나 '실질적 소유권 변동'을 기준으로 취득세 과세여부를 판단하고 있으므로 반드시 새로운 등기 등이 필요하다고 보기 어렵다는 주장도 가능하다.

다른 견해는 수탁자로의 소유명의 이전이 취득에 해당하고 다만 비과세된 것이므로 다른 계약이나 추가적인 소유명의 변경이 없는 한 당초 취득과 구분되는 취득이 존재할 수 없다는 것이다. 취득 여부는 재화의 이전 형식을 취하는지 여부에 따라 결정되어야 한다는 것이다.

다. 전원합의체 판결 이후의 취득세 판결(대법원 2017. 6. 8. 선고 2015 두49696 판결)

(1) 사실관계

원고인 주택도시보증공사가 주택분양신탁계약을 원인으로 이 사건 토지를 취득한 후에 주택분양보증의 이행을 위하여 수분양자들에게 분양대금 대부분을 환급해 줌으로써 이 사건 토지를 실질적으로 새로 취득하였다고 보아 취득세를 부과한 사안이다.

(2) 판결요지

분양보증회사가 주택분양보증을 위하여 위탁자와 신탁계약을 체결하고 이를 원인으로 위탁자로부터 신탁재산인 토지를 이전받았다면 이는 구 지방세법 제105조 제1항에서 정한 '부동산 취득'에 해당한다. 그 후 주택분양보증의 이행으로 수분양자들에게 분양대금을 환급해 주었다고 하더라도 이미 취득한 토지를 다시 취득한 것으로 볼 수 없다. 이 경우 당초 신탁계약을 원인으로 한 신탁재산 토지의 취득에 관하여 구 지방세법 제110조 제1호 (가)목에 의해 취득세가 부과되지 않았다고 하여 달리 볼 것이 아니다.

라. 검토

수탁자는 보증채무를 이행하여 수탁자와 수익자의 지위를 겸하게 된다. 보증채무 이행으로 위탁자에게 재산의 환원가능성이 없어진 경우 취득세의 과세대상으로 삼아야 한다는 견해는 수익자가 위탁자의 채무불이행으로 인하여 신탁재산을 취득한 경우 취득세 납세의무가 있으므로 분양보증회사도 신탁재산의 소유명의를 환원할 의무를 부담하지 않는다면 수탁자의 지위를 겸하게 된다고 하더라도 새로이 부동산을 취득한 것으로 볼 수 있다고 보는 것이다. 이러한 견해는 앞서 본 「① 위탁자 → ①-1 수익자」 사이의 거래를 부가가치세법상 재화의 공급으로 보는 종래 과세관청의 견해와 조화롭다. 이 경우 위탁자와 수탁자 사이의 명의이전을 취득세 비과세 대상으로 본 규정은 특별한 의미를 갖지 못하게 된다.

그러나 신탁이 종료된 경우 신탁재산이 귀속될 자에게 이전될 때까지 그 신탁은 존속하는 것으로 보고(신탁법 제101조 제4항), 신탁재산이 귀속될 자에게 이전되어 더 이상 신탁재산에 속하지 아니하게 된 때에 신탁등기가 말소되는 것이므로(부동산등기법 제87조), 수탁자가 보증을 이행하여 실질적 통제권을 갖는다고 하여 그 부동산이 신탁재산에서 제외되는 것은 아니다. 수탁자가 신탁계약 등에 따라 환가를 포함하여 귀속될 자에게 신탁재산을 이전하면 신탁은 종료하고 신탁등기도 말소되므로 이때 새로운 취득이 있다고 볼 수 있을 것이다.

위 대법원 2015두49696 판결에서 분양보증회사가 신탁부동산을 위탁자에게 환원할 의무가 없이 이를 환가하여 자신의 구상권을 만족할 권리만 가지고 있다고 하더라도 이는 수익자의 권한일 뿐 최종적인 소유권 취득까지 목적한 것은 아니므로(이 사례에서도 분양보증회사는 해당 신탁부동산을 처분하였음) 신탁설정 시의 취득과 구분되는 새로운 취득이 있다고 보기는 어렵다.

과세관청은 부가가치세와 관련된 종래 견해에 따라 실질적 통제권이 이전될 때 새로운 취득이 있다고 보아 취득세를 과세하였는데, 종래 견해에 따르는 경우 부가가치세와 취득세를 통일적으로 해석할 수 있는 기회가 될 것이지만, 전원합의체 판결로 부가가치세의 납세의무자를 수탁자로 해석한 이상 종래 견해에 따라 실질적 통제권 이전 시 취득이 발생한다고 생각할 근거는 적어진 것이 사실이다. 이러한 측면에서 대법원은 부가가치세와 취득세의 납세기준을 보다 명확히 하면서 양자를 통일적으로 해석한 것으로 보인다.

수익증권의 취득으로 인해 취득세 납세의무가 성립하는지 여부

권 용 진 회계사

I. 들어가며

수익증권이란 재산의 운용을 타인에게 신탁한 경우 그 수익을 받는 권리가 표시된 증권을 말한다. 그리고 자본시장과 금융투자업에 관한 법률(이하 "자본시장법")에 따르면, 수익증권은 금전신탁계약에 의한 수익권, 투자신탁의 수익권 및 그 밖에 이와 유사한 것으로서 신탁의 수익권이 표시된 것을 말한다(자본시장법 제4조 제5항, 제110조 제1항, 제189조 제1항).

이러한 수익증권의 원본인 신탁재산에 대해서 지방세법 제9조 제3항은 신탁(「신탁법」에 따른 신탁으로서 신탁등기가 병행되는 것만 해당한다)으로 인한 신탁재산의 취득으로서 위탁자로부터 수탁자에게 신탁재산을 이전하는 경우(제1호), 신탁의 종료로 인하여 수탁자로부터 위탁자에게 신탁재산을 이전하는 경우(제2호), 수탁자가 변경되어 신수탁자에게 신탁재산을 이전하는 경우(제3호)에는 취득세를 부과하지 아니하는 것으로 규정하고 있다.

그런데 신탁관계에서 위탁자보다 수익자가 신탁재산에 영향을 더 행사하여 자기 재산처럼 활용할 수 있으므로 실질과세의 원칙상 수익자가 실질적 소유권을 취득한 것으로 보아 수익증권의 양도거래에 있어서도 수익증권을 양수하는 자에게 취득세를 과세할 수 있는지 여부가 실무상 문제될 수 있다.

이하에서는 부동산을 소유하고 있는 투자신탁의 수익증권이 양도되는 경우, 그 수익증권을 취득한 자에게 취득세 납세의무가 성립하는지를 검토하고자 한다.

II. 지방세법 제7조(취득세 납세의무)에 대한 검토

1. 수익증권 취득이 지방세법 제7조 제1항의 과세대상인 부동산 등 및 제5항의 과세대상인 주식 또는 지분에 해당하는지 여부

지방세법 제7조 제1항은 취득세는 부동산, 차량, 기계장비, 항공기, 선박, 입목, 광업권, 어업권, 골프회원권, 승마회원권, 콘도미니엄회원권, 종합체육시설 이용회원권 또는 요트회원권(이하 "부동산 등")을 취득한 자에게 부과한다고 규정하고 있고, 제5항은 법인의 주식 또는 지분을 취득함으로써 지방세기본법 제46조 제2호에 따른 과점주주가 되었을 때에는 그 과점주주가 해당 법인의 부동산 등(법인이 신탁법에 따라 신탁한 재산으로서 수탁자 명의로 등기·등록이 되어 있는 부동산등을 포함)을 취득한 것으로 본다고 규정하고 있다.

위 지방세법에 비추어 볼 때, 수익증권이 부동산 등에 해당하지 않음은 명백하고, 수익증권은 투자신탁이 소유한 부동산에서 발생되는 수익을 우선적으로 받을 수 있는 권리를 표창하는 증권일 뿐 주식 또는 지분에 해당하지 않는바(같은 뜻: 세제-6573, 2015. 5. 1.), 수익증권의 취득은 지방세법 제7조 제1항 또는 제5항에 따른 취득세 과세대상에 해당하지 않는다고 생각된다.

2. 수익증권 취득이 지방세법 제7조 제15항에 해당하는지 여부

가. 규정에 대한 문언해석

지방세법 제7조 제15항은 "신탁법 제10조에 따라 신탁재산의 위탁자 지위의 이전이 있는 경우에는 새로운 위탁자가 해당 신탁재산을 취득한 것으로 본다. 다만, 위탁자 지위의 이전에도 불구하고 신탁재산에 대한 실질적인 소유권 변동이 있다고 보기 어려운 경우로서 대통령령으로 정하는 경우에는 그러하지 아니한다."라고 규정하고 있다. 여기서 대통령령으로 정하는 경우란 "자본시장법에 따른 부동산집합투자기구의 집합투자업자가 그 위탁자의 지위를 다른 집합투자업자에게 이전하는 경우"와 "이에 준하는 경우로서 위탁자 지위를 이전하였음에도 불구하고 신탁재산에 대한 실질적인 소유권의 변동이 없는 경우"를 말한다(지방세법 시행령 제11조의2).

따라서 위 규정의 문언으로만 보면 "신탁법 제10조에 따라 신탁재산의 위탁자 지위의 이전이 있는 경우"에 "새로운 위탁자"가 해당 신탁재산을 취득한 것으로 본다고 해석하여야 하고, 이에 따라 위탁자 지위 이전없이 수익증권만 취득한 경우에는 위 규정이 적용될 여지가 없다고 생각된다.

나. 입법취지 및 목적을 고려한 해석

조세법규는 법문대로 해석하는 것이 원칙이지만, 법규 상호간의 해석을 통하여 그 의미를 명백히 할 필요가 있는 경우에는 조세법률주의가 지향하는 법적 안정성 및 예측가능성을 해치지 않는 범위 내에서 입법취지 및 목적 등을 고려한 합목적적 해석을 하는 것은 불가피한 측면이 있다(대법원 2008. 2. 15. 선고 2007두4438 판결 참고).

지방세법 제7조 제15항의 입법취지는 2016. 1. 행정자치부가 발표한 『2016년도 시행 지방세법령 적용요령』(이하 "지방세법 적용요령") 제149면~150면에서도 확인된다. 이에 따르면 2011. 7. 25. 법률 제10924호로 개정된 신탁법에 의하여 2012. 7. 26.부터는 신탁을 종료하지 않고서도 위탁자의 지위이전이 가능해짐에 따라 사실상의 소유권이 새로이 지위이전을 받은 위탁자로 변경되었음에도 취득세를 과세할 수 없는 문제점이 발생하였고, 그로 인한 조세부담 회피 사례를 방지하기 위하여 위탁자 지위이전의 경우에도 취득세를 과세토록 신설된 것이다. 이러한 입법취지를 고려하더라도 지방세법 제7조 제15항은 위탁자의 지위이전을 과세요건으로 하는 규정으로 해석하는 것이 타당해 보인다.

〈개정내용〉

◦ **(종전)** 「신탁법」이 개정(12.7.26) 되어 신탁을 종료하지 않고서도 위탁자의 지위이전이 가능해짐(신탁법 제10조)

- 이로 인해 사실상의 소유권이 새로이 지위이전을 받은 위탁자로 변경되었음에도 취득세를 과세할 수 없는 문제점이 발생되어 개선 필요

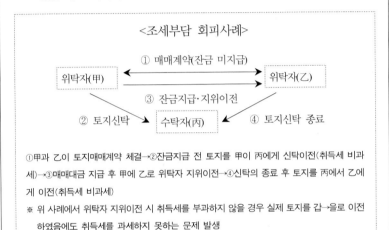

<조세부담 회피사례>

①甲과 乙이 토지매매계약 체결→②잔금지급 전 토지를 甲이 丙에게 신탁이전(취득세 비과세)→③매매대금 지급 후 甲에 乙로 위탁자 지위이전→④신탁의 종료 후 토지를 丙에서 乙에게 이전(취득세 비과세)

※ 위 사례에서 위탁자 지위이전 시 취득세를 부과하지 않을 경우 실제 토지를 갑→을로 이전하였음에도 취득세를 과세하지 못하는 문제 발생

○ **(개정)** 위탁자 지위이전의 경우에도 취득세를 과세토록 관련 규정 신설
  - 현행 과세실무와 동일하게 운영될 수 있도록 관련 규정 명확화
  - 다만, 위탁자 지위이전에도 불구하고 실질적인 소유권 변동이 없는 것으로 인정되는 경우에는 과세대상에서 제외 (시행령 위임)
※ (사례) 부동산 집합투자기구의 집합투자업자(위탁자)의 지위이전
  - 위에 준하는 경우로서 위탁자 지위를 이전하였음에도 불구하고 신탁재산에 대한 실질적인 소유권 변동이 없는 경우에는 과세 제외

〈적용요령〉

○ **(적용시기)** 현행 과세실무를 명확히 하는 것이므로 이 법 시행 전에 납세의무가 성립된 부분의 경우에도 적용

지방세법 적용요령 제149면 및 제150면

한편, 지방세법 제7조 제15항은 2015. 12. 29. 신설되었으나, 새로운 취득세 과세대상을 창설한 것이 아니라, 종전의 과세실무와 동일하게 운영될 수 있도록 관련 규정을 명확히 확인한 취지에서 입법된 것이라고 생각된다. 즉, 2012. 7. 26.부터 위탁자의 지위이전을 허용한 개정 신탁법이 시행되자 2012. 7. 28. 행정자치부는 "개정된 신탁법이 시행되어 위탁자의 지위 승계가 가능하게 되었으므로 대금 지급을 통한 지위승계 등 사실상 유상승계취득에 해당하는 경우 취득세 과세가 누락되지 않도록 업무처리에 만전을 기하여 주시기 바람"이라는 시행지침을 발표하였는데(지방세운영과-2438, 2012. 7. 28.), 지방세법 제7조 제15항은 바로 이러한 행정자치부의 기존 과세실무를 법제화한 것에 불과하다.

〈관련 법령 및 사례 등〉

☐ 위탁자 지위승계 관련 시행 지침(지방세운영과-2438, 2012.7.28)
　○ 전부개정된 「신탁법」(법률 제10924호)이 '12.7.26.부터 시행되어 위탁자의 지위승계가 가능하게 되었으므로 대금 지급을 통한 지위승계 등 사실상 유상승계취득에 해당하는 경우 취득세 과세가 누락되지 않도록 업무처리에 만전을 기하여 주시기 바람

지방세법 적용요령 제150면

또한, 수익자가 위탁자로부터 수익증권을 양수하거나 제3자가 수익자로부터 수익증권을 양수하는 경우 신탁부동산에서 발생되는 수익을 우선적으로 받을 수 있는 권리를 양수한 것일 뿐 수익증권에 표시된 신탁부동산을 취득한 것에 해당되지 아니하여 취득세 과세대상에 해당하지 않는다는 것이 행정자치부 및 조세심판원의 일관된 입장인 것으로 보인다(조심2012지267, 2012. 10. 16. / 세정-4801, 2006. 10. 2. / 세정-4636, 2004. 12. 20. / 세정-3275, 2004. 10. 1.).

위와 같이 행정자치부가 밝힌 지방세법 제7조 제15항의 입법취지(종전의 과세실무와 동일하게 운영될 수 있도록 관련 규정을 명확히 함)와 적용시기(이 법이 시행되기 전에 납세의무가 성립된 부분의 경우도 적용), 입법경위에 비추어 보더라도, 지방세법 제7조 제15항은 위탁자 지위의 이전을 수반하지 않는 부동산 집합투자기구 수익증권의 취득에 대해서까지 취득세를 과세하기 위해서 제정된 조항이 아닐 뿐만 아니라 그와 같이 확장해석될 수도 없다고 생각된다.

Ⅲ. 실질과세원칙에 따른 수익증권 취득에 대한 검토

1. 수익증권을 취득하는 경우 실질과세원칙에 따라 취득세가 과세될 수 있는지 여부

지방세법 적용요령 제227면~제229면은 지방세법 제7조 제15항 단서(위탁자 지위의 이전에도 불구하고 신탁재산에 대한 실질적인 소유권 변동이 있다고 보기 어려운 경우로서 대통령령으로 정하는 경우)에서 위임한 내용을 규정한 지방세법 시행령 제11조의 2의 개정내용 및 적용요령을 설명하고 있다.

지방세법 적용요령 제228면 ①에서는 지방세법 시행령 제11조의2 제1호(부동산집합투자기구의 집합투자업자가 그 위탁자의 지위를 다른 집합투자업자에게 이전하는 경우)를, 제229면 ②는 지방세법 시행령 제11조의2 제2호(이에 준하는 경우로서 위탁자 지위를 이전하였음에도 불구하고 신탁재산에 대한 실질적인 소유권의 변동이 없는 경우)에 대한 적용방법을 설명하고 있다.

○ (적용방법)

① 제1호와 관련하여, 투자신탁에 있어 위탁자인 집합투자업자를 변경하는 경우로서 집합투자기구의 집합투자업자(위탁자)의 경우 일반적인 위탁자와 달리 신탁재산의 취득과 처분이 제한되고,

• 신탁재산의 투자·운영 계획을 수립하여 수탁자에게 지시하는 권한만 가지고 있을 뿐 투자수익을 향유하지도 않기 때문에 집합투자업자의 변경이 있더라도 취득세 납세의무가 없는 것으로 판단함

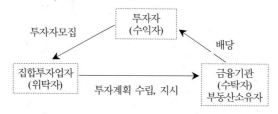

② 위탁자의 지위 이전을 받은 자가 수익자, 상속자 등에 해당하지 아니하여 해당 신탁재산에 대한 권리가 전혀 없는 경우 등 위탁자의 지위를 이전 받은 자가 해당 신탁재산을 사실상으로 취득한 것으로 볼 수 없는 경우 개정안 제2호에 해당하는 것으로 보아 과세제외

지방세법 적용요령 제228면 및 제229면

그런데 지방세법 적용요령 제229면 ③에서는 아래와 같은 내용을 설명하고 있는바, 이 내용은 지방세법 시행령 제11조의 2와는 전혀 관련이 없는 내용으로 볼 수 있다(지방세법 시행령 제11조의 2는 제 1호와 제2호만 규정되어 있고, 해당 규정에 대해서는 이미 위 ①과 ②에서 모두 설명함).

③ 「신탁법」제78조 제1항에 따른 수익증권을 취득함으로서 투자자의 변경이 이루어지고 그 과정에서 해당 신탁부동산에 대한 매매 대금의 지급이 있는 경우에는, 수익증권을 취득한 새로운 투자자가 해당 신탁부동산을 사실상 취득한 것으로 보아 취득세 부과
  • 이 경우 매매대금이 신탁부동산에 대한 사실상의 매수대금에 해당하는지의 여부는 해당 토지의 시장거래가격, 새로운 투자자가 지급한 금액과 토지가격 간의 상관관계 등을 종합적으로 고려하여 결정

지방세법 적용요령 제229면

다만, 위 내용은 수익증권의 취득의 실질이 신탁부동산의 취득과 동일하다면 수익증권의 취득자가 신탁부동산을 사실상 취득한 것으로 보아 취득세를 부과할 수 있다는 것으로, 세법해석의 기본원칙인 '실질과세의 원칙'을 설명한 내용으로 이해된다.

아울러 실질과세원칙에 따라 법형식과 달리 실질에 따라 과세할 수 있는 경우는 조세회피의 목적이 있는 경우로 한정되는바, 이에 대해서는 아래에서 자세히 살펴본다.

2. 실질과세원칙의 법리

지방세기본법 제17조 제1항은 "과세의 대상이 되는 소득·수익·재산·행위 또는 거래가 서류상 귀속되는 자는 명의(名義)만 있을 뿐 사실상 귀속되는 자가 따로 있을 때에는 사실상 귀속되는 자를 납세의무자로 하여 이 법 또는 지방세관계법을 적용한다."고 하여 '귀속에 관한 실질주의'를, 제2항은 "이 법 또는 지방세관계법 중 과세표준 또는 세액의 계산에 관한 규정은 소득·수익·재산·행위 또는 거래의 명칭이나 형식에 관계없이 그 실질내용에 따라 적용한다."라고 하여 '거래내용에 관한 실질주의'를 각각 규정하고 있다.

　　지방세기본법 제17조가 규정하고 있는 실질과세의 원칙이 단순히 법적인 형식과 실질이 괴리가 있을 때 실질에 따라 과세한다는 소위 '법적 실질주의'를 규정한 것인가, 아니면 법적 형식과 경제적 실질의 괴리가 있을 때 경제적 실질에 따라 과세한다는 소위 '경제적 실질주의'를 천명한 것인가가 문제된다.

　　실질과세의 원칙을 단순히 법적 형식이 아닌 법적 실질에 따라 과세하여야 한다는 뜻으로 이해하게 되면, 지방세기본법 제7조는 당연한 법리를 확인한 것이 되는 반면, 법적 실질을 넘어 경제적 실질에 따라 과세한다는 취지로 보게 되면 법적으로 유효한 거래나 행위라도 그 내용과 달리 경제적 실질에 따라 과세하는 것을 가능하게 하는 기초를 제공하게 된다.

　　대법원은 "실질과세의 원칙에 의하여 당사자의 거래행위를 그 형식에도 불구하고, 조세회피행위라고 하여 그 행위의 효력을 부인할 수 있으려면 조세법률주의 원칙상 법률에 개별적이고 구체적인 부인규정이 마련되어야 하는 것이다."라고 판시하거나(대법원 2009. 4. 9. 선고 2007두26629 판결), "법인이 부동산을 취득하기 위하여 어느 방식을 취할 것인가의 문제는, 그 목적 달성의 효율성, 조세 등 관련 비용의 부담 정도 등을 고려하여 스스로 선택할 사항이라고 할 것이며, 법인이 어느 한 가지 방식을 선택하여 부동산 취득을 위한 법률관계를 형성하였다면, 그로 인한 조세의 내용이나 범위는 그 법률관계에 맞추어 개별적으로 결정된다 할 것이고, 서로 다른 거래의 궁극적 목적이 부동산의 취득에 있다 하여 그 법적 형식의 차이에도 불구하고 그 실질이 같다고 하거나 조세법상 동일한 취급을 받는 것이라고 할 수는 없다."고 판시하여(대법원 1998. 5. 26. 선고 97누1723 판결), 법적 실질주의를 따르면서, 조세법률주의를 침해하지 않는 범위 내에서만 실질과세의 원칙을 적용하고 있다.

　　또한, 대법원은 "실질귀속자 과세의 원칙은 소득이나 수익, 재산,

거래 등의 과세대상에 관하여 귀속 명의와 달리 실질적으로 귀속되는 자가 따로 있는 경우에는 형식이나 외관을 이유로 귀속 명의자를 납세의무자로 삼을 것이 아니라 실질적으로 귀속되는 자를 납세의무자로 삼겠다는 것이고, 이러한 원칙은 구 지방세법(2005. 12. 31. 법률 제7843호로 개정되기 전의 것, 이하 같다) 제82조에 의하여 지방세에 관한 법률관계에도 준용된다. 따라서 구 지방세법 제105조 제6항을 적용함에 있어서도, 당해 주식이나 지분의 귀속 명의자는 이를 지배·관리할 능력이 없고 명의자에 대한 지배권 등을 통하여 실질적으로 이를 지배·관리하는 자가 따로 있으며, 그와 같은 명의와 실질의 괴리가 위 규정의 적용을 회피할 목적에서 비롯된 경우에는, 당해 주식이나 지분은 실질적으로 이를 지배·관리하는 자에게 귀속된 것으로 보아 그를 납세의무자로 삼아야 할 것이다."라고 판시하였고(대법원 2012. 1. 19. 선고 2008두8499 전원합의체 판결), 최근에는 "처음부터 조세회피의 목적을 이루기 위한 수단에 불과"하여야 거래를 실질에 따라 재구성할 수 있다고 판시한바 있다(대법원 2017. 2. 15. 선고 2015두46963판결).

이와 같은 대법원 판례의 입장을 종합하여 보면, ① 법적 형식과 실질 사이에 괴리가 있고, ② 이와 같은 형식과 실질의 괴리가 (오로지) 조세회피의 목적에서 비롯된 경우에만 실질과세의 원칙을 적용하여 법적 형식을 부인하고 실질에 따라 과세할 수 있다고 할 것이다.

이러한 실질과세원칙의 법리에 비추어 보면, 수익증권 취득이 오로지 조세회피 목적에서 비롯된 것이 아닌 한, 그 경제적 효과 또는 실질이 신탁부동산을 취득한 것과 유사하다고 하더라도, 수익증권의 취득을 부동산의 취득으로 보아 취득세를 부과하기는 어렵다고 생각된다(결국, 지방세법 적용요령 제229면 ③의 내용도 조세회피 목적만을 위한 거래에만 적용될 수 있는 내용으로 생각된다).

□ **한위수 변호사** T.3404-0541 E.weesoo.han@bkl.co.kr

사법시험 21회(1979), 사법연수원 12기(1982)
서울대학교 법과대학 졸업(1980), 서울대학교 대학원 졸업(법학석사)(1983),
미국 University of Pennsylvania Law School 졸업(LL.M., 1990)
서울행정법원 부장판사(2001-2002), 헌법재판소 연구부장(2002-2004)
대구고등법원 부장판사(2004-2005), 서울고등법원 부장판사(2005-2008)
관세청 고문변호사(2011-현재), 국세청 조세법률고문(2012-2014)

□ **곽태철 변호사** T.3404-0170 E.taechul.kwak@bkl.co.kr

사법시험 23회(1981), 사법연수원 13기(1983)
서울대학교 법과대학 졸업(1977), 서울대학교 법학과 대학원 졸업(1997)
서울고등법원 판사 겸 헌법재판소 헌법연구관(1994), 대법원 재판연구관(1997)
대전지방법원 천안지원 부장판사(1998), 국세청 국세심사위원회 위원(2002-2003)
재정경제부 국세심판원 비상임 심판관(2003-2006)
국무총리행정심판위원회 위원(2000-2009), 기획재정부 고문변호사(2008-2009)
국세청 고문 변호사(2009-2011), 기획재정부 공공기관운영 위원회 위원(2012-2015)
사단법인 한국세법학회 고문(2014-현재), 조달청 고문변호사(2014-현재)
대한상사중재원 중재인(2016-현재)

□ **송우철 변호사** T.3404-0182 E.wucheol.song@bkl.co.kr

사법시험 26회(1984), 사법연수원 16기(1987)
서울대학교 법과대학 졸업(1985), 미국 Berkeley University 연수(1995-1996)
미국 국립 주법원센터(NCSC) 특정주제연수(2002)
서울지방법원 의정부지원 부장판사(2002-2005)
서울동부지방법원 부장판사(2005-2007), 법원행정처 윤리감사관(2006-2008)
서울중앙지방법원 부장판사(2007-2009), 대전고등법원 부장판사(2009-2010)
대법원 선임재판연구관(2010-2011), 대법원 수석재판연구관(2011-2013)
서울고등법원 부장판사 겸 서울행정법원 수석부장판사(2013)

□ **조일영 변호사** T.3404-0545 E.ilyoung.cho.@bkl.co.kr

사법시험 31회(1989), 사법연수원 21기(1992)
고려대학교 법과대학 졸업(1987), 미국 Fordham Law School 연수(Visiting Scholar)(2010)
서울고등법원 판사(2003-2005)
대법원 재판연구관(조세전담부)(2005-2007)
대법원 재판연구관(조세전담부 조장, 부장판사)(2007-2009)
인천지방법원 부장판사(2009-2011), 서울행정법원 부장판사(조세전담부)(2011-2013)
중앙행정심판위원회 비상임위원(2014. 5.-현재)
서울특별시 지적재조사위원회 위원(2015. 3.-현재)
서울지방국세청 공적심사위원회 위원(2015. 9.-현재)
서울특별시행정심판위원회 비상임위원(2016. 8.-현재)
법제처 법령해석심의위원회 위원(2017. 5.-현재)

□ **유철형 변호사** T.3404-0154 E.cheolhyung.yu@bkl.co.kr

사법시험 33회(1991), 사법연수원 23기(1994)
서울대학교 법과대학 졸업(1989), 서울대학교 법과대학원 졸업(석사, 세법전공)(1992)
미국 California Western School of Law M.C.L.(2003)
서울지방변호사회 조세연수원 교수(2008-현재)
국세청 국세공무원교육원 외부교수(2013-현재)
기획재정부 세제실 국세예규심사위원회(2013-현재)
기획재정부 고문변호사(2014-현재), 행정안전부 고문변호사(2016-현재)
행정안전부 지방세예규심사위원회 위원(2017-현재)
서울지방변호사회 부회장(2017-현재)

□ **강석규 변호사** T.3404-0653 E.seogkyoo.kang@bkl.co.kr

사법시험 35회(1993), 사법연수원 25기(1996)
제19회 공인회계사 시험 합격(1984)
서울대학교 국제경제학과 졸업(1985), 서울대학교 대학원 경영학과 졸업(경영학 석사)(1988)
삼일회계법인(1985-1990)
부산고등법원 판사(2006-2008)
대법원 재판연구관(조세팀장)(2009-2013)
부산지방법원 부장판사(2013-2014), 인천지방법원 부장판사(2014-2016)
한국공인회계사회 국세연구위원회 위원(2015-현재)
서울행정법원 제5부(조세) 부장판사(2016-2018)
한국공인회계사회 회계법연구위원회 위원(2017-현재)

□ **김승호 변호사** T.3404-0659 E.seungho.kim@bkl.co.kr

사법시험 38회(1996), 사법연수원 28기(1999)
서울대학교 법과대학 졸업(1994), 미국 Indiana University Law School (M.C.L.)(2008)
역삼세무서 납세자보호위원회 위원(2010-2011)
대한변호사협회 세제위원회 위원(2010-현재), 중부지방국세청 고문변호사(2011-2014)
(사)한국세법학회 이사(2015-현재), 한국조세연구포럼 연구이사(2015-현재)

□ **주성준 변호사** T.3404-6517 E.seongjun.joo@bkl.co.kr

사법시험 44회(2002), 사법연수원 34기(2005)
고려대학교 법과대학 졸업(2001), 세무사 등록(2016. 8.)
서대문세무서 국세심사위원(2010-2012)
인천세관 고문변호사(2011-2015. 7.)
수원세관 관세심사위원(2012-2014), 인천세관 원산지심사위원(2013-2017. 7.)
한국관광공사 자문변호사(2017-현재)

□ **정순찬 변호사** T.3404-6545 E.soonchan.jung@bkl.co.kr

사법시험 45회(2003), 사법연수원 35기(2006)
고려대학교 법학과 졸업(1998), 경희대학교 경영대학원 세무관리학과 졸업(2010),
서울시립대학교 세무전문대학원 박사과정 수료(2016)
한영회계법인 세무본부 이사(2006-2016)
한국지방세연구원 자문위원(2018. 1.-현재)

□ **조무연 변호사** T.3404-0459 E.mooyoun.cho.@bkl.co.kr

사법시험 46회(2004), 사법연수원 36기(2007)
서울대학교 경제학부 졸업(2001)
미국 University of Southern California Law School (LL.M., 2016)
서초세무서 국세심사위원회 위원(2009-2011. 6.)

□ **장성두 변호사** T.3404-6585 E.sungdoo.jang@bkl.co.kr

사법시험 46회(2004), 사법연수원 36기(2007)
서울대학교 법과대학 졸업(2002)
미국 University of Southern California, Gould School of Law 수료(LL.M., 2016)
해군 법무관(2007. 4.-2010. 3.)

□ **강성대 변호사** T.3404-0961 E.seongdae.kang@bkl.co.kr

사법시험 49회(2007), 사법연수원 39기(2010)
서울대학교 법학과 졸업(2008)
미국 공인회계사(AICPA) 시험 합격(2012)
육군 법무관(2010)

□ **이진우 변호사** T.3404-6579 E.jinwu.lee@bkl.co.kr

사법시험 49회(2007), 사법연수원 40기(2011)
서울대학교 법과대학 졸업(2007), 서울대학교 대학원 법학과 졸업(2012. 8.)
서울대학교 법학과 박사과정 수료(2016)
공익법무관(2011. 4.-2014. 3.)
딜로이트 안진회계법인(2014. 4.-2015. 8.)

□ **방진영 변호사** T.3404-6408 E.jinyoung.bang@bkl.co.kr

제42회 공인회계사시험 합격(2007)
제1회 변호사시험 합격(2012), 서울대학교 법학전문대학원 1기 졸업(2012)
고려대학교 경영학과 졸업(2009), 서울대학교 법학대학원 조세법 박사과정(2013-현재)
삼일회계법인 회계사(2007. 12.-2008. 3.)
인천지방법원 재판연구원(2012. 4.-2013. 2.), 서울고등법원 재판연구원(2013. 2.-2014. 2.)

□ **서승원 변호사** T.3404-0964 E.seungwon.suh@bkl.co.kr

제39회 공인회계사시험 합격(2004)
사법시험 52회(2010), 사법연수원 42기(2013)
서울대학교 경영대학 졸업(2005)
삼일회계법인(2005. 10.-2006. 10)

□ **박창수 변호사** T.3404-7659 E.changsoo.park@bkl.co.kr

제4회 변호사시험 합격(2015), 연세대학교 법학전문대학원 4기 졸업(2015)
서울대학교 철학과 졸업(2012)

□ **이상일 변호사** T.3404-7654 E.sangil.lee@bkl.co.kr

제4회 변호사시험 합격(2015), 고려대학교 법학전문대학원 4기 졸업(2015)
서울대학교 경영학과 졸업 (2012)

□ **장승연 외국변호사** T.3404-7589 E.maria.chang@bkl.co.kr

캐나다 University of Toronto (Bachelor of Science)(1998-2002)
미국 Cleveland Marshall College of Law, Ohio (J.D.)(2003-2006)
International Tax Foreign Counsel, Samil PricewaterhouseCoopers, Seoul Korea
(2006. 12.-2009. 9.)

□ **김동헌 회계사** T.3404-0572 E.donghyun.kim@bkl.co.kr

제25회 공인회계사 시험 합격(1990)
연세대학교 경영학과 졸업(1989), 서울대학교 대학원 경영학과 졸업(1991)
미국 The George Washington University School of Business (MA과정)(2004-2005)
이스트스프링 자산운용㈜ 사외이사(2007-2017. 3.),
한국발명진흥회 특허기술평가 전문위원(2008-2010)
한국건설생활환경시험연구원 사외이사(2010-2013)
기획재정부 세제발전심의위원회 위원(2016. 4.-현재)
사단법인 한국납세자연합회 자문위원(2016. 9.-현재)

□ **김태균 회계사** T.3404-0574 E.taekyoon.kim@bkl.co.kr

제29회 공인회계사시험 합격(1994)
서울대학교 경영학과 졸업(1990), 서울대학교 대학원 경영학과 졸업(1995),
미국 San Diego State University 연수(2005-2006)
안진회계법인(1994-1999)
중부지방국세청 과세전적부심사위원회 및 이의신청심의위원회 위원(2007-2009)
국세청 국제조세법규정비개선위원회 위원(2008-2010)
서울지방국세청 국세심사위원회 위원(2009. 8.-2011)

□ **채승완 회계사** T.3404-0577 E.seungwan.chae@bkl.co.kr

제35회 공인회계사 시험 합격(2000), 미국 California주 공인회계사 시험 합격(2010)
연세대학교 응용통계학과 졸업(2000)
미국 University of Illinois at Urbana-Champaign (Master of Science in Taxation, 2010)
삼일회계법인 국제조세본부(2000-2005. 2.)
쥴릭파마코리아㈜ 비상임감사(2004-2009), 한국금융조세 정기세미나 위원(2010-2014)
과학기술인공제회 자금운용위원회 외부위원(PEF부문)(2014. 3.-현재)
퍼시픽자산운용 사외이사(2016-현재), 이스트스프링자산운용 사외이사(2017-현재)

□ **유세열 회계사** T.3404-0576 E.seyeal.you@bkl.co.kr

제34회 공인회계사 시험 합격(1999), 서울대학교 수학과 졸업(2000)
외교통상부 한미 FTA 전문가 자문위원(2006)
무역위원회 FTA 무역구제분야 협상 자문단(2012)
삼경회계법인 공인회계사(2013-2014), 동서회계법인 공인회계사(2014-2016)

□ **양성현 회계사** T.3404-0586 E.sunghyun.yang@bkl.co.kr

제33회 공인회계사시험 합격(1998)
서울대학교 경영학과 졸업(1999)
미국 University of California, San Diego 연수(2014-2015)
국방부 조달본부 해군 경리장교(1999-2002)
삼일회계법인(2003. 5.-2009. 10.)

□ **조학래 회계사** T.3404-0580 E.hakrae.cho@bkl.co.kr

제39회 공인회계사시험 합격(2004)
고려대학교 경영학과 졸업(2005)
미국 University of California, San Diego 연수(2012-2013)
Deloitte 안진회계법인(2004. 10.-2006. 7.)
한국발명진흥회 특허기술평가 전문위원(2008-현재)

□ **권용진 회계사** T.3404-0585 E.yongjin.kwon@bkl.co.kr

제44회 공인회계사 시험 합격(2009)
고려대학교 경영학과 졸업(2010)
삼일회계법인 Assurance 2본부(2009-2012), 삼일회계법인 Tax 3본부(2012-2016)

□ **최찬오 세무사** T.3404-7578 E.chano.choi@bkl.co.kr

제37회 행정고시 재경직 합격(1993), 세무사 자격취득(2010)
서울대 산업공학과 졸업(1993), 서울대 행정대학원 석사졸업(1995), KDI 국제정책대학원
  석사졸업(MPP)(2008),
미국 Michigan State of University(MSU) 석사졸업(2008)
국세청 개인납세국 부가가치세과 부가5계(2001)
국세청 기획관리관실 기획예산담당관실 기획2계(2003)
대구지방국세청 영덕세무서장(2006), 서울지방국세청 조사1국 조사3과장(2009)
국세청 기획조정관실 기획재정담당관(2009)

□ **곽영국 세무사** T.3404-7595 E.youngkug.kwag@bkl.co.kr

제47회 세무사 시험 합격(2010)
국립세무대학 내국세학과 졸업 (1988), 한국방송통신대학교 경영학과 졸업(1994)
중부세무서 총무과(1993-1995), 서대문세무서 부가가치세과(1998)
종로세무서 조사1과(1998-2000), 서울지방국세청 조사4국 1과(2000-2010)
국세청 조사국(2010-2011)

□ **김용수 세무사** T.3404-7573 E.yongsoo.kim@bkl.co.kr

제38회 세무사 시험 합격(2001)
국립세무대학 내국세학과 졸업(1999), 한국방송대학교 법학과 졸업(2001),
서울시립대학교 세무대학원 졸업(2003)
University of California, San Diego (Business & Accounting) 연수(2013-2014)
국세청(서울지방국세청 국제거래조사국 등) 근무(1999-2008)
서울지방국세청 이전가격검토위원(2003-2004)
대검찰청 중앙수사부 파견 근무(2006), 국제회의협상전문가 과정 수료(2007)

□ **황재훈 세무사** T.3404-7579 E.jehun.hwang@bkl.co.kr

제47회 세무사 시험 합격(2010)
국립세무대학 내국세학과 졸업(1996), 한국방송대학교 경영학과 졸업(2001)
고려대학교 정책대학원 세정학과 졸업(2005)
University of California, San Diego 연수(2015-2016)
서울지방국세청 조사4국1과(2006-2007)
삼성세무서 조사과(2007)
국세청 조사국 세원정보과(2007-2009)
서울지방국세청 조사4국 조사관리과7계(2009-2011)

□ **손창환 세무사** T.3404-0587 E.changhwan.son@bkl.co.kr

제40회 세무사 시험 합격(2003)
국립세무대학 내국세학과 졸업(1998), 방송통신대학교 법학과 졸업(2007)
서울지방국세청 법인납세과(2003. 10.-2006. 2.)
용산세무서 법인세과(2006. 2.-2008. 2.)
서울지방국세청 조사국(2008. 2.-2008. 12.)
국민은행 기업금융컨설팅(2009. 1.-2013. 1.)

□ **김희남 전문위원** T.3404-7576 E.heuinam.kim@bkl.co.kr

세무사 자격 취득(2010)
광주 제일고등학교 졸업(1975)
서울지방국세청 조사1국(1985), 중부지방국세청 국제조세과(1986)
국세청 법인세과 법인세법 예규 담당(1997)
국세청 원천세과 원천제세 세원관리기획(2001)
국세공무원교육원 교수(2005)
국세청 법규과 소득세법, 법인세법 예규 총괄담당(2007)

□ **최광백 전문위원/세무사** T.3404-7567 E.kwangback.choi@bkl.co.kr

세무사 자격 취득(2015)
고려대학교 정책대학원 세정학과 졸업(2015)
강서세무서 법인계, 국세청 법인세과(2001-2005)
국세심판원 행정실(2005-2010), 조세심판원 상임심판관실(2010-2013)
기획재정부 세제실 조세분석과, 부가가치세제과, 재산세제과(2013-2014)
조세심판원 상임심판관실(2014-2016)

□ **김규석 전문위원** T.3404-0579 E.kyuseog.kim@bkl.co.kr

국립세무대학 관세과 졸업(1983)
관세청 평가환급과(1996), 재무부 금융정보분석원(2000)
서울세관 심사총괄과(2002), 관세청 인사관리담당관실(2007)
서울세관 외환조사과장(2010)
관세사 자격취득(2012)

□ **임대승 전문위원** T.3404-7572 E.daeseung.im@bkl.co.kr

국립세무대학 6회 졸업(1988)
서울세관 수입과, 조사과(1989-1992)
관세청 자료관리관실 파견(1992-1996)
인천공항세관 수입과(1999-2003), 인천세관 외환조사과(2004-2005)
관세청 정보협력국 정보관리과(2005-2008)
인천세관 심사국 심사관실(2008-2010)
관세사 자격취득(2011)

□ **이종헌 전문위원** T.3404-7568 E.jonghyeun.lee@bkl.co.kr

한국외국어대학교 폴란드어과 졸업(2004)
관세사 자격 취득(2004)
서울세관 납세심사과(2009-2010), 청주세관 통관지원과(2010-2011)
서울세관 FTA1과(2011-2012), 서울세관 심사총괄과(2012-2015)

□ **이건춘 고문** T.3404-0191 E.kunchoon.lee@bkl.co.kr

연세대학교 행정학과 졸업(1966)
제10회 행정고시 합격(1971)
미국 UCLA 경영대학원 최고위과정 수료(1991)
중부지방국세청장(1995-1996), 서울지방국세청장(1997)
국세청장(1998)
건설교통부장관(1999-2000)
국세동우회 제7대 회장(2011. 1.-현재)

□ **손병조 고문** T.3404-7514 E.byungjo.sohn@bkl.co.kr

제23회 행정고시 합격(1979)
영남대학교 경제학과 졸업(1980), 미국 U.S. Customs Academy 수료(1986),
고려대학교 경제학 석사과정 졸업(2004), 한남대학교 경영학 박사학위 취득(2007)
대통령비서실 행정관(1992-1994)
서울본부세관 감시국장(1996), 부산본부세관 조사국장(2001),
관세청 통관지원국장(2003-2004), 관세청 정책홍보관리관(2005-2007)
관세청 차장(2008-2010)
고려대학교 대학원 법학과 겸임교수(2012-2013)

□ **조홍희 고문** T.3404-0313 E.honghee.cho@bkl.co.kr

제24회 행정고등고시 합격(1980)
성균관대학교 무역학과 졸업(1981)
영국 University of Bath 사회과학대학원 석사과정 졸업(1988)
영국 University of Bath 사회과학대학원 박사과정 1년 수료(1989)
국세청 법인세과장(2003), 국세청 혁신기획관(2004)
주미뉴욕총영사관 파견국장(세무관)(2005)
서울지방국세청 조사4국장(2008), 국세청 징세법무국장(2009),
서울지방국세청장(2010)

□ **송광조 고문** T.3404-7519 E.kwangjo.song@bkl.co.kr

제27회 행정고시 합격(1983), 세무사 자격 취득(1998)
서울대학교 경제학과 졸업(1984), 미국 University of Michigan 대학원 경제학과 졸업(1994)
서울지방국세청 조사1국장(2009), 국세청 조사국장(2009-2010)
부산지방국세청 청장(2010-2011), 국세청 감사관(2011-2013)
서울지방국세청 청장(2013)
세무법인 택스세대 고문(2013-2016)

□ **이전환 고문** T.3404-7518 E.jeonhwan.lee@bkl.co.kr

제27회 행정고시 합격(1983)
서울대학교 경제학과 졸업(1984)
미국 University of Washington 대학원 졸업(경영학 석사)(1993)
국세청 국제조세국 사무관(1993-1994), 재정경제부 세제실 사무관, 서기관(1994-1999)
국세청 법인납세국 국장(2009-2010), 국세청 징세법무국 국장(2010-2011)
국세청 개인납세국장(2012-2013), 부산지방국세청 청장(2011-2012)
국세청 차장(2013-2014)

조세법의 쟁점 III

초판 인쇄 ㅣ 2018년 3월 20일
초판 발행 ㅣ 2018년 3월 27일

지 은 이 법무법인(유한) 태평양 조세팀

발 행 인 한정희
발 행 처 경인문화사
총괄이사 김환기
편   집 김지선 박수진 한명진 유지혜 장동주
마 케 팅 김선규 하재일 유인순
출판번호 406-1973-000003호
주   소 파주시 회동길 445-1 경인빌딩 B동 4층
전   화 031-955-9300 팩 스 031-955-9310
홈페이지 www.kyunginp.co.kr
이 메 일 kyungin@kyunginp.co.kr

ISBN 978-89-499-4727-3 93360
값 36,000원